·小学学科教育研究丛书·

小学科学教育研究
1949—2019

潘洪建　著
陈云奔

甘肃教育出版社

图书在版编目（CIP）数据

小学科学教育研究：1949—2019 / 潘洪建，陈云奔著. -- 兰州：甘肃教育出版社，2023.11
（小学学科教育研究丛书 / 潘洪建，刘久成主编）
ISBN 978-7-5423-5663-5

Ⅰ.①小… Ⅱ.①潘… ②陈… Ⅲ.①科学知识—教学研究—小学 Ⅳ.①G623.62

中国国家版本馆CIP数据核字(2023)第140304号

小学科学教育研究（1949—2019）
潘洪建　陈云奔　著

策　　划	薛英昭　孙宝岩
项目负责	谢　璟
责任编辑	谢　璟
助理编辑	谢修平
封面设计	杨　楠

出　　版	甘肃教育出版社
社　　址	兰州市读者大道568号　730030
电　　话	0931-8773136（编辑部）　0931-8773056（发行部）
传　　真	0931-8435009
淘宝官方旗舰店	http://shop111038270.taobao.com

发　　行	甘肃教育出版社　　印　刷　兰州人民印刷厂
开　　本	787毫米×1092毫米　1/16　印张 26　插页 3　字数 383千
版　　次	2023年11月第1版
印　　次	2023年11月第1次印刷
书　　号	ISBN 978-7-5423-5663-5　　定　价　86.00元

图书若有破损、缺页可随时与印厂联系:0931-7365634
本书所有内容经作者同意授权,并许可使用
未经同意,不得以任何形式复制转载

总　序

中华人民共和国成立至今,已走过70余年的岁月,风风雨雨,历尽沧桑。为了继往开来,我们有必要对以往的成就作以总结。"前事不忘,后事之师",人们期盼从成长的经验中吸取智慧和力量,迈向自信和成熟。小学教育研究是教育科学研究的一个基本领域,经过70余年的发展,成就斐然,留下了深刻的印记,但也存在一些有待检视的问题。梳理成果,总结经验,讨论问题,能为小学教育持续发展及其研究夯实地基,提供思想资源。

无论是学科教育还是学科教育研究都需要历史的积淀,需要在原有地基上开拓前行,这样方能有所突破,有所创造。根基缺乏,难以行远。该系列研究定位于学术史研究,以区别于一般意义上的对小学学科教育的研究,它侧重对学科教育研究之研究,更关注理论的进步、思想的发展、学术的演进。本系列研究包括小学语文、小学数学、小学科学、小学社会、小学艺术5个科目,涵盖1949—2019年各个科目课程、教材、教学、学习、评价、教师成长等主题,涉及文献包括著作、教材、期刊、辑刊、报纸等,尽可能充分地展示70年来各学科教育研究的成果。各个主题的成果展示的结构一般为三大部分:"研究历程""主要成就""反思与展望"。"研究历程"分阶段介绍阶段背景、主要内容、阶段特征,概貌性描绘不同阶段学科教育研究的基本图景。"主要成就"包括学术观点、成果及其争论,展示不同领域学科教育研究的主要成就。"反思与展望"部分审视各个领域研究存在的问题,诸如研究主题、研究内容、研究方法、研究视角、研究队伍等,总结70年学科教育研究存在的基本问题。基于问题,结合国际学科教育研究的趋势与我国小学教育实际,提出解决问题的对策、方略,展望未来学科教育研究的发展路径与方向。通过70年学科教育研究的历史回顾、成就梳理、问题检讨,力图勾勒70年小学各个学科教育研究的轨迹、脉络与画卷,为未来我国小学学科教育发展与研究提供必要借鉴,为深化、拓展小学学科教育研究尽微薄之力。

该项研究是团队成员持续5年辛勤工作的成果。5年来,由于沉重的课务、繁多的杂务,研究者们常常力不从心,难以投身其中,研究工作时续时断,进展缓慢。同时,由于70年研究资料有限,特别是1980年前的资料十分匮乏,搜寻的困难也影响了研究的进度。感谢扬州大学课程与教学论专业、小学教育专业部分研究生的协助,他们通过当当等图书售卖平台、中国知网、学校图书馆,收集、整理文献资料。感谢扬州大学教育科学学院两届领导持续关注研究进展,督促、指导相关研究工作,为研究工作的顺利展开提供人力、物力、财力支持与协助,并资助丛书的出版。

70年研究需要大量文献的支撑,为了完成该项工作,研究者们不辞辛劳,从各个渠道、多种途径寻找研究资料。在原始资料的基础上爬梳、概括、提炼。5年来,围绕70年学科教育研究系列问题,我们先后召开研讨会、交流会20余次,反复讨论、推敲,数易其稿,真可谓"焚膏油以继晷,恒兀兀以穷年",力图以简明的语言、浓缩的文字,在有限的篇幅内概要性地展示70年学科教育研究的主要成果,帮助读者鸟瞰70年小学学科教育研究成就,同时,夯实研究地基,为后续研究提供出发的新起点。凡直接或间接引用的专题文献资料,均在文中括号标注。需要提及的是,近年来,部分研究生围绕小学学科教育研究领域相关主题,如课程标准比较、教材研究、教学设计,撰写出一批较高质量的学位论文,丰富了小学学科教育研究成果,为小学学科教育研究注入了新的活力。本系列研究引用了他们的研究成果,由于篇幅的限制,参考文献未能细列,仅仅在正文中括号注明,读者可上中国知网查阅。感谢他们对小学学科教育研究做出的贡献。

由于小学学科教育研究70年之研究工作涉及面广,时间跨度大,研究周期长,尽管我们广泛地搜索研究资料,但可能还是挂一漏万,对研究文献观点的概括及其评价可能不够准确,还望读者批评指正。

丛书出版得到扬州大学出版基金、扬州大学教育科学学院国家一流专业小学教育专业建设经费的资助,特表感谢。

丛书可供高校师范专业本科生、研究生,中小学教师、教研员,学科教育研究人员阅读,亦可作为中小学教师在职培训读物。

《小学学科教育研究丛书》编委会

2023年1月

目 录

前 言 ·· 1

第一章 科学与科学教育 ·· 1
  一、科学的本质与科学教育 ·· 1
  二、小学科学教育发展研究 ·· 17
  三、小学科学教育研究 ·· 30
  四、小学科学教育研究的代表性人物 ······························ 37

第二章 小学科学课程研究 ·· 48
  第一节 研究历程 ·· 48
    一、1949—1976 年的小学科学课程研究 ······················ 48
    二、1977—1999 年的小学科学课程研究 ······················ 49
    三、2000—2019 年的小学科学课程研究 ······················ 51
  第二节 主要成就 ·· 55
    一、科学素养目标研究 ·· 56
    二、小学科学课程标准研究 ·· 62
    三、小学科学教材研究 ·· 75
    四、小学科学课程设计研究 ·· 101

五、小学科学课程实施研究 …………………………………… 110

　第三节　反思与展望 ………………………………………………… 117
　　　一、问题反思 …………………………………………………… 118
　　　二、未来展望 …………………………………………………… 121

第三章　小学科学教学研究 …………………………………………… 124

　第一节　研究历程 …………………………………………………… 124
　　　一、1949—1976 年的小学自然教学研究 ……………………… 124
　　　二、1977—1999 年的小学自然教学研究 ……………………… 126
　　　三、2000—2019 年的小学科学教学研究 ……………………… 128

　第二节　主要成就 …………………………………………………… 130
　　　一、科学教学过程的理论研究 ………………………………… 131
　　　二、科学教学目的、任务与功能的研究 ……………………… 139
　　　三、科学教学内容的研究 ……………………………………… 142
　　　四、科学教学原则、方法与模式的研究 ……………………… 147
　　　五、科学教学设计研究 ………………………………………… 176

　第三节　反思与展望 ………………………………………………… 184
　　　一、研究反思 …………………………………………………… 184
　　　二、未来展望 …………………………………………………… 189

第四章　小学科学学习研究 …………………………………………… 196

　第一节　研究历程 …………………………………………………… 196
　　　一、1949—1976 年的小学科学学习研究 ……………………… 196
　　　二、1977—1999 年的小学科学学习研究 ……………………… 198
　　　三、2000—2019 年的小学科学学习研究 ……………………… 199

　第二节　主要成就 …………………………………………………… 203
　　　一、科学学习理论研究 ………………………………………… 203
　　　二、科学概念学习及其指导研究 ……………………………… 208

三、科学技能学习及其指导研究 …………………………………… 220

　　四、科学情感学习及其指导研究 …………………………………… 227

　　五、科学课外活动的研究 …………………………………………… 231

第三节　反思与展望 …………………………………………………… 236

　　一、研究反思 ………………………………………………………… 236

　　二、未来展望 ………………………………………………………… 239

第五章　小学科学教育评价研究 …………………………………………… 247

第一节　研究历程 ……………………………………………………… 247

　　一、1949—1976 年的小学科学教育评价研究 ……………………… 247

　　二、1977—1999 年的小学科学教育评价研究 ……………………… 249

　　三、2000—2019 年的小学科学教育评价研究 ……………………… 254

第二节　研究的主要成就 ……………………………………………… 258

　　一、小学科学教育评价的理论基础研究 …………………………… 259

　　二、小学科学教育评价的指导思想与原则研究 …………………… 260

　　三、关于小学科学教育评价类型与方法的研究 …………………… 264

　　四、关于小学科学学习评价的研究 ………………………………… 270

　　五、关于小学科学课堂教学评价的研究 …………………………… 291

　　六、国外小学科学教育评价研究的介绍与比较 …………………… 300

第三节　研究反思与展望 ……………………………………………… 305

　　一、研究反思 ………………………………………………………… 305

　　二、未来展望 ………………………………………………………… 310

第六章　小学科学教师发展研究 …………………………………………… 313

第一节　研究历程 ……………………………………………………… 313

　　一、1949—1976 年的小学科学教师发展研究 ……………………… 313

　　二、1977—1999 年的小学科学教师发展研究 ……………………… 315

　　三、2000—2019 年的小学科学教师发展研究 ……………………… 318

第二节　研究的主要成就 ……………………………………… 322
　　一、小学科学教师专业素养基本结构与内容研究 ……………… 322
　　二、小学科学教师职前培养研究 ………………………………… 336
　　三、小学科学教师在职发展研究 ………………………………… 345
　　四、小学科学教师专业发展的策略与途径研究 ………………… 354
　　五、小学科学教师发展的国际比较研究 ………………………… 360
第三节　研究反思与展望 ……………………………………… 364
　　一、研究反思 ……………………………………………………… 364
　　二、未来展望 ……………………………………………………… 369

参考文献 ……………………………………………………………… 372

前　言

我国小学科学教育的历史可回溯到先秦时期,"六艺"中的射、御、书、术包含着一定的自然名物常识;"六经"中的《诗》"多识于鸟兽草木之名",《易》《春秋》中含有较多的自然知识;西汉时期的《急就篇》中包含着大量的生活常识;南北朝时期的《千字文》共250句,其中包括天文、地理、历史、动植物、农业等知识;宋代的《名物蒙求》介绍了各种自然名物知识,涉及天文、地理、鸟兽、花木、日用器物、耕种操作等领域;明清之际的《幼学琼林》内容广博、包罗万象,被称为"中国古代的百科全书",阅读该书可了解中国古代诸多天文地理、鸟兽花木、饮食器用等内容。但这些内容更多地属于自然名物常识,还谈不上是真正的自然科学。明代后期,西方科学开始传入我国,一些传教士所建学校开始开设科学课程。

我国小学科学课程的正式设置可追溯到1904年的"格致"。《奏定学堂章程》规定:初小一年级至五年级每周1小时,高小每周2小时。1912年《小学校令》"格致"易名为"理科",1923年《新学制课程标准纲要》改"理科"为"自然"。

1949年,中华人民共和国成立,国家政治、经济、文化、教育、卫生等各项事业百废待兴。改造旧教育,建设新教育,成为当时新中国教育建设面临的紧迫任务。1950年7月教育部印发了《小学课程暂行标准初稿》,规定:小学三、四年级每周开设常识课,内容包括自然常识基础与社会常识基础;五、六年级的常识分科进行,分别开设历史、地理、自然三科,自然成为小学的基本科目。1955年《小学(四二制)教学计划(草案)》和1963年《全日制小学教学计划(草案)》均规定

五、六年级开设自然课(一年级至四年级自然常识教育在语文课中进行)。"文革"期间,自然常识课的开设时有时无,各地差异较大。"文革"后期,各地自然常识课教学开始不同程度地恢复。1978年《全日制十年制中小学教学计划试行草案》规定,小学四、五年级开设自然常识课,其内容主要包括自然常识、卫生常识等。1984年《全日制六年制农村小学教学计划(草案)》规定,农村小学三、四、五年级开设自然常识课,六年级开设农业常识课。1988年《义务教育全日制小学、初级中学教学计划(试行草案)》规定,自然课的任务是"使学生初步认识周围自然界常见的事物和现象,获得基本的自然常识以及生理卫生常识,培养学生爱科学、学科学的志趣和初步的观察、动手能力"。其中,六年制小学一年级至六年级均开设自然课,五年制小学一年级至五年级均开设自然课,自然课贯通小学全学段。1992年《九年义务教育全日制小学、初级中学课程计划(试行)》规定,小学一年级至五年级开设自然课,其基本任务是"使学生初步认识自然界常见的物体和现象,初步了解人类对自然的利用、改造、保护与探索,培养学生爱科学、学科学、用科学的志趣和初步的观察、动手能力,使学生受到爱家乡、爱祖国、爱大自然和相信科学、破除迷信的教育"。2001年《义务教育课程设置实验方案》改"自然"为"科学",科学课开设学段为小学三年级至六年级。2017年《义务教育小学科学课程标准》恢复小学一年级科学课,一年级至六年级均开设科学课程。

我国的自然教学研究在不同时期具有不同的阶段特征。中华人民共和国成立之初,由于西方国家封锁等原因,我国教育研究,包括小学自然教学研究,全面学习苏联经验。苏联教育研究成果及其方法、模式引入我国,提高了我国教育研究的起点。但20世纪60年代随着中苏关系的恶化,我国教育研究开始走自己的道路,随后在引进、吸收苏联研究成果的基础上进行独立探索,自主进行自然教学研究。

为了厘清从1949年到2019年这70年来小学科学教育发展的脉络,揭示小学科学教育的特征,总结小学科学教育研究成果,展望新时代背景下我国小学科学教育研究的趋势与努力方向,在查阅了大量的文献资料后,通过筛选、摘录和分类处理,我们将70年来小学科学教育研究成果划分为五个主要方面:课程研究、教学研究、学习研究、评价研究和教师专业发展研究。首先概述其研究历程，接着分专题综述70年来的主要研究成果，呈现不同时期、不同学者在不同问题上的主要观点，并对已有研究进行归纳和评析，最后反思我们走过的历程，并对进一步研究作出展望。

课程研究包括：科学素养目标研究、小学科学课程标准研究、小学科学教材研究、小学科学课程设计研究、小学科学课程实施研究等。

教学研究包括：科学教学过程的理论研究，小学科学目的、任务与功能研究，小学科学内容研究，小学科学教学原则、方法与模式研究，小学科学教学设计研究等。

学习研究包括：科学学习理论研究、科学概念学习及其指导研究、科学技能学习及其指导研究、科学情感学习及其指导研究、科学课外活动指导研究等。

评价研究包括：教育评价的理论基础研究、教育评价的指导思想与原则研究、教育评价类型与方法的研究、小学科学学习评价的研究、小学科学课堂教学评价的研究、国外小学科学教育评价研究的介绍与比较等。

教师专业发展研究包括：教师专业素养基本结构与内容研究、小学科学教师职前培养研究、小学科学教师在职发展研究、小学科学教师专业发展的策略与途径研究、小学科学教师发展的国际比较研究等。

本书前言及第一、二、三、四章由潘洪建撰写，第五、六章由陈云奔撰写。在编写过程中，扬州大学教育科学学院2019年课程与教学论硕士研究生、教育硕士研究生帮助收集、整理了部分文献资料。该书的出版还得到了扬州大学出版基金的资助，在此表示衷心感谢。尽管我们利用多种途径努力收集相关资料，但限于水平和经验，难以完整、准确地反映新中国70年（1949年至2019年）来小学科学教育研究的主要成果，存在疏漏和不当之处，敬请读者批评指正。

作 者

2023年1月

第一章　科学与科学教育

一、科学的本质与科学教育

有关科学教育的总体研究，主要集中在科学的本质、科学教育的概念、科学教育的价值三个方面，研究者针对这些方面发表了系列研究论文，出版了一些著作、教材。

（一）关于科学的本质的研究

对科学的本质的认识是科学教育领域中的一个重要问题。在我国，有关科学的本质、科学教育的概念与价值问题的探讨在 20 世纪 80 年代之前几乎一片空白。自然科学的本质是什么？科学的特点有哪些？这些问题很长一段时间内并未进入我国科学教育研究者的视野，尽管西方学者已对这些问题展开了较多的研究。从世界范围看，科学教育界对科学本质的广泛关注始于 20 世纪下半叶，其背景有二：一是"二战"后知识界对科学与社会的关系及科学本身的反思。对科学的本质的研究以及科学的社会研究逐渐成为科学哲学界关注的焦点。二是 20 世纪 60 年代布鲁纳、施瓦布倡导的科学课程改革。布鲁纳倡导发现学习，施瓦布论证了在科学教育中整合科学的本质的必要性，一些课程开发者从最初对"科学家知道什么"的关注转移到对"科学家是如何知道的"，如克劳普夫的《科学史案例》和《哈佛物理计划》关注科学方法的教育。在此期间，一大批重要的理论著作出版，如1968年鲁宾逊在《科学本质与科学教育》中首次提出了一系列渗透科学哲学的教学方法。1972年马丁在《科学教学的观念：一种哲学的分析》一书中评论了许多重要的科学哲学观点，包括探究学习的价值、解释的本质以及科学与科学学习中观察的特征。1976年查尔默斯出版《科学究竟是什么》，讨论科学是什么的问题。1994年马特休斯在《科学教学：科学史与科学哲学的贡献》一书中论证了将科学本质融入科学教育的必要性（刘前树、李广洲，2010）。在我国，1985年，刘大椿出版《科学活动论》，金吾伦出版《自然观与科学观》，开始从哲学角度讨论科学的基本问题。那么，科学究竟是什么？其本质与特点有哪些？国内外学者从不同角度展开分析，现列举如下：

1. 从科学认识过程或结果来界定科学及其本质

有的从认知过程来界定科学的本质，如美国科学家小李克特认为，科学是"一种社会地组织起来探求自然规律的活动"。英国科学家辛格提出，"科学创造知识而不是知识本身"，"科学"与"研究"往往是等同的。美国学者威廉和玛丽指出，"科学的本质就是模式建构的过程，是建构能够解释未知世界本质的心理影像的过程；思考、解决问题和形成概念是科学的全过程"。我国学者赵学漱等人也认为，科学是一种不断前进和自我矫正的探究过程。刘占兰提出，应将科学看作是获取知识、探索自然奥秘的认识活动，是创造知识的认识活动。总之，从"活动过程"的角度来认识科学比把科学作为"知识"来理解，能使我们从更广泛的人类活动的背景上认识和把握科学的本质属性。

有的从研究结果来理解科学的本质，如费士齐提出，科学是一个包含知识、方法和态度三向度的活动。美国教育家施密特和罗克卡特认为："科学除了事实、原理、定律、理论和假说等内容外，还包括有观察、实验、深思、想象、预言以及获得知识的其他手段等特殊的态度和感觉。"我国学者梁英豪也认为，科学是系统化的知识体系，但更是一种方法论体系，包含着独特的科学方法与科学精神。

一些论者列举了科学与科学研究的相关界定：关于科学，必须实事求是，需要让结论建立在证据基础上，需要重复验证；科学是解释现象的一种尝试，带有主观性，是无法绝对客观的，科学家应努力识别并避免偏见；科学既尊重经过验证的事实，又会对原有的理论发起挑战；科学家必须时常进行自我反省，需要对现存理论的合理性进行批判性思考；科学知识具有暂定性，可以被修改甚至被推翻，但是在一定时间内会处于稳定的地位；科学观点受社会和文化因素的影响，是不断发展变化的；科学是社会传统的一部分……关于科学研究，有着不同的理解，如，科学探究是提出假说，再加以验证，最后得出结论的过程；科学研究需要恰当的方法，已知的方法未必能解决问题，科学是逻辑推理及人类想象和创造力的结合，科学研究还需要创造性；理性思考和实验验证是科学研究的基本方法，但它们也有局限性；科学研究需要清楚、诚实的报道；科学知识的应用可被判定好或坏，而科学知识本身没有好坏之分（吴俊明、张磊，2016）。

总之，科学既是一种过程，同时也是一种结果。一方面，科学作为一种认知活动，是人们积极探索周围世界、获取知识、探求规律的过程，它包括探索、解释和检验三个基础性要素。另一方面，科学也是人们探索和认识自然世界的活动的结果，它不仅表现为系统化的知识体系，而且还包含有独特的科学方法和科学精神。科学知识与能力、科学过程与方法、科学态度与精神是科学的三大基本要素。科学活动的过程和科学活动的结果是紧密结合在一起的，科学结果是科学活动的目标，科学过程是获得科学结果的途径。只有将科学结果与科学过程有机地结合起来，才能够真正认识科学的本质（陈琴、庞丽娟，2005）。

2. 从哲学角度理解科学及其本质

有研究者分析了界定科学的两类方法：一类是还原论—本质主义方法（如从科学的知识属性、科学知识的表述方式、科学知识的形成过程、科学活动的目的、科学的社会建制以及科学的历史发展等角度对科学进行界定），一类是整体论—非本质主义方法（多视角综合界定科学，如默顿和贝尔纳的界定)。也有研究者尝试对科学进行定义,如科学就是人类运用高度智慧,来处理生命和生活中各种问题所需要的思考方法、过程及表达方式(欧阳钟仁,1995)。

有论者认为当代科学本质观包括科学知识本质观、科学认识论本质观和科学探究本质观,代表性观点有:鲁巴和安德森(Rubba & Andersen)的科学知识本质观、莱德曼(Lederman)的科学认识论本质观、科莱特与奇尔伯特(Collette & Chiapetta)的科学探究本质观(袁维新,2010年第6期)。也有研究者把科学本质观分为传统的科学本质观与现代的科学本质观两类,传统的科学本质观主要有经验主义科学本质观、理性主义科学本质观和逻辑实证主义科学本质观,现代的科学本质观主要有证伪主义科学本质观、历史主义科学本质观和建构主义科学本质观(袁维新,2006年第2期;王晶莹,2007年第5期)。英国科学哲学家查尔默斯1976年出版的《科学究竟是什么》(商务印书馆,2007)中剖析了多种科学哲学流派,如实证主义、否证主义、历史主义、无政府主义、新实验主义,指出了这些流派的贡献及其局限,最后对实在论与反实在论展开了充分的讨论。我国学者分析了科学的相对性和历史性、科学的实践性、科学的客观性和主观性、科学的创造性和理智性、科学与社会文化的关系(陈华彬等,2003;张红霞,2010)。

3.从历史角度理解科学及其本质

从科学发展的历程认识科学。英国科学史家丹皮尔在《科学史及其与哲学和宗教的关系》一书中从科学与哲学、宗教的关系来探讨科学,回答科学是什么的问题,可以帮助我们认识科学,理解科学的本质(商务印书馆,1975)。我国学者吴国盛认为,从人类漫长的文明发展史看,科学一直存在两个传统——哲学家传统和工匠传统,它们共同构成了科学的历史渊源。同时,从编史方法看,存在内史学派和外史学派的对立。内史学派是以亚历山大·柯瓦雷为代表的的思想史编史方法,他们注重追溯科学概念的内在逻辑发展线索。思想史的编史方法获得成功的学科领域往往是数理科学,特别是天文学、力学和几何学,其时段主要在从哥白尼到牛顿这段历史时期。外史学派是以默顿和贝尔纳为代表的社会史编史方法,他们重视研究科学和社会的关系。综合内史学派和外史学派的思想,我们能比较完整、全面地理解科学史,认识科学。吴国盛在1995年出版的《科学的历程》一书的绪论与第二章"科学史的方法"里列举了关于科学的三种界说:科学是系统化了的自然知识——理论科学史;科学是生产力——科学技术史;科学是一种社会活动——科学社会史。作者力图从科学史视角兼容理论的、技术的、社会的科学,呈现一部综合的科学技术与社会史,帮助人们更好地理解科学(湖南科技出版社,1995)。

一些研究者从历史角度对科学本质观的发展进行了探讨,回顾、梳理了西方社会对科学认识的历史演变过程。研究发现,古希腊时期把科学视为个人纯粹理性认识的真理,从文艺复兴时期起强调观察实验并追求实效的科学知识,19世纪后半期起强化逻辑思维和经验验证并重的科学认识,20世纪后半期起重视科学共同体的共同理解与解释活动,将科学视为高度体现人类能动性的科学实践活动。不同阶段的科学观可概括为:真理科学观、经验科学观、表象科学观、文化历史主义科学观、社会科学观和实践科学观(孙敏,2011)。还有研究者将科学观的变迁划分为:朴素的古代科学观、逻辑经验主义科学观、批判理想主义科学观、历史主义科学观(张二庆、乔建生,2016)。

4.从科学元勘(科学学)角度理解科学

苏联学者凯德洛夫在《科学》一书中认为:"科学本身不是知识,而是产生知识的社会活动,是一种社会生产。"

科学元勘(Science Studies,也有译为科学学)是科学学诸学科的统称,大致是指把科学或科学技术作为研究对象而进行的多角度的研究,主要包括科学哲学、科学史和科学社会学等。在逻辑学的意义上,科学元勘不同于自然科学家所做的一阶的对象性研究,而相当于二阶的元研究。把科学史、科学哲学和科学社会学的有关内容纳入中小学科学课程中,以期提高学生对科学本质的理解,培养他们的科学精神和创新能力(丁邦平,2001A)。

科学哲学(Philosophy of Science)是从哲学角度探讨科学的本质、科学知识的获得和检验、科学的逻辑结构等有关科学认识论和科学方法论方面基本问题的一门学科。自20世纪下半叶,西方科学哲学经历了从逻辑主义向历史主义,然后又从历史主义向后现代主义的转变,改变了原有科学哲学的主题、观念、重点与研究方法,实现了从传统科学哲学到科学文化哲学的转向。经过文化转向之后的科学哲学所持的立场大致是一种文化学和人类学的立场,即一种广义的文化哲学立场,其根本标志就是对科学哲学的人文理解,将科学看作是一种文化或文化活动,使科学哲学研究从认识论拓展到价值论,最大限度地整合元科学各分支,从而使科学具有更广阔的发展空间(蔡其勇,2008A)。

科学哲学的文化转向在改变人们对科学本质认识的同时,也深刻地影响着科学教育目标、教学内容、教学方法及学习方式的改革。相对于科学哲学的文化转向这一宏大主题,科学教育中的常识与实验、个人建构与社会建构、形成认知矛盾(科学教育之契机)与解决认知冲突、概念的外延与内涵、正解示例与误解示例、形成自然认识与塑造健全人格等若干认识论问题则更为微观而具体,我们面临的课题就是如何使得学习者的概念发生革命性变化,换言之就是帮助学习者实现从常识水准上升到科学知识水准的范式转换(钟启泉,2002)。

如果说科学哲学重在回答"科学应该是什么"(科学的本质、科学的认识过程、科学的逻辑结构等)的问题,科学史则重在回答"科学曾经是什么"的问题。自人类诞生以来,科学技术的产生和发展就是一条漫长并充满艰难困苦的历程,但也为我们提供了丰富的知识和经验,让我们能够安好地生活于地球之上,能够认识自然、改造自然并利用自然。科学史具有丰富的认知价值、方法价值、教学价值、平衡价值及人文价值,恰如富勒所言:"历史能使一个年轻人变成一个既没有皱纹又没有白头发的老人;使他既富有年事已高所持有的经验,却没有那个年龄所带来的疾病或不便之处。而且,它不仅能使人对过去的和现在的事情作出合理的解释,还能使人对即将来临的事情作出合理的推测。"怎样把科学史纳入中小学科学课程与教学中去?为此,有研究者从学习者科学探究的活动和人类认识科学世界的活动之间的相似性比较中，通过实证研究方法，得出学习者学习科学的过程"重演"着人类研究科学的过程（王全、母小勇，2008）。这与 HPS（History, Philosophy and Sociology of Science，科学史、科学哲学和科学社会学）所倡导的孟克与奥斯本的融合模式、马修斯的适度模式在促进学生理解科学的本质、促进学生对科学知识的建构、提高学生的人文素养、培养学生的批判精神等方面具有异曲同工之妙（丁邦平，2000B、2001A）。

科学社会学研究。科学社会学中包含了两大部分，一部分是传统的科学社会学，也叫美国默顿学派科学社会学，它在 20 世纪七八十年代处于正统地位；另一部分是源于英国爱丁堡学派的科学知识社会学（SSK）。科学知识社会学深受现代科学哲学中相对主义思潮的影响，把科学知识看作是由社会建构的，要求对科学知识的内容进行社会学分析，并提出以强纲领摧毁科学知识的客观性，以信念研究张扬科学知识的社会性，以实验室研究揭示科学知识的境域性。科学教育深受科学社会学的影响，否定知识的客观性和普遍性，张扬相对的科学知识观；重视全面的科学素养，追求多元的目的观；贯通科学与社会，倡导综合的课程观；摒弃简单的知识灌输，坚持建构与对话的教学观（袁维新，2005B）。由此科学观出发，独立于社会因素影响之外的、纯粹的科学"内史"不复存在，"内史"与"外史"的界限相应地也被消解。赵万里在《科学的社会建构：科学知识社会学的理论与实践》一书中对国外科学知识社会学（SSK）进行了系统的评述与深入的研究，探讨了科学知识的社会学问题（天津人民出版社，2002）。

STS 教育，即科学技术社会教育（Science, Technology and Society, STS）。殷登祥在《试论 STS 的对象、内容和意义》一文中指出，作为一门新兴的交叉学科，STS 把科学技术看作是一个渗透着价值的复杂社会事业，研究作为社会子系统的科学和技术的性质、结构、功能及它们之间的相互关系；研究科学技术与社会其他子系统如政治、经济、文化、教育等之间的互动关系；还要研究科学、技术和社会在整体上的性质、特点、结构和相互关系，及其协调发展的动力学机制（《哲学研究》，1994 年第 11 期）。STS 研究具有极其深刻的理论意义和实践意义，其追求自然—人—科学技术—社会之间的和谐统一与物质和精神之间平衡协调的持续发展观和全面价值观，强调联系、系统、综合的整体科学观，旨在培养具有科学技术素养和全面发展的公民（杨明全，2007）。在中小学科学教育改革实践中，STS课程极力改变科学教育通过强化科学概念和基本科学原理而对学生进行学术训练的精英主义传统，去关注科学和技术在具体社会情境中的综合运用，使科学教育服务于大众的科学素养、价值、态度和道德的和谐发展。

科学文化对科学教育的产生、发展和变革则有着更为广泛而深刻的影响。一般而言，科学文化包括科学知识、科学方法、科学精神和道德规范。科学知识是人们认识客观世界的物质成果，是科学劳动的果实和产品，负载着科学方法和科学精神，是科学文化的基础；科学方法最能够体现出科学思维的过程和品质，是科学文化最主要的现实表现；科学精神是科学家共同体在追求真理、逼近真理的科学活动中，将科学知识方法内化后所形成的独特的精神气质，是科学文化的核心与精髓（郭元婕，2006）。

由此可见，从不同角度、不同侧面来把握科学的基本性质，有助于深化人们对科学本质的认识。

5.科学概念的界说

随着人们对科学越来越全面的认识，科学的内涵也在不断地深化和扩展。20世纪下半叶以来，许多学者分别从哲学、历史、社会学、文化学等角度解说什么是科学，如：科学作为知识系统，它是一种可确证的知识体系；科学也是一个过程、一类方法、一种活动；科学是生产力，是一种社会建制，是一种文化；科学是人与自然的对话；是知识体系和知识生产的实践活动的统一（吴俊明，2006）。哲学家劳丹在《进步及其问题》一书中认为"科学本质上是一种解题活动"。科学是系统化的理论和知识体系，科学是创造知识的认识活动，科学是一种社会结构，科学是社会生产力，科学是一种特殊的社会意识形态（赵学漱，1999：3-7）。科学还是一种文化形态和文化力量，它不仅表现为改善了人类的安全、营养、健康、舒适、交通、娱乐和增强抗御自然灾害能力的"形而下"的形态和力量，而且还表现为知识、思想、方法和精神综合体等超越了功利主义的、更具有本原价值和意义的"形而上"的形态和力量（李醒民，2007：25）。更为全面、系统的认识则是，科学包括三种含义：作为探究与思维的科学，作为态度与精神的科学，作为知识与能力的科学（陈琴、庞丽娟，2005）。作为系统知识的科学、作为探究活动的科学、作为思想方法的科学（刘德华，2009：5-10）。科学的结构模型——包括科学世界观、科学探索以及科学事业三个方面（赖小琴，2009；刘克文，2011）。科学是一种由知识体系（知识体系维）、研究活动（研究活动维）和社会建制（社会建制维）构成的三维世界（李醒民，2010：32）。为了界定科学的概念，有研究者对科学与伪科学、科学与非科学、科学与反科学的分界进行了辨析（刘德华，2009）。总之，随着对科学本质讨论的深入，出现了有关科学本质的多种认识、理论，形成了不同的观点、理论与流派，研究者对这些观点、理论与流派进行了归类，分析了不同的科学本质观及其意义。

关于科学的概念。美国《普及科学——美国2061计划》的阐释是颇为充分而完整的。该计划的总报告从科学世界观、科学探索、科学事业三个方面来描述科学的性质。该报告认为，科学世界观是科学家对自己从事的工作和如何看待自己的工作的基本信念，包括：世界可被认识，科学设想是变化的原因，科学知识的持久性，科学不能为所有问题提供完整答案。科学作为一种探求，具有下述特征：科学需要论证，科学是逻辑和想象的混合体，科学说明和预见，科学要验证以避免偏见，科学不依靠权威。科学作为一项事业，具有个人、集团和社会三个层面，其表现有：科学是一项复杂的社会活动，科学组成学科并由不同机构研究，科学研究普遍接受的道德观念，科学家在参与公共事务时既是科学家也是公民。

总之，对于科学究竟是什么这一问题，英国科学哲学家查尔默斯在《科学究竟是什么》一书中考察了科学研究的观察、实验、推理等方法，评述了多种科学哲学流派，指出了这些流派的贡献及其局限。我国学者张红霞2003年出版的《科学究竟是什么》一书，对"什么是科学问题""科学的过程究竟是什么""假说在科学探究中的地位""观察和实验在科学探究中的地位"等 11 个问题,进行了诠释(教育科学出版社,2003)。吴国盛直面现今国人科学概念的误区,即要么把科学等同于技术,等同于促进生产力发展的工具,要么把科学看成一种普遍存在的人类智力成就。他在《什么是科学》一书中指出:科学成为推动历史发展的强大动力只是 19 世纪以后的现象,科学根源于希腊人对于自由人性的追求,因而是一种十分罕见的文化现象。现代科学起源于希腊科学的复兴以及基督教内在的思想运动,对力量的追求、对自然的控制和征服成为现代科学的主导动机。在数理实验科学的意义上,中国古代并无科学。在博物学的意义上,中国古代有独特且强大的科学传统(广东人民出版社,2016)。对于科学本质究竟是什么以及科学本质研究的价值何在的问题,查尔默斯在《科学究竟是什么》结语部分有一段十分精彩的论述值得回味,他指出:"不存在这样一种关于科学和科学方法的普遍主张,它可以适用于所有科学和科学发展的所有历史阶段。当然,哲学没有办法提供这样一种说明。""科学家本人是最有能力从事科学的实践者,而且不需要哲学家的建议,但是,科学家并非特别擅长脱离他们的工作而对那种工作进行描述和表征。在推动科学进步方面,科学家们通常是很出色的,但在阐明那种进步由什么构成方面,他们并不是特别出色。这就是科学家并不是特别善于进行有关科学的本质和地位的争论的原因。"尽管哲学家不能对科学有所贡献,但在很大程度上,能"试图通过历史事例来澄清科学,如物理学是什么或者已经是什么"(商务印书馆,2007)。

对于"科学"的认识与反思促进了人们对科学与人文、科学文化与人文文化、科学教育与人文教育、科学素养与人文素养、科学精神与人文精神等的相互关系的问题的进一步思考。因为科学是从人文中分化出来的,历史的发展又使科学成为人文的基础,尤其是现代社会的人文科学更是建立在科学基础之上,人文领域的发展更依赖于科学技术的进步。德国学者汉斯·波塞尔在《科学:什么是科学》一书中从自然科学与人文科学的某些共同之处来探讨科学是什么的问题(上海三联书店,2002)。我国学者的观点主要有:科学与人文二者同源共生，互通互动，相异互补，各有其特点和存在价值（杨叔子，2002；李清富，2007），它们并非对立，而是互为基础，其中科学是主要方面，是最主要的基础（马凤岐，2002；王永红，2001），因而科学教育处于社会发展中的优先地位（彭江，1999）。在促进人的发展上，科学教育也有着与人文学科教育不同的人文价值（刘德华，2003年第3期）。因此，倡导科学教育与人文教育的整合、融合、交融（谷雅慧，2005），或者倡导绿色教育、科学—人文教育（董华、桑宁霞，2001）等，便成为未来科学教育的一种理性选择。这些认识不仅在科学范围内把握科学自身的特点，而且从更为广阔的背景，从科学与人文的内在关系来理解科学，有利于克服对科学概念的简单化，获得对科学的深度理解。

除了对科学本质的讨论，还有研究者探讨了学生的科学本质观及其教育问题。关于学生科学本质观的意义，研究者认为，个人科学本质观是个体对科学知识发展所持有的信念和假设。它是一个观念系统，涉及对科学知识、科学研究与科学事业的本质特征的认识。揭示学生科学本质观的结构和成因，有助于预防并转变学生错误的、不充分的科学本质观（刘儒德、倪男奇，2002）。随着年龄层次的增长，学生对科学本质的理解越来越接近科学的本来面貌，学生们对科学的本质的理解具有年龄阶段性，学生的科学本质观是在日常生活经验、社会文化、科学课程和课本以及教师的教学影响下形成的（刘健智，2008；刘儒德、倪男奇，2002）。科学本质观的教育策略是：实施新的科学教育理念，改革科学课程的教学内容，转变教师教学策略，使学习科学成为学生主动探究的过程（蔡其勇、靳玉乐，2008B）。有研究者采用历史个案研究方法（以单摆为例）、"历史—探究"方法（以卢瑟福原子核式结构与光的折射为例）、类比方法（以卢瑟福原子核式结构为例），开展科学本质教学试验研究（黄晓，2010），引导学生关注科学是什么，促进其对科学本质的自觉认识。

（二）科学教育概念的研究

科学教育、科学教学在西方有200多年的历史，在我国有100多年的历史。20世纪80年代之前，国外学者开始对科学教育的概念进行探讨，而国内学者几乎没有关注过科学教育的概念与价值问题。20世纪八九十年代以后，无论国外还是国内，有关科学教育的特征、本质、价值、功能的讨论明显增多。

1. 关于自然课的性质

20世纪80年代，我国科学教育研究者探讨了"自然课"的基本特征。有研究者认为，对自然课的认识主要有两条途径：一是通过教学目标、要求、内容、方法来认识自然课。二是通过探讨自然课学科的性质来认识自然课。还有运用历史、比较等辅助性方法，认识自然科学的性质。作者将自然课的性质分解成科学性、启蒙性、教育性三大性质。科学性反映了认识对象、活动范畴方面的属性，启蒙性反映了认识活动阶段层次方面的属性，教育性反映了认识活动的目的属性。科学性把自然课跟非科学活动划分开来，启蒙性把自然课跟真正的科学活动和高一级学校的科学教育区分开来，教育性把自然课跟其他的纯科学活动和科学普及活动划分开来。三者的关系可用一张三维立体图来表示（图1-1）：科学性一维，逼近科学本质；启蒙性一维，逼近儿童实际；教育性一维，逼近社会需要（章鼎儿，1989）。

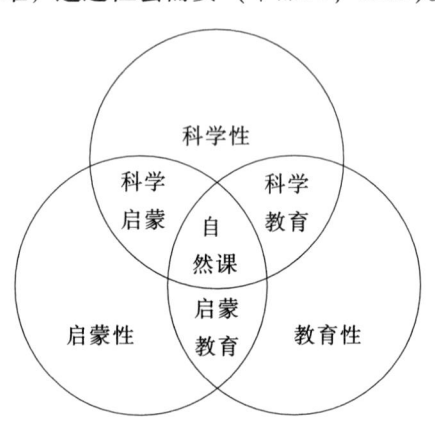

图1-1 小学自然课性质的联系

2. 关于科学教育的定义

广义的科学教育指人类科学文化传承校内外一切活动，既包括学校科学教育，又涵盖校外的科学教育（如科学传播、科学普及等）。科学教育是培养全体国民的科学知识、态度、方法与精神的过程或活动（李建兴等，1985：22-23）。田夫等人在《科学学教程》一书中认为，科学教育是传播科学知识、培养科技人才的一项社会活动，是一种潜在的科学能力（科学出版社，1985：290）。科学教育就是促进人的科学化的教育（孙宏安，2002：219）。中国科学院《2001科学发展报告》指出："科学教育是关注科学技术时代的现代人所必需的科学素养的一种养成教育，是将科学知识、科学思想、科学方法、科学精神作为整体的体系，使其内化成为受教育者的信念和行为的教育过程，从而使科学态度与每个公民的日常生活息息相关，让科学精神和人文精神在现代文明中交融贯通。"（科学出版社，2001：187）。科学教育虽然与科学密切相关，但它毕竟不属于"科学"范畴，而是属于"教育"范畴，它是人类教育的一个分支（何永红、王祖浩，2006）。

美国科学教育家拉费尔·E.马丁（Ralph E. Martin）曾指出：科学教育应有三个方面的内涵，即科学知识（Science Knowledge）、科学过程能力（Science Process Skill）和科学态度（Science Attitude）。有的学者从科学—技术—社会（STS）的角度给出了科学教育的定义，指出"科学教育涉及个人需要、社会问题、就业准备以及学术深造基础四个领域，因此是一种向学生传授用于日常生活和未来科技世界的科学知识，教育学生如何处理科学与社会问题，让学生具有今后择业所必需的科技基础与继续学习科学所必备的理论基础的教育"（顾志跃，1999：16）。有的学者认为"科学教育就是以传授科学学科知识为主要内容，使人们掌握科学基础知识和发展成果，获得一定的社会生产力，并在一定程度上推动科学发展的各种教育活动的总称"（孙新，2003）。还有学者认为"科学教育是一种基于现代大工业生产、以科学知识和技术为内容，注重科学理性与技术理性、寻求确定性的教育"（祝贺，2011）。

狭义的科学教育是指学校科学教育，通常以课程的形式进行科学教育，学校内各类有关生物、化学、物理或地球科学等的教学，并指与这些教学有关的一切课程、教材、教法、教具、师资和评估的研究与活动（李建兴等，1985：22-23）。日本学者细谷俊夫等在《教育学大事典》中指出，"科学教育是指初等、中等学校阶段的自然科学教育,即在任何学校阶段和家庭、社会所进行的自然科学和数学的教育"(东京第一法规出版株式会社,1978:300)。"科学教育是一种通过现代科学技术知识及其社会价值的教学,让学生掌握科学概念,学会科学方法,培养科学态度,且懂得如何面对现实中的科学与社会有关问题作出明智抉择,以培养科学技术专业人才,提高全面科学素养为目的的教育活动。"(顾志跃,1999:16)科学教育专指自然科学的教育,"科学教育是通过传授科技知识,发展学生的科技能力,引导学生认识科学技术的本质和社会作用,从而培养学生科技素质的活动。"(李太平、潘黎明,2010:1)

可见,学者们或者从科学教育的构成,或者从STS角度,或者从科学教育的目的与功能来界说科学教育。它既包括综合形态的科学教育,也包括分科形态的科学教育。同时,科学教育不仅指科学知识教育,还包括技术教育,以往的纯科学教育开始成为融科学与技术教育于一炉的科技教育。除了技术教育,科学教育甚至还包括工程、数学教育(如美国的STEM教育),加拿大、中国则为科学、技术、社会与环境教育(STSE教育),这使得科学教育的概念外延不断拓展。

(三)科学教育价值的研究

中小学科学教育的价值是指中小学科学教育对于社会发展、科学技术发展和人的发展的作用与意义。一些研究者讨论了科学教育的价值。

关于科学教育的价值。研究者探讨了自然科学教育对小学其他学科教学的意义:学习自然科学,对小学阶段学习的各科来说都有重要的意义,因为自然科学的内容十分丰富,知识面广,又十分生动为小学生学习其他各科提供了丰富又生动的素材,自然课促进其他各科的学习。如观察自然事物,对学生学习美术时具有正确形象和培养美感都有好处(林有禹等,1983)。有研究者讨论科学教育对于科学发展的价值:自然科学教育既是自然科学知识再生产的重要手段,又是掌握自然科学和技术的劳动力的再生产的重要手段。没有自然科学的新发展,所谓自然科学教育就没有新的传递内容,而没有自然科学教育,自然科学研究就不会发展（饶浩，1988）。一些研究者从科学教育对社会发展、科学研究、人的发展等方面讨论科学教育的地位与作用（史朝、孙宏安，1992）。有的指出："科学教育成为全民的科学技术文化教育，不仅要造就一批科技精英人才，更重要的是帮助每个公民提高科学素养，培养人们具有关心周围事物发展的态度、科学探究的精神、能对生活做出明智的选择与判断，以及积极的价值观等"（姚宏杰，2006）。"科学教育可以培养学生的审美能力，科学教育具有道德训练价值，科学教育具有文化价值，科学教育是自由教育不可或缺的重要组成部分。"（檀慧玲，2007）

除了讨论科学教育潜在的教育价值，还有学者探讨科学教育的价值追求。研究者指出，我国科学教育在教育目的上应坚持以人的发展为本，在教育目标上应追求提高学生的科学素养，在课程设计上应彰显人本化、个性化，在课程文化上应将科学教育与人文教育相结合，在课程内容上应实现现代化、综合化、生活化，在课程实施上应以科学探究为核心，在课程评价上体现多元化（刘克文，2007年第15期；董华、桑宁霞，2001年第12期）。有研究者从历史角度探讨了科学教育价值取向的转变。作者指出，西方科学教育的价值取向经历了三次变化，即19世纪末为完美生活做准备的价值取向（"实用价值取向"），20世纪初凸显人的发展的价值取向（"发展价值取向"），20世纪末促进人与自然和谐共存的价值取向（"人与自然共存"的价值取向）（刘德华，2003；秦旭芳，2005）。我国科学教育价值取向变革经历了19世纪末科学教育的社会救亡价值、20世纪初科学教育价值取向多元化、20世纪中叶后科学教育的社会生产力价值三个阶段（刘德华，2003）。价值取向的转变引起科学教育实践重心从"以科学知识为中心"转向"重视思维方法""以探究为基础的整合策略"（刘德华，2003）。基于科学教育的价值追求，有的学者提出科学教育新理念：面向生活世界，面向科学研究世界，面向科学发展的历史世界（刘德华，2003）。

有研究者分析了科学教育中的精神资源：理性精神与求真意识、批判精神与创新意识、自由精神与独立意识、公平精神与宽容意识（刘德华，

2003）。科学精神：怀疑、求实、进取、创新、严谨、公正、合作、奉献（赵学漱，1999：32-34）。

美国威斯康星州理科委员会列举的科学态度：根据新的证明，迅速而愉快地改变自己的态度；排斥个人的、宗教的或社会的偏见，追求真理；具有因果关系的概念；具有根据实事判断事情的习惯；具有区别实事与理论的识别力。

日本教育学家桥本重治把科学态度概括为：以因果关系的概念观察事物的态度；根据实事判断事物的态度；没有获得充分证据下不判断的态度；根据新证据（新理论）修正自己意见的态度；不偏见、不固执，抱着怀疑的态度；对于计算、观察、报告等作业，尽量做得细密、精确的态度。

有研究者讨论了科学教育的重要功能。有研究者专门探讨科学教育的文化功能，剖析了自然科学教师的科学人文素养，分析了在教学中的文化功能及其发挥问题（何妮妮，2011）。还有研究者探讨了科学史、科学哲学与教学（History、Philosophy、Science teaching，简称HPS）的教育价值：帮助学生学习科学内容，更全面、准确地理解学科内容；使科学密切联系个人、伦理、文化和政治因素，实现科学人文化；使课堂教学更富有挑战性和思考性，加强学生的批判性思维技能，了解"科学的本质"（魏冰，1999）。分析科学文化对科学教育本质、对科学教育实践的影响，阐述科学方法实践在科学教育中的地位（刁彭成，2010）。"科学教育的功能可分为促进人的发展和促进社会发展两大功能，前者是科学教育的育人功能，后者是科学教育的社会职能。"从科学教育的育人功能看，从最初的注重知识、技能，发展到现在的还要注重科学探究过程与方法；注重科学精神、科学态度与价值观，注重科学、技术与社会的关系等。科学教育的目的不仅是为未来造就科学家，而且还应该帮助所有的学生认识到思考这些概念的重要性，使学生既要把科学看成是一项学术活动，也要作为理解周围世界的方法。科学教育的育人功能不断发展，集中体现在提升学习者的科学素养目标上。科学教育促进社会发展的目标就是要通过培养科技人才，发展科学技术，推动社会进步（廖伯琴，2013）。

关于科学教育的功能，《普及科学——美国 2061 计划》的论述十分精彩："教育的最高目标是要使人们能够达到自我实现和过负责任的生活。科学教育是教育的一部分，即传授科学、数学和技术，这些知识可以增进学生的理解，养成好的思维习惯，使他们变成富有同情心的人，使他们能够独立考虑怎样面对人生。用这些知识装备他们，使他们同公众一道，全心全意地参与建设和保卫一个开放的、公正的和生机勃勃的社会。"

总之，"价值"与"功能"是两个极为相关的概念，它们描述事物能做什么，回答事物可能释放的潜在能量。价值反映主体对客体属性的肯定或否定，功能是一个事物系统对周围其他事物发生作用的性能。价值有正反之分，而功能一般不区分正负，是中性的，价值随不同的主体需要而变化。从价值论角度讨论科学教育的价值与功能，有利于发挥科学教育对社会、个人发展的积极作用，实现科学教育的育人目标。

二、小学科学教育发展研究

对小学科学教育发展历程的研究既有对其发展历程的回顾，也有对科学教育改革现状的思考，还有对发展趋势的展望。

（一）科学教育发展历程

张碧晖在《试论科学教育》一文中认为，从社会发展的视角看，科学教育是历史的选择，是大生产和现代科学的产物。近代自然科学的产生和发展，不仅提供了反对经院哲学的强大思想武器，而且猛烈地冲击了崇古的反科学的经院教育，为从传统教育转向科学教育开辟了道路（张碧晖，1985 年第 4 期）。有的研究者将自然科学教育的发展历史划分为人类启蒙、奴隶社会和封建社会、近现代三大时期，描述了每个阶段的状况与特点（林有禹等，1983）；有的研究者将其划分为科学教育前史，古代科学教育的萌芽，中古、文艺复兴时期科学教育的产生等时期（史朝、孙宏安，1992）。有研究者认为，从 19 世纪下半叶欧美国家开始普及初等义务教育开始，小学科学教育的发展在西方经历了 100 多年的历程（丁邦平，1998）。有研究者指出，20 世纪中小学的科学教育大体经历了科学知识—科学方法—科学素养的发展轨迹，确立了培养学生科学素养的科学教育目标，在科学教育内容、实施方式和评价方法上都做了很大的改革（郝京华，2000）。

以上是对科学教育发展的整体审视。实际上，从历史的视野看，各个国家科学教育随自身的社会、经济、文化的差异而有不同的发展轨迹，研究者们做出了不同的分期。

1.外国科学教育改革与发展

美国科学教育滥觞于19世纪60年代，直接社会背景是工业化运动。美国科学教育大致经历了最初的实物教学形态、自然学习形态，再到20世纪60年代科学课程现代化。科学课程现代化运动产生了10多种至今仍有影响的实验性小学科学课程，其中影响较大的有"侧重科学概念的科学课程"（即SCIS课程）、"侧重科学加工过程的科学课程"（即SAPA课程）、"小学科学教育方案"（即ESSP课程）（史朝，1988；丁邦平，1998；李雁冰，2005）。有研究者将美国小学科学教育分为1550—1880年的科学教育、19世纪末至20世纪初的科学教育、20世纪20年代至50年代的科学教育、20世纪50年代后的科学教育四大阶段（史朝，1988）。总体上看，美国科学课程先后形成了实物课（object lessons）或实物教学（object teaching，1860年前后）、小学科学（elementary school science，1870—1890年）和自然学习（nature study，1890—1910年）三种不同的教学与课程模式（丁邦平，2000C）。有学者将20世纪美国科学教育发展分为：初步繁荣期（1920—1957年），追求科学教育功利；"第一次革命"（1957—1978年），对科学教育极端功利主义的反思，触及科学教育的本体价值和内在价值；"第二次革命"（1980年至今），科学教育价值取向、认识论基础、教育目标分类学、"2061计划"和《美国国家科学教育标准》等一系列标志性成果，构成了科学教育的时代主题（李雁冰，2005A、2005B）。"第二次革命"把科学教育的认识基础明确奠定在建构主义之上。

作为科学教育发祥地的英国，20世纪60年代至80年代先后出版了不少小学科学教材，这些教材种类繁多、形式各异，并且在体系、结构、内容和教法上存在很大差异。1988年英国确立了科学学科在中小学课程中的核心课程地位（胡献忠，2001），1989年正式颁布了历史上首部国家科学教育课程标准，经过多次修订和完善，英国政府又于2000年公布了面向新世纪的国家科学教育课程标准。20世纪90年代以来，科学教育改革进一步深化，小学科学教育改革尤为引人注目。1989年以后，英国产生过多种课程模式，比较有代表性的是：《牛津基础科学课程》《纳菲尔德小学科学课程》和《5—13岁科学课程》（王岳，1992）。2013年，英国教育部开始实施新的小学科学课程，新课程分为科学能力训练与科学知识传授两个方面。此外还实施了新的科学评估，旨在培养学生独立解决科学问题的能力，为今后培养既有科学知识、又有科学精神与科学探究能力的高层次科学人才打下基础（张晓露，2014）。英国科学课程改革对我国的启示：围绕核心概念实施课程，注重对科学基础知识的深度理解，注重对科学过程与方法的培养（闫守轩等，2015）。

有研究者分析了法国科学教育的发展历史。法国小学科学教育经历了1887年的"科学课"，1923年的"物体课"和1957年的"观察练习课"等变革。科学教育目的从"生活准备"和"培养思维"到强调实践（李有发，1988年第10期）。1969年法国将小学课程分为基础学科（法语、数学）、启蒙学科（科学、史地、艺术、公民教育等）和体育课三大学科。同时决定实行"三区分"教学法，即每天上午集中开展基础学科，以提高基础学力，把"启蒙学科"放在下午进行，课外、校外活动结合，体育课则穿插在上下午进行。1985年，法国修改了小学教学大纲，规定小学开设法语、数学、科学与技术、历史及地理、公民教育、艺术教育和体育教育7门课程。

第二次世界大战后，日本小学理科课程经历了生活单元学习、系统学习、探究学习、宽松愉快学习、宽松与选择学习、宽松与综合学习等阶段（孙新，1999；陈志伟，2006），而2008年开始实施的理科教育则试图在"学历主义"和"宽松教育"两者之间寻求"最中间的教育路线"（陈城城，2012）。

在科学教育宏观政策层面，韩国科学教育指向（目标）模型具有层次性与系统性，形成了教育法规体系，科学英才教育政策、课程政策、教师政策、财政政策、校外科学教育政策具有可操作性（杨金成，1995）。科学教育政策成果主要体现在"联合国教科文组织对科学教育若干重要问题的政策建议"中，该成果从科学教育的目的、课程、途径、评价、科学与技术、科学教育与信息技术、学生学习兴趣、教师专业发展等12个方面，提出了科学教育未来发展的积极建议（王素，2009）。在科学教育具体方案层面，人们对《范围、顺序和协调》《普及科学——美国2061计划》等科学教育方案给予了较多的关注（武永兴，1992；代建军，2005），但研究焦点更集中于国家科学课程（教育）标准（或学习指导要领等）的比较上，不仅涉及课程标准的结构、内容、要素以及科学教育实践的总体比较（胡献忠，2001；魏冰，2000；孙宏安，2003；沈小娟，2006；丁邦平，2007；孙新，1999；陈志伟，2006），也涉及科学教育的目标定位、价值取向、内容、实施等维度的具体比较和研究（代建军，2005；潘苏东，2006；魏冰，2000；柯森，2004；倪娟，2008）。

有研究者将西方科学课程发展的基本历程划分为"合法化""活动化""结构化"和"综合化"四个阶段。考察和分析不同时期科学课程所隐含的科学观、目的观、形态观、习得观，进而展望科学课程的发展走向（于海波，2005）。

有研究者对美国、英国、澳大利亚、加拿大4国20世纪90年代以来的小学科学课程目标、课程内容、课程实施及学业评价进行系统分析，最后分别总结出20世纪90年代以来，4国小学科学课程改革的特点，并得出如下启示：细化小学科学目标，整合课程内容，为教学与评价提供支撑性资源，建立健全小学学业评价体系（殷梅青，2014）。

由上可见，国外关于科学教育改革发展历史分期的研究大多集中于英美等发达国家，对发展中国家则关注甚少，研究成果不平衡。不过，这一状况正在发生变化。潘洪建即将出版的《小学科学课程国际比较研究》，对国外一流发达国家（美国、英国、德国、法国、芬兰、日本）、中等发达国家（加拿大、澳大利亚、韩国、新加坡、俄罗斯)、发展中国家(印度、埃及、南非、巴西、厄瓜多尔)等16国小学科学课程发展历程进行了描述,展示了国际科学教育发展的基本图景。该项研究为科学教育研究与实践提供了丰富的资料,具有积极意义。

2.我国小学科学课程改革与发展的研究

我国小学科学教育起始的争论。有人认为,中国"近代意义上"的科学教育始于1878年。1878年,张焕纶在上海创办正蒙书院(1902年易名为梅溪学堂),采用班级授课制教学组织形式,将数学和格致作为书院的常设课程(樊冬梅,2006)。但大多数论者认为,1903年一些初等小学堂与高等小学堂设"格致"一科,这是我国小学设置自然课的开始(徐仁声,1981;蔡海军,2003)。在名称的演进上,1902年设"格致",包括动、植、矿、理、化、卫生等项;1912年小学校令改"格致"为"理科";1923年教育部颁布新学制,"理科"改为"自然"。有研究者从概念史的角度,分析近代40多年小学科学课程名称所经历的"格致""理科""自然""常识"4次变化,课程名称变化背后隐含着科学教育理念的变迁(李娟,2017)。

我国近现代小学科学课程发展的研究。研究者指出,聚焦20世纪,我国的科学教育大致经历了"萌芽阶段、形成阶段、过渡阶段、学习苏联阶段、探索阶段、十年动乱阶段、调整尝试阶段和全面发展阶段"8个阶段(曾琦,1999)。20世纪前半叶我国普通中小学科学教育在地位提升、体制变革、目标转变、内容更新等方面发生系列变化(解亚,2006)。有研究者将我国小学科学课程的百年发展划分为四个时期:1903—1948年、1949—1979年、1980—2000年、2001年至今,并分析了各个时期的发展特点(蔡海军,2003)。有研究者认为,1878年到1902年是中国近代普通中小学科学教育的起步阶段。中小学科学教育的特点是非制度化、各自为政。从1902年《壬寅学制》颁布起到1915年,中国近代的普通中小学科学教育走过了制度化的发展历程,具体表现在:科学教育课程的开设、内容的选择、学时的规定、教科书的编撰、教师的培养等逐步走上了规范化发展道路,同时"打上了深刻的日本烙印"。从 1915 年新文化运动爆发起，教育者们开始反思以往科学教育中存在的弊端和不足，开始关注学生动手与参与，关注"科学精神"的培养，将中国近代的普通中小学科学教育向前推进了一大步。这一阶段的普通中小学科学教育深受美国科学教育的影响（樊冬梅，2006）。还有研究者回顾 1922—1927 年、1927—1937 年及 1937—1949 年三个阶段普通中小学科学教育发展，指出：三个阶段的政策环境、课程设置、教学内容、保障措施大致相同。1922—1927 年自然科课程目标在于通过自然教学指导学生认识自然、欣赏自然、研究自然，学习怎样支配自然，培养科学的研究方法与理性精神。1927—1937 年期间普通中小学课程设置先后经历了 1929 年、1932 年、1936 年三次正式调整。抗日战争爆发至内战时期，国内教育陷入极端困难的处境，但是普通中小学科学教育还是有一定程度的发展（解亚，2006）。有研究者指出，我国科学教育的发展大致经历了"零散的中国古代科学教育、外生的中国近现代科学教育、自主性缺失的中国当代科学教育阶段"（耿淑玲，2009）。潘洪建在《中国小学科学课程发展 110 年（1912—2021）》一文中把 1912 年来科学课程百年发展分为五个时期：经验本位时期（1912—1949 年）、知识本位时期（1950—1965 年）、劳动本位时期（1966—1976 年）、能力本位时期（1977—1999 年）、素养本位时期（2000 年以后），不同时期具有不同的阶段特征（潘洪建，2021 年第 7 期）。

我国当代小学科学课程发展的研究。一些研究者把我国小学科学教育发展分为：改造旧教育、全面学习苏联的阶段（1949—1957 年），萎缩阶段（1958—1976 年），蓬勃发展时期（1977 年以后）（袁孝亭等，1997：24-26）。有研究者对我国小学科学课程 60 年进行研究，将小学科学课程发展 60 年分为：从借鉴到自主时期（1949—1966 年）、失序下的摸索时期（1966—1976 年）、转向能力发展的时期（1977—1985 年）、多元化的探索时期（1986—1999 年）、关注科学素养时期（2000—2009 年）（潘洪建，2012）。有论者回顾了我国小学科学课程近 30 年演进的历程：调整尝试阶段（1978—1987 年）、创新发展阶段（1988—2000 年）和改革完善阶段（2001—2008

年）。亦有研究者概括了改革开放三十年小学科学课程发展演进的特点：科学课程目标逐渐明晰，科学课程内容结构趋于合理，科学课程实施逐步规范，科学课程评价趋向全面（张啊媛，2013）。值得提及的是，20 世纪八九十年代，我国中小学科学教育实验十分活跃，许多地区与学校开展了自然科教学整体改革实验、农村小学自然科教学改革实验研究，涌现了一批研究成果（曾德雄，1990；胡济良，1993；江苏省武进县奔牛区小学自然教学改革对策研究课题组，1994；湖北省教研室自然组，1994；湖北荆门市东宝区马河镇铁坪小学自然教改课题组，1996）。我国小学自然教学改革的历程大致为：20 世纪 50 至 60 年代初，探索中国化道路；20 世纪 60 年代中期至 70 年代，大幅度进行"教育革命"；20 世纪 80 年代初，小学自然教学开始转型；20 世纪 80 年代中后期到 90 年代，小学自然教学的多元化探索。2001 年以后，小学科学教学注重教学模式的探索（潘洪建，2012：269-270）。未来小学科学教学改革需要：以科学素养形成为核心，着力培养学生的探究能力和创新精神；追求教学生活化，强化教学内容与生活的联系；优化学习方式，拓展教学空间；信息技术与教学结合，科学教学如虎添翼；创新教学方法，形成具有学科特色的教学模式（潘洪建，2012：273-275）。

有研究者回顾了台湾小学科学教育的实验与改革。1972 年 7 月，台湾当局成立小学"科学教育实验研究指导委员会"，制订小学科学教育实验研究计划。同时成立"小学科学教育实验指导小组"，召集人负责组织研究工作的计划、指导、审议和评价工作。邀请心理、科学、教育方面的专家担任委员，负责海外课程资料的选译与比较研究、实验教材的设计、编写、审查与校订等工作（李济英，1999）。

对历史发展影响因素的分析。有研究者指出，纵观我国科学教育发展的历史，可以看出，科学教育起源于社会的生产劳动，并随着生产的发展而发展，许多史实证明：科学教育对促进生产的发展有着特别重要的意义，阶级关系、社会制度和各种政治力量对科学教育的宗旨起着决定性的作用（林有禹等，1983）。

(二) 历史经验与反思展望

1.历史经验

关于国际科学教育改革，一些研究者指出，国外小学科学教育的主要特点有：科学教育对象的普及性，科学教育目标的时代性，科学教育内容的综合性，科学教育方法的指导性，科学教育途径的社会性，科学教育时限的终身性（张克裘，1997年第3期）。历史发展的经验表明，科学教育变革是在一定条件下发生的，其中社会产业革命是科学教育变革的充分条件，而一定的科学教育理论体系的形成则是科学教育变革的必要条件（柳秀峰，1988年第2期）。特别地，有研究者分析了20世纪80年代科学课程改革浪潮的特殊背景：20世纪50—60年代美国课程改革的教训；科学哲学、科学史、科学社会学等学科关于科学观和认识论的转变；自70年代中期以来建构主义理论提供大量关于儿童学习科学的新知识，对科学课程与教学提出了新思路（丁邦平，2001年第10期）。事实上，科学教育改革与科学教育研究呈互动关系，科学教育变革必然需要科学教育研究的学术支撑，反过来，科学教育研究也需要科学教育改革的进一步推动（丁邦平、罗星凯，2008年第2期）。

美国小学科学教育改革经验受到较多关注。有研究者分析了美国小学科学教育课程的特点：注重科学活动的过程，培养学生的智力技能；在科学教育中，通过开放式活动发展学生的独立性和创造性；在科学教育中注意培养学生的科学态度（姚伟，1994）。长期的研究计划和相关文件成为小学科学教育的宏观指导；小学科学教材类型更加多样化；改革师范教育是培养新的小学科学教师和科学教师进修的重要保障；公共教学资源对小学科学教育提供了大力支持，美国的公共教学资源，包括图书馆、博物馆和网络等为科学教育提供了大量的支持，形成了比较雄厚的支持系统（张军霞，2002）。有研究者概述了1980年后的美国科学教育的"第二次革命"，其标志性成果是STS运动，2061计划，范围、序列和整合计划（projection scope, sequence, and ordination），美国国家科学教育标准，科学教育新分类学的研制以及把科学教育的认识基础明确奠定在建构主义之上。其中，科学教育新分类学包括五个领域：认知和理解、探究和发现、想象和创造、情感与价值观、运用和应用。研究者分析了"第二次革命"的意义（李雁冰，2005B）。有关科学教育变革的基础理论，研究者指出，重视从科学哲学、科学社会学及科学教育学等视角开展科学观研究，这是在汲取20世纪60年代第一次科学教育改革教训的基础上的一个重大改进，因为不同的科学观必然会反映在科学课程和教学中，直接影响着科学教育改革的成效和教学质量（丁邦平，2002；于海波、孟昭辉，2004；蔡铁权，2009）。也有一些研究者对美国课程改革进行了反思，指出：20世纪五六十年代编写的新科学课程并没有吸引大多数学生，科学课程改革没有解决好科学技术的普及问题；新的科学课程仅仅注重科学知识本身的结构，而忽视了学生的心理，以及科学与技术、科学与社会、科学与文化的联系（丁邦平，2001B）。美国20世纪60年代课程改革失败的主要原因首先是未能充分考虑将教学内容与儿童认知特点相联系，其次是教师素质问题（张红霞、郁波，2003）。国际上的小学科学教育的基本取向正在发生转变：从偏重知识传授转向全面培养科学素养。而在培养科学素养的过程中，仅让学生经历现象形成经验，无法构建科学的认知结构。只有主体性的探究活动才能让学生真正了解科学探究的目的，掌握探究的过程和方法，形成科学态度和精神，从而提升科学素养（陈慧，2007）。

众多研究总结了我国小学科学课程改革的成就与经验。如，有学者在回顾中华人民共和国成立40年后的小学自然教学发展时指出：低年级的科学教育要不落空，必须单设自然学科；从观念的改变入手，解决低年级的自然教材问题和教学问题；掌握小学自然教学大纲，要善于"看到"没写出来的内容；引进外国的东西，要善于正确消化（刘默耕，1988）。有论者从教学目的、教学内容、教学方法诸方面概述世界基础科学教育改革趋势（常初芳，1995）。有研究者从当代科学哲学和科学社会学的视角出发，分析了20世纪不同版本的历史、语文和物理教材中的科学文化，指出我国科学教育有待完善的地方：在科学观方面，应该进一步强调科学问题、科学假设作为科学活动重要的组成部分，深刻阐明科学是一种社会建制的思想；在科学价值观方面，应该充分阐明科学的负面价值与内在价值；在科学发展观方面，应当修正"科学成就史观"和"个人英雄史观"，确立"问题史观"，突出科学问题、科学论争与科学家共同体在推动科学发展中的重要作用；在科学家的形象表征方面，应该注意表现科学家从事科学工作更为重要的一些专业性品质（魏冰，1999）。我国改革开放30年课程演进表明，应重视科学教育的地位和作用；注重科学史知识的渗透；增加技术教育的内容；提高科学教师专业化水平（张啊媛，2013）。总之，我国小学科学课程目标和课程内容，从科学知识、科学探究、情感态度与价值观三个维度不断发展变化，科学课程目标和内容逐渐明晰。小学科学课程内容结构逐渐趋于合理（曲铁华、张啊媛，2015）。但也有研究者认为，我国自然教育改革真正起步是1981年，在此之前的33年时间里没有我国自己的自然教材教法体系（谢铁汉，2000）。

一些研究者总结了20世纪中小学科学教育的经验和教训：必须以科学家们所定义的科学为科学教育内容的标准；必须以孩子们的认识背景和认知特点作为科学教育的起点。科学教师的同步培训，尤其是对科学性质的真正理解，是科学教育取得成功的必要保证（张红霞、郁波，2003）。

2.反思与展望

在介绍、分析、比较国外小学科学教育改革与发展的历程与经验的基础上，众多研究者关注我国科学教育包括小学科学教育改革与发展存在的问题，并针对相关问题，提出了众多对策。

研究者认为，我国中小学科学教育中存在的主要问题有：缺乏科学实验；忽视科学方法教育，大多数中小学的科学教学还普遍采用教师讲学生听，教师布置作业，学生练习的模式；忽视科学精神教育。科学知识教育也存在不少问题（涂艳国，1987）。缺乏对科学教育全面普及的认识，对科学教育价值观的理解不全面，课程结构和讲授方法单一，评价目标与观念单一（赵学漱1995）。长期以来，我国科学教育存在着一定政治化与技术化倾向，科学精神缺失，对科学教育的理解片面化，科学价值观出现偏差，文理缺乏沟通（宋广文、李金航，2001）。孤立的科学教育，缺少与人文教育的融合；片面的科学教育，只注重科学知识的教育；非科学的科学教育，过于追求统一的标准答案（曲铁华、梁清，2003）。我国科学教育缺乏基础理论研究，过程和内容目标不平衡、课程内容设计不连贯以及课程实施缺乏横向联系等问题（钟媚、高凌飚，2007）。"长期以来，我国的科学教育，在教育目的上实际上奉行的是工具主义的观念，强调它对于人及社会发展的意义，而在教育实践中又具有很强的狭隘的理性主义色彩，专注于学科自身的体系、方法。"（刘克文，2009）。我国科学教育面临的危机还体现在，"一是生活的异化；一是人的异化。前者表现为科学教育与生活世界剥离，缺失内在价值和探究乐趣，沦为追逐功利的工具；后者表现为科学教育与人的个性发展剥离，失去个性独特性和创造性想象力，沦为泯灭个性的力量。"（李雁冰，2010）。

有研究者分析了我国科学教育问题存在的原因：传统科学思想的影响，近代中国科学文化发育不全，科学教育的理论研究不足（徐书业，2000年第8期）。中国科学教育的困境一方面源于教育内部的赫尔巴特传统教学理论的局限及其带来的弊端，另一方面也受到一定的社会、文化和历史因素的影响（刘德华，2001）。由于我国文化传统的影响，科学教育往往被视为"登不得大雅之堂的工匠末技"，致使中小学教育教学实践充斥着孤立的、片面的、非科学的科学教育（曲铁华、梁清，2003），社会本位的科学教育价值取向影响了科学课程的地位及科学课程的目标设定、内容选择、实施途径、评价方法（王永斌，2003；钟媚、高凌飚，2007，2009；黄海旺，2009）。

基于上述问题与原因，研究者们从不同层面提出了推动我国小学科学课程改革的对策与建议。

为了改变我国小学科学教育存在的问题，需要我们在（小学）科学教育的指导思想、教学思想、目标、内容、方法、评价，甚至师资培训、科学研究等方面进行全面变革，特别是需要按着"科学"的本性和儿童的"探究反射"天性来提高科学教育质量。在思想认识上重视小学科学教育工作，单设自然科学，让小学生从一入学就开始接受科学教育（刘默耕，1984，1986，1988；李培实，1989，1993；童跃年，1993；李华，2003；韦钰，2008）。具体言之，人们从宏观与微观两个层面提出了改进科学教育的对策与建议。

宏观对策。吴国盛在《科学的历程》中从较为宏观的层面讨论我国科学教育改革的问题，提出：通过科学发展的历史叙事，可以阐明科学的社会角色和人文意义，沟通文理，在科学和人文之间架设桥梁。有研究者指出要实现科学的人文价值。实现科学教育—人文教育价值的途径：要加强科学精神与方法论的教育。科学教育不仅仅是强加于个人身上的片段知识和理智工具的总和，其基本目的是关心人的成长，关心人的精神建构。完善科学教育体系，加强科学—人文教育的理论研究，建立科学—人文教育观。坚持以科学为基础和手段，以人文为价值和目的，促进人和社会在物质与精神两方面的和谐发展。确立科学—人文教育的社会价值观。要把科学技术看作是蕴含着价值的复杂的"社会过程""社会事业"，把科学教育看作是包含科学精神、科学方法等人文心理因素在内的统一体。科学—人文学科教育和实践活动相结合（董华、桑宁霞，2001）。明确国民科学素养培育的价值定位，构建科学教育的目标系统，不同阶段的科学教育目标应相衔接，同时中学与小学的目标应有所区别（徐书业，2000）。有研究者从科学哲学、科学社会学、科学教育学视角探讨与考察科学教育改革深层次问题（丁邦平，2002）。切实加强以培养科学素养为核心的中小学科学教育。转变教育观念，确立以创新为核心的综合素质教育观；深化课程改革，进行 STS 教育等综合课程试点；加大经费投入，强化科学教育保障体系。提倡动手实践，开展丰富多样的课内外科技教育特色活动；依托家庭社会，营造自主学习、展示交流、研讨创新的科技氛围（陈曦红，2003）。我国学校科学教育需要在课程目标价值取向上实现从社会本位到个人本位、进而从"学会生存""学会关心"到"学会发展"的根本性超越，以及增加中小学科学教育课时比重等相应的课程政策调整（裴娣娜，2003）。韦钰等在《关于大力推进和正确引导基础教育阶段科学教育改革的建议》中提出，充分认识科学教育的重要性、加强科学教师队伍的建设、科学教育必须从娃娃抓起、支持教育的科学研究、动员社会力量推动我国科学教育的持续快速发展（《工程院院士建议》，2008 年第 3 期）。实现科学教育与工程教育的整合，包括：以已有科学课程为载体，开发整合与不同学科内容相关的工程设计任务；帮助教师整合教育目的，注重科学探究与工程设计的有机结合；组成研究团队，开发探究型整合课程（唐小为、王唯真，2014）。科学教育的目的实现由培养社会少数科技精英转变为培养公民的科学素质，与国际科学教育接轨（张会亮，2017）。科学教育在观念上要指向促进全体学生可持续发展的基本科学素养，防止科学教育与人文教育的人为割裂；在实践层面要让学生在活动中通过探究濡养科学态度、方法、科学本质精神，重视非正式教育等；在制度与管理层面，要优化旨在提升科学素养的教师培养方式，尤其注重提升教师的教育教学水平和教育科研能力（吴晗清、马薇，2017）。除了学校科学教育，还有研究提出重视非正式科学教育，在国家政策层面充分肯定非正式科学教育在儿童及成人终身教育中的作用，大力建设物理的及基于网络的博物馆、科学中心及基于社区的非正式科学教育资源，积极开展科学教育科研，探讨如何将学校科学教育与非正式科学教育相结合（张宝辉，2010）。借鉴美国经验，确立可操作化目标和内容、加强人才队伍建设和基础研究、分主题场所建设，确立科学界的非正式科学教育政策实施路径（万东升、张红霞，2013）。

微观对策。科学教育首先要树立明确的目标定位。"一是要面向全体学生，使他们都能接受基本的科学素养教育；二是要坚持全面的科学教育，使学生在科学知识、科学方法、科学态度、科学精神等方面得到全面的教育。"（王永斌，2007）我国应将科学课程定位为培养学生科学素质的核心课程；课程目标以培养科学素养为宗旨，使学生理解基本的科学概念，体验科学探究的基本过程和方法，培养科学态度，初步了解科学技术与社会的关系；科学课程的内容要满足社会和学生双方面的需要，具有开放性；科学学习要以探究为核心；加强对学生的学业评测，促进科学素养的形成与发展（路培琦，2007；黄海旺，2009）。转变观念，确立科学教育是基础教育核心的观念；优化课程结构，逐步实现科学课程的综合化；营造科学教育的校园文化环境；加强观察和实验教学，提高学生学习科学的兴趣与运用科学方法的能力（韩冰清，2011）。

一些研究者在比较研究的基础上，展望小学科学教育改革的国际趋势：提高小学科学教育的地位，重新认识小学科学教育的作用，把中小学科学教育统一起来；既注重科学教育的普及，又强调科学教育质量的提高；更新科学教学目标，提高小学生的科学素质；加强科学教育理论研究，重视以理论指导科学课程改革；强调探究式科学教学，提高小学生进行科学研究的能力（丁邦平，1998，2001B）。

可见，人们对科学教育的发展特别是英美发达国家和我国科学教育改革与发展展开了不同层次的检讨，描述了发展的基本历程，总结了改革与发展的经验，探讨了存在的问题，提出了解决这些问题的对策，同时对未来科学教育改革与发展进行展望。

三、小学科学教育研究

20世纪50年代，受苏联教育学影响，小学科学教育学在中华人民共和国成立初期曾被称为"小学自然教学法"，一直持续到20世纪90年代。随着课程名称从"自然""常识"到"科学"的变化，21世纪初改"小学科学教学法"为"小学科学课程与教学论"（或"小学科学教育学"）。其发展大致经历了中等师范学校选修课、高等师范院校选修课、小学教育本科专业必修课、研究生专业选修课的系列转变。小学科学教育学的研究涉及科学教育学的研究对象、任务、基础、方法、历史等问题。

（一）关于科学教育研究的对象与任务

1.研究对象

20世纪50年代，苏联对自然教学法的研究对象进行了明确界定：斯卡特金在《小学自然教学法》中指出，"自然教学法是一种教育科学，它研究自然科学的教学过程，并且按照自然科学的发展和苏维埃国家对青年一代教育的要求，来探讨自然科学教学过程的任务、内容、方法和组织。"而我国20世纪50年代到70年代的自然教学法教材并未对自然教学法的对象问题进行明确说明，这一状况持续到20世纪80年代才逐渐改变，自然教学法才开始初步的学科自觉。

有研究者指出:"小学自然教学法是一门教育科学。它研究如何根据马列主义基本原理,正确运用教学规律,进行小学自然科学教学。小学自然教学法研究如何科学地确定小学自然常识教学的目的、任务、教学内容、教学组织形式和教学方法等问题。课堂教学是教学的基本组织形式。自然常识的教学必须通过课堂教学、校园观察、校外参观、校内外各种科学小组活动和课外阅读等进行。小学自然教学法把这些活动作为自己研究的基本对象"(徐仁声,1981:4-5)。小学自然教学法研究小学自然教学的目的和任务、内容和体系,小学自然教学过程的规律、原则、方法和手段等(林有禹等,1983:1)。它科学地、系统地研究小学自然教学的目的、教学内容、教学过程、教学方法、各种课型的教学规律和实践以及自然课外活动的组织和开展等(山东省教学研究室,1992:1)。小学自然教学研究的主要内容有:教学的目的和要求,教学的内容体系,教学过程的规律和原则,教学的方法和手段等等(徐明,1993:2)。一些研究者梳理了科学、科学教育、科学素养、学科教材教法、学科教学论、学科教育学等科学教育学的相关概念,分析了科学教育学的内涵和外延,指出:广义的科学教育学是指应用科学、教育学、心理学、传播学等学科的原理和研究方法,解决在培养具有科学素养的人的过程中(既包括学校科学教育也包括校外的科学普及、科学传播)所遇到的各类问题;狭义的科学教育学研究在学校培养具有科学素养的人的过程中所遇到的问题,主要包括教育目标、教学、课程、资源、评价、教师教育等方面存在的各类问题(李富强、吴晗清,2013)。

2.研究任务

关于小学自然教学法的任务,苏联学者斯卡特金指出:自然教学法的任务就是确定学科的内容,研究教学方法和教学方式的组织,研究必要的教学设备,研究学生接受所授教材的过程和结果,揭露这一切教学因素间的规律性联系,找出自然教学最能帮助实现共产主义教育任务的条件。自然教学法不但应当记述教学现象,解释教学现象,而且还应当拟定一些规则,使教师根据这些规则就能顺利地将自然学科教授给儿童。只有在这种情形下，自然教学法才能成为行动的指导，才能用指出实践道路的先进自然教学理论来武装教师。"小学的每个自然科教师都必须具有很好的自然教学法知识，以便正确地组织这门学科的教学，自然教学法用自然教学理论来武装教师，并帮助教师掌握进行自然教学的熟练技巧。"（人民教育出版社，1954：3）。

以此为背景，我国学者阐述了小学自然教学法的研究任务。如有学者认为，小学自然教学法是一门教育科学，它要研究小学自然常识教学过程中存在哪些规律，人们怎样认识这些规律并运用这些规律采取有效的方法，更好地改进教学，更好地完成党和国家赋予我们培养人才的任务（徐仁声，1981）。一些研究者对小学自然教学的任务进行了分解，如：明确自然教学的任务、目的要求；初步掌握自然教学的一般规律、方法和从事自然教学实践的基本技能，尤其是实验技能；具有分析、处理自然教材和选择教法的能力，掌握实验研究的基础理论和必要知识；具有进行自然教学的初步能力，如备课、上课、课外辅导和指导小学生开展自然研究活动等等（林有禹等，1983）。又如：明确小学自然教学的目的要求；了解小学自然的教学内容，包括选择教学内容的原则以及教学内容的编排体系；初步掌握小学自然教学实施过程的规律，学会运用新的教学指导思想进行教学；初步掌握小学自然课的教学方法，训练自然教学的初步能力（徐明，1993）。有研究者认为，科学教育学从直接处讲主要是促进科学教育的发展，从长远看则是促进科学发展，提升一个国家乃至世界的公民科学素养，提升创新力、竞争力以及综合实力（李富强、吴晗清，2013）。

一些研究者探讨了有关科学教育学的研究内容的问题。有论者认为，科学教育的两个基础性研究包括：对于科学本身的研究和认识，主要是指科学哲学、科学历史和科学社会学等；对于科学教育和教学过程的研究，主要是在科学教育领域的学习理论、学生概念的发展理论等（吴海建，2006）。这一观点将科学学习、科学本质纳入科学教育研究的范围，有助于拓展科学教育学的研究领域。还有学者指出，科学教育学应研究科学教育的全过程，包括：①科学教学目标、课程、教学、资源、评价以及科学教师师资培养等；②既包括基础教育领域科学教育，也包括高等教育中的科学教育；③既包括综合科学教育中的理论和实践问题，也包括分科科学教育中的相关问题；④科学教育学既研究学校科学教育中的问题，同时也研究校外科学教育中的相关问题，包括科学传播及科学普及等（李富强、吴晗清，2013）。这一理解视野广阔，扩展了科学教育的研究内容与范围，但似乎过于宽泛，难以具体实施。一些学者认为，小学自然课程与教学法的任务是"要求师范生明确为什么教科学、怎样教科学、教的效果怎么样"（林长春、彭晋蜀，2019），这一认识简洁明了。

（二）小学科学教育研究的基础与方法

1.研究基础

科学教育需要一定的理论基础，一些研究者分析了小学科学教育学与教育学、心理学、教育心理学的关系（袁孝亭等，1997）。有研究者探讨了科学教育的理论基础，指出科学教育的理论基础包括脑科学研究——左右脑平衡发展、认识论的研究——人的认知结构、建构主义哲学——神经元的研究等（赵学漱，1999）。有研究者探讨了认知科学、科学与科学教育的关系，指出儿童是知识的建构者，剖析了皮亚杰、劳威（Lowery）的儿童思维发展理论对于科学教育的意义，马斯洛、班杜拉、韦纳的学习动机理论对于科学教育的意义，科学的实践性、客观性、主观性、创造性、理智性对科学教育的影响（陈华彬、梁玲，2003）。有研究者分析了科学教育的心理学基础，如儿童思维发展阶段、学习动机、前科学观念、多元智能理论、建构主义理论、STS理论（刘德华，2009）。关注科学教育的理论基础问题，有助于夯实小学科学课程与教学研究根基，促进学科建设。

2.研究方法

关于小学科学教育的研究方法，苏联教育家斯卡特金在《小学自然教学法》中指出："作为教育科学的教学法，其研究方法跟教育学中所用的方法是一样的。研究教学法的专家观察学校中自然教学的过程，分析、比较所观察的事实，查明各种现象间的规律性联系，用实验来检验所得结论和概括正确与否,并且由于这一切而确定自然教学法的法则、原则和规则。观察和实验乃是自然教学法范围中最重要的研究方法。但是,要从观察和实验中得到可靠的事实,要从观察和实验中作出正确的科学结论,研究者就应该依据一般的认识方法论——辩证唯物论。"(人民教育出版社,1954:2)。

我国有学者在讨论自然教学法的研究方法时指出,小学自然教学法同其他一切科学一样,必须以马列主义唯物辩证法为自己研究的指导方法,实事求是地进行科学研究。小学自然教学法是教育科学,所以教育科学的研究方法,对它也同样适用。小学自然教学法最经常使用的方法有观察、实验、谈话、研究学生作业、测验、个案研究、文件、档案、有关书籍及文献研究等。对学生作业的研究包括卷面分析、课内外作业、科技小组作品等方面。学生的学习情况、心理活动,往往从作业上反映出来,有经验的研究人员都很重视对学生作业的研究(徐仁声,1981:5-7)。有研究者对20世纪80年代的科学教育论文进行统计分析后发现,大部分科学教育理论还只是停留在定性的、谈体会、谈经验、谈感想阶段,而不是按照科学研究的程序,通过系统实验或科学的调查统计,经过一定的逻辑程序得出的结果,并据此提出需要提高我国科学教育理论的研究水平,诸如:改进研究生培养制度,造就一批具有一定哲学思想的高级科研人员;调整、规划我国科学教育研究的层次与比例,把研究重点放在科学教育的一般理论上;革新现行以思辨为主、经验为主的科学教育研究方法,提高科研人员的研究素质(柳秀峰,1988)。

除了研究方法,还有研究者阐述了小学自然教学法的学习方法:明确学习目的,端庄学习态度;密切结合心理学、教育学进行学习;学好数学、物理、化学、生物、地理等有关学科的知识,为学习小学自然教学法打好基础;要特别重视理论联系实际(山东省教学研究室编,1992)。努力掌握与本课密切联系的各门学科;注意将教学法的理论与小学自然教学的实际相联系;注意努力锻炼各方面的能力(徐明,1993)。

(三)科学教育研究的发展历程

我国初期的小学自然教学研究始于苏联的自然教学法的翻译、介绍,这些译介填补了新中国自然教学法的空白，苏联自然教学法为我国自然教学研究提供了蓝本与参照框架。20世纪50年代全面学习苏联，教育科学研究包括小学科学教育研究大多是对苏联研究成果的介绍，1952年人民教育出版社翻译苏联凯洛夫主编的《教育学》，该书成为新中国教育学的范本。在自然教学研究方面，20世纪50年代翻译出版了苏联教育学者斯卡特金著的《小学自然常识教学法》（东北教育社，1950），这是最早的苏联教材的译介。1954年翻译出版了斯卡特金1951年修订后的《小学自然教学法》（人民教育出版社，1954）。这两本著作是我们现在能看到的最早译介的苏联自然教学研究著作。此间，我国一些研究者出版的著作有刘默耕的《自然教学经验点滴》（中华书局，1952）、江乃莩的《小学自然教学法》（人民教育出版社，1953）、赵廷为的《小学自然教学法讲话》（湖北人民出版社，1957）等。这些教材或著作大量引用苏联的研究成果，如苏联雅果多夫斯基的《自然教学法问题》、马尔金的《小学自然参观》、贝露西的《小学三年级自然教学经验》等，足见苏联对我国自然教学及其研究的影响。为了配合小学教师的自然教学，一些出版社出版了小学自然教学参考书。20世纪60年代随着中苏关系交恶，日本、欧美国家小学自然教学研究成果开始介绍到我国，如1960年司荫贞译《日本小学教学大纲（理科部分）》，该文在《小学教学》六、七合刊上发表，让教育工作者首次了解到日本自然教学状况。但"文革"的发生，打破了小学自然教学研究的进程，教育研究被迫中断。

  1978年，"十一届三中全会"召开，中国走向改革开放，历史揭开新的一页。高考恢复，大学开始招生，培养小学教师的中等师范学校也陆续恢复招生。除了小学语文教学法、小学数学教学法，一些中等师范学校开始为学生开设《小学自然教学法》选修课程，有的中等师范学校教师开始编写小学自然教学讲义，出版教材。为了配合小学自然教学，一些出版社出版了教师教学用书，如《小学自然常识教学参考书》（人民教育出版社，1979）。该书包括1—4册，为教师提供帮助，以确保小学自然教学的质量。该时期出版的著作、教材有：赵秀琴编译的《日本中小学的科学技术教育》，日本举博幸的

《怎样学好自然常识》（上海教育出版社，1980），美国赫德、加拉赫的《小学科学教育的新方向》（文化教育出版社，1980）等。此外，人民教育出版社1979年编译出版《中小学教学改革的理论与实际》，1980年编译出版《中小学课程和教学》，这些著作对国际中小学各科教学包括小学自然教学的最新成果进行评介，推动了小学自然的教学与研究。在编译介绍国外研究成果的同时，国内学者的相关研究成果开始增多。主要有：程琳的《小学科学教学与研究》（科学出版社，1980），徐仁声的《小学自然教学法》（北京师范大学出版社，1981），林有禹、陈国麟、陈湘、沈振善编写的《小学自然教学法》（人民教育出版社，1983）等。

20世纪90年代，我国的经济、政治、教育等各个领域进行了大范围改革，美国、日本及一些欧洲国家的科学教育研究成果开始介绍到我国，加快了我国科学教育研究的进程。1986年《中华人民共和国义务教育法》颁布，1992年颁布新的义务教育课程计划，小学自然教学大纲修订出版。在此背景下，小学自然教学开始活跃，涌现了教学实验热潮，自然教学进入佳境。1985年，《小学自然教学》杂志创办（2003年改为《科学启蒙教育·科学课》，2012年改为《探秘·科学课》，后来更名为《湖北教育·科学课》，并入《科教导刊》）。该杂志1985年为季刊，1986年改为双月刊，1998年改为月刊，它对交流自然教学经验，传播自然教学研究成果，产生了积极的影响。本时期的小学自然教学著作有：赵学漱的《中小学科学教育改革》（广东教育出版社，1995）、欧阳钟仁的《科学教育概论》（台北五南图书出版公司，1998）、顾志跃的《科学教育概论》（科学出版社，1999）等。自然教学法教材主要有：山东省教学研究室编写的《自然教学法》（山东教育出版社，1992）、潘留芳的《小学自然教学法》（首都师范大学出版社，1993）、徐明的《小学自然教学法》（武汉市江汉印刷厂，1993）等。

2001年《基础教育课程改革纲要（试行）》发布，揭开了新世纪我国基础教育改革的历史序幕。《自然》改为《科学》，《义务教育科学（3-6年级）课程标准（实验）》颁布，对自然教学提出了新的挑战。为了适应新的课程改革要求，小学自然教育研究进入一个新的阶段，成果不断涌现。与以前阶段不同的是，该阶段的成果数量与质量都得到大幅度的提升，出版了众多小学科学课程与教学论教材、著作，围绕众多小学科学教育问题展开了研究。小学科学课程与教学教材，如：何光勇的《小学自然教学研究》（西南师范大学出版社，2001），袁运开、蔡铁权的《科学课程与教学论》（浙江教育出版社，2003），张红霞《小学科学课程与教学》（高等教育出版社，2004年第1版，2010年第2版），吴俊明等《科学教育基础》（科学出版社，2008），刘德华的《小学科学课程与教学》（人民大学出版社，2009），李太平、潘建红、杨黎明的《科学教育论》（人民出版社，2010），潘洪建著《小学自然·科学课程发展60年（1949-2009)》（吉林出版集团，2012），廖伯琴的《科学教育学》（科学出版社，2013），丁邦平主编《小学科学有效教学》（北京师范大学出版社，2015），张二庆、乔建生的《小学科学课程与教学》（北京师范大学出版社，2016），董孔庆、姚旻著的《科学教育实验实训教程》（经济科学出版社，2017），李德强的《小学科学教学变化与展望》（湖北教育出版社，2019），林长春、彭蜀晋主编《小学科学课程与教学》（西南大学出版社，2019）。同时，翻译介绍了一批国外自然科学教育研究新成果，如美国施瓦布的著作《科学、课程与通识教育》等，出版了一些影响较大的科学普及读物，如英国科学家霍金的《时间简史》、吴国盛的《科学的历程》等，为科学教育创设了良好的社会氛围。

从有关小学教育学的性质、对象、任务、方法的研究看，70年来的小学科学教育研究尽管涉及上述内容并取得了一定的研究成果，但整体上看，学科建设的自觉水平与成就还不及小学语文、小学数学等学科，学科建设的自我意识尚待加强。

四、小学科学教育研究的代表性人物

70年来，致力于科学教育研究的人员众多，成果丰硕。这里主要选取三位小学科学教育专家，他们分别是：美国哈佛大学的兰本达教授、人民教育

出版社的刘默耕、天津二师附小的路培琦。下面就他们的教育实践与研究展开述评。

(一) 兰本达

兰本达 (Brenda Lansdown, 1904—1990) 是美国哈佛大学教授, 长期从事理科教学与科学教育研究。20世纪40年代提出"探究—研讨"教学法, 在美国和加纳等国小学进行实验探索和推广工作。1971年与他人合著出版《小学科学教育的"探究—研讨"教学法》一书 (后修订再版)。1977年后多次访问中国, 开展学术演讲和教学实验, 与我国科学教育界学者、教师建立了深厚的友谊。1984年5月在由联合国儿童基金会、北京师范大学、课程教材研究所联合举办的"小学数学、自然课教材教法研讨会"上, 80岁高龄的兰本达教授与另几位美国教师合作, 为我国小学自然教师系统介绍"探究—研讨"教学法, 并进行现场教学, 反响强烈。此后, 我国一大批教师尝试运用"探究—研讨"教学法改革自然教学, 探索新的教学方法, 引发了小学自然教学改革热潮。兰本达教授多次为《小学自然教学》等杂志撰写教学理论文章, 评点我国小学自然课例, 对我国小学科学教学改革产生了重要影响。1990年人民教育出版社出版了她20世纪50年代后期完成的《物理学家是怎样工作的》, 该书主要介绍物理学家的工作方法和生活经历, 激励与引导学生开展科学探究, 颇受青少年学生欢迎。

兰本达的《小学科学教育的"探究—研讨"教学法》中文版序言中强调: "通过对自然事物的观察、描述、互相交流感受和解释, 在思想上形成解释认识对象的模型, 然后在实践中加以检验, 从而找出纷繁复杂的现象之间的关系和联系, 形成对自然界的有秩序的理解。"该方法重视"概念"而不是"经验", 经验在这里只是形成概念的材料, 不是学习的目标。仅有零碎的概念还不够, 还需要将它们组织成为"概念体系"。学生在探究与研讨的基础上, 将分散的经验重新组织、提升, 形成概念, 并将一些概念构成"概念体系"。概念体系是"关于宇宙自然界的最高的抽象"。概念体系的建立, 本身就是一个探究的过程。"探究—研讨"教学法重视的是"概念"而不是"经验"。

关于概念的作用。兰本达在《社会结构、思想方法、教学方法：它们之间的相互关系——1982年5月在北京师范大学的演讲（修订稿）》（《课程·教材·教法》，1983年第1期）中指出："形成概念是人类的一大成就。据了解，这种能力是其他动物所没有的。概念的作用是把每天袭击我们各种感官的成千上万的信息，概括成为较大的总体。通过想象以及后来在新情况下的应用，这些较大的总体就变得更加丰富和完整。从而，当现实事物不在眼前的时候，概念就在各种各样客观存在之间，起着重要的桥梁作用。"历史文化背景、人现实所处的直接环境、人的认知发展水平影响概念的形成。"人们把外界信息通过一系列发展的过程编入较大的和更大的总体。自然每人随时都进行着某些这样的编织概念的活动，因为这是生存所必需的，但通过教育的参与，非常丰富而强有力的概念结构就形成了。"兰本达认为概念意味着一种思想运动的形式，一种属于抽象范畴的创造性思维；"探究—研讨"教学法则帮助儿童从经验上升到概念。"探究—研讨"教学法就是要给孩子们一个机会去运用他们自己所选择的事实，去思考，从而发现其中的关系和形式，获得解释，并建立关于自然界的概念。在她看来，教育不是为了学生不断地积累事实，而是让学生"学习那些从许多门学科中抽出的比较主要的概念，较为广博的课题、思想和原理，而且能够将它们运用到更为广阔的领域中去。"（兰本达《造就具有新思想的未来公民》，《科学课》1988年第12期）。她参照维果斯基语言思维的理论，剖析了概念形成的四个发展阶段：混合思维、复合思维、前概念思维、概念思维，强调教育干预在帮助儿童提高概念思维水平方面的关键作用。

关于有结构的材料。兰本达等在《小学科学教育的"探究—研讨"教学法》中提出选择材料的标准：教材应和科学上重要的概念有关；材料应能引起孩子们的兴趣；材料应有多种的相互作用；应该有较广的余地，使能用许多不同的路子进行探索研究；每个孩子应有足够的材料。

关于集体研讨问题。兰本达在《社会结构、思想方法、教学方法：它们之间的相互关系——1982年5月在北京师范大学的演讲（修订稿）》中认为研讨的目的在于："要孩子们一块儿来思考，从大家互相交流感觉和思想的过程中提高每一个儿童的概念水平，帮助儿童沿着形成概念的方向（概念箭）前进。因此孩子们必须自己想，并且把他们自己的思想用自己的语言表达出来。"为此，"教师要挑选和设计实物材料，根据课内进行的情况，挑选下一课时的教材，使概念进一步发展"，"教师还要设法使不爱讲话的学生讲出他的意见，使爱讲话的不要讲得太多。要鼓励孩子们相互之间讲，对大家讲，而不总是对老师讲"。（"研讨的意义"就是"在一块儿讲"）为了进一步贯彻这个原则，教师和孩子们围成一个圆圈坐下，这样师生全都能面对面地看到每一个人，而且是处于同等地位。教师的另一个重要职能是要非常注意地去倾听。一部分原因是去了解每一个儿童的思想，另一部分原因是要在儿童的发言中挑出矛盾。教师要使儿童对矛盾有警觉，并要儿童自己解决矛盾。他们是能够解决矛盾的。最重要的是教师既不要对儿童所说的话进行推断，也不要给他们回答问题或解释。教师主要的职责是非常敏感地倾听。当讨论进入死胡同时，教师可提出一些改变讨论方向的问题。为此，需要努力为儿童建立探究情境，精心设计探究的问题。此外，她还分析了教学方法对于形成学生思想体系的作用，指出"一定的教学方法形成相应的思想体系"，探讨了教师语言、学生非语言对科学教学的影响。

兰本达的"探究—研讨"教学法在我国产生了重要影响。一些研究者基于"探究—研讨"教学法开展了"发现—交流"式科学观察、"探索—讨论"式科学实验、"积累—解释"式科学阅读等形式的科学探究教学实践探索，促进了我国小学科学教学改革（邵锋星，2014）。

附录：兰本达在中国发表的其他文章

[美]兰本达:《"探究—研讨"教学法的优点》,《科学启蒙教育》1987年第6、8期。
[美]兰本达:《教师从研讨中知道了什么》,《小学自然教学》1988年第6、8期。
[美]兰本达:《造就具有新思想的未来公民》,《小学自然教学》1988年第12期。
[美]兰本达:《孩子们从"探究—研讨"法里学习什么》,《小学自然教学》1988年

第 3 期。

〔美〕兰本达：《随笔之一：你们发展了适合中国的"探究—研讨"教学法》，《小学自然教学》1989 年第 2 期。

〔美〕兰本达：《随笔之二：再论概念》，《小学自然教学》1989 年第 3 期。

〔美〕兰本达：《随笔之三：孩子们会犯错误吗》，《小学自然教学》1989 年第 4 期。

〔美〕兰本达：《随笔之四：教师的语言影响着学生的逻辑》，《小学自然教学》1989 年第 5 期。

〔美〕兰本达：《随笔之五：面向整体概念》，《小学自然教学》1989 年第 6 期。

〔美〕兰本达：《那边山里有珍宝——简评中国小学〈自然〉教材、教法的改革》，《课程·教材·教法》1991 年第 2 期。

（二）刘默耕

刘默耕（1922—2000）生于贵州省贵阳市，曾就读于西南联合大学数学系。先后在解放区行知学校、北京育才小学任教，后任人民教育出版社生物自然室编辑、编辑室副主任等职。历任全国中小学教材审定委员会自然学科审查委员、九年制义务教育小学自然教材顾问、《小学自然教学》杂志顾问，参与起草新中国成立后历次小学自然教学大纲，并主持编写小学自然课本、教学指导书及师范学校自然教学法等书。著作有《小学自然课改探索》等，翻译《自然教学经验点滴》《小学自然课改革研究》《小学科学教育的新方向》《小学科学教育的"探究—研讨"教学法》等著作，为新中国小学自然教学做出了突出贡献。

关于自然课的教育价值、意义。他说："习惯上多半只把'科学'理解为那种已经印成书的一套套系统的科学知识。目前的理解，那一套套的系统科学知识是'科学'的成果，属于'科学'的一个部分，但不是科学的全部。'科学'包含着探究自然的程序和经历。"这种探究自然的程序和经历是一种实践行动。这种"探究自然的实践行动才是'科学'的最本质的内涵"。（刘默耕，1984）

"《自然常识》是在小学阶段对儿童进行科学教育的启蒙课。儿童时代的启蒙教育对人的一生的影响是巨大而深远的。""我们如果重视《自然常识》，充分发挥它的启蒙作用，将不知会播下多少未来科学技术人才的种子；如果小学不重视科学启蒙教育，例如头几年缺乏科学教育，或者语文、数学作业过重，剥夺了儿童接近自然界的机会，等等，那么，无数未来科技人才种子的生机将被窒息。"（刘默耕，1980）"要保证低年级的科学教育不落空，就必须单设自然学科；从观念的改变入手解决好低年级的自然教材问题和教学问题。自然课的主要任务是指导儿童去认识周围的世界，因此教科书可以不必有很多文字甚至可以完全没有文字，只有图画；掌握小学自然教学大纲，要善于'看到'没写出来的内容。"（刘默耕，1989）"小学科学教育（包括自然课）要改革好、要搞上去，面临的主要问题是认识问题。具体说，就是各级行政领导、小学科学教育工作者以及社会各方面，对小学科学教育到底有多大的重要性，应该把它放在一个什么样的恰当位置上，要不要改革等问题的认识。"（刘默耕，1986）

关于自然教学目的。认识周围世界，包括自然世界与人工世界。人工世界又可分为"人控自然"（如自然保护区）、"人改自然"（如栽培植物、饲养动物）、"人造自然"（如机器、塑料）、"人工智能"（如电子计算机、人工智能机）几个层次。具体而言，小学自然教学的目的是："发展儿童爱科学、学科学、用科学的志趣和能力。""指导儿童初步认识自然界和人类对自然界的探索、利用、改造和保护，从而使他们获得基本的自然科学常识，发展儿童爱科学、学科学、用科学的志趣和能力，受到正确自然观、科学态度、爱家乡爱社会主义祖国等思想熏陶，促进他们的身心健康发展。"一句话，就是提高儿童的科学素质（刘默耕，1986）。教学过程需要"一箭多雕"，教学效果需要"一石激起千层浪"。"传授知识和培养能力是同一教学过程必然获取的两方面结果"，要"自觉地通过适当的教学内容和教学方法来使儿童既获得有价值的基础知识，又逐步发展多方面的智慧才能"。

关于自然教学大纲问题。刘默耕组织起草了1982年使用的新编小学自然教学大纲。他将该大纲教育思想的核心归纳为："一举多得，一箭多雕"

"一石激起千层浪"。他比较了 1978 年和 1982 年两个自然教学大纲并指出，"旧大纲（包括前几个）它是以书本知识，就是以'本本'为认识对象，新大纲是以活生生的自然界作为认识对象"。

关于自然课教材问题。他指出，自然课的教材教法必须进行改革。首先，从自然课教学的指导思想来说，不应该仅仅是为儿童储备日后需用的现成知识，而应该是既重视基础知识的教学、基本技能的培养，又重视通过基础知识、基本技能的教学，培养儿童自行获取知识技能的兴趣爱好和智慧技能。这样，他们现时和日后不仅可以继承一些必要的前人积累的知识，还有可能运用获得的知识，甚至有可能自己去获得新知识。其次，教育内容要改革：把着重点从贪多求全、细大不捐，转移到精选基础知识，尽可能做到能使学生举一而反三，闻一而知十。

关于自然课教学改革问题。他把 20 世纪 80 年代自然教学法归纳为"传授法""发现法""科学加工过程法"和"相互作用法"四大类（刘默耕，1987）。自然教学就是由老师指导学生去认识、去应用，在指导过程中，因势利导，不要硬灌、一言堂、满堂灌，要发挥学生的主动性、创造性、积极性。师生共同探究，两个积极性都发挥起来。自然教学需要：依靠观察、调查、收集掌握大量的事实；要整理这些事实；要进一步整理研究这些资料，发现其中的规律；要发动小孩子来创造性地对这些规律进行解释。改革自然教学的思路有："一举多得""点石成金""一石激起千层浪""行虽微而旨趣远，出虽浅而寓意深"等。自然教学要让学生能像科学家那样"真刀真枪"地"搞科学"。

刘忠学在《刘默耕先生的小学科学教学思想简述》一文中将刘默耕的教学思想概括为：科学不仅仅是系统的科学知识和成果，还是探索自然的程序和经历；自然课是对儿童进行科学启蒙教育的一门重要学科；培养具有科学素养的人才是科学教育的主要目的；改变传统的灌输式的教学，提倡以学生为主体的探究式教学；科学知识与科学能力的培养没有主次之分；要学习和吸收西方的发达国家先进的科学教育经验；了解中国的科学教学，基于我国国情进行科学教学和改革。张军霞在《继承刘默耕科学教育思想 深化小学科学教育改革》一文中概括：刘默耕先生将小学自然提高到了科学教育的地位，指出自然课是科学启蒙教育课。自然课不仅要传授知识，其本质的内涵是科学的实践行动。通过科学的实践让学生自行获取知识技能、开发学生智力、培养学生科学的自然观和实事求是的科学态度。刘默耕先生提出，把自然事物作为第一性的教材，不能迷信权威。自然教学要以本学科的目的要求为指导，通过教师的教和导，培养学生的兴趣，培养学生的观察、实验、逻辑思维、想象、动手和创造等能力。从教学内容出发，潜移默化地进行思想教育。

《小学自然教学》杂志发表了关于刘默耕自然教学改革的系列短文：

《小学自然教学的教学模式——学习刘默耕小学科学教育思想之一》，《小学自然教学》1999 年第 6 期。

《自然课改革教学思想的核心——学习刘默耕小学科学教育思想之二》，《小学自然教学》1999 年第 10 期。

《自然课改革的突破口——学习刘默耕小学科学教育思想之三》，《小学自然教学》1999 年第 11 期。

《卓越的大局观——学习刘默耕小学科学教育思想之四》，《小学自然教学》1999 年第 12 期。

《自然课改革怎样理解"能力"——学习刘默耕小学科学教育思想之五》，《小学自然教学》2000 年第 2 期。

《实施素质教育的必由之路——学习刘默耕小学科学教育思想之六》，《小学自然教学》2000 年第 3 期。

（三）路培琦

路培琦，1941 年生，天津二师附小特级教师，苏教版《科学》教材主编。原中国教育学会小学科学教育专业委员会理事、国家教委中小学教材审定委员会自然学科审查委员。20 世纪 80 年代初，受兰本达来华讲学交流的影响与鼓舞，我国小学自然教师中涌现了一批智慧和勇敢的探索者，如当时天津二师附小的路培琦、上海市卢湾区第二中心小学的李子平和杭州市天长小学的章鼎儿三位老师（北京桂馨慈善基金会，2012）。其中，路培琦的探索与实践影响较大。他在刘默耕、胡梦玉、兰本达教授的直接指导和启发下，大胆改革，勇于实践，为我国的小学自然教育改革从观念向实践的转化作出了积极贡献。他创造出的《植物的果实》《爬行动物》《测量一杯热水的温度》《小天平》《树叶和人》《玩注射器》等一系列优秀课例，产生了良好的示范作用，推动了小学自然课堂教学的改革与发展（郁波，1999）。路培琦的改革与探索主要体现在教学过程、教学目标、教学内容，教学方式和教学评价等方面。

关于自然教学过程。他强调从学生解决问题的需求出发，通过讨论、争论，引起学生的学习兴趣，产生学习的动机，然后在这种心理需求的前提下展开系列认识活动。而这种认识活动又应当以学生的动手实践、自行探索为基础，从学生表述探索中的发现以及对探索中的问题进行充分研讨中建立科学概念。"科学教育是学生人生经历的一部分，科学教育不是为了让学生背一个个定理，记一个个结论，而是要让学生有一段研究科学的经历。"（曾宝俊，2002）

关于教学目标。他主张指导儿童直接认识周围的自然事物，强调以大自然为认识对象，不要只是从书本里"掏"知识。他将思维能力分解为分析、综合、抽象、归纳、演绎、类比六大类，关注学生思维的广阔性、深刻性、独立性、批判性、灵活性和敏捷性的发展。为达到上述目的，他强调教师在日常教学中创造培养环境，给孩子们训练思维的机会。在多个自然课例中探索、尝试培养学生的定量观察能力，借数学逻辑思维方法，发展儿童认识自然规律的能力，同时在感性上渗透一点高深科学概念，发展认识能力，提高儿童的科学素质（路培琦，1988）。

关于教学内容。他认为，课本只是教学的工具，是学生学习的一个媒体；自然学科的教学内容必须不断更新，而且教师应及时根据学生的需要和社会的需要确定新的教学内容。为此，他亲自编写和改编了教材数十篇，其中有反映对自然教学进行整体思维的《树叶和人》；有反映教孩子用数学方法学自然的《测量一杯热水的温度》；有反映"玩中学"教学思想的《玩注射器》等。这些教材丰富了我国小学自然学科的教学内容，而且为教材改革开辟了新的思路。

关于教学方法。他提倡在课堂上给学生提供鲜活的大自然的实物材料，让学生亲身去感知和探究，以获得对大自然的深切了解；强调实物教学，通过实物让学生观察、实验、研究。他关注教学手段（教具、学具）、教学环节和提问策略，认为这些细节对教学的效果会产生很大影响。他围绕"让学生自行获取知识"这一主题，以"探究—研讨"为核心，从教师的角度主要归纳了两点：一是为学生自行获取知识创造条件，二是对学生的主动探索活动给予必要的指导和启发。为了增长学生认识世界的直接经验，他课前认真进行实地勘察，做好室外课的各项准备；他亲自带领学生采集标本、观察星空；他竭尽全力为学生准备各种实物材料，让学生进行研究。同时他非常注重引导学生把对自然知识的学习扩展到日常生活中去，培养学生对科学的兴趣和热爱，使自然课的教学成为一个真正开放的系统。他重视学生在课堂上的表达。为了让学生能够在课堂上自由地表达，他特别注意把时间留给学生，在课堂上尽量让学生多说，尤其是那些表达能力稍差的学生。对于学生探索活动的必要指导和启发，他认为需要做到：课前进行教学模式的选定和教学过程的设计，同时要准备好实物教材；激发学生学习兴趣和求知欲，创造良好的学习氛围和情境；加强课堂教学的组织工作，要能放得开又收得拢，培养良好的学习习惯和课堂常规；教会学生"学"的方法，特别是怎样观察，怎样做实验，应该注意什么；组织好课后的研究活动，使学生的学习兴趣持续发展；对某些知识做必要的讲解和传授。他说："孩子们知识的增长速度相当快，他们能通过各种渠道获得许多信息。而科学教师是个什么角色？是带领孩子们一起到井里、到河里去挑水的人。假如水是知识的话，要带领孩子去获取知识，要教给孩子打水的方法，让孩子自己去挑水，而不是代替孩子去打水。学习是孩子自己的事情，别人不能代替，必须是他们自己学会的。"

(路培琦，2013)他开展了"定量观察课"试验，探讨了课堂教学结构：提出问题、学生做出假设、师生共同设计实验、学生独立或半独立实验、汇报实验结果、师生共同研讨归纳结论（路培琦，1989）。

关于教学评价。他主张从宏观和微观两个方面入手。他强调看一节课首先要看教学的指导思想，要透过这节课的构思、设计和所采取的手段评价教师对这门学科的理解和教师的教育观念；还要看课堂教学究竟是在单纯地追求知识，还是在寻求学生能力的提高以至整体素质的发展。

第二章　小学科学课程研究

课程是学校教育的重要载体，课程研究是科学教育研究的重要组成部分。70年来，我国小学科学课程研究在科学素养目标、小学科学课程标准、科学教材、课程设计、课程实施等领域取得了丰硕成果。本章回顾小学科学课程的研究历程，概述其主要成就，反思研究存在的问题，并对未来发展进行展望。

第一节　研究历程

小学科学课程的研究历程可大致分为 1949—1976 年、1977—1999 年、2000—2019 年 3 个时段。本部分介绍每个阶段的社会文化背景，梳理主要成果，揭示阶段特征，勾勒小学科学课程研究发展的基本轮廓。

一、1949—1976 年的小学科学课程研究

（一）阶段背景

1949 年新中国成立，我国进入一个新的发展时期。1949—1978 年我国发布了 5 个教学大纲，即 1950 年的《小学高年级自然课程暂行标准初稿》、1956 年《大纲》、1963 年《大纲》、1977 年《大纲》和 1978 年《大纲》。"文革"前，教育部颁布了两个正式的小学自然教学大纲，一个是 1956 年的《小学自然教学大纲（草案）》，这是新中国第一个小学自然教学大纲；另一个是 1963 年制定的《全日制小学自然教学大纲（草案）》。"文革"结束后，1978

年教育部发布《全日制十年制学校小学自然常识教学大纲（试行草案）》。1956年、1963年、1978年的三个大纲为小学自然教学提供了基本框架，具有重要的指导性作用。

(二) 主要研究内容

本阶段研究的主要内容有：(1) 教学大纲的研究，重点是对国家颁布的教学大纲的解读，如刘默耕1957年在《谈谈"小学自然教学大纲（草案）"》中对1956年"大纲"的介绍。(2)教材研究，对国内出版社特别是人民教育出版社出版的《常识》教材的理解。教材研究的文章如吴戈1953年《认识自然新课本的优点，改进我们的自然教学》，王小村1959年《关于新编小学课本自然第二册的几点说明》等，介绍当时出版的教材范围与内容，说明其编写意图，对教材内容特点进行一定的分析。(3) 自然教学手段（课程资源）的研究，如1954年范钦安、朱纯谟译苏联斯卡特金的《小学自然教学法》、1955年沈阳市的《小学自然教学（讲义初稿）》、1957年赵廷为的《小学自然讲话》中均有"教具""辅助教具""农业耕作区""教学设备""自然角""实验园地"等章节，介绍自然教学手段的意义、种类、特点及其使用的问题。

(三) 阶段特征

本阶段的基本特征为：(1) 课程研究以教学大纲与教材的介绍与解读为主，研究的基本任务是宣传教学大纲的精神，理解新教材的内容、范围与特点，问题讨论与反思研究较少。(2)研究领域较窄，除了对教学大纲与教材的解读研究，几乎没有涉及课程与教材设计研究，关于教具、学具与教学手段进行一般介绍的教材较多，而研究论文较少。(3)研究仅仅限于国内，几乎没有对国外小学自然教学大纲与教材的介绍与研究，视野比较狭窄。

二、1977—1999年的小学科学课程研究

(一) 阶段背景

1977年教育部发布《全日制十年制学校小学自然常识教学大纲（试行草案）》，小学自然教学步入正轨。20世纪80年代以后中国教育发展进入一个新

的历史时期，其标志性事件是 1985 年《中共中央关于教育体制改革的决定》和 1986 年《中华人民共和国义务教育法》的颁布，它们为中小学教育提供了基本制度文本与法律框架，加速了中小学教育教学改革的步伐。本阶段颁布的 4 个教学大纲分别为：1978 年颁布《全日制十年制学校小学自然常识教学大纲（试行草案）》（该大纲是 1977 年自然教学大纲的修订版），1986 年《全日制小学自然教学大纲》，1988 年《九年义务教育全日制小学自然教学大纲（初审稿）》，1992 年《九年义务教育全日制小学自然教学大纲（试用）》，4 个大纲为小学自然教育描绘了新的课程蓝图。至此，小学自然课程开始了从指导思想到教材、教法的全面改革，"一纲多本"的实施，揭开了小学自然课程与教学多元化探索的序幕。在"改革开放"的大背景下，国外科学教育的书籍开始被翻译介绍到我国，如 1992 年国家教育发展研究中心编写的《发达国家教育改革的动向和趋势》(人民教育出版社，1992)，开启了真正的课程研究，课程开发与设计成为一个新的研究领域。

（二）主要研究内容

本阶段的主要研究内容有：（1）自然教学大纲的研究。对新颁布的教学大纲及其修订进行解读与说明，如林有禹 1982 年发表的《传授知识，培养能力——学习小学自然教学大纲的体会》，对 1982 年"大纲"（二稿）进行解读（该大纲未正式颁布，但学界关注度较高）。此外还有：李培实 1989 年《谈现行<全日制小学自然教学大纲>的修订》，刘宗起、林有禹 1992 年的《九年义务教育小学自然教学大纲审查说明》等。（2）自然教材的研究。分析自然教材的内容及其特点，如戴冰青 1993 年《义务教育小学自然教学大纲及新教材第一册教材特点》。（3）课程设计的研究。开始了对自然课程目标、内容及其设计的理性思考，而不仅仅局限于对教学大纲相关规定的说明与解释。如 1997 年刘知新的《对科学教育目的及理科课程开发的思考》，该篇文章在介绍国内外有关理科课程目标、设计类型与开发模式时提出了对理科课程设计的一些思考，具有起步意义。（4）自然教学手段（课程资源）的研究。众多国内小学自然教学法教材，如 1981 年徐仁声的《小学自然教学法》、1983

年林有禹等的《小学自然教学法》、1992年山东省教学研究室的《小学自然教学法》等专门辟有"教学设备"一章，探讨自然教学手段的类型及其运用问题。

（三）阶段特征

本阶段的基本特征：(1) 课程研究仍以对教学大纲与教材的介绍与解读为主，宣传教学大纲的精神，但也开始关注研究新教材的结构、层次，分析课文的表达模式，理性色彩有所增强。 (2) 研究领域开始扩大，随着改革开放的推进，一些研究者开始介绍国外自然学科课程与教学状况，如史朝1988年的《美国小学的科学教育》、姚伟1992年的《美国小学科学教育课程的特点》、王岳1992年的《英国小学的科学教育》、钟启泉1995年的《战后日本理科课程的发展轨迹》等论文，以及冯生尧1998年的著作《亚洲"四小龙"课程实践研究》（福建教育出版社，1998），自然课程与教材设计问题进入人们的研究视野。 (3) 研究不再局限于国内，国外课程理论著作开始被零星介绍到国内，如美国赫德、加拉赫的《小学科学教育的新方向》（文化教育出版社，1980），兰本达、布莱克伍德、布兰德韦恩的《小学科学教育的"探究—研讨"教学法》（人民教育出版社，1983），英国丹尼斯·劳顿等的《课程研究的理论与实践》（人民教育出版社，1985），英国赫胥黎的《科学教育》（人民教育出版社，1990）等，这些著作的翻译和出版，拓展了研究者的视野。

三、2000—2019年的小学科学课程研究

（一）阶段背景

世纪之交，中共中央、国务院1999年组织展开了第三次全国教育工作会议，发布了《关于深化教育改革，全面推进素质教育的决定》，吹响了基础教育课程改革的号角。1999年5月教育部启动了中华人民共和国成立以来的第八次课程改革（又称"新一轮课程改革"或简称"新课改"）。经过广泛讨论和反复修改，2001年6月颁布《基础教育课程改革纲要（试行）》，揭开了21世纪我国基础教育课程改革的序幕。2001年以来，我国共发布2个版本的小

学科学课程标准，即 2001 年的"标准"与 2017 年的"标准"。2001 年颁布《科学（3~6 年级）课程标准》（实验稿），课程名称由"自然"改为"科学"。历经十余年的试验、讨论、完善，2017 年颁布修订后的《义务教育小学科学课程标准》，加快了小学科学课程改革的进程。

（二）主要研究内容

1.课程标准的研究。既有对我国课程标准的研究，又有对中外课程标准比较的研究。我国课程标准研究主要包括对国家颁布的 2 个版本课程标准的解读，如：2001 年标准颁布后，鲍骏的《从〈自然教学大纲〉到〈科学课程标准〉》，谢铁汉、张燕燕的《准确把握〈科学课程标准〉的内涵》，国家小学科学课程标准项目组的《〈科学课程标准〉与现行〈小学自然教学大纲〉的主要区别及其主要特点》等论文，将 2001 年标准与以往教学大纲进行比较，分析说明 2001 年标准的特点。2017 年标准颁布后，姚建欣、郭玉英发表《小学科学教育：课程创新与实践的挑战》，刘恩山发表《〈义务教育小学科学课程标准〉的变化及其影响》，对修订后的标准进行解读，分析新旧课程标准的变化、特点及其对课程实施的挑战。中外课程标准比较的研究主要是研究生的学位论文，这些文章有的介绍国外课程标准，如刘继和 2010 年的《日本新订小学理科课程标准述评及其对我国的反思》，闫守轩、宋林锋 2015 年的《中美小学新科学课程（教育）标准的比较及启示》，更多的是将国外课程标准与我国课程标准进行比较，分析其异同，讨论国外小学课程标准对我国的启示。如胡军 2010 年出版的《中日小学科学课程标准比较研究》，扬州大学潘洪建教授指导研究生开展中外小学科学课程标准比较系列研究，2017 年出版《中外小学科学课程标准比较研究》一书。

2.科学教材的研究，包括教材编制、教材特色、教材比较的研究。关于教材编制，课程教材研究所编写、人民教育出版社 2011 年出版的《新中国中小学教材建设史（1949—2000）研究丛书 自然·社会卷》，对新中国小学自然教材发展历程与成就进行了系统总结与评述，包括不同时期小学自然、常识、科学教材编写的时代背景、编写过程、教材概括、使用与修订情况、简要评价等。21 世纪后，一些国外教材被翻译介绍到国内，如，吉林人民出版社翻译出版了日本小学科学教材《新理科》，浙江教育出版社出版了美国的科学教材《科学启蒙》《科学探索者》（中小学卷），科学出版社出版了加拿大教材《科学》，辽海出版社出版了美国的"科学实验活动"丛书，长春出版社出版了美国培生教育集团的《小学科学教师用书》，陕西人民出版社出版了英国科学练习册《小学生科普课堂》，上海引进了英国牛津版小学科学教材。这些教材对借鉴国外的经验，促进我国科学教材的建设提供了帮助。关于教材设计，主要有王强等人2015年的《小学科学教材中化学实验设计可行性研究》。关于教材比较，有对国外科学教材设计的介绍与分析，如汪甜、崔鸿、刘胜祥2006年的《美国加利福尼亚版小学科学教材的设计特点分析》；更有对中外科学教材的比较研究，如闫蒙钢、朱小丽、孙影2009年的《美国STC教材与我国小学科学教材的比较》，张韵、顿卜双、徐唱、李芒2016年的《基于STEM框架的中美科学课程教材比较研究——以美国FOSS和中国人教版小学五年级教材为例》，首新、胡卫平、林长春、万东升2017年的《小学科学教科书"科学探究"设计的微观发生法比较——以中美日三国"磁"内容为例》等论文。扬州大学潘洪建教授带领研究生团队开展了系列中外小学科学教科书比较，完成了15篇中外比较的硕士学位论文。

3.科学课程设计的研究。包括科学课程目标与内容设计的研究、课程单元（主题）设计的研究。科学课程目标与内容设计研究，如张梅琳、刘美凤、董丽丽2015年的《小学科学课程科学态度教学的课程目标设计初探》，李俊2000年的《科学课程内容的研制》，李晶2001年的《浅谈〈科学〉课程的设计》，庄严2006年的《小学〈科学〉课程中的活动设计研究》，高守宝、樊婷、王晶莹2019年的《70年来小学科学课程中学科能力的沿革与发展——基于课程标准的文本分析》等论文，这些文章对小学科学课程目标与内容的设计问题展开了较为充分的讨论。主题单元设计研究，如吴向东2012年的《情境导向的小学科学课程设计》，高翔、叶彩红2017年的《小学科学微课程开发的设计与实践运用模式研究》，肖小艺2017年的《基于STEM的小学科学课程设计研究》，李丽、张先增2019年的《基于OBE理念的小学科学课程设计模式探究》，等等。这些论文基于某一理论对小学科学课程中的一个内容主题或课程单元展开设计，展示了课程设计的广阔空间。

4.小学科学课程实施研究。该类研究包括科学课程资源开发与利用、校本课程开发、课程实施现状与对策的研究等。课程资源开发与利用研究，如余虹2008年的《小学科学课程资源开发利用策略》，冷丹阳2009年的《小学科学课中社区课程资源开发与利用探析》，蔡海军、谢强2012年的《小学科学课程资源的开发与利用》等。科学校本课程开发研究，如张振国、沈培坤2003年的《以学生发展为本，因地制宜开发科学教育校本课程——烟台市长岛县第二实验小学的实践与研究》，何丽娴2012年的《"亲近动物"小学科学校本课程开发的实践研究》，陈颖2014年的《小学科学校本课程的内容设置研究》，等等。实施现状与对策研究，如，胡卫平、韩琴、刘建伟2007年的《小学科学新课程实施现状的调查与思考》，席占龙2017年的《农村小学科学课程实施的现状、问题及对策研究》，潘洪建、张静娴2018年的《小学科学课程实施：成就、问题与政策建议》，等等。

（三）阶段特征

本阶段的基本特征：（1）课程研究开始突破对课程标准与教材的一般性解读，课程标准研究除了比较新旧标准的不同之处，也开始关注新的课程标准存在的不足以及对于课程实施的挑战。教材研究除了介绍新教材的结构、特点，还注重分析教材的特色与创新，学术性明显增强。（2）研究领域得以拓展，主要表现是：课程设计的研究开始出现，特别是基于新的视角探讨课程设计问题，一些新的理念、概念纳入小学科学课程研究的范围，如基于科学素养的课程设计、基于STEM的课程设计、基于STEAM的课程设计、基于OBE的课程设计、基于核心概念的设计、引入学习进阶的概念等，课程设计的视域得到拓展。这可能与本时期大量国外科学教育著作被翻译介绍到国内有关，如美国安汝斯坎特的《自然科学教育K-9"以发现为基础"的教材教法》（学富文化事业有限公司，2002），美国国家科学基金会的《探究：小学科学教学的思想、观点与策略》（人民教育出版社，2003），加拿大斯洛塔等著《课堂环境中基于网络探究的科学教育》（华东师范大学出版社，2015），英国学者哈伦编著《科学教育的原则和大概念》（科学普及出版社，2011），加拿大若威尔著《探究式科学教育教学指导》（教育科学出版社，2005），美国萨玛·沃泽曼等著《新小学科学教育》（北京师范大学出版社，2006），美国马丁著《建构儿童的科学·探究过程导向的科学教育》（北京师范大学出版社，2006），美国夏洛、布里坦著《儿童像科学家一样儿童科学教育的建构主义方法》（北京师范大学出版社，2006年），等等。此外，2001年后，随着新的课程改革的推进，"课程资源"一词逐渐代替了以往的"教学手段""教学设备"，并被赋予了新的内涵，课程资源开发与利用的研究也拓展了科学课程研究的领域。(3) 中外课程与教材比较研究的快速发展，课程与教材研究不再局限于对国外科学课程与教材的简单介绍，开始对中外多国课程标准与教材进行比较，比较研究的对象国增加，除了发达国家，还涉及发展中国家。中外小学科学课程比较研究近年来大量涌现，成为小学科学课程研究的一个热点领域。

关于科学教材特色的研究，主要是介绍国内小学科学教材结构、范围与内容，分析其特点、风格，说明其编写意图。如胡军2004年的《在宽广的空间中创造——河北人民版小学<科学>课程教材开发与应用》，张和平、周康熙2005年的《试教苏教版<科学>教材之我见》，林向荣2006年的《湘版小学<科学>教材特点介绍》，王兴军2007年的《灵活运用教材开创科学教学新天地——青岛版小学科学教材特点及教学策略初探》，等等。

第二节　主要成就

70年来，我国小学科学课程研究内容主要体现在科学素养目标、课程标准、科学教材、课程设计、课程实施等多个方面，各领域都取得了一定的研究成果。本节梳理不同领域的研究成果，展示小学科学课程研究的基本成就。

一、科学素养目标研究

教育目标是课程设计的上位概念，决定着课程开发与设计。1949年后，我国学校教育目的从培养"劳动者"转变为培养"建设者""接班人"，小学科学课程目标经历了一系列变化，从关注科学知识到关注能力培养，再到关注科学素养。

1.科学教育目标的研究

我国在不同时期颁布了不同的小学自然教学大纲，对科学教育目的做出了不同的表述（课程教材研究所，2001），这些表述体现了人们对科学教育认识的不断深化。随着科学技术的进一步发展和基础教育的逐渐普及，人们越来越多地把目光聚焦到了人的素质的提高上。2001年"标准"提出"以提升学生科学素养为根本目标"，培养学生的科学素养成为科学课程的基本宗旨。科学素养的内涵、意义、评价，以及如何提升学生科学素养的策略等成为了科学教育研究的重要内容。关于科学素养的研究历程，有研究者指出，从科学素养的历史发展来看，科学素养的研究大致分为主题形成（1954—1979年）、初成规模（1980—1990年）、高潮迭起（1990年至今）三个阶段。2001年"标准"不仅为随后全民科学素质行动计划（"2049计划"）等行动纲要的落实提供了具体的实施路径，也为我国科学教育与发达国家科学教育之间的经验交流和学术对话提供了现实的基础与平台。2017年颁布的小学科学课程标准将小学科学课程确定为基础性、实践性、综合性课程，对小学科学课程的定位更加准确。

2.科学素养概念的研究

1985年《中共中央关于教育体制改革的决定》提出，为提高国民的教育素质，科学教育者提出"科学素质"的概念。那么，科学素质是指什么呢？对此，美国芝加哥科学院副院长Miller教授认为，科学素质应当被看作是社会公众所应具备的最基本的对于科学技术的理解能力。科学素质具有以下几方面的内容：认识和理解一定的科学术语和概念的能力，比如原子、分子、辐射和

DNA 等；对科学研究的一般过程和方法的了解，具备科学的思维习惯，在日常生活中能够判断某种说法在什么条件下才有可能成立；正确地理解科学技术对社会的广泛影响，能够对个人生活及社会生活中出现的科技问题做出合理的反应。1996 年美国《国家科学课程标准》对科学素养的定义是："为个人决策，参与市民的和文化的事务以及经济生产力需要的知识和科学概念的理解以及过程。"有的将科学素质分为科学知识与技能、科学方法、科学能力、科学观、科学品质（彭蜀晋、李英，1997）。2001 年后人们开始使用"科学素养"一词。有学者指出，科学素养教育应该成为我国现阶段素质教育向纵深发展的切入点，它是创新教育的基础，是调和人文教育与科学教育关系、推进人文教育与科学教育融合的重要渠道（张红霞，2002）。有研究者从语义的视角将科学素养界定为与科学有关的知识、能力和思维习惯的修养（赖小琴，2004）。科学素养的内涵因时代、社会、文化背景等差异而各有侧重，也会因科学的发展而不断扩充。有研究者指出，从心理学的角度看，科学知识是基础，科学探究处于中间位置，情感态度价值观是最高层次的目标。从建构主义的知识观看，科学知识具有暂时性、主观性和建构性，处在最外层；情感态度价值观是人的主观认识，处于核心位置；科学探究是研究的过程和方法，处在中间。从生物学的角度看，借用 DNA 双螺旋模型的图形进行分析，科学知识与科学探究是以情感态度价值观为核心支柱连续发展，三者呈双螺旋状态上升（王学男、叶宝生，2011）（见图 2-1）。

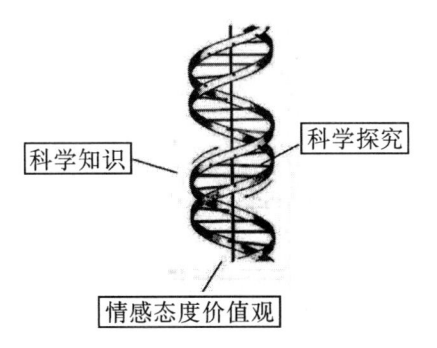

图 2-1 三维目标的双螺旋模型

除了科学素养，也有"科技素养"的提法。对于什么是科技素养，有研究者指出科技素养是"当代科技文化和社会背景下人们所必需的科技知识和技能"。Miller 和 Bauer 认为，科技素养的内涵包括科学技术的基本术语和概念、科技活动的性质、科学技术在社会和文化中的角色。对科技素养标准存在多种理解，可归纳如下：下滑说，强调适当降低对科学概念、原理、理论的要求，加强对科学的理解，以及对科学、技术、社会之间关系的认识；需要说，认为应该提高对价值判断、批判思维、决策能力的要求，发展科学技术价值观念与科学技术伦理；资历说，强调科技素养中的技术成分；结构说，认为应该从理论与实践两个方面制定科技素养的标准（孙立平，2001：104—107）。现代科技素养包含了对科学技术的知识、国家经济发展、个人生活质量与社会责任、科技文化的塑造等方面的思考。2005 年《全民科学素质行动计划纲要（2006-2010-2020 年)》指出，基本科学素质一般包括：了解必要的科学技术知识，掌握基本的科学方法，树立科学思想，崇尚科学精神，并具有一定的应用它们处理实际问题、参与公共事务的能力。

由上可知，科学素养概念虽然存在争议，但随着时代的发展，科学素养逐渐增加"科学与社会""技术""工程"等范畴，而对"科学本质"的理解则是科学素养中最为重要也最为基本的组成部分。总体上看，人们对科学本质的认识经历了由科学的"知识本质观"到科学的"探究本质观"的转变，因为无论科学知识发生怎样的变化，科学探索精神和科学方法的应用却是始终如一的（袁维新，2004；蔡其勇、靳玉乐；2008B）。

3.科学素养结构的研究

20 世纪以来，科学素养维度划分主要有三维、四维和多维模式。米勒的三维模式将科学素养分为科学概念、科学过程和科学本质，以及科学、技术和社会。霍德森将科学素养分为科学概念和理论、科学本质和科学方法，以及参与科学探究和问题解决。"科学素养应该包括三个维度：拥有科学术语和概念的词汇量，理解科学家用以揭示科学与伪科学而使用和接受的科学方法，意识到科学技术对社会的广泛影响及与个人生活的关系。"（陈发俊，2009）PISA 将科学素养的结构从三维增加到四维，即背景维度（科学和技术)、知识维度(自然界知识和科学本身知识)、能力维度(界定科学问题、科学地解释现象并得出有事实依据的结论)和态度维度(对科学的兴趣、对科学探究的支持以及有责任的行为动机等)。沙瓦尔特(Showalter)将科学素养分成8种类别:①方法论科学素养;②专业科学素养;③普遍科学素养;④技术科学素养;⑤科学爱好者或业余爱好者的科学素养;⑥新闻工作者的科学素养;⑦科学政策素养;⑧公共科学政策素养。佩拉和索尔瓦特都提出了科学素养的多维模型,佩拉将其分为6个方面:科学和社会的关系、科学家的工作原则、科学本质、科学和技术的差异、科学概念、科学和人类的关系。索尔瓦特提出了7个维度:科学本质、科学概念、科学过程、科学价值、科学和社会、对科学的兴趣、与科学有关的技能。国内有学者把科学素养划分为9种:科学知识、科学技能、科学方法和思维、价值观、解决社会及日常问题的决策、创新精神、科学精神、科学态度、科学伦理和情感(梁英豪,2001)。

表2-1 科学素养的维度划分

定义概念主体	概念内涵		
	第一个维度	第二个维度	第三个维度
米勒	科学知识	科学方法	科学意识
OECD/PISA	科学概念和内容	科学方法或技能	科学语境
NSTA	科技知识	科学的过程和技能	对待科技的态度、价值观
AAAS	科学概念和原理	科学方法和技能	科学本质
美国国家科学教育标准	科学知识	科学技能	科学意识
中国科学课程标准	科学知识	科学探究	情感、态度与价值
《全民科学素质行动计划纲要》	科学知识	科学能力	科学意识

课程标准中有关科学素养的阐释

美国《国家科学教育标准》认为:有科学素养的人了解并深谙进行个人决策、参与公民事务和文化事务、从事经济生产所需要的科学概念和科学过程。此外,科学素养还包括培养科学兴趣和科学探究的冲动、理解科学概念、理解和应用科学原理、以科学的态度参与社会事务、科学的价值判断以及科学的思维习惯等一些特定的能力。英国在课程指导文件《全国学校课程》中提出科学素养包含科学知识与能力、科学观点与态度、科学技术等内容，并提出了科学调查与科学应用、科学交流与科学创造、自我教育等标准。加拿大制定的《K–12科学学习目标公共纲要》将科学素养定义为一种逐渐形成的科学态度、科学技能和科学知识的融合，学生借以培养探究能力、问题解决能力和做出决策的能力，进而成为终身学习者，并且用来维持其对周围世界的好奇感。2002年10月修订并发行的《澳大利亚新南威尔士州物理课程标准》，将培养目标定位于：使学生获得有关自然现象和原因的一些基本概念及其历史发展，并将其用于个人、社会、经济、技术和环境之中；使学生能够从一些具体资料和知识的一般认识达到会用物理术语去解释相关问题，学会信息的收集与处理，学会解决问题，学会简单的直至熟练的交流技能；培养学生对自然现象和原因以及别人观点的积极态度，认识证据的重要性以及运用不同领域的物理学的科学知识进行正确评估。

4.学生科学素养的调查研究

研究者从科学兴趣、科学知识、科学方法和科学精神出发，对农村小学生展开了有关科学素养的调查（徐素，2016；赵骏，2003）。有的从科学知识、科学探究方法、科学态度和科学、技术与社会的联系四个维度进行调查。科学知识涵盖物质科学、生命科学、地球与宇宙、技术与工程领域。科学探究方法分为提出问题、作出假设、制订计划、收集证据、处理信息、得出结论、表达交流、迁移应用、反思评价9个要素。科学态度分为探究兴趣，实事求是，追求创新，合作、分享，人与自然和谐相处五个要素。科学、技术与社会的联系主要是调查小学生是否能客观地看待科学，明白科学给人类带来方便的同时也产生了负面的作用。研究者在河南南阳的调查发现：少年儿童科学知识掌握不扎实，科学探究方法掌握不足，对"科技、社会与环境的联系"的认识片面。其原因主要有：小学科学课被学校忽视，科学课所需设备不齐全，科学教师专业素养不高，教师缺乏以"探究"为核心的教学方法等（魏聪聪，2016）。

　　基于国际上的三个著名的学生评价项目——PISA、TIMSS 和 NAEP 对科学素养的测试框架，研究者开发出"学科（科学）基本能力测试"，对天津市小学生科学素养进行测量，结果显示：三年级学生对"生命世界"内容掌握得较"物质世界"更好些，得分率为 0.63；在认知能力领域，"识记"能力得分率高达 0.64，"应用"能力得分最差（刘芳，2009）。武汉市中心城区某小学开展调查和访谈发现，部分学生的科学探究能力较弱、缺乏实践动手能力、尚未树立正确的科学价值观等问题（肖尧，2016）。有研究者对武汉市 2 所小学 218 名五六年级学生和新西兰但尼丁地区 4 所小学的 110 名五六年级学生，进行了抽样问卷调查。数据分析发现：武汉小学生的科学素养水平总体略高于新西兰，但差异不显著。武汉小学生对于基础科学知识掌握比较牢固，且具备基本的科学道德情感，但武汉小学生合作性弱于新西兰小学生。在科学探究方法维度，新西兰小学生的表现要优于武汉小学生，即在问题意识、动手能力、科学方法、科学态度和创新精神等方面，新西兰小学生表现更为优异（刘瑶，2017）。有人界定了小学生的数据素养的内涵与结构，将数据素养分为数据处理、数据意识、数据收集、数据分析、数据伦理、数据应用，并进行了问卷调查（孙文钰，2019）。

　　基于小学生科学素养的调查，研究者提出了少年儿童科学素养教育的实践操作的具体策略。把科学教育切实地纳入学校整体发展规划之中。完善活动、实验等所需设备。加强职后培训，提升科学教师专业素养。结合具体情境并用"探究式教学法"进行教学。转变成绩高于一切的偏颇观念。社会相关部门应完善科普场馆，发挥科普机构的功能，为少年儿童良好科学素养的形成营造良好的氛围（魏聪聪，2016）。基于科学素养的小学科学课堂教学改进建议有：以核心概念为引领，建构具有内在逻辑联系的知识层级结构。提供丰富的探究实验活动体验，开拓学科视野。基于概念建构设计科学探究实验活动，凸显学科核心价值（王晨光，2018）。

　　总之，科学素养是目前世界各国科学教育的最主要目标，也是我国科学教育的根本目标。有研究者从历史的视角揭示了科学素养概念的演变历程（魏冰，2000，2003），也有研究者从比较的视角（郭元婕，2004）、关系的视角（李雁冰，2008）、系统的视角，特别是要素与结构的视角（梁英豪，2001；于海波，2004；赖小琴，2004）对科学素养进行理论探讨，涉及科学素养的历史演进、内容结构、理论基础、影响因素等。正如有的研究者指出的那样：科学素养仍是一个存在争议而无定论的概念，甚至由于对其理解和表述的泛化，而使得"科学素养"一词显得无准确意义，这极大地影响了这一概念的应用。科学素养内涵的扩展是一个历史的过程。1975年，申（Shen）在实践、公民、文化三个层面上界定科学素养；1981年，布兰斯科姆（Branscomb）检验了"科学"和"素养"的拉丁文词根，将素养定义为"具有读、写和理解人类系统知识的能力"；米勒对20世纪后半叶以来的科学素养定义进行分析（郭元婕，2004）。还有研究者对科学素养进行了本土化的诠释（张红霞，2002）。

二、小学科学课程标准研究

课程标准又称教学大纲，是教材编制与课程教学的基本依据。在科学课程研究中，科学课程标准（教学大纲）是极为重要的研究主题。70年以来，该研究得到持续的关注。

（一）科学课程性质的界定

课程性质是对课程属性的宏观把握，明确课程的性质有助于界定课程在整个课程体系中的位置。70年来，研究者们对自然（科学）课的性质进行了探讨，大多是关于教学大纲（课程标准）中有关"性质"的阐释，很少发表对自然（科学）课程性质的独特理解与分析。关于小学自然课程性质与地位的正式说明始见于1977年《教学大纲》。历届教学大纲与课程标准对自然（科学）课程的性质界定如下：

1977年《大纲》指出："自然常识是小学阶段学生学习自然科学知识的一门主要学科。"

1986年《大纲》写到："自然课是对小学儿童进行科学启蒙教育的一门重要基础学科"。

1988年《大纲》规定："小学自然是对学生进行科学启蒙教育的一门主要学科"。

1992年《大纲》写到："自然是义务教育小学阶段的一门重要基础学科"。

2001年《标准》指出："小学科学课程是以培养科学素养为宗旨的科学启蒙课程"。

2017年《标准》指出："小学科学课程要按照立德树人的要求培养小学生的科学素养，为他们的继续学习和终身发展打好基础。"

可见，经过70年的不断探索，小学自然课程的性质定位从主要学科、重要基础学科，经过"启蒙课程"，到基础课程、实践课程、综合课程。课程设置的意义也从知识教育为主、兼顾全面发展到以培养科学素养为宗旨的发展历程，科学课程的意义与内涵更加丰富。

（二）科学课程标准的解读

以下是对不同版本科学教学大纲与课程标准的解读。

1956年，《小学自然教学大纲（草案）》颁布，这是新中国第一个科学教学大纲。一些研究者对该大纲进行了解读，如刘默耕指出：自然教学是从一年级开始的。一至四年级是结合语文科进行教学。日常教学活动的主要途径是课堂教学。大纲规定，小学儿童获得自然知识和某些技能，应通过参观、实习和记载自然历等九条方法和途径（刘默耕，1957）。有研究者对1956年《大纲》和1963年的《大纲》分析指出，1956年与1963年《大纲》尽管有一些不同之处，但共同表现为：重视基础知识的教育，重视基本生产技术的教育，注重思想政治教育（潘洪建，2012：112–113）。

关于1977年与1978年的《大纲》，有研究者指出，它们具有拨乱反正的性质，在某种程度上讲，该大纲是对"文革"十年失序状态下小学自然课程的恢复与回归，尽管有一些新的内容与面貌，但整体上讲它们具有一定的过渡性质。1982年《全日制五年制小学自然教学大纲（征求意见稿）》发布后，研究者指出：新大纲规定从小学三年级起开设自然课，比原来提前一年，这不但可以促进儿童的身心发展，而且对培养社会主义现代化建设者有深远的意义；要求教师在指导学生获取知识的过程中，注意培养儿童学科学、用科学的能力；新大纲要求自然教学内容必须具有广泛性，确定自然教学内容必须具有实践性和思想性。新的自然教学大纲的修订为我们改进自然教学、提高教学质量指明了方向（林有禹，1982）。1982年《全日制五年制小学自然教学大纲（征求意见二稿）》特点鲜明：小学自然开设时间提前一年，注重对儿童学科学、用科学能力的培养，特别强调自然教学内容选择的广泛性和实践性（潘洪建，2012：160-162）。

1986年11月，国家教委颁布《大纲》，供各小学使用。修订后的《大纲》对各年级的教学内容和要求更加科学、具体、明确，还对现行教材中的内容作了删减，在难度方面也作了适当降低，这样就更符合我国当前的实际情况，使教学、考试和检查教学质量都有所依据（李培实，1987；徐仁声，1990）。

1988年《大纲》发布，一些研究者述评道，《大纲》明确了自然教学的性质和任务，教学目的增加了非智力因素的培养，增加了劳动教育；拓宽知识面，降低要求和难度；注意教学内容的横向和纵向联系，力求处理好理论与实际的关系、课堂内教学和课外活动的关系；强调能力培养要循序渐进；增加乡土教材。大纲有着自己的特色，适合我国义务教育的要求（李培实，1989；徐仁声，1990）。

1992年《大纲》经国家教委审查通过。研究者认为，新大纲具有以下几个主要特点：教学目的和要求明确具体，教学内容比较适当，且有弹性。为了适应我国不同地区、不同类型学校的状况，新大纲对生物部分内容只提出了知识要点，未作具体规定。还规定了各地可编入一些选学内容，适应"一纲多本"的要求。此外，新大纲还规定抽出12.5%的课时，供各地进行乡土教材的教学。新大纲的文字表达严谨、规范、明确、简炼、通俗、易懂（刘宗起、林有禹，1992）。

总之，1986—1999年三个小学自然教学大纲的基本结构、内容大致相同，指导思想上开始实现从单一的知识学习转向知识、能力、志趣全面发展，教学目标开始具体化、行为化，但也存在教学内容繁重的问题（潘洪建，2012）。

2001年《标准》颁布后，国家小学科学课程标准项目组的解读列举了科学课程标准与自然教学大纲在课程名称、培养目标、内容选择、知识体系、科学探究、教育评价、教学建议、案例选用的主要区别，指出课程标准具有时代性、系统性、前瞻性、灵活性和可操作性（国家小学科学课程标准项目组，2003）。《标准》通过加强过程性、体验性目标，对教材、教学、评价的指导，引导学生主动参与、亲身实践、独立思考、合作探究（鲍骏，2002）。也有研究者指出，《标准》是《大纲》的继承和发展，它继承了1992年《大纲》实施20年自然教学改革的成功经验，又将我国的科学教育推到当今世界科学教育的广阔舞台，使我国小学科学课程与发达国家的科学教育能真正"接轨"。其主要成就体现在：关注科学素养、注重教师的专业发展。存在的问题是：三维课程目标中的"科学探究"与"情感态度价值观"流于空泛（潘洪建，2012）。与原来教学大纲相比，课程标准内容更加具体详细，不仅明确提出了科学课程改革的基本理念，而且具体化了科学课程目标和课程内容，其实施建议特别是教学建议部分明确了科学教师教学方面的基本要求，也充分体现了科学课程改革的价值追求（郝京华，2001；张书文，2007）。一线教师也对该《标准》进行了解读。

有研究者对未能通过审核的2010年韦玉院士主持修订的"韦氏课程标准"进行了解读。有研究者认为该标准：一是将科学课程从小学三年级提前到小学一年级。二是将小学科学列为核心课程。三是强调要围绕概念和模型组织教学。在"科学知识"模块建立了"核心概念——主要概念——分解概念"的科学概念体系，突出了科学概念在科学教学中的核心地位。四是突出了"设计与技术"，设计是人类社会最基本的生产实践活动，技术是解决实际问题的手段、方法和技能的总和，"设计与技术"凸显了对科学实践教育的重视，也体现了STS教育和HPS教育等课程设计理念（胡继飞，2010）。

2017年修订后的《义务教育小学科学课程标准》发布后，许多研究者对该标准进行了研究。研究者指出，课程标准的突出变化体现在：小学科学课程从一年级开始；学习进阶成果支持了教学目标和内容的分学段描述；课程内容分为四大领域，科学探究和情感态度主线贯穿整个课程；工程和技术内容进入科学课程；用大概念统领教学内容（刘恩山，2017年第4期）。还有研究者认为，新标准表现出"延展"和"整合"两大特点。"延展"即课程开设时间由3—6年级延展到1—6年级，课程的内容领域延展到技术与工程，基于学习进阶理念分段设计课程目标和课程内容。"整合"包括三个层次：以大观念为核心，重构科学课程的知识体系；实现科学理解与科学实践的相互增益；渗透对科学本质的理解以及STEM等跨领域整合（姚建欣、郭玉英，2017）。有的研究者概括了小学科学课程标准"变化之新"：新立场，从"国际经验"到"本土立场"；新定位，从"科学启蒙"到"核心素养"；新理念，从"细枝末节"到"概念统领"；新内容，从"分科教学"到"跨科融合"；新设计，从"整体要求"到"学习进阶"（王秋芳、王鹏，2018）。新版课程标准呈现诸多变化，主要表现为开课年级全覆盖、学科地位明显提升、课程理念更为全面、课程目标更为细致、课程内容进一步优化、凸显了技术和工程领域（胡继飞，2017；冀思琪、刘军，2017）。一些研究指出，新标准给课程实施带来了一些可能的挑战：课程标准实施需要学校教育体系的多方协作和努力。注重小学科学课程的地位，按照课程标准的要求授课。开展科学学习活动，需要学生动手的场地和器材（刘恩山，2017）。还有研究者提出了相关对策：教学团队实行"专业化与职业化相结合"；教学资源推行"标准化与特色化相结合"；教学设计践行"学科化与规范化相结合"；教学评价创行"多元化与多样化相结合"（王秋芳、王鹏，2018）。有的指出新标准的实施需要提升科学课程领导力、加强教师教育、均衡配置科学实验仪器与有效利用、构建小学科学教育研究共同体（左成光等，2019）。

除了上述对不同版本小学科学课程标准的解读和研究，还有对数十年课程标准的整体研究，如有研究者梳理新中国60年科学课程标准后指出，60年来我国小学科学课程性质从"主要学科""重要基础学科",到"科学启蒙课程";课程目标从知识教育为主、全面发展到科学素养养成;课程内容主要包括生命世界、物质世界与地球、宇宙。内容选择注重知识的基础性、符合儿童特征、联系学生周围实际、适当考虑趣味性与实践性;课程内容的组织上,从螺旋式、直线式安排到螺旋与直线并重,再到综合统整,从纵向组织为主走向以横向组织为主,从突出逻辑顺序到突出心理顺序,并适当照顾季节性;新的课程标准在课程定位、领域设计、内容组织方面还有待完善(潘洪建,2012)。有研究者对1949年以来10份小学科学课程标准进行文本分析,将课程标准的发展划分为两个阶段:基于布卢姆教育目标分类、加涅学习结果分类和国际学生评估项目PISA2018的测试框架制定学科能力的分类标准,从基本能力、综合能力、问题解决、认识论、创造性思维五种能力对课程目标文本进行研究,考察了学科能力标准的沿革和发展(高守宝等,2019)。

(三) 中外课程标准比较

研究者们围绕中外小学科学课程标准整个文本或部分主题,运用文本分析等方法,从课程标准的制定背景、基本理念、框架结构,以及课程目标、内容、实施等方面,对中国与他国标准进行比较,概括其相同点与差异所在,提出对完善我国的课程标准的启示与建议。

1.中国与美国科学课程标准的比较

有研究者介绍了美国1980年以后的几个科学教育改革方案,如2061计划、国家科学教育标准、"新标准"方案等,对其内容进行了分析(魏冰,2000)。有研究者介绍了美国的小学科学教育课程计划STC(Science, Technology and Children),指出该计划具有以探究活动为中心、大量运用教学辅助工具、科学课程与其他科目内容相互渗透、重视教师职业发展、专家参与课程开发等特征(王淑娟,2004)。1996年《国家科学教育标准》颁布后,美国政府致力于科学教育标准的修订,分别颁布2012年《K-12科学教育框架:实践、跨学科概念和核心概念》和2013年《下一代科学教育标准》,一些研究者进行了分析(张丹慧,2019)。众多研究者对中美两国标准进行了比较。

中国上海市与美国马萨诸塞州科学课程标准的比较。有研究者对2006年同时颁布的《上海市小学科学与技术课程标准（征求意见稿）》与美国《马萨诸塞州科学和技术/工程学课程标准》进行比较（陈超，2009）。也有研究者对中国2001年标准与马萨诸塞州标准中的科学课程理念、目标、内容及其实施建议进行了比较与分析（孙建，2013）。

中国2001年标准与美国1996年标准的比较。一些研究者认为，中国小学科学内容标准的组织以学生的心理特点为主线，而美国则倾向于科学的逻辑体系；美国科学课程内容标准比我国深刻和宽广（刘洁，2013）。我国标准关注技术的情感态度与价值观，如技术的发展，技术对社会、环境的影响，美国标准关注学生对技术设计、技术过程和方法的理解和运用（王少可，2011年第8期）。

中国2001年标准与美国2013年标准的比较。中美两国都强调科学探究和科学精神的重要性，强调学生应当认识科学的本质。但美国强调学生的动手能力，注重科学教育和文化的相互作用，而我国标准没有提到科学教育和文化的相互作用（刘晓鸣、赵义泉，2014）。有研究者指出，美国标准更加体现科学知识的融合，重视理解科学本质及科学知识间的内在逻辑。而我国标准忽视对科学内容的整合。其次，美国将工程与技术纳入学科领域，注重学生参与科学探究及工程设计实践。而我国很少涉及工程实践方面的内容。第三，在内容选择上，我国选取的基础知识不及美国精简概括，美国给学生提供充分的时间进行主题研究，避免科学探究活动的浅尝辄止。同时，美国在核心概念主题整合基础上进行科学实践活动，体现出美国对学生批判性思维和问题解决能力的关注。我国更多侧重对核心概念本身的分层解释，缺乏对核心概念间的统整。美国以表现期望为核心，以实践、跨学科概念和学科核心概念为内容基础，通过大概念实现三维内容的整合。关注跨主题、跨年级之间的科学内容的联系。我国采用核心概念演绎的方式，由简单到复杂分级设计，不利于科学知识的有效整合和科学知识的迁移（闫守轩等，2015）。有研究者对中美科学教育理念进行比较（高小童，2014）。

中国 2017 年标准与美国 2013 年标准的比较。大量研究者对中国 2017 年《义务教育小学科学课程标准》与美国 2013 年《下一代科学教育标准》（NGSS）进行比较与分析。一些研究者指出，中美两国均把培养学生的科学素养放在核心位置。NGSS 围绕科学与技术实践、学科核心观念、跨学科概念三大维度，对 K-12 科学课程的目标、内容、学习等进行详细解释与说明，整合程度颇高。而中国标准按照课程目标、课程内容、课程实施进行简略介绍。中美两国课程内容大体相同，坚持"少而精"原则，用大概念统领课程内容，按照"学习进阶"构建学习目标与内容，但中国标准重探究，NGSS 重探究与实践（崔青青、潘洪建，2018）。有研究者从提出问题能力、收集证据能力、处理信息能力和表达交流能力四个维度对中美标准中的"科学实践"进行了比较研究（安军、冯帅，2018 年第 10 期）。还有研究者对中美标准中四个学科领域的课程内容进行广度和深度的统计与分析（许艺珊，2018）。有研究者运用内容分析法和比较研究法，对科学课程标准和教材中的 HPS 内容进行编码统计与定量分析。研究显示，在数量分布上，我国标准少于美国。我国标准未曾提及 HPS 内容中的科学史。对于 HPS 内容的呈现，我国是以隐性方式来呈现而美国以显性方式来呈现（邱淑丽，2019）。

基于上述比较，研究者们从不同角度提出了一些完善我国小学课程标准的启示或建议，如：加强我国标准的连贯性与整合性，促进科学学习由"探究"转向"实践"，构建具体清晰的科学学习预期表现，加强科学教师的培养与训练（崔青青、潘洪建，2018）。注重科学教育的基础性和普适性，注重工程教育的渗透，注重科学内容的多维度整合（王少可，2011；闫守轩，2015）。我国应适量增加 HPS 的相关内容，落实科学与工程实践整合教育等。

2.中国和英国科学课程标准的比较

有研究者对中国 2001 年标准和英国 2000 年标准进行比较分析。比较发现，两国科学课程均面向全体学生，以培养科学素养为根本目标，学科内容符合学生年龄特点，课程实施指导性与灵活性相结合。不同在于：我国小学科学课程内容没有年级规定，而英国小学科学课程内容以关键阶段为单位进行具体规定和说明。英国特别关注学生的个性发展，我国更多的是关注学生的全面发展（熊艳，2006）。研究者对中国2001年标准和英国2012年标准进行了比较分析。研究显示，两国都以培养科学素养为宗旨，以探究为核心，都将思维过程和内容知识作为科学知识的主要部分，重视对科学探究所需基本技能的培养。中国更加注重培养学生的观察和实验动手能力，英国更加注重对学生科学的想象力和创造力的培养。中国把情感态度与价值观单独作为一部分，英国则是隐含在其他内容之中（刘腾，2014）。此外，有研究者对中英两国国家科学课程标准中的教学要求与评价要求进行了比较（倪俊超等，2005），还有研究者比较了中英两国科学课程标准中的"科学探究"内容及其表述（蔡其勇，2009）。

通过比较，研究者们提出了英国课程标准对我国的启示：制定出明确的、操作性强的教学要求，完善科学课程评价体系，加强健康、安全教育和信息技术教育（倪俊超等，2005）。低年级起实施科学教育，注重各门课程之间的连贯与融合，科学探究贴近小学生的日常生活，设置更加具体的科学课程目标（刘腾，2014）。

3.中国和日本小学科学课程标准的比较

有研究者对中国2001年标准与日本2008年《小学理科学习指导要领》进行比较与分析。研究发现，两国都以学生为主体、以探究为核心，课程目标均注重学生科学素养的发展，中国科学课程总目标和分目标条目繁多，不够精练。课程内容均兼顾逻辑顺序和心理顺序。中国标准用框架图说明所包含的主题及其之间的关联，并以"具体内容标准"和"活动建议"两个栏目的表格呈现（未划分年级或学段），而日本《要领》中的内容与目标相对应，分别从"物质·能量"和"生命·地球"两个领域提出每一学年的内容。同时，针对每一年级的内容，从实验数量、方式、内容把握的深浅程度、活动时间等方面提出实施建议（胡军，2010；戴婷婷，2014）。有研究者介绍了2008年的日本课程标准后指出，日本修订标准在构成模式上相对独立，课程目标突出理科特征且表述通俗简明，课程结构整合为"两领域"，课程内容按学年进行呈现（刘继和，2010）。有研究者分析了2017年版日本《纲要》在课程目标与内容上的特点，指出日本理科课程目标和内容表述具体、一致，且相互关联（孟令红，2019）。

研究者们提出日本《纲要》对我国的启示：重视低年级科学教育，注重课程连贯性；加强与其他学科联系，注重知识间的融会贯通（戴婷婷，2014）。各层级目标的表述要对应一致，精简课程内容，知识选择具体化（孟令红，2019）。

4.中国与加拿大小学科学课程标准比较

一些研究者对中国2001年标准与加拿大安大略省2007年《1—8年级科学与技术课程标准》展开比较。结果显示：两国均重视提升学生的科学探究能力，但对技术技能的重视程度不同，对科学探究的表述不同。内容主题的知识广度和深度存在差异。加拿大关注可持续发展与安全问题，加拿大评价体系较为完备（赵静，2015；任伟，2016）。有研究者基于STSE教育进行比较，研究发现：加拿大更加注重环境教育，STSE课程目标与课程内容联系紧密（吴娅妮、李远蓉，2019）。此外，还有研究者对加拿大阿尔伯塔省小学科学课程做了介绍（陈明雪，2018）。

加拿大标准对我国的启示：地方参与课程设计，提取核心概念统领课程，增加低年级课程内容，在不同年级分列课程目标和内容；加强对科学本质的理解，完善落实科学探究，重视批判性思维的培养；关注学生特殊教育与差异教育，增强科学安全教育和环境教育；细化课程评价（赵静，2015）。

5.中国与其他国家小学科学课程标准比较研究

中国与德国北莱茵-威斯特法伦州小学科学课程标准比较显示：两国课程总目标都重视培养学生科学素养，但北莱茵-威斯特法伦州更重视学生技能培养，而中国则较为重视系统知识的学习。两国课程内容都涉及物质、地球、生命、科学技术四大领域内容，但中国更为细致，条目具体，而"北威州"更为概括，仅仅列出学习主题。德国标准给我国的启示有：科学课列入核心课程范围，贯穿小学学习始末；优化科学课程结构，重视课程内容的衔接；培养基础性的关键技能，加强创新教育（肖一枚，2015）。

有研究者对我国 2017 年版小学科学课程标准与芬兰 2014 年《国家基础教育核心课程》中的小学科学标准比较后发现，两国都注重学生的主体地位，倡导探究合作教学；重视对学生终身学习能力、可持续发展能力的培养。芬兰标准对我国的借鉴价值体现在：合理增加课时数，重视学生环境意识和健康安全意识的培养，加强课程内容的综合性，实施跨学科的教学，优化科学课程设计，构建与核心素养关联的课程目标与内容体系（潘洪建、王佳文，2019）。

2009 年俄罗斯《周围世界》课程标准体现了儿童个性化发展的理念，从知识、技能和态度三种维度详细规定学生的学习目标，课程内容体现了社会活动、社会关系与科学知识的综合（徐妍，2015）。

比较中国标准与澳大利亚标准发现，两国都以学生为主体、以探究为核心，课程目标取向多样化，科学内容循序渐进，但也存在一些差异。澳大利亚标准对我国的启示有：重视低年级科学教育，加强课程连贯性；渗透"科学史"内容；加强与其他学科联系，实现知识间的融会贯通；重视评价实施，将评价落到实处（戴霞兰，2013）。

新西兰小学科学教育标准强调面向所有学生，多元文化综合，关注课程内容的连续性、顺序性、整合性，重视学习评价，强调科学学习的情境性。对我国的启示有：提高科学课程的地位，注重课程目标的阶段性，尊重学生的差异，加强课程内容的生活性（余懿，2007；潘洪建等，2017：268-270）。

中国与新加坡小学科学课程标准比较。研究发现，新加坡强调科学探究活动，重视学生能力的发展，按照知识理解和应用、技能与过程、道德与态度三个领域确定课程内容，包括五个主题（多样性、循环、系统、相互作用和能量），突出综合性和生活性，提倡可持续发展，评价方法灵活多样（赵苡蓉，2008；吴旭，2014）。新加坡课程标准对我国的启示为：完善课程目标的设计；设置不同类型的科学课程；注重科学探究的情境性；加强科学与技术的联系；健全课程教学评价体系（吴旭，2014）。还有研究者围绕物理知识展开中新两国标准比较研究（尹玉、李春雷，2016）。

中国与韩国两国小学科学课程标准比较显示，两国课程性质均定位为培养"科学素养"的课程，结果性评价转向过程性、体验性评价，但韩国科学课程评价更具针对性，而中国科学课程评价相对宽泛模糊（徐菲，2015）。还有研究者就课程标准中的科学素养进行了比较（高蕾、张净银，2019）。

中国 2017 年版标准和印度《国家课程框架（2005 版）》中的科学部分的比较显示：两国课程目标维度相似，但我国较为细化，印度更具弹性。课程内容领域划分相似，但我国更为具体清晰。实施与评价方式多元化。印度标准对我国的启示为：完善课程标准的制订过程；课程内容中适当渗透"科学史"，重视科学教师队伍建设（程秋烩，2018）。

我国 2001 年标准与南非课程标准比较，对我国的启示有：重视科学教育与技术教育的有机结合，注重科学教育的本土化，加强科学素养的可操作性，注重科学素养三要素的有机结合，重视并完善评价标准（赵立，2014）。

我国 2017 年标准与巴西 2016 年标准比较。两国课程目标维度相似，但我国更为细化，巴西更具弹性；在学习方式上，我国注重以科学探究培养学生的科学素养，而巴西强调通过调查活动让学生形成科学态度，认识、理解、改变世界；就课程内容而言，两国课程领域划分类似，但我国更加清楚和详细；两国均突出评价方式的多元性与评价内容的广泛性。完善我国课程标准的对策有：发挥学生在学习中的主体地位，全面整合科学课程；改变教学模式，给教师发挥的自主空间；促进"科学探究"向"科学实践"的转变；规范科学教师队伍，提升小学科学教育质量；改革科学课程评价机制，强调多样化、标准化、个性化的评价（潘洪建、邵娟，2019B）。

中国 2017 年标准与厄瓜多尔 2016 年《科学课程标准》比较研究。两国均把小学科学作为一门基础性、探究性和实践性课程。两国总目标设定的维度大体相同，但具体内容又有所区别，中国的学段目标更加细化具体。两国均注重与学生实际生活相联系，但侧重点各有不同。厄瓜多尔的实施建议更具有针对性和可操作性。厄瓜多尔小学科学课程标准对我国的启示有：给教师提供较大的自主空间，使教学内容充满弹性；加强科学教育与技术教育的结合，提高学生的科学探究能力；完善科学课程评价体系，增强评价的可操作性（许友权，2018）。

此外，还有一些研究比较了中国与泰国标准，提出了对我国的参考价值：建立系统的科学课程体系，保证课程的连贯性；重视科学技术本质，关注学习的结果；提高科学课程在所有学科中的地位，课程内容因地制宜，做到本土化；完善课程评价体系（冯阳阳，2018）。

除了以上两两对应的比较，还有同时对多个国家进行的横向比较。有研究者比较发现：美国、英国、日本、澳大利亚四国之中，美国的科学内容最为深广。各国小学科学课程的内容主要包括：科学探究，基本科学知识与概念，与个人、社会密切相关的科学问题，科学的性质，科学与技术以及科学史。此外，各国重视科学与社会生活的联系，科学教育面向全体学生（卢新祁，2005）。研究者对国外部分国家科学课程标准中的科学探究进行研究，概括出三种科学探究内容标准的编写模式：加拿大采用科学探究过程技能与科学知识相结合的编写模式，日本采用科学探究过程技能完全镶嵌在科学知识中的模式，美国采用按照科学探究技能的过程单独编写的模式（郝敬云、郝京华，2009）。有的基于 STEM 教育或基于核心素养发展，进行多国课程标准比较（肖化等，2019 年第 3 期）。有研究者以中国、日本、美国为研究对象，围绕科学课程理念、目标、内容编选、教学实施进行比较，概括三国科学课程标准的不同点和相同点（王丹，2013）。也有研究者选择美国、英国、新加坡和我国小学科学课程标准加以比较和分析。比较发现：四国课程理念重视科学探究和终身发展，关注科学态度和价值观，美国更加强调学科内部的整合性；重视科学探究，关注学习进阶，英国则特别强调学生科学术语的掌握；各国课程内容呈现出一定横向、纵向的整合趋势，美国和新加坡更关注跨学科概念教学，新加坡和英国则更重视教学自主权；各国重视探究式教学，英国提出"以评促学"的理念。最后，各国都致力于研制更加明确的教学评价标准，评价方式呈现多样化趋势。上述比较对我国的启示为：课程理念应关注学生对科学本质的理解；课程目标应关注学生科学术语的使用和掌握；内容标准方面应优化学习进阶设计，加强科学课程的横向整合（施展霞，2018）。

有研究者以课程目标与内容为比较主题，比较中国、日本、美国、英国、新西兰、加拿大、新加坡、澳大利亚、马来西亚9国课程标准，发现这些国家科学课程的共同之处：强调培养学生的科学素养；课程内容的选取体现了课程的综合性与时代性；注重对科学知识的实际应用；强调科学与技术、科学与社会之间的紧密联系。不同国家亦存在差异（李淑淑，2013）。有的基于9国小学科学课程标准文本的研读，梳理国外小学科学课程改革经验与发展趋势，提出完善我国小学科学课程标准的建议：完善课程目标维度，增加具体化的纵向目标；优化课程内容领域，合理设置课程模块；优化课程内容选择与组织，认真对待科学知识；优化课程内容呈现，指导教材编制；细化课程实施建议，为教师提供切实帮助；改进课程评价，制订具体可行的评价标准（潘洪建，2017A）。

纵观中外课程标准比较研究，可以看出，大多基于文本比较，从课程目标、课程内容、课程实施、课程评价等方面比较中外小学科学课程的异同，提出完善我国课程标准的建议。研究者主体是小学教育、课程与教学论研究生，这些研究拓展了课程研究的视野，为小学科学课程标准研究积累了较为丰富的资料。

三、小学科学教材研究

（一）教材编制研究

小学科学教材研究始于20世纪50年代。当时主要通过编写教师教学参考用书，开展教材研究，为教师的教学提供指导。如江苏省高级小学课本自然第一册教学参考书第一册"前言"写道：

为了贯彻毛主席提出的教育方针，使教育为无产阶级的政治服务，教育与生产劳动结合，并结合本省特点，增加乡土教材，以适合当前技术革命和文化革命的要求，省教育厅决定从1958年下半年五年级开始，将原来的自然和农业常识合并，把必须在自然科内教给儿童的知识，分编成四册自然课本，每学期一册，每周授课两教时。改编后，不仅改变了原来每课内容少、分量轻的情况，使内容充实了，而且内容紧凑，儿童能更好地理解和记忆，提高了知识质量。

新教材在讲解每一项基础知识时，特别注意它们在生产和生活上的应用，进一步体现了学以致用、教学为生产服务的精神。例如：在讲"水是什么样的东西"时，使儿童认识到水在人们日常生活中的应用和它对航行、工农业生产的重大关系；讲"水能溶解许多物质"时，就联系到水在稀释肥料、改良盐碱土等方面的实际应用。

新教材在社会主义思想教育方面，充分体现了"政治挂帅"的精神：

首先，在全部教材中，贯穿着水和空气的物质性——水的三态变化，云、雾、雨、露、霜、雪、冰雹和风、台风、龙卷风等的成因，动物、植物、水、空气等自然物之间的相互联系、相互制约的关系等。所有这些，对儿童辩证唯物主义世界观的形成是有很大作用的。

其次，在叙述党和人民政府积极领导全国人民改变旧中国大自然的面貌所取得的伟大成就时，在取材上，选取了本省的及与本省相邻省的最现实的材料。如本省的黄梅雨、季风、水利建设等等。在表现形式上，是通过新旧对比和应用具体数字与突出典型，说明一般的方法。这样，不但儿童容易接受，而且领会得亲切具体。对培养儿童热爱党、热爱社会主义和爱祖国、爱家乡的思想情感，是有很大作用的。

还有，就是在全部教材中，充分体现了人的积极因素。

20世纪80年代前，我国中小学教材实行国定统编制，采用"一纲一本"，几乎不存在真正意义上的教材编制研究。1986年《中华人民共和国义务教育法》颁布后，中小学教材开始实施"一纲多本"制度，国定制转变为审定制，教材编制才真正进入研究者的视野。

正如研究者指出的那样："科学教科书的编写是一个比较复杂、牵涉面较广的系统工程。"科学教材编制涉及教材内容的选择、组织与呈现等问题，研究者们展开了相关的研究与阐述。

历次小学自然教学大纲均涉及小学自然教学内容选择的原则。如1986

年《大纲》，提出小学自然教学内容必须具有科学性、广泛性、基础性、实践性、趣味性、可接受性。根据这些原则，有研究者提出，小学自然教材必须以自然界的构造为体系，把具有内在联系的内容尽可能有机地组织起来，课文写法应体现"指导儿童认识"的精神（林有禹等，1983）。"教科书改革应有利于引导学生利用已有的知识和经验，主动探索知识的发生和发展，同时也有利于教师创造性地进行教学。"（廖伯琴，2013：101）有研究者探讨了小学自然教材选择依据，如科学性、思想性、时代性、可接受性、启发性、发展性和趣味性（潘留芳，1993：25-29）。科学课程设计必须回答面向未来的科学基础的内容选择问题，以及符合科学学科本身特点与儿童学习心理的课程结构和组织形式问题（李晶，2001）。有研究者提出关于科学教科书的编写原则：教材编写必须以科学标准为依据，必须建立在科学研究的基础上，有利于科学探究，科学地选择学习内容，体现鲜明的特色和个性，具有一定的弹性（廖伯琴，2013：102-103）。

对于科学课程内容的选取，有论者提出借助于科学主题以及用句子表述的科学大观念，从传统的物理、化学、生物、地理等学科知识中选择相近或相关联的知识内容，然后加以有机的统整（李俊，2000）。小学科学教材应该更好地兼顾科学知识的学习、探究能力的培养和思维水平的提高这三条线索，按照实现科学知识之间的并列或逻辑上升的要求，更好地进行学科编排、活动设计、文字和插图配置（黄海旺、王海英，2007）。当然，科学课程的开放性特点要求我们拓展科学教育的时空，丰富科学教育的资源，使科学教育从教室、实验室走向学校、社区和社会（校外科技场馆）。因此，学校科技活动课程体系的建构便成为科学课程建设必须关注的内容（张启建，1997）。随着社会的不断发展，科技活动课程的具体内容、主题、活动方式也需要不断的变化和调整。加强地球科学教育是我国科学课程建设及教材建设必须关注的问题（杨尚冰、薛平，1997）。科学课程必须关注科学模型及模型方法的相关内容，它有助于改变我国科学教材主要以科学知识结构安排课程内容忽视科学思维方法和研究方法的弊端（邢红军，1997）。有研究者分析了建构主义知识观、学习观、教学观，指出了建构主义对小学科学教材内容选取的指导作用，如关注学生的前科学概念、选取学生感兴趣的素材、深层挖掘核心概念等(张平柯、陈莉,2011)。台湾学者提出实验教材编写的原则：教材内容要以增加儿童学习科学知识的兴趣为原则；教材要渗透科学思想的方法；应该有助于形成基本科学概念；要注意培养儿童正确的科学态度。依据该原则台湾从1973年开始编写实验教材，1979年才告一段落（李济英，1999：44-45）。

有研究者将科学教材结构分为知识体系式、主题式（模块式）和螺旋式三种类型。当然，实际的教材结构往往以其中一种类型为主，同时兼具其他类型的性质（张红霞，2010）。

（二）我国小学科学教材研究

对我国小学教材特点、性质的研究与解读持续不断，是课程研究的一个热点领域。研究内容包括对教材的解读与分析、教材历史发展、现行教材比较等。

1.教材解读与分析

对教材的解读在自然（科学）教师教学参考书中体现最多，基本上是围绕每个单元或每篇课文进行解读。如1950年左右的江苏省高级小学课本自然第一册教学参考书中的"水的单元教材研究"及"空气的单元教材研究"。

水的单元教材研究

水的部分分计19课，可以分成三个部分：1—6课是水的性质和饮水清洁；8—16课是讲水的三态变化；18—19课是讲人和洪水作斗争和水力的利用。三部分以"温度计"与"水在自然界里的循环"两课为纽带，把整个教材联系成一个有机的整体。

教材的系统性很强：首先从水与人类的关系开始，研究水的物理性质。待儿童们获得了水能溶解物质的知识基础后来教学"饱和溶液和晶体"。由于儿童们理解了水和人类的关系，知道了水中有溶解了的与不溶解的杂质，所以紧接着安排了"我们要用清洁的水"，并在这一基础上讲授"自来水"的知识。根据液体有热胀冷缩的性质，安排"温度计"帮助儿童形成温度的概念，为后面水的三态变化的学习创造条件。8、9、10课是有关蒸发与水蒸气的知识。11—16课是气态的水在不同温度和不同条件下发生的变化，与前面的知识紧密联系。然后通过"水在自然界里的循环"一课，将水的三态变化，作一归纳，指出各种变化间的相互关系。由于水在自然界里的循环，产生了"水力"，带来了灾害。因此教材最后两课，安排了"我们跟洪水作斗争"和"水力的利用"。

教材充分体现了教学为生产服务、学以致用的精神：举凡可以和生产、实际联系的，都尽量地注意联系，这就不但使儿童初步掌握自然规律，能够解释自然现象，而且能够运用到实践中去，能动地改造自然。

教材的思想性非常强烈：在"饱和溶液和晶体"一课中，指出我们有无限的海水，盐的生产可以大量发展；在"我们要用清洁的水"一课中，反映了政府对人民健康的关心及合作化的优越性；在7、18、19课中，用新旧中国显然不同的两种情况作对比，强烈地对儿童进行了爱国主义教育，并通过新中国在水利工程上的伟大成就及水力发电事业的发展，体现了社会主义制度的优越性。在"我们要用清洁的水"及"自来水"等课中，分别对儿童进行关心集体、爱护劳动成果等共产主义道德教育。

空气的单元教材研究

教材的主要内容分为三个部分：1—3课讲空气是一种物质和空气的性质。4、5两课，讲空气流动形成风、风力的利用和风灾。6—8课，讲空气的成分和其中几种重要气体的性质。由于大气中的氧气、碳酸气在动植物之间循环变化，使大气保持了一定的成分。

新教材把空气的上述主要科学知识尽量跟当前工农业生产、国防、交通运输等实践结合起来，体现了学以致用和教学为生产建设服务的精神。例如：在讲相当高的高空也有空气存在时，就举航空员使用降落伞的例子；讲空气有占据空间的性质时，就联系到"潜水钟""管上有沟槽的漏斗"的实际运用；讲压缩空气有弹性时，就列举这个性质在汽车轮胎、篮排球、风镐、风钻和喷雾剂上的具体运用；讲空气有重量，比水轻的性质时，就跟黄河上行驶的羊皮筏、解放军过河用的橡皮艇和潜水员打捞沉船等实际结合起来；讲

"风""风力的利用和风灾"时，就联系到龙卷风、台风和本省的季风，以及利用风力簸扬粮食、推动水车、带动发电机、抽水机、磨粉机等；讲空气的成分和各种成分的性质时，把利用碳酸气灭火、碳酸气使面粉发酵，制造汽水和利用氮素制造氮肥等，有机地联系起来。

新教材的政治思想性也是比较强烈的。主要体现在以下两方面：

1.在教材中，首先说明了空气的物质性——占据空间，有质量，然后说明了空气（气体）和液体、固体的异同；季风、龙卷风、台风的成因；动物、植物、大气三者之间的相互关系，相互制约的关系等。所有这些，对于儿童们辩证唯物主义世界观的形成，有很大的帮助。

2.把有关空气的科学知识，尽量运用到生产和生活实际当中去。尤其是利用风力和加强天气预报，营造大规模防护林带，战胜和消灭风灾等，都说明了人的能动作用，对儿童是具有巨大教育意义的。

此后不同年代的《小学自然教学参考书》《小学科学教学参考书》对教材的解读与20世纪50年代的大致相同，其主旨在于说明教材编写意图，分析教材特点，说明教学目标、方法、过程、环节、时间安排，甚至提供教学材料，为教师的教学提供具体指导。

除了教师教学参考书对教材的解读，一些教师特别是一线自然课教师也开始对自然教材进行研究与分析。下面节录一位自然课教师的研究。王小村1956年在《关于新编小学课本自然第二册的几点说明》中写道：

本省新编小学自然课本第二册的内容包括"天文"和"农业"两部分。

天文部分分计四课，是关于"地球、太阳和月亮"三球的常识。因为由三球产生出来的"昼夜""四季"和"节气"等自然现象，跟人们日常生活和农业生产有密切的关系，加上自从苏联在1957年10月4日，发射出全世界第一颗人造卫星以后，扩大了人们的思想领域。在新课本里增添这一部分简单的天文常识，一方面把儿童的思想领域和认识范围扩展到地球以外去，一方面为儿童学习农业部分和将来实际参加农业生产劳动，创造有利条件，是完全必要的。

农业部分分计二十二课，前六课是转述我国农业的概况和有关土壤、水利、肥料等初步知识，后十六课是分述各种农作物以及造林、饲养等初步知识。1958年全国人民在党的社会主义建设总路线的光辉照耀下，发挥了冲天的干劲，出现了以工农业生产为中心的全面大跃进的新形势，并带来了人民公社化的高潮。可以预料，在党的领导下，我国的农业今后将会不断发展。不但能继续跃进，而且会跃进得更好。为了及时地使儿童初步掌握一些较系统、较完善、较先进的农业生产基本知识，并会把这些知识运用到实践中去，获得简单的生产劳动技能，并培养他们研究农业科学的兴趣和社会主义的劳动观点与习惯，把原来"农业常识"的一些内容，并入这册自然课本中，是比较适合的。

对1949—1963年教材的解读与分析。

有论者研究中华人民共和国建立之初的自然课本指出，新课本是参照苏联小学自然学科课本编写而成的，其优点主要有：精简扼要，深浅合宜；结构谨严，循序渐进；具体出发，结合实际（吴戈，1953）。有研究者概括了我国1949—1963年教材的共同特点：注重选择基础的、典型的材料，向学生描绘自然界的粗略轮廓；教材内容的安排比较系统，由浅入深，逐步扩展，比较符合儿童的心理发展特点；注重教学内容与学生生活经验与工农业生产的联系，并渗透思想教育；教材呈现先叙述有关定义原理，再用演示实验或举例对该定义或原理进行证明，最后复述定义或原理，或者以布置作业的形式进行巩固加深。教材重视书本知识的教学，注重将普通的科学知识传授给儿童，实验、观察也强调知识的学习与理解（潘洪建，2012：58-60）。

对1966—1985年教材的解读与分析。

"文革"前期的自然课程被取消，后期部分省市开始自编自然常识教材。教材联系当时"三大革命"实际，即生产、生活与革命实际选择材料，重视农业生产、国防卫生，具有很强的现实色彩。教材内容综合性强，如农业"八字宪法"一课综合了以往小学自然中的土壤、水、天气、植物、害虫、化学，以及历史、地理、政治等学科内容。教材加强了学科之间的联系，有利于促进学生的知识、经验的综合,培养学生理论联系实际的意识。但教材存在的主要问题有:涉及内容太多太杂,不够系统;教材内容如"三防知识"脱离小学生的日常经验;课文内容太成人化,太深奥;内容政治化(潘洪建,2012:58-60)。研究者对人民教育出版社1982年版自然教材进行研究,发现该教材编写指导思想突出能力发展,教材内容选择突出基础性、实践性;教材呈现突出问题性、探索性;在教材语言方面,新教材语言更加清新活泼,突出趣味性、直观性;在作业设计方面,注重活动与体验;教材设计注重思想性。但也存在着内容成人化、概念化、教材偏深偏重问题(潘洪建,2012:120-125)。

对1986—1999年教材的解读与分析。

本阶段小学自然教材的研究较多,特别是作为统编本的人民教育出版社1985年和1992年的自然教材,研究者们关注甚多。有论者认为该教材:是一个多学科综合体;注重人才的因素,寓德育于智育之中;由浅入深,由表及里,便于循序渐进地教学;富于启发,利于探索;重视观察和实验;图文并茂,生动形象;内容系统,知识新颖(潘留芳,1983:16-25;戴冰青,1993)。有研究者分析了该教材的结构,指出该教材具有知识、能力、思想教育三个阶梯的整体结构,能力训练、反复训练、综合练习的单元结构,"研究过程在前,研究结果在后"的课文结构;呈现四种类型的课文,即以认识自然事物的形态、性质为主线,以建立科学概念为主线,以探究自然规律为主线,以技能训练为主线的课文结构(徐明,1993)。研究者分析该阶段教材的主要特点:教材结构突出能力发展与品德教育,教学内容的更新弹性强,教材表述方式通俗化、简明化。教材系列化,以教科书为基础,配有教师教学用书、挂图、投影片、学具等,使教材系列化。一纲多本,教材开始走向多元化。但在拼音、知识叙述、插图设计、作业布置方面也存在一些有待改进的问题(潘洪建,2012:169-175)。

在20世纪80年代初期,小学自然教材着力探索如何将自然学科从一门常识性的学科变为向学生进行科学启蒙教育的学科,如何培养学生学科学用科学的志趣和能力，如何改革自然教材的编写形式和教学方法，指导学生像科学家那样探索大自然的秘密；80年代中期，探索如何对小学低年级学生进行科学教育，编写适合小学低年级学生"动手动脑学科学"的自然教材；20世纪90年代初期，探索如何使自然教材具有"知识教学、能力培养、思想教育有机结合、协调发展"的整体结构，如何使课文结构达到"科学过程、认识过程、认知过程、教学过程的相互统一"，如何根据课文中心内容的不同编写不同类型的课文，如何采用以探究式学习为主的教学方法，使学生的科学文化素质得到全面锻炼和发展（殷志杰、蔡矛，2010）。的确，小学低年级科学教材的编写在指导思想与教材设计上尚有许多问题值得研究，例如，儿童心理特点、学科特点、课程衔接、目标定位的问题等（王岳，1987、1989）。

对2000年后教材的解读与分析

教材内容选择。2001年以来，小学科学教材内容做了较大调整，首先，删繁就简，把以往八个单元（生物、人体、水、空气、力、机械、声、光、热、磁、地球、宇宙等）的科学知识整合成三大领域，加强知识的综合。其次，将探究技能训练与探究能力发展作为主线构建教材框架，呈现教材内容，安排了多种方式的科学探究活动。第三，打破原有自然教材的知识体系，以主题的形式进行跨学科、跨领域的内容整合，强化科学与技术、社会、环境的相互联系。第四，注重知识的现实意义，加强课程内容与生活生产的联系，删去了部分难度较大和比较陈旧的内容，如四季的成因、叶绿素与光合作用、益虫与害虫、形态分类等，补充了诸如材料、能量、对自然灾害的认识与防治、健康与生活等新的内容。第五，教材呈现情境化，图文并茂。教材创设问题情境，引导学生展开科学探究活动，设计了大量精彩、多样的图片、表格等，增强了教材的趣味性、可读性和吸引力（潘洪建，2015）。

教材内容的组织。2001年后的小学科学教材结构打破了旧的自然教材以学科知识的逻辑结构作为框架的惯常做法，大多采用主题单元的形式整合相关领域的知识，按照主题选择和组织教学内容，教材结构呈现出新的特点。其基本做法是，设置教学单元，每个单元一个大主题，每个单元主题下又衍生若干小主题，大小主题之间相互联系，形成具有一定结构、相对完整的内容体系。教材致力于突破传统的以学科知识为中心的体系，将科学知识的学习较好地融入精心设计的各类活动之中。教材内容组织强化了课程内容之间的整合，力求贴近社会生活实际与儿童经验实际（潘洪建，2012：220）。如鄂教版小学《科学》教材按照"家庭—学校—家乡与祖国—地球和宇宙"的脉络，随着学生成长过程中生活经验圈及视野的不断扩大，有机整合多学科或多方面的知识，逐步扩展教学内容的广度与深度。苏教版小学《科学》教材，每册教材由5—6个单元构成，每个单元主题又含若干课题，课题与课题之间相互联系，形成一个相对独立的知识网络。例如三年级（上）中的"生命之源——水"单元主题，根据课程标准中的"地球物质之二——水"为线索组织教学内容。该单元由"生命离不开水""观察水""家乡的水资源""地球上的水"四个课题组成，每个课题又由若干个探究活动构成，从而形成一个探究活动系列（张和平、周康熙，2005）。在单元结构内部，许多教材也按照一定的逻辑加以构造、组织教材内容。如京版小学《科学》教材每个单元（课）的内容都按"搜集资料—形成认识—扩展认识"三个板块的结构递进展开。"搜集资料"阶段，学生通过实验或实践活动，获得较丰富的感性认识，整理和归纳得到的事实。"形成认识"阶段，学生运用分析、综合方法进一步整理、提炼搜集到的资料。"扩展认识"阶段，学生则对有关知识加以扩展，如扩大知识面、加大实验难度、加深思考问题等（朱嘉泰，2005）。

教育部基础教育教材审定工作办公室编写出版《新课程实验教材精粹选评（小学科学卷）》一书，概括了小学科学实验版教材的共同特征：设计多彩探究活动，培养学生的科学探究能力；注重科学基本知识；贴近儿童，贴近生活；重视儿童的认知规律，打造"学习化"教材；大力倡导科学文化，发扬充满人文关怀的科学精神；充分利用现代教育技术，拓展学习的时空；注意内容与形式的优美，给儿童以美的享受。各套教材的特色如表2-2。

表 2-2 8 种教科书基本概况

版本	主编	配套教材	教材特点
教育科学出版社《科学》	郁波	教师备课系统光盘、教学图片库、远程教育教学系列光盘、教师培训资料包、科学工具箱等	坚持"科学性和教育性并重"的原则，以活动为基础，将科学知识、科学思想、科学精神及方法体现在每个活动之中，激发小学生主动参与科学学习活动，并能引领他们经历"科学的过程"
湖北教育出版社《科学》	金准智	《课堂实录 VCD》、《教学挂图》、《教学设计与案例》	以学生生活经验圈的不断扩大逐步展开教学内容，体现多学科知识的整合，强化以科学探究为核心的科学学习过程，强化科学、技术和社会关系的教学，教材实用性、可操作性强
河北人民出版社《科学》	胡军	教材总体介绍光盘、内容介绍光盘、示范课光盘、培养资料包	内容综合化，教学活动化，评价多元化；注重渗透技术教育的内容；突出科学、技术、社会、环境（STSE）的联系；注重与其他学科的横向联系；采用多种方式实现教材的弹性和开放性；教材呈现方式新颖、生动，注重启发，引领学生进行主动学习；改革教师用书的编写
大象出版社《科学》	张泽	教师用书、《小学科学教学指南》、教师教学培训资料包、教学光盘	强调"科学学习要以探究为核心"，"让学生像科学家那样进行科学探究"
青岛出版社《科学》	郑守仪	教师示范课光盘	以学生生活经验的发展为主要线索；以学生的自主体验学习为手段；以科学探究为核心，结构模块化，过程活动化；目标弹性化、内容综合化、评价多元化

续表

版本	主编	配套教材	教材特点
江苏教育出版社《科学》	郝京华	培训资料包与培训手册	以学生认知活动为序设计教材内容，充分突显科学启蒙教育的特点，力求使科学课贴近学生的真实生活，贴近学生的精神世界。其理念为：体现"大教材观"，突出"科学探究"，注重"单元整合"，渗透"人文精神"
湖南少儿出版社《科学》	石鸥	教师培训手册、教师培训用观摩示范课录像、光盘、教学挂图	挖掘史实，凸现特点；强化提升，体现科学价值观；重视学生探究能力的培养；情景引入，贴近生活；教材突出"做中学"的思想，设计了较多的切实可行的学生主体活动
广东教育出版社《科学》	刘颂豪	教师用书、教师教学工具箱、多媒体教学软件、教师备课系统光盘、科学课例实录光盘、教学投影片、实验材料、幻灯片、大幅挂图等	力图紧扣《课程标准》，突出"任务驱动"；设置"网上学"栏目；呈现形式灵活多样

2.教材发展历史的研究

有研究者描述了小学自然教材版本的演进及不同时期教材编写理念、教材结构、教材内容的变化。在概述1950—1966年的小学自然教材、"文革"中的小学自然教材、1977—1985年的小学自然教材、1986—1999年的小学自然教材、2000年后的小学科学教材后，研究者指出："六十年来的小学科学教材的教材编写的指导思想经历了知识传授—能力发展—科学素养培养的转变。这种转变与深化素质教育、培养创新能力的大背景是相一致的。"六十年来，小学自然、科学教材结构大致经历了知识叙述实验印证（演绎式）—观察思考概括结论（归纳式）—主题单元整合相关知识（综合式）等发展阶段。自然、科学教材内容从强调基础知识走向科学素养培养，从重视结论叙述走向关注探究过程，从注重思想政治教育走向科学态度情感培养，从系统性走向综合性，可读性不断增强（潘洪建，2012：262-268）。

有研究者指出，从 1949 年到 1966 年，我国的教育经历了一条曲折的、变幻的运行轨迹（方成智，2010）。1949—2009 年的小学科学教材发展之路是一条不断探索、曲折艰辛、成绩卓著的道路。殷志杰、蔡矛在《小学科学教育教材 60 年之路》一文中指出我国课程改革经历了"一条曲折崎岖的路"，其表现在：

1950 年，在总结新中国成立前自然教材经验、吸收老解放区和苏联自然教学经验的基础上，制定了《小学高年级自然课程暂行标准》。然而由于种种原因，并没有采用这个课程标准，而是在匆忙中修订了原有的自然教材。

1953 年，"全盘照搬"苏联小学自然教材教法。引入了以斯卡特金的教学思想为指导的自然教材教法，推动了当时中国自然教材教学的发展；同时也造成课程设置、教学内容等严重脱离中国实际；丢掉了我国自然教学多年积累的一些好思想、好方法。

1956 年，按照自然教材要"逐步实现中国化"的要求编入了很多结合中国科技和生产实际的内容，但也产生了明显偏差。一是在"左"的思想影响下，在自然教材中编入了过多的不符合自然学科特点、不符合小学生接受能力的政治思想教育内容和农业生产知识。二是在"逐步实现中国化"的同时，丢掉或模糊了以往的好思想、好方法，致使教材不注重观察实验，完全讲述讲解的内容大幅度增加；直接通过下定义的方法建立概念的内容增加。

1958 年，在"大跃进"的形势下，十年来积累的自然教材教学经验沦为"保守、落后"。编写"集政治、地理、历史、自然于一体"的常识课本，科学教育被严重削弱。

1963 年，在总结新中国 14 年来自然教材教学经验基础上编写的自然教材，纠正了"大跃进"的偏差，拓宽了自然教学内容范围，更加注重理论联系实际。但在教学思想、教学方法方面没有明显改观，并且在忽视观察实验、忽视由感性到理性认识方面有"加剧"的趋势。1964 年，这套自然教材更被减得"骨瘦如柴"，知识严重压缩，观察实验、由具体到抽象的认识过程更加减少。

1977 年，在"拨乱反正""改革开放"的形势下，编写教材的工作得以恢复和稳步发展，编写出"适应社会主义现代化建设需要，既有基础性知识又有先进性的科学知识，注重观察实验和理论联系实际"的自然常识教材。

1982年，确立了自然学科地位，"小学自然课是对小学儿童进行科学启蒙教育的一门重要基础学科"；明确了学科指导思想和方法，"指导学生像科学家那样探究大自然的秘密"。(《中华读书报》2010年10月20日)

有关教材建设的研究

1977—1992年，小学科学教材全国通用，体现了"一纲一本"的思想。1992年开始，国家教委要求实施"一纲多本"，开始出现多个版本的教材。

1978—1982年的《自然常识》教材，全国使用，一共4册，供四、五年级学生使用。这套教材结束了"文化大革命"期间自然教材的混乱局面，纠正了"文化大革命"期间的各种偏差，是一套在认真总结新中国成立以来自然教材正反两方面经验的基础上编写的自然教材。主要特点是：选取了不少先进的科学技术方面的内容充实教材，注重科学知识的逻辑性、严密性和准确性，课文详细，图文并茂，教师好教。但也存在着一些缺陷：对学生的观察实验等能力培养不够，"结论在前、现象在后"的课文呈现方法对教学产生负面影响，有些教学内容"成人化""概念化"。

1982年，人民教育出版社出版《自然》教材。这套教材的特点是：内容系统性强，知识面广；编排结构性强，知识能力兼顾；课文呈现探究式，指导儿童自行获取知识；思想教育含而不露，重在熏陶感染；配套出版教师用书、教师手册、配套挂图等。这本教材将原来单纯进行科学知识教育，转变到全方位的科学启蒙教育上来，并对教师的教学观念、教学方法等产生了极大的冲击和影响，成为自然教学改革成功的标志，奠定了我国科学教学的基石。这套教材存在的缺陷是：内容体系还有待完善；能力培养计划性不强；总量偏多，一些内容不利于学生探究，一些内容要求过高、内容偏难（课程教材研究所，2011）。

1986—1987年，人民教育出版社编写了低年级《小学课本（试用本）·自然》，这是新中国成立以来第一套在全国范围内使用的自然教材，对促进我国的科学教育具有划时代的意义。这套教材的特点：内容浅显，与儿童的生活紧密联系；注重设计动手动脑的科学活动，儿童容易操作、接受；以图为主，彩色胶印，符合低年段学生特点；没有课后作业。不足之处在于没有相应的教学大纲，在教学内容的选取和编排上缺少整体考虑，结构较为松散。

1989—1997年，人民教育出版社编辑出版了彩色版五年制和六年制的《自然》教材。教材编写着力在能力培养上有所突破。这套教材有以下特点：整体性强，突出能力培养的序列化安排，根据不同内容呈现6种典型课文。欠缺之处：技术教育有待加强，探究式学习的过程呈现有待改进，课文的填空式结论过于死板。

从1992年开始，全国各地开展地方科学教育的探索实验，编写地方教材，呈现出各具特色的教材。如，浙江教育出版社的《常识》（钱大同主编）、上海教育出版社的《自然》（陈国麟主编）、辽海出版社的《自然》（唐莲君主编）等。浙江自1992年开始实施综合课程改革，中小学都采用综合的科学课程。小学阶段的科学课程更名为"常识"，课程内容融合了自然、社会、历史、地理等方面的内容，呈现大综合的趋势。这本教材以自然内容为主，其他内容为辅。但综合性欠缺，拼盘痕迹比较明显。上海引进吸收英国的科学教材编写内容，自编了1—6年级的《自然》教材，有些学校还采用原版的英国牛津教材。

2001年，新课程改革启动，全国推出8套小学科学教材。这些教材都根据新的课程标准编写，各具特色。相同之处：体现课程标准的理念，突出科学探究活动的设计；以大单元的形式呈现内容；图文并茂，版式活泼。存在的问题：对陈述性知识不够重视，一些探究活动的设计比较粗糙，一些活动难以操作。

有研究者基于60年课程发展的历史考察，讨论了小学科学教材改革面临的诸多关系，如教材的基础性与适应性的关系、教材的知识性与思想性的关系、教材内容的广度和深度的关系、教材的实质内容与外在形式的关系（潘洪建，2012：268-269）。同时，提出了对未来小学科学教学改革的展望：以科学素养形成为核心，着力培养学生的探究能力和创新精神；追求教学生活化，强化教学内容与生活的联系；优化学习方式，拓展教学空间；信息技术与教学结合，科学教学如虎添翼；创新教学方法，形成具有学科特色的教学模式（潘洪建，2012：273-275）。

3.国内教材比较研究

有研究者选择了3套小学科学教材，考查科学史知识引入小学科学教材的数量及呈现形式（王玉英，2009年第10期）。有的对江苏教育出版社8本《科学》教材中的化学史内容进行文本分析，包括化学史知识的分布、涉及区域、呈现形式等。研究结果显示化学史内容所占的比重小、分布不均匀、涉及的年代不均衡（韩坤，2016）。

有研究对教育科学出版社、首都师范大学出版社和北京出版社出版的小学《科学》教材中"溶液"的相关内容进行比较分析，发现3个版本教材都是通过设计一系列活动，帮助学生建立相关概念。其中，教科版、首师版教材在"溶解""生命中的水"单元中并未明确提出"溶液"的概念，而京版教材中却出现"溶液""溶质""溶剂"等概念。教师在"溶液"教学中需要明确掌握的科学概念、基本实验操作技能，帮助学生建立科学概念、培养科学过程技能（康琪，2014）。有的研究主要采用文本研究的方法，运用统计分析和比较的方法进行研究，选用河北人民出版社（简称冀人版）、江苏教育出版社（简称苏教版）和教育科学出版社（简称教科版）3个版本的科学教材作为研究对象，研究发现，各版教材内容的编选上都注重贴近学生的生活实际，重视探究学习，在教材中渗透人文精神。知识内容的呈现丰富多彩、语言生动活泼。研究发现，冀人版和教科版教材中，物质世界部分的内容所占比例最多，其次是生命世界，最后是地球与宇宙；苏教版教材中，生命世界和物质世界两部分内容所占比例十分接近，而地球与宇宙相对较少（张丹，2012）。

有的研究者比较教科版、苏教版、冀人版三套小学科学教材"物质科学"的内容，分析了3套教材在目标、内容组织与教学方式上的共同点与差异。"物质科学"内容编排的共性有：强调科学知识的基础性，关注情感态度和价值观的渗透，强调科学方法的多元，注重学科间的联系与综合，注重科学史的渗透，强调对科学本质的理解。但在认知层次、呈现方式、与初中教材的衔接方面存在差异（吴术强等，2013）。

有研究者选择教科版与湖南少儿版小学科学教科书文本进行比较，分别从编写理念、内容选择、呈现方式、编制水平进行4个维度进行比较（杜代立，2015）。

还有研究者以教育科学出版社和江苏凤凰教育出版社的两种新版小学一年级科学教材为研究对象，从教材的内容设计、图文编排、课程容量、内容难度、教学逻辑、编写体例等多个维度进行比较分析。结果表明：两版教材均注重培养学生的科学素养，图文结合，体现了科学探究八要素的学科逻辑；前者课程难度与课程容量较大，后者知识逻辑衔接较为紧密（邵建新等，2018年第6期）。新编1—2年级小学科学教材以主题活动为基本单元，关注线索对活动的串联，沿探究过程展开内容，呈现方式活泼多元，突出了情境创设、问题驱动和素养的显性培育（姚建欣，2018年第11期）。

有的以台湾康轩版科学教科书《自然与生活科技》为对象，运用比较法、内容分析法等研究方法分析了教科书的整体结构、内容选择、组织形式、呈现方式以及选编原则，指出该教科书具有生活化、科学探究与技术设计并重、课程设计统整化、呈现方式丰富多彩等编写特色。基于上述研究，作者提出对上海小学科学教科书编制的建议：进一步细化课程领域目标；加强技术素质的培养内容；补充上海本地的科技史内容；实验取材进一步日常化、生活化，优化教材的呈现形式（李晶，2014）。有研究者选择教科版小学科学教材与台湾翰林版小学科学教材，采用文献法、内容分析法、统计分析法和比较研究法对教材知识结构、呈现方式进行比较研究（杨景，2018）。

沪科教版《自然》与京教科版《科学》比较。比较发现两套教材知识结构都是"单元→课"的结构模式，但两套教材的适用范围、主题单元大小、单元结构设置有所不同。在语言呈现方面，两套教材的句式都比较丰富；沪科教版的语言叙述以第二人称为主，京教科版则是第一人称为主。插图设置方面，两套教材插图数量都较多；沪科教版插图所占篇幅较大，京教科版则较小；沪科教版在插图设置方面引入了卡通人物作为固定的学伴，京教科版运用了大量概念图和图表。栏目设计方面，沪科教版栏目设置比京教科版清晰（诸莲红，2016）。

教材插图研究。有研究者对"教科版""北京版""湘教版"3个版本的小学科学教科书插图进行分析，包括对插图的数量、内容、排版及插图与教科书评价维度匹配的分析，提出了插图设计过程中需要遵循的基本原则（趣味性、科学性、思想性、综合性），插图设计中需要注意的问题，以及小学科学教科书插图质量的评判参考（许雯，2013）。

教材编写存在的问题。一些研究者对教材中的实验设计进行了研究，探讨了实验设计存在的问题：实验设计不够科学、没有考虑实验设计的可操作性（吴朝辉，2016；刘冰，2014；王强等，2015；王俊卿，2016）。有研究者从指导语的准确性、规范性和系统性三个方面举例分析了苏教版教材中指导语的科学性问题（郭亚山，2019）。一些研究者从教材版面设计、知识内容的广度、深度和核心概念表述的差异等维度，或从实验设计与编排等方面，探讨小学科学与初中物理、化学或科学教材的衔接问题（朱玉洁等，2014；陈刚，2015；杨妙霞，2017）。一些研究者发现教材存在着落后、陈旧的教学内容，需要教师进行适当的调整与取舍，实现教材内容的重组与创新（胡蓉，2019）。

（三）中外教材比较研究

1.中美科学教材比较

美国教材介绍与特点分析。20世纪90年代后美国小学科学教材类型更加多样化，其表现为：以科学概念为核心，如《SRA真实科学》；以科学概念和统一概念为核心，如《科学发现工作》；以探究过程为核心，如《为了孩子的科学与技术》（张军霞，2002第11期）。美国小学科学教材"SCIENCE"知识呈现独特，该教材通过提出问题和讲故事的形式呈现课程内容（王亚歌，2008年第10期）。美国小学"Scott Foresman Science"教材中渗透技术教育内容。技术教育内容主题占总主题的 50.28%，占比高。技术知识占 53.36%，技术能力占 31.80%，技术意识占 10.78%，而技术态度只占到 4.06%。围绕着基本问题和核心观念设计章节内容，同一主题的知识内容集中式编排，事实理论类知识螺旋式编排、方法技能类知识镶嵌式编排，情感价值类知识渗透式编排。内容呈现形式包括图文、栏目和习题 3 种（张晋，2017）。美国小学阶段设计了 3 项科学教育计划：FOSS、INSIGHT 和 STC。3 项计划均以探究为基础，创造机会让孩子们理解科学概念、获得科学技巧以及形成正确的科学态度，同时鼓励孩子们采用多种学习风格，并将所学应用到现实生活中去。FOSS（Full Option Science System）(K-6) 教材强调通过科学探究、动手做、阅读和讨论等主动学习方式，提高学生的科学素养。INSIGHT 科学教育项目以主题单元统摄课程；以探究作为课程中心环节；鼓励学生亲历实验，为学生的"动手做"创造条件以及注重科学活动同多种知识领域的结合。STC（Science Technology and Children）科技与儿童计划以实践为中心，面向 1—6 年级儿童。STC 计划包括 24 个单元，每年级进行 4 个单元课题，用以提供所有学生关于生命、地球及物理科学技术等方面的经验，同时提高学生的批判性思维和问题解决能力。3 套教材均是在《国家科学教育标准》指导下编写的，旨在培养学生的科学素养（刘思妍、杨培禾，2011 年第 6 期；梁国营等，2003 年第 1 期；王淑娟，2004 年第 4 期；贾彦琪，2012 年第 9 期；柏灵，2002 年第 9 期；陈莉、丁邦平，2012 年第 6 期）。众多教材中，STC 教材受到特别关注。研究者指出，中国科学教材知识的组织采用小单元的形式，美国 STC 则采用大单元的形式；中国侧重于过程性技能的培养，美国则把科学探究作为一个整体。美国教材采用非螺旋式，中国则采用螺旋式，STC 教材的内容远远多于教科版（高霞，2002；赵姣，2012）。STC 教材更注重探究活动的完整性。人教版小学科学教材侧重于知识性探究内容的学习，美国 STC 教材侧重于应用性探究内容和综合性探究内容的学习。两国教材中探究内容的活动方式都以动手操作为主。我国人教版小学科学教材设置了较多的调查研究类探究活动（张波，2013）。

一些研究者就《科学概念》、《为孩子的科学和技术》(STC)、《提供丰富选择的科学教育体系》(FOSS)等教材的结构及特点展开分析（道久，1980；张军霞2001）。

一些研究者关注美国2000年版加利福尼亚小学科学教材《科学》。研究指出，该教材具有固定格式和统一的编写方式，强调"做中学"，注重语言能力的培养，呈现方式多彩真实（汪甜等，2006）。有研究者对教科版和加州版教材的知识体系构建比较后指出，两国强调科学、技术和社会的联系，注重科学知识的实践运用。在主题知识内容方面，两套教科书基本一致，但年级分布有较大的差异。在章节知识内容方面，两套教科书都注重知识的基础性、综合性和时代性，加州版更加重视知识的逻辑性、系统性和地域性，难度也较大。在知识的呈现方式上，文字呈现、插图呈现方式相似，但栏目呈现和探究学习模式设计，加州版值得我们学习和借鉴（王拂阳，2013）。有研究者介绍分析了加州版教材的编写版式、插图、文字，以及栏目与教材结构体系、探究活动、学科交叉和人文素质教育的特色（兰天，2017）。

有研究者比较了上海科技教育出版社的《自然》与由麦克米伦公司出版、浙江教育出版社翻译出版的《科学启蒙》。内容数量、具体内容和内容深度比较显示，两套教科书都是围绕生命科学、物质科学和地球科学三大主题展开，《科学启蒙》中三大主题比例相当，《自然》中物质科学所占比例较大，地球科学所占比例较小，内容更为浅显。《科学启蒙》的页数较多，有大量栏目，对教学的各个环节都有详细指导，而《自然》中的栏目较少，主要是出示探究活动图片，文字量也比较少。两套教科书都采用了视觉符号来辅助课程内容，但视觉符号的类型、位置和作用略有不同（杨丙麟，2015）。比较教科版《科学》和美国麦克米伦版《科学启蒙》教科书"生命科学"部分发现，两套教科书都十分重视插图的使用。《科学启蒙》教科书的插图尺寸大，图名、图注齐备，插图"自明性"强；选用大量不同种类的植物、动物和人物照片，真实严谨，贴近生活；有大量介绍实验探究过程的插图；注重插图的安全教育功能。教科版《科学》教科书，插图尺寸小，重视概念图的应用，但多数插图缺少图名或图注；人物插图多为卡通图片，有大量的实验探究结果呈现的图表；装饰性插图和表征型插图数量丰富，组织性和解释性插图不足；缺乏安全教育或警示类插图（彭婷，2017）。

教科版《科学》教材和美国科罗拉多州 ACSI 版的小学《SCIENCE》教材比较显示：两种教材领域分布比例不同，教科版教材分布不均衡，物质科学领域较多。都以单元和课时来进行教学。但教材单元和课时总数不同，ACSI 版教材另设有大单元和小单元。教材知识内容方面，ACSI 版教材更为完整（尹雪婷，2017）。

还有论者比较了江苏教育出版社小学科学教学参考书和美国哈顿米夫林版教师用书。比较两版教材在编者构成和编写指导思想、框架结构上存在的异同（陈洁，2015）。有的从内容的选择、组织方式、呈现方式三个方面，比较与分析美国最新小学科学教材 Science Dimensions 与青岛版小学科学教材物质科学的内容（王莹洁，2019）。

美国《物质科学》系列小学科学教材中的科学写作任务体现出体裁多元化、兼顾不同年龄层次儿童、注重提示语的设计和引导、渗透科学技能的培养和促进沟通等特点（陈凯，2013 年第 8 期）。对鄂教版和美国麦克米伦版小学科学教材中的"地球与宇宙科学"进行知识内容和呈现方式的比较研究，发现：内容选择上，两者都选择了有关自然现象的知识，但后者增加了对自然规律的讲解；内容难度上，后者许多内容深化到自然现象背后的自然规律，而前者多注重自然的表象知识；知识内容衔接上，后者中同一主题的知识内容能呈现出螺旋式上升趋势，而前者多呈直线发展；栏目呈现方式上，后者栏目种类丰富；语言呈现方式上，前者更适合我国学生语言特点，是以儿童看待世界的视角进行描述；插图呈现上，两者都有摄影和绘画插图，但都未开发电子教科书（张晶，2019）。比较鄂教版和麦克米伦版教科书发现：就"生命科学"领域的知识内容和呈现方式而言，两版教科书知识内容的编排具有逻辑性，前者更贴近学生经验，以"微观→宏观"的方式搭建科学概念；后者则以"宏观→微观"的方式搭建科学概念。两者的主体知识框架相似，但前者课程知识量较少，内容浅显，知识体系呈"直线式"上升；后者知识容量大、覆盖面广，概念名词多，知识体系呈"螺旋式"上升。两者的栏目使用率高，栏目活动重视探究式体验，但前者的栏目数量少，侧重知识的迁移与应用；后者的栏目数量多，栏目重视学科交叉。两者均重视插图的使用，插图类型相似，但前者侧重凸显生物的局部特征，插图缺少图注；后者更注重体现生物的整体特征，图文配比合理（王曾惜，2019）。

也有研究者比较了我国教科版、苏教版和粤教版小学科学教材与STC教材的内容模块、结构组织、课程活动设计（闫蒙钢等，2009）。从具体知识内容、呈现方式、科学探究活动三个方面对中美科学教科书进行比较，研究发现：在整体知识内容组织上，青岛版科学教科书以直线式知识组织方式为主，美国科学教科书的知识组织方式则为螺旋上升式，两版教科书在内容选择上都注重贴近学生的生活实际。在单元具体知识内容上，两版教科书涵盖知识范围大体相同又各有侧重。在教科书的内容广度、深度和难度上，美国教科书均大于青岛教科书。在呈现方式上，与青岛教科书相比，美国教科书在语言呈现、栏目设计、插图安排上更具鲜明的特色。在科学探究活动的安排上，美国教科书注重"实践"，科学探究活动的严谨性和科学性优于青岛教科书（赵翔，2019）。

有论者选择不同视角，对中美教材进行审视与比较，如从STSE教育（科学、技术、社会、环境教育）视角进行比较分析发现：美国FOSS教材知识点数量多，难度大，覆盖面广，重视自主实验调研；中国人教版科学教材知识点数量少，内容浅显，以课堂操作和探究为主，学科综合性弱，缺乏知识陈述与总结（张韵等，2016）。中美两国教材都以主题单元为线索，注重情境化、生活化，美国更强调综合化和问题化设计；都利用目录、正文、插图、章节设置固定的STSE教育栏目。美国教材利用多种多样的插图来呈现STSE教育。我国STSE教育栏目设置不足、插图操作性过程性不强、陈述语言数量较少（谢彩玲，2019）。有研究者基于STEM视角，对中美小学科学教材的知识广度、知识深度和知识融合度，以及栏目设置、内容呈现和价值取向进行比较研究（谢琳纯等，2019）。有的以"天气"知识主题为例，抽取了3套教材，构建了知识点标记语料库和数据库，采用数据驱动和知识图谱相结合的方式，直观展示了不同教材知识组织的静态层级结构和动态序列安排，揭示了中美小学科学教材的知识选择和组织的特点。有研究者指出：国内版小学科学教材陈述性知识内容提供不足，知识选择和组织安排亦存在问题（郑泽芝等，2018）。

基于不同的视角与多个主题的比较研究。研究者们从不同角度提出了美国小学科学教材编制对我国的启示与建议。诸如：教材编写要重视对学生前概念的探查，注重探究内容的深层次挖掘，将思维导图融入教材，注重合作学习理念的渗透（闫蒙钢等，2009）。加强各模块知识间的关联性，适当增加概念名词；渗透"学科交叉"型知识；丰富栏目类别，调整图文配比，增大凸显生物局部特征的插图尺寸；开发电子教科书，促进学习资源多样化（王曾惜，2012）。提高科学课程的学科地位，正视科学课程的重要性；教科书的知识内容应该具有基础性、实用性、时代性、系统性、逻辑性、综合性和本土性；增加教科书中的评价内容，评价类型多元化；知识呈现更加合理化和多样化；突出科学探究在教科书中的地位，设计专门单元进行教学（王拂阳，2013）。适当增加教科书内容的深度，增加关于"科学方法和技能"的内容，增加复习与评价环节，增加显性的STS教育内容（杨丙麟，2015）。完善插图的图注和图名，丰富安全教育类插图，提高实物图和真人照片类插图的比例（彭婷，2017）。合理组织教科书内容，重视学习进阶；改进教科书呈现形式，安排丰富的栏目，增加复习与评价内容；改进科学实验呈现方式，关注实验的科学性与严谨性；注重配套课程资源的开发和使用（赵翔，2019）。当然，这些建议与启示是基于不同视角的，具有相对的合理性，可供参考。

2.中英教材比较

教科版教科书与牛津版教科书比较。在单元数量方面，教科版远远超过牛津版。在编排方式上，教科版属于直线式编排方式，而牛津版则属于螺旋式编排方式。在教科书内容上，教科版注重物质世界，所占比例较大，牛津版注重生命世界。教科版科学探究实验数量远远超过牛津版，且实验设计多以情景对话展示，更具有吸引力。在语言方面，教科版教科书语言较为简洁，句式使用较为灵活；而牛津版则以陈述句为主，注重理论知识的陈述，段落较长，缺乏启发性与引导性提问。在插图方面，教科版插图数量要多于牛津版插图，教科版以实物类插图为主，牛津版以手绘插图为主（周玲玉，2019）。

3.中日教材比较

日本 1998 年开始启动的理科教材内容改革特点：强调对事物变化过程的认识，形成动态表象；注意激发学生的兴趣，重视观察实验、记录、仪器使用能力的培养；注意教材内容知识体系的完整性和相关性；注意专业术语的通俗化；通过动物和人的生殖规律的对比加强性教育（孙新，1999）。一些研究者对中日两国小学科学教材中生物实验设计展开研究，分析了两国小学科学教材在实验内容的系统性、年级设置的科学性、实验精度及图片文字编排的易理解性等方面存在的差异（齐智才、王伟，2012）。也有研究者以中日两国小学科学教材中的"电磁铁"为主题，从章节体量、概念陈述、方法指导、拓展应用等方面进行分析比较（吴苏琦，2018）。比较湘版《科学》和日本东京版《理科》小学科学教科书发现：编写结构上，湘版结构简单易懂，将情感态度价值观融合到整个教学过程中，东京版各年级知识点间逻辑性较强，语言表述更具感染力；内容选择上，湘版涉及内容丰富，但东京版对知识点的学习要求更高；实验探究上，东京版在实验环节、步骤上要求更具体；在单元复习上，湘版教科书注重发展式评价，重视评价主体多元化，而东京版对知识技能掌握较为侧重。由此提出建议：我国教科书修订应注重课程结构系统化、内容生活化、设计趣味化、实验具体化以及题型多样化（杨颖，2019）。

4.中国与其他国家教材比较

中俄教材比较。有研究者从呈现的内容、形式、栏目、科学探究、科学情感与文化内涵渗透、复习与评价这 6 个维度比较分析了苏教版《科学》与俄罗斯《周围世界》的"地球与宇宙"单元，并提出建议：增强教科书文字内容的丰富度，加强学科知识的整合应用，问题表述维度应采取发散思维，加强本土文化的融合，密切科学探究与学生生活和实践的联系（郑陶，2018）。

中韩教材比较。人教版《科学》教材和韩国《科学》教材"地球与宇宙"的比较涉及内容选择，包括知识的广度、知识的深度和知识的难度；语言组织、插图设置、栏目设计，以及科学探究安排；两套教材的特色和异同。韩国教材对我国教材编写与修订的启示：教材的编排结构应多样化并增加单元整理模块；内容选择应突出"学材"特质，彰显生活化；呈现形式应多元化，提升教材可读性；注重以探究能力为核心的学习能力的培养（徐立旭，2019）。

中澳教材比较。有研究者以澳大利亚科学院出版的小学科学教材《Primary Connections： Linking science with literacy》为例，从教材简介、内容特色、教材结构、教材内容、教学模式、图解设计、附录和教材测评 8 个方面进行具体分析。由此提出对我国教材的建议：以培养科学素养为基本目标，教材结构关注知识体系和递进性，教学内容注重学生的参与和表达，教学内容生动活泼，丰富科学教育的配套资源（梅杰，2013）。

中新教材比较。新加坡小学科学教科书《My Pals are Here! Science》（《我的朋友在这里！科学》）以跨学科概念为主题，建构螺旋式递进的模块，以科学探究为中心并与科学素养其他要素相互平衡，注重问题导引和学习结果结构化，安排可视化的学习活动，设计形式多样、便于使用的栏目（何善亮，2018）。

中埃教材比较。比较苏教版与埃及版小学科学教科书"空气"发现：苏教版善于用问题串联章节内容，并设计采用日常生活材料进行简易操作的活动。埃及版善于采用图文互现的方式，由浅入深引导学生进行科学探究活动。由此建议我国在编写小学科学教材时应增强章节版块内容的丰富度，强化学生对科学知识的理解与应用；在单元结束时适量增加复习巩固环节，巩固所学内容，同时提高学生的综合能力；运用图文结合的形式，在调动学生学习兴趣的同时辅之以文字知识的学习（金菁，2018）。

中国与印度尼西亚教材比较。研究我国苏教版和印度尼西亚版小学科学教科书，比较发现，两版教科书都包含单元情境图、渐进式的自主探究和合作观察，知识结构呈螺旋上升；在呈现方式上，两版教科书都设置了许多栏目，重视对学生科学实验探究能力的培养，但实验方式有所不同，苏教版概念呈现更符合小学生的年龄特点和认知发展规律，印尼 SD/MI 版借助概念图和图表辅助学生构建知识框架。由此建议：增加复习与评价环节；内容选择应促进学生认知的发展，展现本土化、生活化特征；呈现方式应考虑儿童特点，激发探索科学的兴趣（田钰莹，2018）。

此外，还有扬州大学研究生的系列学位论文，如，中国与厄瓜多尔教材比较（张集胜，2020）、中国和新加坡教材比较（邓慧慧，2020）、中国与加拿大教材比较（肖义群，2020）、中国与法国教材比较（董束宇，2021）、中国与德国教材比较（陈鸣，2021）、中国与南非教材比较（张梦颖，2021）、中国与印度教材比较（周璐莹，2021）、中国与圭亚那教材比较（朱云秀，2021）等。系列成果《中外小学科学教科书比较研究》即将由江苏大学出版社于 2023 年出版。这些比较研究为小学科学教材研究提供了外域的视野与可资借鉴的经验。

5.多国小学科学教材比较

除了两国比较，还有多国比较，如有研究者对中、美、日三国教科书的编排体例进行分析，得到如下结论：中国教科版《科学》设置的探究活动是逐渐开放的，探究活动注重生活化。美国加利福尼亚《科学》设置简易和完整的探究推进活动，注重探究技能。日本新编《理科》利用可持续性的观察实验开展探究。三国教科书在广度方面大同小异，但在深度方面差异明显。中、美、日三国教科书"科学探究"设计显示，中国教科书对探究问题给予了限定，对探究问题有详细的划分；美国教科书设计的探究问题相对开放，重视探究技能和探究思想；日本教科书关注学生探究的体验，探究旨在让学生理解概念。三国教科书关注 STSE 内容，且融入科学探究活动，中国 STSE 内容散落于章节；美国集中呈现在"科学阅读"栏目中，综合性较强；日本散落在观察和实验活动中（首新，2013）。

四、小学科学课程设计研究

(一) 课程设计理论研究

一些研究者探讨了科学课程编订原则，提出以马克思主义哲学为指导的原则、目的性原则、适合学生身心发展水平的原则、整体优化原则（史朝、孙宏安，1992）。廖哲勋、田慧生在《课程新论新编》一书中指出，在主观层面，课程受到一定时代的哲学、心理学、社会学、教育学、课程论等观点的影响（教育科学出版社，2003）。研究者剖析美国20世纪60年代小学新科学课程编制的一般过程和原则，为我国小学科学教育由"自然教育"向科学教育转型提供借鉴（张荣华、吴俊明，2010）。

21世纪以来，人们围绕科学课程设计的理论依据展开了研究，基于不同视角讨论科学课程的开发与设计问题。

科学大概念与科学课程设计。有研究者分析了科学观念的界定、层次和分类，探讨了科学观念对于科学课程开发的意义：科学观念提供了解和学习科学的基本框架，有利于知识的掌握；促进科学理论的形成、发展，提升人的思维品质；引领、调控科学活动，促使规则、方法形成；全面培育科学素质，提升科学教育水平；指引、丰富和提升教学智慧（吴俊明、吴敏，2014）。一些研究者从人与自然的和谐发展观、恰当的科学观（于海波、昭辉，2007；王伟群，2008）、建构主义学习理论（丁邦平，2001；张红霞，2003；裴新宁，2006）、儿童认知发展理论（俞晓琳，1997）等讨论科学课程设计与改革问题。有研究者从科学课程理性讨论理想的科学课程：营造科学认知和交往的环境；重视参与，关注过程；能够激发学习科学的兴趣；渗透情感、态度和价值观等教育内容（母小勇，2003）。2010年后，众多研究者从科学大概念角度阐述科学课程设计问题。作者认为，科学大概念是科学教育改革的一种历史选择，科学大概念的教育价值已经受到国际社会的广泛认可。有研究者结合我国中小学科学教育实际状况，就科学教育内容选择和表达方式问题提出如下建议：要充分考虑科学大概念的使用情境，一是中小学科学教育内容的表达必须根据具体情境选择科学主题或科学大概念的形式,二是中小学科学教育内容的表达必须注重跨学科概念与学科核心概念的关系;要加强科学大概念的本土实证研究(何善亮,2019)。

生活世界理论与科学课程设计。一些研究者从生活世界和科学世界的关系角度出发讨论科学课程设计问题,他们指出:科学课程设计既要坚持将生活观念看成逐步形成科学观念的一个必要前提和准备阶段,既坚持基于生活观念进行科学教学,又要应用于生活中,将生活观念转变为科学观念,使学生走出生活世界的认识误区,拓展生活世界的疆域(刘德华,2004;倪娟、李广洲,2008)。另有学者从科学文化的视角研究科学课程,拓展了科学教育研究的空间(于海波、孟昭辉,2004)。

学习进阶理论与科学课程设计。近年来,西方出现了科学学习进阶的研究热潮,发表了一系列研究成果。我国学者对国外科学学习进阶的源起、涵义、研究方法与意义进行了介绍。如有研究者指出,学习进阶表现为一定知识、技能、能力的潜在发展序列。以学习进阶统整的科学课程设计是螺旋式课程的当代发展(李佳涛,2014)。一些研究者对学习进阶相关理论和研究进行系统追踪和综述(周丐晓、刘恩山,2019)。一些研究者提出,根据学习进阶进行科学课程目标与内容的设计,将科学课程设计建立在科学的依据之上,为科学课程、教学和评价等提供更多理论基础和实践途径。

有研究者针对科学课程设计存在的诸如科学课程观的偏狭、科学课程结构的逻辑发展单一化、科学课程方法的局限以及科学课程评价的结果化倾向等问题,提出了基于问题的科学课程设计,即以问题为导向的科学课程结构,以问题为核心的探究教学策略,以问题为载体的任务驱动评价(张磊,2013)。国外一些学者如约翰逊·F.奥斯本在《超越建构主义科学教育观》一文中对建构主义科学教育观进行反思(《全球教育展望》,2004年第7期)。

在课程实践领域,1994年北京市启动"北京市21世纪基础教育课程改革方案"研究工作,历时四年,提炼了六个科学主题:"能量""演化""变化的形式""尺度与结构""稳定性""系统与相互作用"。统整各学科内容,使各学科知识紧密综合。"统整"坚持"一个中心三条线索"。"一个中心"是指以学生的发展为中心，即知识内容的选取与组织既要符合学生的认知，又要满足学生能力的发展需要；知识的教育、观念的培养、能力的训练，既为学生近期的学习打基础，更着眼于学生长远的发展和终身教育。"三条线索"是指：课程内容要体现科学思维过程的培养与创新精神的培养，要循序渐进地培养学生的实践和实验能力，要符合学生的认知发展规律。以"科学主题"为核心，重新构建科学基础知识的结构，把科学主题的交叉与发展作为整个课程的内在逻辑，以此统整教学内容与组织形式，按照1—5年级、6—9年级、10—12年级三个学段确定课程内容（李俊，2000；李晶，2001）。见表2-3。

表2-3 科学主题、科学大概念与具体知识

年级	科学主题	科学大概念	物理	化学	生物	地理	其他内容
6	系统与相互作用、尺度与结构	1.地球是一个大系统，系统中的要素是相互影响，相互作用的 2.物质在不同的尺度下，存在着不同的结构，结构决定功能，功能反作用于结构 3.生物有着结构与功能相适应关系的生物学观念					
7	变化的形式系统与相互作用	1.自然界中的物体和物质处在不断的运动和变化之中 2.物体运动变化的形式是多种多样的 3.物体运动变化与物体间的相互作用密切相关					
8	变化的形式系统与相互作用、稳定性	1.化学变化中质量是守恒的 2.化学变化是有方向和限度的 3.化学变化与生命运动息息相关，既是生命的基础又可危害生命 4.各类物质的转化都需要一定的条件					
9	能量演化、变化的形式系统与相互作用	1.能量是物质世界存在的基本形式之一，任何形式的运动都需要能量；能量与人们的生活息息相关 2.节约能源，保护环境 3.自然界是处在不断的演化过程中的，今天的地球环境是几十亿年来地球演化的结果，地球上的生物和人类也是自然界演化的结果					

（二）课程目标的研究

泰勒在《课程与教学基本原理》一书中提出课程目标的 3 个来源：对学生的研究、对社会的研究，对学科的研究。同时，还要运用一定的教育哲学与学习理论，对目标进行精选。这些原则对科学课程目标的确定仍具有积极的指导意义。一些研究者指出，科学教育目标的确立需要考虑学生的身心发展水平与学业基础，能力和成熟水平不同的学生在每一关键阶段结束时应拥有不同的知识、技能和理解力的预期标准（胡献忠，2001；刘占兰，2006）。

有研究者尝试对小学科学课程中的科学态度目标进行界定，将科学态度目标分为对自然的态度、对科学学习的态度、对待科学以及 STS 的关系，并区分了中、低、高三段目标（张梅琳等，2015）。为实现多元教育目标，我们要跨越学科界限，使一个教学活动同时达到多个目标（曹小勇，2018）。有研究者对 1949 年以来 10 份小学科学课程标准进行文本分析，从基本能力、综合能力、问题解决、认识论、创造性思维 5 个方面考察我国小学科学课程中学科能力的沿革和发展（高守宝等，2019 年第 12 期）。研究者基于课程目标叙述的"ABCD"模式，分领域、分学段对认知维度、知识维度及其学习目标进行统计。研究表明：技术与工程领域教学目标设计突出高阶认知能力的培养；物质科学领域的目标侧重记忆概念性知识，生命科学领域的目标侧重理解事实性知识，地球与宇宙科学领域的目标侧重记忆事实性知识（付永存，2019）。

有研究者梳理了国外学者关于科学教育目的的论述，如有的将科学教育目的分为态度、过程、知识、技能，有的从个人需要、社会事项、职业需要、学业准备 4 个方面阐述科学教育目的，还有的将科学教育目的概括为追求知识、掌握技能、理解科学现象和发展学生优势（刘知新，1997）。

（三）课程内容的研究

课程内容即学生学习的材料、经验与活动，它主要体现在学科课程标准之中，科学课程标准规定了科学课程的基本内容，而教材则依据课程标准为学生的科学学习提供直接的材料与内容。20 世纪 50 年代，根据 1956 年《大纲》规定，低年级（一至四年级）的自然教学结合阅读课进行教学。鉴于语文课本里的自然常识与教学大纲的规定有一些距离，小学一至四年级还设有自然专题课，以弥补语文常识课教学的不足。尽管教学大纲对小学科学课程内容的设计在中进行了一些规定与说明，但相关的研究极少。这可能与课程内容的法定性质、讨论空间较小有关。

一些研究者指出，小学低年级自然教学内容的选择和组织，必须注意两个原则：地方性原则，选用若干地方性教材补充教学；系统性原则，如一年级按季节组织教材，二年级按观点、地点组织教材，三年级参观果园，四年级学习农作物和人体保健（赵廷为，1957：47-48）。一些研究者讨论了科学课程的内容结构，如线性结构、多线性网络结构、专题式立体结构（史朝、孙宏安，1992：165），为自然常识课程内容设计提供了多样选择。

另一些研究者就教材内容组织如何以立体的观点来架构课程内容、如何处理前景（foreground）知识和后景（background）知识的关系、如何为学生提供科学学习机会、如何处理教材中的阅读材料、如何关注科学方法教育等问题展开了深入研究（魏冰，2000；何善亮，2001；陈娴、于玉琴，2002；袁博、张磊，2011）。

（四）课程设计研究

20世纪50年代以后，各教材出版社为了给教师的教学提供方便，都编写出版了与教科书配套的教学参考书，为教师的课堂教学提供指南，自然科学教学参考书成为广大教师教学的基本依据。下面节选教学参考书的片段（莫因，1959）：

宇宙

为什么要增添"宇宙"这部分教材呢？这是每个教师在将要教到这一部分教材时会想到的，而且必须明确的一个问题。应该指出，教材的内容，不是一成不变的，是应该根据客观形势的需要和教育方针的要求而不断增加新的内容。这就是说，自然课增添"宇宙"这部分教材是客观形势所决定的。大家知道，时代在前进，苏联的人造卫星和红色宇宙火箭一个接一个飞上了天，人类的活动空间将从地面扩展到宇宙。我们伟大的祖国正以一天等于二十年的高速在跃进，随着工农业的蓬勃发展，天文台、气象站、观测站像雨后春笋般地建立起来，掌握多一些关于宇宙的知识已成为每个人所必需的了。作为传授儿童自然科学最基本知识的自然课，当然不能停留在光讲地球上自然界的事物了。况且太阳、月亮、星星是儿童日常生活所常见到的，有关这些天体运动的规律和知识又是和生产活动有着密切的联系，这些自然常识是儿童所能够接受的。尤其重要的，教材中有许多内在的思想教育因素和形势教育的内容，增添这部分教材是有重大意义的。

各个课都各有具体的教学要求。第一课"到天空去旅行"主要是给儿童形成天空、天体、宇宙的概念，使儿童懂得太阳、月亮、星星都是在不断地运动着，天空是无边无际没有尽头的。最后向学生指明，由于苏联科学的伟大成就，人们遨游宇宙的时代就要开始了，人类的活动范围将从地球扩大到宇宙。第二课"月亮"主要是给儿童掌握月亮这个星球的体积、形状、与地球的距离和表面情况等基础知识，懂得月亮圆缺的道理、日食月食的成因。第三课"太阳"主要是让儿童知道太阳的大小、太阳与地球的距离、表面温度、昼夜四季的成因、气候变化与人类生活生产的关系、二十四个节气的名称和时间。第四课"太阳系"讲授太阳系的概念，九大行星的名称、位置以及运转情况，说明行星、恒星、流星、彗星、陨石等名词的意义和有关的知识。第五课"人造卫星和人造行星"讲星球间的相互吸引力，引导儿童知道人造卫星、人造行星上天的初步原理，介绍苏联发射人造卫星、人造行星的伟大成就。最后的"复习"课，概括地总结上面五课关于宇宙的初步知识，使学生认识月亮、太阳、太阳系在宇宙中的相互关系和运动情况，进一步明确"宇宙间没有不运动的物体""天体的运动都是有规律的"，在这个基础上，介绍"天河"的新概念，使学生懂得太阳系只是恒星"城市"里的一个"小家庭"，宇宙是一个无穷无尽、无边无际的世界。

教材包含有哪些具体的思想政治教育内容？这部分教材是有极其丰富的思想政治教育内容的。太阳为什么东升西落？为什么有白天黑夜的变化？为什么夏热而冬凉？……所有这些通常接触的问题都是进行辩证唯物观点教育的活教材。进行思想政治教育主要包括下述几个方面：①客观规律性教育：举例来说，通过具体教材，让儿童透彻理解这是由于地球不停地绕着自己的地轴旋转，当我们居住的地方转到对着太阳的时候，就是白天，转到背着太阳的时候就是黑夜。地球自转一周，就有一次白天黑夜的变化。通过这些活生生的内容，不用什么哲学的名词术语，让儿童通过认识宇宙现象变化的规律，培养实证观点。②培养动的观点：通过一切星球都是有规律的、在不断运动着的事实，像地球不但有自转还有公转，恒星也是运动着的东西，甚至我们熟悉的北斗星的相互位置，在五万年前、现在与五万前后都有所变化，使儿童明确宇宙间没有静止不变的东西，从而培养儿童从发展中看事物的思想方法。③进行空间无限性的教育：通过"天幕"外是无边无际没有尽头的天空，地球不过是太阳系的一个星星，而太阳系不过是"天河"恒星"城市"中的一个"小家庭"，通过太阳光射到地球得走八分半钟，而从最近的一个恒星"城市"来的光要走一百多万年才达到地球，使儿童认识广大宇宙空间的无限性。④进行破除迷信的科学教育：例如通过日食、月食不过是一个规律性的自然现象，发生日食月食的时间可以准确地预先知道，教育学生，不要相信"天狗吃月亮"的迷信说法。又如通过从前人们不了解宇宙的情况，误认为大地是个"底"，"天幕"罩在大地上，"天"上有"神仙"，关于"神仙""天堂"等流传过许许多多的神话，教育儿童明确地球也是"天"上的一个星星，人就是住在"天"上的，现在还没有发现别的星球上有人类，倒是我们人类算是"天上神仙"了，使儿童知道世界没有超自然的主宰，创造幸福生活，全靠人类自己去改造自然、改造世界。通过宇宙航行将成现实，教育儿童有雄心、立大志、敢想敢干，为实现人类理想而刻苦学习与艰苦奋斗。⑤进行阶段教育与政治观点的教育：通过教材中哥白尼由于提出"地动说"违反了当时的"上帝创造世界"之类的宗教迷信，就受到反动统治的迫害，通过宣传哥白尼学说的人受到活活烧死的血腥事实，教育儿童要有坚持科学真理的精神和艰苦奋斗的毅力。⑥进行生产观点的教育：通过气候变化、二十四个节气与农业生产的关系，结合一些当地农谚加强教学与生产的联系并对儿童进行思想教育。

教学过程应该注意哪些事项？①要跟上形势，结合新教材进行教学。②要结合儿童思想实际，针对儿童对天空的想法，如太阳、月亮、星星好像是钉在"天幕"上，逐步引导儿童对无边无际的宇宙空间有正确的认识。③根据儿童的年龄特征和教材的特点，有时从讲故事开始是很必要的。④观察与实验是重要的教学手段。⑤形象化的比拟，可以使儿童具体地接受新知识，像把"天河"比拟作恒星"城市"，太阳系比拟为这个恒星"城市"里的一个个"小家庭"，儿童就易于想象了。⑥由于教材增多了，而教学时间仍为每周2小时，因此掌握重点，突击难点，恰当地安排时间，是非常重要的。

多种理论视域下的课程设计研究。

有研究者分析了科学知识内容、形式、旨趣及其对科学课程设计的意义，指出：科学知识在内容上具有客观性、确定性、普适性、单维性；科学知识的探究形式为因果说明、主客分离、客观方法；科学知识的表达形式为科学概念的操作性，科学判断的数学化，以归纳方式为主要的推理形式；科学知识旨趣体现在对自然的描述、解释与预测；科学知识的价值体现为科学的道德价值、科学的审美价值、科学的方法价值。科学知识独特的内容、形式、旨趣与价值对科学课程的设计、实施与评价均有重要影响（潘洪建，2012）。

基于STS教育理论的课程设计。STS教育的基本精神在于把科学教育同当前的社会发展、社会生产、社会生活紧密结合起来，它既要考虑当代科学技术发展对教育提出的要求，又要研究社会成员对现代和未来社会生产、生活的发展做出的决策。小学阶段STS教育主要包括健康教育、生态教育和环境教育（彭洁，1994）。STS教育的理论基础有多元化思想、科技素养的研究。STS课程目标涉及三个层次：个人发展的目标、社会发展的目标和文化发展的目标。STS课程有实用性STS课程、职业性STS课程、综合性STS课程、人文性STS课程、问题型STS课程等类型（孙立平，2001）。一些研究者基于STS教育理论进行课程设计，如：利用动物园资源开发小学科学校外课程，包括《揭开蝙蝠的神秘面纱》和《聪明的动物》等（何丽娴，2012）；基于博物馆资源，结合小学科学教材，进行博物馆校本课程设计（迟艳波，2015）；构建基于 TPACK 的小学天文教学活动设计（杜康玉，2017）。有研究者讨论了 STS 课程构建存在的问题，如如何构建不同年龄层次的 STS 课程，如何处理 STS 课程中的分科与综合的关系等。有研究者提出了一种开放性的课程设计模式，包括课程主题、课程资源、课程活动三大部分，试图构建开放式的、强调综合理解的 STS 课程（孙立平，2001：323）。

STSE 课程试验。加拿大安大略省 STSE 课程模式的构成要素：在课程理念上，STSE 课程模式注重科学、技术、社会与环境的联系，强调科学素养、人文素养和环境素养的培养，同时倡导跨学科的知识整合；在课程目标上，注重层次性和阶段性；在课程内容上，以"主题"形式选择多学科内容，形成科学概念、技术应用、社会问题情境相结合的基本组织模式，强调综合性、主体性和探究性；在课程实施上，积极拓展课外活动，综合运用小组合作教学、探究式教学、项目式教学、体验式教学等多种教学方法；在课程评价上，则突出体现了评价对象、评价方法、评价工具的多元化。STSE 课程模式是以科学、技术、社会和环境为核心要素，让学生在具体社会情境中理解科学和运用技术，促进学生对科学知识的掌握以及科学探究能力、问题解决能力的培养，使学生建立起正确的科学价值观和环境保护意识（雷晓晴，2018）。

STC 课程实验。"儿童的科学和技术"（Science and Technology for Children）是美国国家科学资源中心开发的中小学科学课程，围绕学科的核心思想和观念来组织教学内容及设定教学目标。该课程共 24 个单元模块，每个单元都从单元简介（含单元概念发展线和单元教学目标）、教学过程（活动主题、教学步骤和评价）和教师体会等几个方面展开。借鉴该课程理念与模式，郁波等研究人员选择了 4 个单元模块，在 10 所小学进行了长达 6 年的课程实验研究（教育科学出版社，2013）。

STEM 理念下的小学科学课程开发涉及课程理念、原则、目标、内容、教学策略与评价等内容。有的选择《我们与环境》，进行主题单元设计研究（刘十，2009）。有的基于美国 STEM 课程案例（《我们的能量》《波与信息传递》《设计降落伞》）的评析，阐述小学科学课程开发原则：遵从突出学生主体地位、基于真实问题或情景、跨学科或学科整合、科学探究与工程实践（周玉华，2018）。

有的基于情境认知和建构主义学习环境设计理论，开展 IRIS（鸢尾花）课程设计与实施研究（吴向东，2012）。有的选择《桥》主题，进行融合设计（王玲玲，2015）。有的开展"小型净水箱"主题活动设计。（活动一，去除水体中可见杂质；活动二，观察水体中微小动植物；活动三，计算水体中细菌的数量；活动四，生产实践中常见的灭菌方法；活动五，植物的自净作用。最终要求学生完成工程设计——"小型净水箱"并展示交流。）（夏青，2017）。有的开展"谁最稳定"机器人课程开发（杨豪，2018）。有的依据项目学习、建构主义理论，提出"确定主题""界定目标与能力""项目设计""选择知识点"和"设计活动"的"SOIKA"五步设计流程，设计了"我的秘密花园"主题案例，包括智能百花坛、智能净水系统、建造温室花园和花园循环系统四个项目（苏彤，2019）。有的选取"运动与力"教学单元，按照科学验证、探究应用、模仿制造和设计创造进行设计（田秀兰，2019）。有的以《绿色行动》为主题，以 5E 教学法为基本框架，从板式设计、结构性线索、语言呈现、图表编排、栏目呈现等方面进行课程设计（余文倩，2019）。

微课设计。有的提出小学科学微课程开发应遵循模块化、精致化、适合学生学习、注重多维互动的设计等原则，构建了基于移动终端的翻转教学模式、基于电子书包的混合教学模式及基于课程管理系统平台的问题式学习模式（高翔、叶彩红，2017）。有的将光学概念进行《光与生活》专题微课程设计（徐豪，2018）。

五、小学科学课程实施研究

（一）课程资源开发利用

中华人民共和国建立之初，受苏联的影响，关于教学手段的研究较多。

1954年出版的苏联教育专家斯卡特金的《小学自然教学法》里面有"自然学科的教具"一章，专门讨论教学手段问题。内容包括：自然教学中教具的意义、教具的类型，作为课堂教学研究对象的教具（实物教具、物体和现象的图像即图解直观教具），辅助教具（实验的设备和材料、实验仪器、远足参观用具、学校自然角的设备、农业工作用具、演示直观教具的设备），教学设备的保管和修理。

1955年的《小学自然教学法（讲义初稿)》中的第十一章"小学自然的教学设备"将教学设备分为学习用具、辅助用具、环境布置三类，并附有自制教具的图画与说明，如各种玻璃管、三角架、酒精灯、蒸气发动机、电报机、电铃、手摇发动机等，供教师参考制作。对于自制教具，作者指出："自制教具并不是轻而易举的事，它是长期的、细致的工作。自制教具要注意以下几个问题：首先必须解决材料问题；其次注意有计划地制作，在制作过程中要克服困难；最后，教具制成后要注意保管。"（沈阳市，1955）。

1957年《小学自然教学法讲话》一书第六章第三、四、五节讨论了自然材料及教具的采制、自然角的观察和实验、小学实验园地的实际作业。对实验园地工作进行了探讨，涉及自然园地作业的意义、内容、方法、注意事项等。其中，教学过程中的资源开发如下（赵廷为，1957：87）：

目的：熟悉种萝卜的方法。

教学过程：

（一）启发谈话。回忆哪些植物有粗大的根，怎样准备上课。说明本课目的。详细观察种子。如有必要，教师应讲述一下关于往返园地和在园地上的秩序问题。

（二）往园地去。二人成双排队，要整齐、安静。

（三）说明做法。怎样量距离，怎样清洗犁路，怎样把种子倒在一手的手掌中，怎样用另一手的手指把种子撒在犁路里，怎样用泥土覆在种子上。

（四）扫清犁路。

（五）播萝卜种子，并用泥土覆在上面。

（六）简短的总结谈话。经检查证明做得正确后，教师就说明这一堂课已经做了些什么，今后将怎样做。

（七）排队回课堂。

20世纪80年代以后，许多教材都开辟专章讨论教具、设备或教学手段的类型及其运用问题。

关于自然教具的类型，有的分为自然教室、教具（实物教具、图片、立体图即平面模型、模型）、实验设备（计量用具、实验用具、器皿、原材料及化学用品、气象观测仪器）、学校园地用具、电化教学设备（徐仁声，1981）；有的分为自然教室、自然园地、教具设备、自制教具（林有禹等，1983）或自然教室与自然园地（山东省教学研究室，1993）；有的分为实物教具、图片、模型（潘留芳，1993）。

小学自然教具与学具制作原则：符合科学性，教具与学具所显示的实验过程及结果不能出现科学错误。要尽力做到取材方便，结构简单，操作方便，现象明显。体积大小合适，保证一定的可见度，便于学生观察。坚固耐用，应尽可能做得牢固，用完后应妥善保存。设计与制作举例：土电话、风的形成演示器、立轴式风车、浮沉子、滑轮、吊鱼儿、流体实验器、钩码、静电性质演示器、指南针（徐明，1993）。

还有教材讨论了教具设备的管理与维修问题（徐仁声，1981；潘留芳，1993）。

2000年后，随着新课程改革的推进，"课程资源"一词取代了以往的教学设备、教学手段、教具的概念。有关小学科学课程资源开发与利用的研究日益增多，一些研究主要通过课堂观察、问卷调查、教师访谈等方法对科学课程资源的类型、开发与利用现状，特别是问题进行调查，提出改进对策。有研究者阐述了现代教育技术理念与应用、现代理念的课程设计方案、多媒体课件素材及其采编、PowerPoint多媒体课件制作、Flash动画多媒体课件制作，以及Authorware多媒体课件制作等内容（赵琳，2007）。科学课程资源的开发利用研究主要体现在：

家庭资源。家庭科学课程资源的开发可以从家庭人力资源和物力资源两个方面来挖掘。人力资源需要家长提高对孩子的科学教育意识，要有意识地为孩子提供科学学习和实践的机会，创造一个科学学习的家庭氛围。物力资源包括在家长引导下的科技阅读、科技游戏、旅游考察、植物种植和动物养殖，以及家庭日常生活的科学教育（钟巧平，2009）。

学校资源。研究者结合农村实际，因地制宜开发利用乡土资源，实施小学自然教学（朗盛新，1994）。在小学科学课程资源开发中开展专题学习，让学生主动获取知识、应用知识。有研究者设计了《专题学习实施方案》，内容包括调查方案、实验方案、观察方案等（张兆权，2010）。有研究者指出，应用模拟课件能够创设适宜的科学探究情境（樊文芳，2018）。有研究者从教学媒体环境、教师教学媒体使用能力、教师教学媒体认知能力三大维度进行调查。结果显示，小学科学课堂教学媒体在使用中存在城乡学校教学媒体使用情况差距显著的问题；教学媒体环境方面存在教师教学课件制作能力不足、多媒体设备操作不熟练的问题；教学媒体认知能力存在着教学媒体匹配能力弱、过于偏重现代教学媒体两大问题（刘梅，2017）。研究者对乌鲁木齐市小学科学教师开发利用社区课程资源的现状进行调查。结果发现：科学教师对科学课程资源的理解存在狭隘性；学校对科学课程资源的开发与利用缺乏相应政策和制度支持，且与社区之间缺乏必要的沟通合作；"学生安全""经费"和"个人时间和精力"成为科学教师进行社区课程资源开发与利用的主要障碍（杨玲玲，2015）。

社会资源。科普影视资源包含丰富的人文情怀。在小学科学教学中合理应用科普影视资源，能让学生经历科学探索的过程，接受人文素养的洗礼（史柏良，2014）。合理地开发和利用动物园资源，对开展小学科学课程有着非常重要的作用。有研究者设计了"探密人类的近亲——灵长类"教学资源包，包括教学小册子、多媒体课件、猴子剪纸和明信片等（黄思维，2013）。乡土资源是重要的小学科学课程资源，其教学策略有：学校要积极改善教师管理制度，以激发教师工作积极性，要进行有效的高质量的教师培训；教师要树立多元化的课程资源观，将乡土资源融入到课程的准备环节以及整个课堂的实施过程中，做教学的有心人；与此同时，还应利用乡土资源适当开展课外实践活动；家庭以及社会也要主动配合学校与教师在各方面的需求（祁玲英，2015）。

其他资源。教材资源开发方面，有研究者以《放大镜》为例，提出小学科学教材二次开发的策略：深度解读教材，厘清教材内涵；深度研究学生，适度开发教材；树立单元意识，整合教材内容（李霞，2013）。技术媒体资源方面，有研究者探讨了教育技术在小学科学教育中的应用问题。其类型主要包括练习软件、辅导软件、模拟软件、通用软件、计算机辅件、互联网及其他教育技术手段的应用（如电子邮件、网上下载软件、电子档案袋、小电影制作等）。讨论了互联网的应用、组织、教学问题（陈华彬、梁玲，2003）。此外，中国与加拿大政府合作开发了远程教学资源《小学科学资源》，该资源包括一系列可供教师学习的"探究式科学教育教师指南"和可用于课堂教学的"四个主题资源"，教师通过学习活动，认识科学的本质，明晰科学探究的过程，学会组织学生在课堂上进行科学研究活动（刘占兰，2006）。

科学教室的设计。有研究者建议，可将自然实验室改为"科学教室"。科学教室既是实验室，又是学生"动手做"的活动场所，也是工具库、材料库及成果展示室，是孩子们开心活动的天地。科学教室将成为学生"搞科学"的第一场所。科学教室应能适应正常的班级授课活动，能适应授课活动中进行的各项学生分组实验活动，应有上下水设备及电源，应具有科学气氛，墙壁上可粘贴科学名人画像、科学名人语录。室内还可设生物角。科学教室的基本构成：实验设备、学生自备的研究材料、产品展示台、书籍、网络设备、激励性标语、活动（或实验）场所、常规性教学设备（卢新祁，2005：68-69）。

（二）课程实施研究

通过文献研究、问卷调查、个别访谈和课堂观察等方法，一些研究者对小学科学课程的开设情况与影响因素进行了调查分析。

科学课程实施存在的问题有：重知识结论直接传授，轻学生自主探究；

重系统、陈旧的学科体系，轻科学技术的新发展；重科学研究实用价值，轻科学研究经历（孔繁成，2006）。有研究者从科学课程的学科地位、课堂教学、课程资源的开发与利用、课程评价四个方面进行了调查。调查发现，课程实施存在以下几个问题：从课程地位来看，科学课得不到应有的重视；从课堂教学来看，科学课堂教学质量不高；从课程资源的开发与利用来看，课程资源的开发与利用不充分；从课程评价来看，课程评价不科学。造成这些问题的原因有：学校对科学课的重要性认识存在误区；课程资源意识薄弱；教师专业素养较低；传统考试评价体系的影响（张丽霞，2017）。研究者探讨了小学科学课程创生中的资源开发问题：教师未能从学生个体可持续发展的角度，整合科学探究、科学知识、科学态度，以及科学、技术、社会与环境维度的目标；对教材内容加工不足，教师限制学生表达个人真实的观点；课程创生中的学生参与不足，学生亲身参与探究的时间和讨论交流机会较少；缺少对各类课程资源的整合利用，忽视对教师和学生本身资源的开发，并且对学校数字化资源和校外课程资源利用效率不高，等等（宋晨媛，2017）。研究者以河北省某县学校为调查对象，调查发现：没有专职教师，兼职教师教学任务繁重，上课方法单一，地点集中于教室，实验室利用率极其低下（赵杰，2018）。一些研究者2017年6—7月对我国东部、中部、西部地区10个省18个市33所小学进行了调查研究，结果显示：我国小学科学课程实施成就显著，但在课程设置、课堂教学、学生学习、学习评价方面还存在一些值得关注与解决的问题。课程设置方面，课时被其他学科占用的现象较为普遍，教材比较单一，实验教学设施不足，专职教师太少，兼职教师太多，专职教师工作量大，难负重荷。课堂教学方面，独自进行教学设计的教师偏少，忽视科学探究与情感培养。学生学习方面，学习主动性有待提高，合作学习形式化突出。学习评价方面，学业成就评价有失规范，过程性评价严重缺失（潘洪建、张静娴，2018B）。研究者探讨了影响小学科学课程实施的因素，如课程本身、教师、学校特征、学校外部特征等因素（李水霞，2014）。

基于相关调查，研究者提出系列建议，如：转变认识观念，提高科学课程地位，提高科学课程教师的科学素养，增强课程资源意识，提升课程资源的开发与利用能力，改进现有小学科学课程的评价体系（张丽霞，2017）。加快新课标的普及，将最新的政策与要求落实到位；教育部门改进师资配置结构，将专职教师的分配由市普及到县乡；优化教师的专业能力，加强岗前岗后的针对性培训；加强中小学科学实验室建设，完善设施和仪器配置，提高科学实验室的使用率（赵杰，2018）。一些研究者提出完善小学科学课程实施的7大政策建议：优化科学教材，教材建设系列化；完善实验设备，鼓励教师自制简易教具器材；开展多种科学实践活动，改进科学学习方式；过程性评价与终结性评价结合，规范学生学业评价；完善科学教师培养培训制度，提高科学教师的专业水平；建立小学科学教学研究制度，整体提升小学科学教学质量；建立小学科学教育质量监控体系，为小学科学教育提供有力支撑（潘洪建、张静娴，2018B）。此外，还有关于儿童科学素养、教师科学素养的调查研究。

关于小学科学课程实施的建议：加强科学教育的政策法规建设，努力解决小学科学教师的专业化问题，要增强学校校长对该课程的重视程度，改进现有小学科学课的评价体系，通过多方力量合作提升课程实施水平（李水霞，2014）。怎样培养小学生的科学素养，研究者提出：处理好实施教学目标整体性与侧重性之间的关系，处理好达成目标的基本性和发展性之间的关系，处理好实施过程中的阶段性与连续性之间的关系，处理好主体性与主导性之间的关系，处理好教学方式的重点性与多样性之间的关系（卢新祁，2005：143-146）。

（三）教学现状的研究

有研究者围绕小学自然科学教学目标、教材使用、教学方法、教学资源等方面进行现状调查（樊琪，2002）。一些研究者描述了农村科学教育存在的现实困境：科学教育师资不足，科学素养不高；教学设施短缺，使用效率低，科学课程资源稀缺；缺乏支持科学教育和谐发展的评价机制；新课程使用的教材不切合农村现状；科学教师教学行为和方式滞后（杨建朝，2010；吴桂兰，2018）。基于对小学科学教学现状的考察，研究者们提出相应的对策：加大对科学教育的经费投入，提高科学教育教学质量；加大科学教师培训力度，使其尽快适应新课程改革；小学科学教师应着力提高自身科学素养，以适应新课程需要；编写适宜的地方小学科学教材，以满足城乡不同需求；营造良好的社会环境，齐抓共管，提高小学科学教育教学质量（刘林等，2011）。

有研究者采用弗兰德斯互动分析系统收集、处理和分析数据，并从课堂情感气氛、课堂言语结构、教师教学倾向、教师提问类型以及课堂沉默五个维度调查小学科学课堂师生互动状况，得出以下结论：教师语言占主导，并且间接的、积极的语言不足，指令性、批评性语言较多；教师封闭型提问语言过多，仅仅"一问一答"，师生互动形式化、僵硬化（钟乃汇，2018）。

有研究者概述了美国、英国、日本的小学科学教学现状。美国小学科学教学内容注重实践，教学内容以动态的问题探究为主，重视儿童的体验，并将其与科学教学内容有机结合（唐湘桃，2005年第1期）。美国小学科学课教学注重与生活的联系，提倡学生在"做科学"中学科学，形成了一种"科学故事"教学模式（高向斌，2002）。美国小学科学教学改革的特点：以建构主义为基础的教学理念、以贴近生活为原则的教学内容、以智力技能为重点的教学过程、以开放探究为中心的教学方法、以公共多元为宗旨的教学资源（光霞，2014A）。英国小学科学教学的特色：教学观念上渗透素养、本质教学；教学内容上紧随时代、统一灵活；教学方式上调查探究、个性民主；教学评价上教师主导、教评合一；教学资源上深度支持、成就激励（光霞，2014B）。日本小学科学教学呈现出鲜明的教学特色：在教学改革上，系统性与一体化结合；在教学目标上，全民性与重点性突出；在教学内容上，差异性与生活化并重；在教学方法上，实践性与感悟性统一；在教学环境上，便利性与节约性协同（光霞，2014C）。这些研究丰富了我们对国外科学教学现状的认识。

第三节 反思与展望

70年来，我国小学科学课程研究在不同领域均取得可喜的研究成果。但仔细审查，亦可发现一些值得关注的问题，有待反思与改进。基于小学科课程研究的问题反思，可以展望小学科学课程的未来发展方向。

一、问题反思

（一）研究群体以高校教师为主体，一线教师参与较少

对小学自然、科学课程的研究，需要较多的理论知识与较高的专业理论水平，如果缺乏必要的课程理论知识与课程开发技能，难以介入课程问题的深入研究。从实施研究的人员构成看，小学自然、科学课程的研究主体是高校自然科学教学法教师、科学教育研究人员与教材编辑、科学教育教研室研究人员。近年来，教育专业研究生特别是小学教育研究生参与了科学课程研究，他们成为一支新生力量，在科学课程标准、科学教材、科学素养、科学课程实施等领域展开了大量的研究，他们以科学课程标准比较、科学教材比较研究为主题，研读中外课程标准、教科书文本，撰写了一批具有较高水平的学位论文，丰富了科学课程研究的内容。但一线科学教师参与很少。实际上，他们是科学教育的主体，是科学课程再开发的承担者，对小学科学课程特别是教材有着切身的感受与体验，对科学教材的适切性、可教性、可读性、难易水平等拥有更多的发言权，但他们的研究并不多见。有学者指出我国科学教育研究"没有形成研究团队。对于科学教育的研究纯属个人行为，还没有形成关于某一问题研究的专门团队或研究群体，也缺少有国际影响的领军人物，形成不了核心。科学教育问题的复杂性、跨学科性和综合性，已远远超过了个人能力的范围。"（蔡铁权，2011）

（二）研究内容分布不够均衡，科学课程设计研究较少

课程设计研究既包括对设计产品（课程方案、文件）的研究，也包括对科学课程设计过程的研究。70年自然科学课程研究内容不平衡，总体上看，对课程标准、教材的研究较多，而对自然科学课程设计理论、设计过程的研究极少。换言之，人们大多依据教学大纲、课程标准对自然科学课程的目标、内容进行一些解读与说明，缺失专门的有关自然科学课程目标构建、内容选择的深入研究，这可能与长期依赖课程文件有关。

具体到教学大纲与课程标准的研究，人们对 1956 年大纲、1986 年大纲、2000 年标准、2017 年标准的解读较多，而对其他教学大纲的解读与分析很少。有的大纲颁布后，既看不到相关的政策解读，又看不到理论反思文章。此外，对香港、台湾小学科学课程的介绍较多，而对澳门小学科学课程的介绍极少，深度研究的文章更少。教材研究方面，教材文本的对照与比较研究较多，有关教材编制过程的研究极少。已有的教材研究主要集中在教材内容的选择、组织与呈现上，如教材中的实验编排、指导语、插图设计，其他方面的研究少。不同年代的教材研究不平衡，对 2000 年及以前的教材的研究较少，2001 年后的研究较多。教材比较研究方面，对发达国家特别是美国、英国、日本小学科学教材的介绍与研究较多，而对其他国家特别是发展中国家如印度、埃及、巴西的介绍极少。实际上，我国属于发展中国家，其他发展中国家教材编写的成功经验更值得我国学习与借鉴。

（三）研究方法较为单一，研究视角缺乏

课程开发涉及完成一项课程计划的所有过程。因此，课程研究的范围十分广泛，既包括课程设计的研究，也包括课程实施与评价的研究，还包括课程系统管理的研究。现有研究集中在设计产品（课程方案、文件）的研究，且研究方法以文本研究法、内容分析法为主。

教学大纲、课程标准属于法定教育文件，它是教材编写与教师教学的依据，教学大纲或课程标准的法定性质决定了大多数研究属于政策文本解读，解读类文章偏多，大多以宣传、讴歌为主，批判检讨反思研究偏少。问题讨论与政策建议的探讨更少，研究的深度与问题意识有待加强。同时，从历史维度探讨课程标准的制订背景、过程等的研究也很少。教学大纲、课程标准研究视角缺乏，未能揭示教学大纲与课程标准的多维蕴涵与丰富意义。很多科学课程与教学论教材对小学科学教材编制的大多数论述，仅仅停留在课程标准中有关规定的介绍与简单阐释层面，缺乏深入的分析与独立的见解。

在教材研究方面，有对国内教材的分析，也有对国外小学科学教材的介绍与分析，还有中外教材比较研究。对于教材研究，文本分析的研究方法运用最多，其次是统计分析。教材比较研究有整体比较与局部比较，更多的是选择某单元或模块进行中外比较，然后类推到整套教材，概括教材编写的特点。使用其他方法（如对教材使用状况的调查，与编者、教师、学生的访谈）的研究很少。结合教学实施、分析教材设计可行性的研究不多。同时，教材分析与比较缺乏相应的视角，进行直接的材料对比的较多，而运用独特的研究视角进行深入解析的较少。如美国学者乔治·J.波斯纳在《课程分析》（华东师范大学出版社，2007）一书中提出五种视角（传统的视角、经验主义的视角、学科结构的视角、行为主义的视角和建构主义的视角），但几乎没有科学教育研究者采用这些分析视角尝试对小学科学教材进行分析研究。派纳等在《理解课程》（教育科学出版社，2003）一书中介绍了西方教材研究的九种视角，如政治学、种族主义、女性主义、现象学、后结构主义、自传理论、美学等，进行比较的很少。值得一提的是，有研究者从知识与权力的视角，探讨新中国十七年中小学教科书的发展（方成智，2010）。文本分析，统计分析、调查、访谈运用较少，特别是结合教学实施，分析教材设计的可行性的研究不多。有基于STEM教育视角的研究，但其他视角较少。多数研究者同时研究教材的几个构成或维度，而单个维度深入研究的较少。另外，在分析时，就事论事的居多，而从历史发展、社会背景、国际形势、理论思潮方面进行分析的不多，即便有一些分析，也未展开与深化。一些研究论文存在逻辑问题，如教材比较研究的逻辑结论本应是对我国教材编写的建议，而有的作者比较结束后进行案例开发或教学设计，或提出教学建议（王曾惜，2012；张晶，2019）。显然，这一做法存在问题，不能从前文的教材比较推论出后文的教学设计与教学建议。

在课程实施调查领域，调查研究方法使用较多，如问卷、访谈、观察等，其他方法如现象学方法、人类学方法使用极少。有的问卷设计存在较多问题，编制不够科学合理。一些研究问卷问题边际模糊，问卷维度不够清晰，问题设计随意，表述不明确。有的调查问卷与试卷不分（如科学素养调查与科学学业试卷混在一起，实际上科学试卷侧重于科学知识与技能，而科学素养则包括科学知识、科学能力、情感态度)。访谈问题设计开放度不够,问题简单,缺乏必要的深度。这些问题的存在直接影响调查研究的效度与信度。有的调查研究结论缺乏足够的证据支持,如"学生在课堂师生互动中没有实现个性化发展,即在与教师的情感交流与互动中,学生的思维能力、创新能力并没有得到提升"(钟乃汇,2018)。课程实施状况问题得到一些研究者的关注,不少研究者对课程实施特别是对新世纪课程实施的现状进行调查研究,有助于人们了解新课程实施的成就与问题,改进课程实施,但对课程实施问题产生的原因的分析大多笼统,学校、家庭、社会无所不包,缺乏就某一原因的深入分析。一些研究对问题与原因的概念区分不清。如有研究者提出农村小学生科学素养存在以下问题:对科学素养的认识观念滞后;科普设备与科普资源匮乏;科学教师严重缺乏;科学课的教学模式单一,教学能力不高(徐素,2016)。其实,这些不是问题,而是问题产生的原因,至于科学素养本身究竟存在哪些问题(科学知识、科学技能、科学态度等状况)反而模糊不清。

二、未来展望

(一)小学科学课程研究主体趋于多元,注重吸收一线教师参与研究

李定仁、徐继存等在《课程论研究二十年(1979~1999)》中指出:"以往课程设计的主体多是课程决策者、学科专家和课程理论人员,课程设计主体的组成较单一,这在一定程度上影响了课程设计的科学性和质量。"(人民教育出版社,2004:84)施瓦布建议校长、社区代表、教师、学生、教材专家、课程专家、心理学家和社会学家集体参与课程设计,未来科学课程研究应注重提高一线教师的课程设计与研究水平,吸纳他们参与小学科学课程的研究。加强职前科学教师培养,将科学课程设计作为必修内容,设置小学科学课程设计科目,进行理论学习与实践训练,提升未来科学教师的课程素养。加强职后培训,科学教师职后培训除了应包括科学知识、技能与科学教育研究外,还应将科学史、科学哲学、科学社会学等作为培训内容,提升科学教师的课程设计与研究水平。加强高校与中小学科学教师之间的合作,吸收一

线优秀科学教师参与科学课程研究工作，将他们列入课程研究团队，帮助科学教师提高研究水平。科学教育研究者应走进小学，建立科学课程研究基地，与一线科学教师一起，进行广泛而深入的合作，围绕科学课程设计、实施与评价问题，开展一些自下而上的研究，发表一些接地气的研究成果，丰富小学科学课程研究宝库。

（二）丰富小学科学课程研究内容

拓展课程研究范围，如对课程设计过程、教材编制过程及其影响因素的分析与研究，分析课程设计的社会制约性。对教师使用的教学参考书与学生使用的学习辅导资料进行系统的研究，以便优化教学参考书与学习辅导书。开展网络科学课程资源开发与利用状况的调查研究，以提高网络课程资源利用效率，促进科学课程的深度学习。针对上述问题的研究，是科学课程研究不能回避的领域，需要研究者予以关注与研究。

小学科学课程比较研究，除了介绍发达国家的科学课程改革，学习借鉴发达国家的经验，还应关注发展中国家的科学课程改革与进展。因为发达国家有其独特的背景与土壤，照搬发达国家的某些经验与做法，可能导致水土不服。未来小学科学课程研究应关注与我国社会、经济、文化发展水平类似的国家，注意研究他们小学科学课程开发与设计的经验与做法，吸取他们的成功经验，为我所用，优化我国科学课程的设计。

为了服务科学课程改革，课程实施的研究应更加关注课程实施的过程、教师和学生在课程实施中的作用、课程实施条件、课程资源开发与利用问题，展开具体而微的研究。课程实施的研究视野应不断扩展，研究应更加深化。

（三）优化小学科学课程研究方法

科学课程研究需要以哲学、心理学、社会学为指导，借鉴相关学科的研究成果，以科学的研究方法为手段，最化研究与质性研究并举，多种方法并用，在不同层面开展科学课程改革研究。如可以基于科学知识社会学，讨论科学课程改革问题。潘洪建吸收科学知识社会学研究成果，在《科学知识社会学（SSK）及其对科学课程改革的意蕴》一文中指出，科学知识的社会学特征体现在科学知识对象、生成过程、知识结果及其表达的社会建构上。知识社会学研究对科学课程改革的启示意义在于：课程目标改革需要重新审视科学知识目标、技能目标、情感目标。课程内容改革应再现科学知识情境，彰显科学知识文化。课程实施改革要让学生在科学的社会境脉中学习科学；鼓励多元观察与探索实验；开展 HPS 教育、STEM 教育与 CER 教学。课程评价改革需要重视科学认知评价，引导学生理解科学理论情境特征；关注科学文化评价，引导学生理解科学的文化特质。

同时，由于课程实施的丰富性、复杂性，可在多个维度、方面展开调查研究与个案研究，运用现象学方法、人类学方法，对课程实施进行深入、持续的质性研究，揭示课程实施的丰富蕴涵，同时，为改善科学课程实施提供有效对策。

此外，还有基于学习方式的科学课程开发。在 20 世纪 90 年代早期，教育者逐渐认识到多数学生学习科学的动力不足，即使最好的学生也仅能获得对科学知识的浅层理解。研究者发现科学教科书肤浅地覆盖了很多主题，知识点集中在技术术语方面，没有考虑学生的先前知识如何，缺乏对真实世界的连贯解释，没有给学生提供亲身解释、体验科学现象的机会。教师安排了确定的实验步骤，"菜谱"式步骤并不要求深度地理解教材，它使学习处于一种肤浅的状态。为了改变这种状况，一些美国科学教育研究者如约瑟夫·S.克拉斯克、菲莉斯·C.布卢门菲尔德在《基于项目的学习》中设计了基于项目的科学课程（project-based science，PBS）。在该课程中，学生探究真实而有意义的问题，探究的过程与科学家的行为是一样的。在项目学习课堂上，学生探究科学现象、调查问题、讨论观点、挑战他人的观点和检验新的观点。研究表明，PBS能够帮助各种学生，无论文化、种族、性别，都能积极参与到科学的学习中（R.基思·索耶《剑桥学习科学手册》，教育科学出版社，2010：372）。我国科学课程研究者可尝试此类研究，深化基于项目的科学学习。

第三章 小学科学教学研究

科学教学是学校科学教育的基本途径，是学生科学素养形成的重要活动。科学教学研究是科学教育研究的重要内容。70年来，人们围绕小学科学教学过程、教学原则、教学目标、教学方法、学法指导、教学实施、教学模式、教学设计等问题展开了诸多研究，取得了不少成就。

第一节 研究历程

小学科学教学的研究历程可大致分为1949—1976年、1977—1999年、2000—2019年三个时段。本部分介绍每个阶段的社会文化背景，梳理主要成果，揭示阶段特征，勾勒小学科学教学研究发展的基本轮廓。

一、1949—1976年的小学自然教学研究

（一）阶段背景

1949—1976年，我国发布两个教学大纲，即1956年的《小学自然教学大纲（草案）》、1963年的《全日制小学自然教学大纲（草案）》。这两个大纲对小学自然教学发挥了重要的指导作用。"文革"期间，自然教学处于停滞状态，但"文革"后期自然教学在不同省份与地区开始逐步恢复。

(二) 主要研究内容

本阶段主要研究内容有：(1) 对自然教学过程性质与特点的研究。有研究者分析了小学自然教学目标、内容与方法的特点，指出小学自然具有思想性、内容的广泛性、方法的多样性（《小学自然教学法》，1955：18），但缺少深入的分析与阐述。(2) 对教学目标与内容的研究。新中国成立初期，我国小学自然教学的目的与任务主要参照苏联加以制订，小学自然教学承担着智德体美综合技术教育的任务。1956年《大纲》颁布后，一些研究者依据大纲对小学自然教学的目的、任务与内容进行了较多的阐述与分析（赵廷为，1957）。(3) 对自然教学原则与方法的研究。关于教学原则的研究。新中国成立前，人们提出了诸多教学原则，如思想性原则、理论联系实际原则、直观性原则等。其中，关于直观性原则、理论联系实际原则、系统性原则的研究最多（杨波，1954；凯莃，1953；潘洪建，2012：67-70）。关于教学方法的研究。新中国成立初期，运用与研究较多的自然教学方法有讲解阅读法、实习作业法、检查的方法、实验方法、观察方法、演示方法（吴鸿，1959；包正甫等，1957；吴钟琬，1956）。"文革"期间，出现了较多的自然教学形式改革与研究，如工农兵、教师、学生"三结合"的讲课方式和大课堂与小课堂结合的教学形式。以经验型的生产知识和政治内容代替基本知识、技能的培养和训练，导致自然教学质量的全面下降（田正平，1996：366-367；潘洪建，2012：97-102）。(4) 对自然教学设计的研究。有关备课研究的文章开始出现，但数量极少。不过，许多自然教学参考书对教学任务、过程、方法等进行了较多的介绍与说明，主要涉及教材分析、教学目的、教学建议以及课后作业等内容，为小学自然教学提供规范。

(三) 阶段特征

该阶段研究的基本特征有：(1) 研究范围较宽，主要涉及教学过程、教学目的、内容、方法、原则等众多问题，这些研究界定了后来研究的基本领域。其中，教学原则、方法成为研究的焦点，研究成果较多。(2) 研究方法以经验总结为主，理论文章较少。(3) 研究处于起步阶段，开始了对教学性质、特点的探寻，对教学目标与内容的研究停留在对教学大纲的解释与说明阶段，许多研究缺少分析视角，研究与分析的深度不够。

二、1977—1999年的小学自然教学研究

（一）阶段背景

1977年教育部发布《全日制十年制学校小学自然常识教学大纲（试行草案）》。1979年以后，自然教学步入正轨，西方科学教学方法开始传入中国。1986年《中华人民共和国义务教育法》颁布，提出"一纲多本"的课程建设指导思想，出版了多个版本的教材，小学科学教学出现了许多新的探索。1984年5月，由联合国儿童基金会、北京师范大学、课程教材研究所联合举办的"小学数学、自然课教材教法研讨会"邀请兰本达来华，80岁高龄的兰本达教授与另几位美国教师合作，为我国小学自然教师系统介绍了"探究—研讨"教学法，并进行现场教学，引发科学教育界的广泛关注，随后出现了介绍与研究"探究—研讨"教学法的高潮。该事件成为我国20世纪后期小学自然教育改革史上的标志性事件，引发了我国小学科学教育概念与方法的变革。1986年当她再次来到中国时，决定将她于20世纪50年代后期历时两年半完成的、介绍物理学家工作方法和生活经历的书稿在中国发表。1990年该书由人民教育出版社出版，中文书名为《物理学家是怎样工作的？》（Physicists at Work）。该书的标题有：哪位意大利航海家登上了新大陆、野外的物理学家、液滴和气泡的启示、到强放射性物质实验室作学徒、坐着思索的人、猫成了兔子、又小又好的硅整流器、木星的无声的语言、穿过银河系的窗口等等。

（二）主要研究内容

（1）对自然教学过程性质与特点的研究。对自然教学过程性质的认识。进入20世纪80年代，有关教学过程的认识逐步深化，人们对小学自然学科的性质有了一些新的认识。研究者们基于人的一般认识过程特点，特别是马克思主义认识论，分析了小学自然教学的特点（徐仁声，1981；林有禹等，

1983；山东省教学研究室，1992），探讨了不同课型的特点。（2）对教学目标与内容的研究。1977、1978 年《大纲》对小学自然教学目的与内容进行了新的表述，1986 年、1988 年、1992 年先后颁布三个《大纲》，均对小学自然教学目的与内容做出规定，依据这些规定，一些研究者进行了阐释。20 世纪 80 年代中期到 20 世纪 90 年代，人们讨论了自然教学的智育、德育、美育功能。1982 年人教版教材提出八种课型，在教学实践中探索了自然课的基本类型及教学结构（李志超，1988）。（3）对自然教学原则、方法、结构的研究。进入 20 世纪 80 年代，关于我国中小学教学原则的认识走向深入。除了常见的科学性和思想性统一原则、理论联系实际原则、启发性原则、传授知识和发展智力统一原则、直观性原则、循序渐进原则、巩固性原则、因材施教原则等（徐仁声，1981：184—200；潘留芳，1993：30—36），人们还概括出一些新的原则，如浙江省将小学常识教学（含自然教学）的原则表述为教育性原则、综合性原则、启蒙性原则、活动性原则等（潘洪建，2012）。20 世纪 80 年代，出现一些对小学自然教学方法的专门探讨，教学方法的研究开始走向自觉。1984 年 6 月，"小学数学、自然课教材教法讨论会"召开，兰本达介绍了"探究—研讨"教学法，揭开了我国小学科学教育改革的序幕。我国学者、教师探索出一些新的教学方法，其中影响较大的小学自然教学方法有：刘默耕先生的"引导—探索"教学法、三段教学（兴趣开头、培养能力、反馈训练）、七环节教学（创设情境、指导探究、师生研讨、引导归纳、验证结论、巩固应用、布置作业）、三联系教学等（田正平，1996）。同时，研究者们尝试引进许多富有成效的教学方法。如江苏吴县东山实验小学教师张洪鸣的"四动"（动眼、动脑、动手、动口）教学法、苏州大学许国梁教授的"启发式综合教学法"、中央教育科学研究所（2011 年更名为"中国教育科学研究院"）的"八字教学法"（引、看、做、读、想、议、讲、用）等（潘洪建，2012）。小学自然课的课堂教学结构研究，探讨了自然观察课、自然实验课、技能训练课、解暗箱课、科学考察课、科学讨论课、逻辑推理课、创造思维课的结构（李志超等，1988；潘季顺，1992）。有研究者根据教学任务将小学自然（科学）的课型分为观察课、实验课、技能课、阅读指导课等。
(4) 备课的研究。出现了对备课的系统研究，探讨了学年（学期）教学计划、单元教学计划、课时教学计划的撰写问题，特别讨论了课时教学计划的基本要求（徐仁声，1981；林有禹，1983；潘留芳，1992）。但有关教学设计的专门研究甚少。

(三) 阶段特征

该阶段研究的基本特征有：(1) 研究范围的拓展，如对课的类型与结构的研究、对备课的研究。(2) 研究方法的革新。除了经验研究，出现了教学改革实验，20世纪80年代掀起了教学实验热潮，还出现了众多的自然教学实验。(3) 研究有了一定的深度，如对教学原则、教学方法的研究；同时，开始有意识地用新的视角进行理论阐释，如用马克思主义认识论探讨教学过程的性质问题。

三、2000—2019年的小学科学教学研究

(一) 阶段背景

1999年《基础教育课程改革纲要（试行）》颁布。小学科学课程标准的颁布，加快了小学科学改革的步伐。2001年以来，我国还翻译了不少国外的科学教育专著，如中国科学技术协会信息中心编译的《国外科学教育理论与实践摘编》、英国阿瑟·A.卡琳《教作为探究的科学》（人民教育出版社，2005）。国内出版的著作如韦钰等著《探究式科学教育教学指导》（教育科学出版社，2005）、刘沛生著《无须懊悔：刘沛生科学教育短文选》（崇文书局，2004）。小学科学教学与研究日趋活跃，呈现一派繁荣景象。

(二) 主要研究内容

(1) 对自然教学过程基本问题的研究。进入21世纪，小学科学课程标准颁布，一些研究者开始讨论科学课的性质、特点、理念、设计思路等问题（路培琦，2002；卢新祁，2005；刘德华，2009）。对小学科学教学过程的阐释转向对教学过程中诸多关系的讨论，涉及的主要关系有：课程与教材、知

识与能力、教师与学生、预设与生成、结果与过程、接受与探究等（刘忠学，2004；张素坤，2009）。（2）对教学目标、内容的研究。随着"科学素养"概念的提出，小学科学教学开始以全面形成学生的科学素养为核心，围绕这一根本目标，有关科学素养培养的论述不断增多（顾智勇，2003年第6期）。对自然教学内容的讨论颇为活跃。一些研究者提出，科学教学应追求生活化，强调教学内容与生活的联系（滕吉荣，2009；刘汝君，2006）。研究者提出，应将生命教育、科学史教育、STEAM教育等颇具人文内涵的教育融入小学科学课程（高雯雯，2019；韩丹，2010；李嫣昉，2012）。（3）对科学教学原则、方法与模式的研究。教学原则的研究仍在继续，探讨较多的原则有活动性原则、过程性原则、开放性原则、价值性原则（孙宏安，2002）。教学方法研究转向对学习方式的关注，凸显学生的主体地位成为教学方法改革关注的焦点（王兴军，2007）。小学科学课程教学与教育技术融合的进程加快，有关小学科学课程与教育技术一体化的研究增多（范荣欣，2006）。（4）对教学设计的研究。教学设计研究进入研究者的视野，课例研究成为一个热点，出版了众多小学科学教学设计的著作与教材，成果十分丰富。2000年以来，影响较大的小学科学教学设计与实施（课例）研究著作与教材主要有：

北京师联教育科学研究所，《小学科学教学设计与课例》，远方出版社，2003年

孙宏安，《新课程教学设计——小学科学》，首都师范大学出版社，2004年

蔡其勇，《小学科学探究与教学设计》，电子科技大学出版社，2005年

广东省教育厅教研室，《小学新课程科学优秀教学设计与案例》，广东高等教育出版社，2005年

戴缪勇，《小学科学与技术课程教学实践》，上海社会科学院出版社，2017年

李中国，《小学科学教学设计》，高等教育出版社，2017年

曾宝俊、夏敏，《小学科学教材教法与教学设计（低年级）》，福建教育

出版社，2018年

曾宝俊，《微亦足道——小学科学课堂细节研究》，高等教育出版社，2018年

上海市教育委员会教学研究室，《小学科学与技术单元教学设计指南》，人民教育出版社，2018年

叶宝生、王灵华、刘春梅，《基于逻辑的小学科学教学设计》，湖南科技出版社，2019年

曾宝俊、王天锋，《小学科学教师入门十课》，化学工业出版社，2019年

这些著述在不同层面、从不同角度对小学科学教学设计及其实施问题进行了颇为深入的探讨，内容丰富，操作实用，对小学科学教学提供了有益的帮助与指导。

（三）阶段特征

该阶段研究的基本特征有：（1）研究的问题与领域进一步扩展。如对教学过程的研究开始探讨教学过程的诸多关系、基本理念，教学内容研究不再局限于课程标准，开始向生命教育、科学史教育等领域拓展，科学学习方式问题进入研究者视野，"教学设计"替代了传统的"备课"。（2）研究方法更加规范、多样。由于整体研究水平的提高，方法意识的增强，调查研究、实验研究、课例研究得到较多运用，研究的反思意识强化，提升了研究的科学化水平。（3）研究走向深入，如对教学过程关系的阐释、科学素养的研究，出现了基于多种理论或理念的教学设计研究与试验，教学实践样态丰富多彩。

第二节 主要成就

70年来，我国小学科学教学研究内容主要体现在小学科学教学过程基本理论，科学教学目标、任务与功能，科学教学内容，科学教学原则、方法与模式，以及科学教学设计等主题，各方面均取得较多的研究成果。本节梳理不同主题的研究成果，展示小学科学教学研究的基本成就。

一、科学教学过程的理论研究

科学教学过程是科学教学的一个基本问题，中华人民共和国成立初期对该问题的研究较多，一直持续到20世纪80年代，此后逐渐减少。20世纪50到70年代，有关自然教学过程的性质、知识教学、课型的研究成为热点。

（一）关于小学自然教学过程性质的研究

小学自然教学过程的性质涉及自然课的特点，需要回答自然教学是什么的问题。有研究者认为，自然课具有高度的思想性，教学内容上可以广泛地运用当地的自然材料，采用多样的教学方法（《小学自然教学法》，1955）。有的基于人的一般认识过程特点，认为小学自然教学过程是：在教师指导下，学生掌握自然科学知识、技能，形成熟练技巧，并在此基础上发展能力。它是学生掌握自然科学知识、技能与熟练技巧的过程，也是学生的发展过程（徐仁声，1981：71-87）。自然教学过程是师生双方活动的过程，是学生在教师指导下学习"像科学家那样"探究自然、掌握间接经验和书本知识的过程，是培养能力的过程；自然教学过程始终具有教育作用（林有禹等，1983：65-74）。

自然教学的内容十分丰富而生动；学生直接认识的对象主要是客观具体的自然事物，而不是书本；自然教学特别重视观察、实验、制作、饲养、栽培等各种实践活动；自然教学负担着培养学生观察能力、实验能力和动手能力的重任（山东省教学研究室，1992）。基于上述分析，作者认为自然教学过程：（1）是教师指导学生认识自然的过程。通过感知形成表象，抽象概括形成概念。（2）是培养学生对自然界和自然科学的兴趣的过程。（3）是培养学生学科学、用科学的能力的过程。（4）自然教学是一个始终贯穿思想教育的过程（山东省教学研究室，1992：21-24）。"小学自然教学，是在教师的精心设计和引导下，尽可能让学生自己去'经历'科学发现的过程，让学生通过对自然事物的观察、描述，相互交流彼此的感受，在思想上逐渐形成解释认识对象的模型，然后在实践中加以检验，从而找出纷繁复杂的现象之间的关系和联系，形成对自然界的有序的理解。"（徐明，1993：25）

自然教学过程的基本要求：要符合人类认识的一般过程，要符合认知心理过程，要符合科学探究的一般过程，要与具体的教学内容相适应，要与学生的实际认识相适应。基于上述要求，有学者将教学过程概括为如下步骤（刘云来、殷志杰，1996：56），见图3-1。

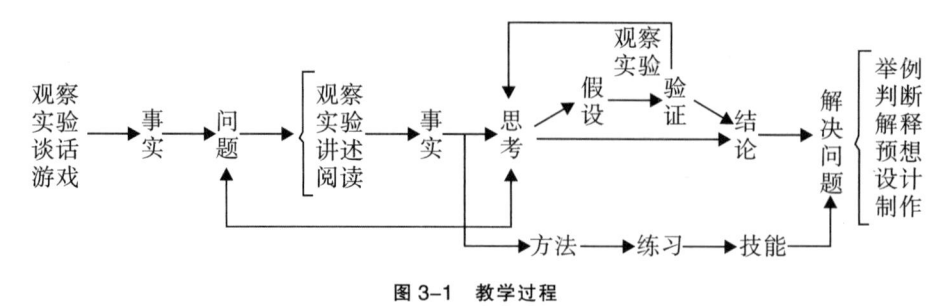

图3-1 教学过程

2001年，随着科学课程标准的颁布，小学科学课程在教学理念、目标、任务、内容、实施、评价等方面都发生了深刻的变化，"强调从问题入手、预测非常必要、动手之前先动脑、教学材料必不可少、探究活动要亲历"和以科学探究活动为载体，让孩子在亲身经历的活动中获得知识，提高能力，培养科学态度，构成了科学课不同于原来自然课的明显特征（路培琦，2002）。

总体上看，对教学过程的分析主要集中在二十世纪八九十年代。二十一世纪以来，有关自然（科学）教学过程性质的讨论明显减少，而科学教学理念、关系得到较多的关注与研究。

(二) 关于小学自然教学阶段的研究

根据辩证唯物主义认识论路线，有学者把自然教学过程划分为自然观念的储备、自然概念的形成、自然规律的理解三个阶段（赵廷为，1957）。

有研究者将自然教学过程分为九个阶段：感知阶段、表象的形成、概念的形成、判断和推理、培养学生善于思考的能力、培养学生的直觉思维能力、实践操作能力的培养、为形成辩证唯物主义世界观打好基础、进行正确的思想与道德品质教育（徐仁声，1981：88-126）。有的将自然教学过程划分为四个阶段：通过感知形成表象、概念的形成和发展、能力的形成和发展、兴趣爱好的形成和发展（林有禹等，1983：74-86）。也有的划分为六个阶段：导入、授新、课内练习、教学小结、布置作业、新课教学准备（潘留芳，1992：69-70）。

（三）自然课的类型与结构的研究

自然课结构的研究主要集中在教学过程与阶段。自然课的类型与结构可简称"课型"，该概念是苏联教育学家特别是教学论专家提出来的。马赫穆托夫在《现代的课》中指出："可以近似地把课定义为一种人工的、动态的、目的明确的、自我控制的系统，这个系统在一定的时间范围内和经常变化的学习情境之中调节和保证着教学内容、手段、形式和方法的相互联系的实现。""课的结构"可理解为"课的基本要素和因素的受教学论所制约的职能上的内部的相互联系、有目的的有序性和相互作用"。他将课的结构划分为三个水平：教学论的水平、逻辑心理学的水平和教学法的水平。其中，教学论结构包括现实化（把知识变成现实的、此时此刻需要的知识）、形成新概念和新的操作方式（把新知识或操作方式据为己有）、运用（对刚刚掌握的知识和活动方式的概括化和系统化并在实践中检验）。根据组织课业的目的，马赫穆托夫把课分为：学习新教材的课、完善知识技能和技巧的课、混合课、检查和校正知识技能技巧的课（《教育学文集 教学（中）》，人民教育出版社，1988：301-303）。

在借鉴与吸收苏联教学论研究成果的基础上，自然课教师对小学自然课型展开了较为深入的探讨。二十世纪八九十年代，人们对课程结构特别是新授课与综合课的结构研究较多。一般认为，自然新授课的结构为：组织教学、导入新课、讲授新知识并加以系统检查与巩固、进行总结、布置家庭作业（徐仁声，1981：200-205）。有的将新授课的结构表述为：组织学生上课、导入新课、学习新材料、巩固新教材、应用新教材（林有禹等，1983：143-149）。同时，对不同课型的建构进行了深入探讨。如有研究者将自然教学的中心内容分为五类：指导学生了解自然事实，指导学生建立科学概念，指导学生认识自然变化规律或原因，指导学生认识自然事物间的相互联系，指导学生学习某种科学方法。五类教学内容在认知过程和认知方法方面具有各自的特点，以此为标准，五类课型的结构如下（殷志杰，1998）：

1. 以了解自然事实为中心内容的课型

观察 { 物体 / 现象 } → 问题 → { 观察、实验 A / 观察、实验 B / 观察、实验 C } （分析） → 思考、讨论 （综合） → 物体的构造 / 形态 / 性质 → 运用 { 识别物体 / 识别现象 / 给物体分类 }

2. 以建立科学概念为中心内容的课型

观察 { 个别物体 / 个别现象 } → 问题 → { 观察、实验 A / 观察、实验 B / 观察、实验 C } → 思考、讨论 （比较、抽象、概括） → 概念 → 运用 { 举出同类物体 / 判断物体种属 } （演绎）

3. 以认识自然变化规律或原因为中心内容的课型

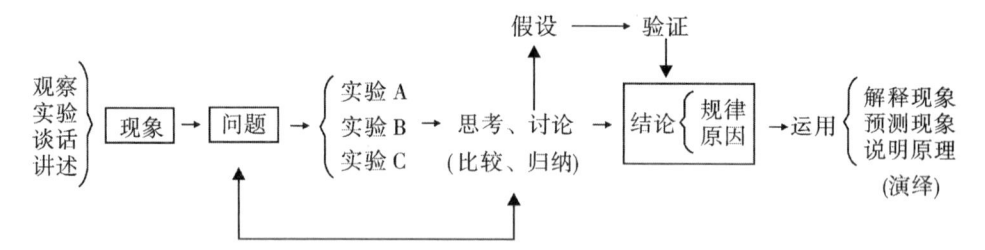

{ 观察 / 实验 / 谈话 / 讲述 } → 现象 → 问题 → { 实验 A / 实验 B / 实验 C } → 思考、讨论 （比较、归纳） ↑ 假设 → 验证 → 结论 { 规律 / 原因 } → 运用 { 解释现象 / 预测现象 / 说明原理 } （演绎）

4. 以认识自然事物之间相互联系为中心内容的课型

谈话 → 事实A → 问题 → 观察实验或讨论 （分析） → { A / B / C / D } → ABCD之间的联系 （综合） → 运用 { 了解应用 / 解释现象 }

5. 以学习科学方法为中心内容的课型

怎样 { 观察 / 实验 / 操作 / 思考 } { 途径1: 讲解演示 → 分步操作 → 连贯操作 / 途径2: 初步尝试 → 讲解演示 → 再次尝试 } → 基本掌握要领 → 练习 { A / B / C } → 初步学会 → 运用方法解决问题

一些研究者探讨了八种自然课型的结构及其教学策略（山东省教学研究室，1992）：

观察课的教学过程：（1）明确观察目的，提出观察要求。（2）指导学生独立观察。(3)组织学生充分研讨,得出结论。(4)组织学生进一步观察,验证结论。观察课应注意:重视对学生观察能力的培养,明确对观察能力的要求;激发学生的观察兴趣;选择、备足观察材料。

实验课的教学过程:(1)创设情景,激发学生的学习兴趣。(2)指导学生做探索性实验,通过实验或根据自然现象,得出假定性结论。(3)指导学生设计实验,验证结论。(4)指导学生写出实验报告。实验课应注意:重视对学生实验能力的培养,明确对实验能力的要求(能认识一些常用的仪器或实验器材,并知道其用法;掌握一些基本的实验技能,会做一些简单的实验;会设计一些简单的实验;会写简单的实验报告);明确实验目的,找准实验中的难点;做好实验的准备工作;注意培养学生良好的品质或习惯。

科学讨论课的教学过程:教学过程可分为两个阶段。(1)提出问题,引发讨论。(2)深化讨论,得出结论(抓住矛盾,逐步深入;适时提供科学术语,促使概念形成;统一认识,得出结论)。科学讨论课应注意:鼓励学生积极参加讨论;要因势利导使讨论步步深入;要求学生实事求是,尊重事实。

技能训练课的教学过程:(1)让学生明确训练的目的和要求。(2)让学生弄清原理,掌握要领。(3)教师示范,让学生练习。(4)让学生反复练习,逐步形成技能。技能训练课应注意:重视对学生动手能力的培养,明确对学生动手能力的要求;要因时制宜,选择、提供足够的训练材料;要注意技能训练和学习知识相结合;要把课内训练与课外实践活动有机结合起来。

逻辑推理课的教学步骤:(1)给学生提供或引导学生获取足够的客观事实,作为推理的基础。(2)指导学生依据事实,进行推理,得出结论。(3)指导学生自己去验证结论。逻辑推理课应注意:重视对学生逻辑推理能力的培养,明确对学生逻辑推理能力的要求;要有足够的客观事实;推理过程中要让学生充分发表意见;指导学生掌握验证结论的方法。

科学考察课的教学过程:(1)明确考察目的,做好考察准备工作。(2)指导学生进行实地考察。(3)汇报考察结果,得出考察结论,指导学生写出考察报告。科学考察课应注意:明确考察的目的和内容;重视对学生获取科学资料能力的培养；如实地做好考察记录；做好考察的准备工作；注意安全。

解暗箱课的教学步骤：(1) 提出问题，激发兴趣。(2) 反复感知，明确事实。(3) 找准突破口，解开暗箱。解暗箱课应注意：重视对学生想象能力的培养，明确对想象能力的要求；给学生提供必要的观察材料；解暗箱要循序渐进；要把暗箱真正解开。

创造思维课的教学过程：(1) 指导学生反复实验，通过观察实验现象发现问题。(2) 引导学生依据事实大胆设想。(3) 组织学生交流自己的设想。(4) 指导学生研讨，得出结论。创造思维课应注意：要明确小学自然对学生创造能力方面的要求，多方面培养学生的创造意识，多方面培养学生的创造思维能力。

有研究者认为，小学自然教学是一个科学认识观察的过程，其主要结构如 3-2 所示（潘季顺，1992）：

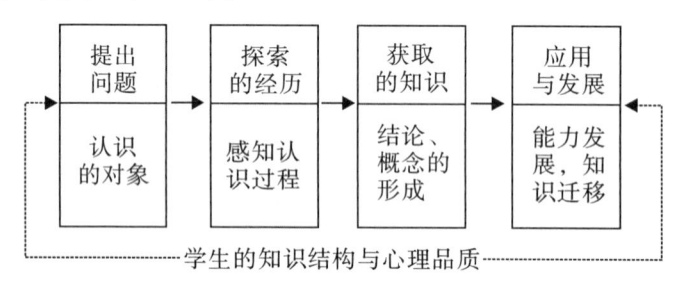

图 3-2　自然教学的一般结构

依据教材内容按照不同课型可设计不同的结构：

观察课：观察——研讨——小结

实验课：提出问题——实验探索——集体研讨——概括结论

技能训练课：观察讨论——实践训练——小结

解暗箱课：探究（探暗箱）——研讨（解暗箱）——小结（开暗箱）

科学考察课：准备、研讨、考察三段交叉

科学讨论课：提出问题——讨论研究——概括小结

逻辑推理课：明确事实——分析推理——归纳概念——验证结论

创造思维课：提出问题——进行假设——探究思考——集中研讨

研究者在对"科学教学的基本要素"进行分析后,将科学教学基本要素分为:提出问题、进行预测和提出假设,观察、测量和控制变量,解释结果、评价科学证据(张红霞,2010)。该分析淡化了教学的流程,为自然科学的教学提供了多样化选择,教师可根据教学实践选择不同的起点与步骤。

(四)自然教学中诸多关系的讨论

除了对自然教学特点与阶段的研究,自然教学过程中的关系也得到较多关注。有研究者认为,自然教学的主要关系有:引导与发现的关系、教与学的关系、教师与学生的关系、教师主导与学生主体的关系、接受学习与发现学习的关系等。其中,发现过程大体可分为准备、初探、交流、总结、运用五个步骤,"引导与发现"需要教师依据一般的发现过程严密组织教学,积极引导学生的发现活动(万莲美等,1981)。

进入 21 世纪,在新一轮基础教育课程改革背景下,研究者们着重探讨了小学科学教学过程中存在的多种关系,诸如课程与教材、知识与能力、教师与学生、预设与生成、结果与过程、接受与探究、自主与引导、合作与独立、科学与人文、动脑与动手、课内与课外之间的关系(刘忠学,2004;张素坤,2009)。同时,提出了处理这些关系的基本策略:依托教材,积极开发课程资源,用教材教;以探究为中心,多种学习方式相结合;精心预设,灵活调整,促进动态生成;以学生为主体,教师为主导,相互依存,和谐发展;合作交流,独立思考,提升学生思维能力;过程与结果并重,确保教学的有效性;课堂教学与课外活动紧密结合,提升学生的科学素养;多元平衡是科学教学有效性的有力保障(张素坤,2009)。

(五)教学过程指导思想(理念)的研究

1949—1966 年小学自然教学改革的指导思想:以苏联为师,吸收苏联小学自然教学的经验;继承、发扬老解放区自然教学的经验;改造、吸收旧教育中自然教学的经验(潘洪建,2012:65-67)。

20 世纪 70 到 90 年代,人们对教学材料、教学方法的关注较多,有关小学自然教学的指导思想的研究很少。不过,20 世纪 80 年代后,随着布鲁纳发现学习与施瓦布探究学习的思想与方法的传播，"指导学生像科学家那样探究大自然的秘密"开始为大多数人认同。有研究者提出课堂教学的要求：要有明确的教学目的，恰当地组织教材，正确选择和运用教学方法，充分发挥师生的积极性（林有禹等，1983：138-142）。小学自然教学的指导思想有：自然教学的认识对象是大自然的秘密；在自然教学中，应该让学生以"探究"的方式认识各种自然秘密；学生在探究各种自然秘密时，应该"像科学家那样"探究。自然教学应注意：全面体现学科的目的、要求，恰当掌握教学内容的深度和广度，注意指导学生学会自行获取知识，加强观察和实验，积极开展课外自然研究活动，密切联系当地自然条件进行教学，重视对学习效果的考查（刘云来、殷志杰，1996：27-50）。这些要求具有理念性质。

进入 21 世纪，小学科学课程标准代替了以往的小学自然教学大纲，"课程理念""教学理念"取代了"指导思想"一词，"教学理念"成为教学的基本追求与理想。如 2017 年《标准》对小学科学课程的基本理念表述为：面向全体学生、倡导探究式学习、保护学生的好奇心和求知欲，突出学生的主体地位。在此背景下，大多研究者依据小学科学课程标准，探讨小学科学教学的理念，出现了众多对科学教学理念的阐述。如有的提出小学科学教学需要：实施科学探究、积淀科学精神、形成科学概念、提升科学素养（卢新祁，2005）。理解和尊重小学生学习科学的特点，设计丰富多彩的活动，让探究成为科学学习的主要形式，树立开放的教学观念，悉心引导学生的科学学习活动，充分运用现代信息技术（刘德华，2009：161-163）。2010 年以后，STEM 教育、项目学习得到关注，人们开始基于 STEM 教育项目学习理念，探讨小学科学课程与教学改革问题（王智红，2017；楼曙光，2017；庄志杰，2018 等）。

此外，还有研究者探讨了观察实验课、概念建构课、阅读考察课、技术与工程课、综合复习课的课型问题（夏敏军，2014、2015；高莹燕，2018）。

科学教学实践转向的研究。2011 年，美国发布《K-12 年级科学教育框架》，提出基础教育阶段科学课程的基本维度：科学与技术实践、核心概念和跨学科概念。2013 年公布《下一代科学标准》，将科学实践作为科学教学改革的核心词。"科学实践"（Scientific Practice）概念的提出标志着科学教学重心由探究转向实践，它对于改进科学课程教学、发展学生科学素养具有极为重要的意义。有研究者探讨"科学实践"概念产生的背景，科学实践的含义、特点、意义，以及科学实践的实施问题，指出：科学实践具有主体性、开放性、多维性、过程性，科学实践有助于学生科学素养的提升，科学实践包括科学知识的理解、科学能力的发展、科学精神的培育。开展科学实践的政策建议有：科学实践课程化、科学实践多样化、科学实践常态化（潘洪建，2018C）。研究者考察了英国科学知识社会学家史蒂文·夏平（Steven Shapin）与美国科学哲学家约瑟夫·劳斯（Joseph Rouse）的科学实践观，探讨其科学实践观对科学教育转向的影响（潘洪建，2017C、2018C）。科学实践主要有八种类型：提出问题（基于科学）与界定问题（基于工程），发展与使用模型，策划与实施科学调查，分析和解释数据，运用数学与计算思维，建构解释与设计解决方案，基于证据的科学辩论，获取、评价和表征信息。根据不同年级学生的发展水平，科学实践可以划分为不同的进阶层次，潘洪建等在《科学实践及其教学策略（笔谈）》中提出科学实践的实施策略（《教育与教学研究》，2020年第2期）。《下一代科学标准》提出七个科学的横切概念（crosscutting）或跨学科概念：模型（模式），因果关系，规模、比例和数量，系统和系统模型，能量与物质，结构与功能，稳定与变化。这些概念有助于为学生提供一个思维和认知同化的框架，将不同学科的知识联系起来，形成一个连贯的、整体的世界观，丰富学生的应用实践以及对核心知识的理解。潘洪建等在《科学中的横切概念：蕴涵、进阶及教学策略（笔谈）》中讨论了各个横切概念的含义、价值及教学策略（《当代教育评论》第10辑，2020）。

二、科学教学目的、任务与功能的研究

苏联斯卡特金在《小学自然教学法》一书中整章讨论了小学自然教学的任务问题，提出小学自然教学的任务包括：教给儿童自然知识，形成初级概念，发展儿童的求知欲和智力，使儿童认识社会主义生产的一般科学原理，

学会使用简单的劳动工具,爱国主义教育、美育、体育等任务。总之,自然教学需要承担儿童全面发展教育任务。在此背景下,我国研究者对自然教学任务展开了较多的研究。

(一) 教学目的与任务的研究

参照苏联经验,我国研究者对小学自然教学的目的与任务进行了描述。中华人民共和国成立初期,有研究者指出:"用有系统的一些自然科学的基础知识来武装儿童的头脑,使儿童对于一定范围内的自然现象有系统的认识,使儿童能够明了一些自然现象之间的简单的联系,明了一些自然现象的变化规律。"(江乃萼,1953)小学自然教学必须担负起以智德体美综合技术教育为内容的教育任务。其目的与任务为:智育,使儿童获得系统的、初步的自然科学基础知识;帮助儿童初步建立唯物主义世界观;发展儿童的爱国主义情感;美育、体育、综合技术教育任务(《小学自然教学法》,1955)。1956年大纲颁布后,有研究者指出,小学自然教学的目的与任务包括:获得必要的、初步的具体知识,形成辩证唯物主义世界观的基础,培养儿童对劳动的热爱,培养儿童的卫生习惯并促进其健康,培养儿童的爱国主义思想,培养儿童对科学的热爱,发展儿童的观察力和思维能力(赵廷为,1957)。

有研究者将自然教学的目的归纳为:指导学生获得自然科学的基本知识和基本技能;培养学生的能力,发展学生的智力;增进对自然界和科学技术的兴趣爱好(林有禹等,1983:35-45)。自然常识的教学,不仅要使学生掌握一定的科学知识、技能和娴熟技巧,还必须在此基础上培养和发展儿童的发现问题、分析问题和解决问题的能力,要使他们受到先进的科学教育,从小养成爱科学、讲科学、用科学的良好品质和习惯(徐仁声,1981:5)。除了对教学目的进行表述,还有研究者探讨了自然教学目的确定的依据:社会主义建设新局面的开创,教育科学的新理论,小学教育目的和小学生的年龄特征(林有禹等,1983:28-34)。

1992年大纲颁布后,研究者对自然教学目的进行了表述。有的按照"五育"进行表述:获取自然科学知识;培养学科学、用科学的能力;培养对自然科学的兴趣；进行思想品德教育，发展良好的心理品质；进行审美教育和劳动教育（山东省教学研究室，1992：4-12）。有的按照"四育"进行表述：智育目的，传授自然科学知识，扩大学生知识领域，培养能力，发展实验技能；德育目的，培养和树立辩证唯物主义观点和爱祖国、爱人民、爱社会主义、爱自然、爱科学的思想；体育目的，养成良好的卫生习惯、生活习惯、劳动习惯，增强体质，促进身体健康成长；美育目的，培养学生感知和鉴赏自然美、科学美的初步能力，达到美育之目的（潘留芳，1993：6-12）。有的按照"三育"进行表述：学习自然科学知识，培养对科学的志趣；培养学生学科学、用科学的能力，包括观察能力，实验能力，栽培、饲养、制作能力，逻辑思维能力；进行思想品德教育（徐明，1993：4-15）。

21世纪以来，人们开始在课程目标下自觉地讨论教学目标问题。小学科学课程标准提出小学科学课程的基本任务是提高学生的科学素养，科学素养开始成为小学科学教学的核心目标，并围绕科学探究、科学情感、科学知识加以展开和表述。以全面形成学生的科学素养为核心，着力培养学生的探究技能和创新精神（顾智勇，2003）。小学科学教学目标可以表述为："使孩子们初步掌握以观察为主要内容的基本的科学研究方法和技能，以及在探究过程中形成的初步的科学知识和统一的科学概念，并由此培养追求真理、热爱大自然的情感，养成尊重事实、寻根究底、勇于创新的品质。"（张红霞，2010）

（二）教学功能的研究

系统地讲授自然科学知识，给予儿童关于周围自然界的初步的、科学的、正确的认识；培养爱祖国、爱人民、爱劳动、爱科学、爱护公共财产等道德品质；各项自然科学的实习作业不仅能让儿童形成对待劳动的社会主义态度，而且能够培养他们劳动的习惯和简单的劳动态度；观察大自然，使儿童心旷神怡，如果还能结合阅读文艺性的诗歌、故事，更能加深他们对自然的美的感受和体会；在参观自然界和在进行实验园地、自然角的实习作业时，儿童能呼吸新鲜空气，并从事体力劳动，对健康十分有益（赵廷为，1957：1）。

20世纪80年代中期到20世纪90年代，人们对小学自然教学的智育、德育、美育功能进行了较多的研究。殷志杰等人探讨了自然教学对于观察能力、思维能力、实际操作能力发展，以及思想品德教育的功能问题。一些作者探讨了自然教学中思想品德教育的途径，如：以景动情，进行道德情感陶冶；观察实验，发展学生的辩证思维；制作创造，塑造新的心理品质；实践考察，增强主人翁的责任感（殷志杰，1986；李志超，1988；北京市教育局，1991；庞大权，1992）。张之仁探讨了自然课美育的任务与对象、自然美的形式与内容等问题，对审美过程与德育过程、认识过程进行了比较（张之仁，1988）。

可以说，长期以来，我国小学自然（科学）教学目的、目标的表述与教学功能阐述大多笼统模糊，但有的表述又太琐碎，如将"在学校不许乱扔东西，不许随地吐痰。在厕所也要保持清洁等"作为教学目的（《小学自然教学法》，1955：16）。20世纪80年代后，受行为主义心理学的影响，我国小学自然教学的目的才开始具体化，逐渐采用较为具体明确的行为动词表述教学目标。如有研究者探讨了教学目标的ABCD表述方法，并举例分析，提出了教学目标需要处理好三个方面的关系：教学目标的内隐性与外显性、短期性与长期性、预期性与非预期性的关系（刘德华，2009：106-107）。也有研究者探讨了小学科学"生命世界""物质世界""地球与宇宙"三大领域教学中三维目标的整合问题（俞林军，2009）。

三、科学教学内容的研究

翻开苏联斯卡特金的《小学自然教学法》可以看到，目录中没有出现"自然教学内容"的字样。这与苏联只有教学论而没有课程论有关，因为在苏联，教学内容由教学大纲硬性规定，属于"指令性计划"，教师无权过问。教师仅仅是教学大纲的执行者，只要按照教材规定的内容进行教学即可。这一做法也影响了我国对自然教学内容的研究及其深度。

（一）关于教学内容的选择

从新中国建立初期到20世纪70年代末，我国自然教学法教材都没有

"教学内容"章节，教学内容的叙述仅仅是简单引用教学大纲，缺乏深入的分析与说明。

20世纪80年代初，有关教学内容选择问题的讨论如下：有研究讨论了小学自然教学内容选择的原则：教学内容必须是科学的和先进的；教学内容必须是建设社会主义所必须的和最基础的；选择的内容必须能够促进学生辩证唯物主义世界观的形成；选择内容必须考虑到科学本身的体系和教学体系；选择教学内容必须考虑到儿童身心的发展规律，必须是学生所能接受的；选择教学内容必须考虑到教学的方便与有效；自然教学内容的选择，还应照顾到课程的联系和配合（徐仁声，1981：49-52）。选择教学内容的原则：自然教学内容必须具有科学性，教材内容应该有利于形成科学概念，选取那些能被感知的、证实的、可靠的材料；自然教学内容必须具有广泛性，教材内容带有普遍性的现象和概念化的原理；自然教学内容必须具有基础性，教材内容应以简驭繁，能举一反三，相对稳定；自然教学内容必须具有实践性，适合学生去实践科学的探究和应用，发展学科学、用科学的能力；自然教学内容必须具有趣味性，能引起儿童对自然界、自然课和科学技术的兴趣爱好；自然教学内容必须具有可接受性，必须符合学生的年龄特征，使学生通过一定的努力能够掌握知识、技能和技巧（林有禹等，1982：46-52）。教材内容选择的依据：科学性、思想性、时代性、可接受性、启发性、趣味性、发展性（潘留芳，1993：25-29）

1992年标准颁布后，有研究者对小学自然教学内容的范围、深度、结构进行研究，发现：大纲中的知识点有203个，其中，植物19个，动物17个，生物和环境7个，人体22个，水13个，空气19个，土壤3个，岩石3个，矿物4个，金属3个，地球13个，月球3个，太阳8个，星座2个，星系3个，声6个，光10个，热4个，电14个，磁9个，力16个，机械5个。观察实验动手能力培养项目203个。涉及学科及知识点为：生物65个（占32.0%），化学14个（占6.9%），物理74个（占36.5%），地学24个（占11.8%），天文18个（占8.9%），气象8个（占3.9%）（刘云来等，1996：20-21）。

（二）关于教学内容的处理

对于教学内容的编排，有的提出，以自然界的构造为体系和把具有内在联系的内容尽可能有机地组织起来，使其既符合科学性又顺应儿童对世界的认识；解决多因素、多系列、多层次、多阶梯的矛盾（林有禹等，1982：46-527）。有的认为，把具有内在联系的教学内容相对集中组成单元，将其编排在各年级中；能配合时令季节的变化，选择的生物种类也尽可能地适合全国各地；有利于激发学生的兴趣，发展学生学科学、用科学的能力和创造精神；教材的内容浅显易懂、生动有趣，生字加注拼音，插图科学、丰富、精美（山东省教学研究室，1992：15-19）。

进入21世纪，人们开始在课程标准的框架下讨论教学内容问题。有研究者认为，科学课程的内容标准"就是界定教学内容的核心主题范围。这关系到教师怎样根据教育、教学目标，自己学生的需要，根据自己学校的教学资源条件，正确地选择和使用教材的问题"。美国1996年国家科学课程标准将科学教学内容分为"统一科学概念"和"统一过程技能"两个部分，前者是科学学科的概念结构，如性质与功能，变化与守恒，相互联系与相互作用，演变与平衡，系统、结构与秩序五项；后者是方法结构，如观察，分类，测量，推断，预测，实验，调查，解释数据，建立模型，交流、猜想与假设十项（张红霞，2010：114-118）。当然，该标准需要细化，上述统一科学概念与统一过程技能是不可能以同样的深度和广度全部在小学阶段完成的。

由上可见，关于教学内容的组织大多是教材内容的编制问题，教学内容的研究主要集中在对教材内容的理解及教学大纲与课程标准的解读与阐释上。

（三）关于自然课类型的研究

20世纪80年代，有研究者把课程的类型分为：绪论课、新授课、培养技能和技巧的课、复习课、测验课、混合课（综合课）、复式教学（徐仁声，1981：200-210）。1982年人教版教材提出八种课型：自然观察课、自然实验课、科学考察课、逻辑推理课、技能训练课、科学讨论课、解暗箱课、创造思维课。一些自然课教师在教学实践中探索了自然课的类型与教学结构（李志超等，1988：140-159；潘季顺，1992）。有研究者将课型理解为在对教材、教法的共同特征进行概括后形成的课的模型。有的根据自然教学的中心内容，如指导学生了解自然事实、建立科学概念、认识自然变化规律或原因、认识自然事物间的相互联系和学习某种科学方法，将自然教学分为五种类型，这些类型在认知过程和认知方法方面具有各自的特点（殷志杰，1998）。

以上研究显示，根据不同标准可将自然课型划分为不同的类型，有的根据任务，有的根据方法，也有的根据教材内容进行划分。不过，对自然课类型的划分主要是采用苏联教学论的做法，以教学任务为标准，将小学自然（科学）的课型分为不同的类型，如观察课、实验课、技能课、阅读指导课等。进入21世纪，科学教学的课型问题，依然是一个颇受关注的话题，一些作者出版了科学课型的著作。

（四）小学科学教学内容的改革

进入21世纪以来，一些研究者提出，应根据社会发展、科技进步与学生需要，在小学科学教学中增加一些新的内容。应追求教学生活化，强调教学内容与生活的联系（滕吉荣，2009；刘汝君，2006）。不少作者主张将生命教育、科学史、STEAM教育等颇具人文内涵的教育内容融入小学科学课程中，以促进科学教育中学生人文素养的提升（高雯雯，2019）。

增加生命教育的内容。其途径有：观察自然，感受生命的多样；种植、饲养，感悟生命的历程；结合实例，突出避灾避险教育；援引事件，懂得珍爱生命（韩丹，2010）。

加强科学史教育。有论者阐述了科学史教育的必要性，并提出科学课堂渗透科学史教育的策略：以史提趣，增强对科学探究的兴趣；以史为证，感悟知识形成过程的曲折；以史明理，体味科学知识的发展；以史作鉴，培养博大的人文精神（李嫣昉，2012）。

关注道德教育。在小学自然教学中渗透唯物辩证观点的教育。使学生认识自然界的物质性，破除迷信思想；使学生学会对具体事物进行具体分析，提高认识能力；使学生认识自然界各个事物的相互制约性，学会用联系的观点去看问题；使学生认识到自然界的一切事物都在有规律地发展和变化着，不能静止地看问题；使学生树立"矛盾"的观念，初步学会分析矛盾，并积极发挥主观力量去解决矛盾（危宜，1959）。科学不仅仅是智育，而且肩负德育、美育等多方面的重任。因此，在深入挖掘科学教材内容、寻找智育与德育的结合点的基础上，在课堂教学中进行德育思想的渗透，是培养学生全面发展的重要途径（韩婧，2017）。

加强劳动教育。新中国建立初期，我国中小学教育特别重视教育与生产劳动相结合，重视在自然教学中开展劳动技术教育。下面截取两个典型案例，展示当时自然教学中的劳动与技术教育的状况。

案例：在小学自然教学中开展生产服务的教育（王小存，1957）

自然教学的任务，不仅要教给学生自然知识，而且还要教会学生运用这些知识，改进生产技术。我们的经验证明：教学实验园地作业和实际参加农业生产合作社的生产劳动，是培养学生使用简单工具和农业劳动的初步技能的重要方法；同时，也是有效地培养学生的劳动观点和劳动习惯，使他们明确农业生产对社会主义建设的意义，从而热爱农业生产的重要一环。教师可以联系课堂教学，组织与指导学生在园地上栽培当地的一些农作物，结合进行改良土壤、改良品种、改良耕作方法和增施肥料等的实际研究，使教学实验园地真正成为露天的学习室。可以建立劳动日制度，利用课余时间或假日，适当组织学生参加他们力所能及的农业生产合作社的公益劳动，使农业生产合作社成为他们的实习农场，这就使学生把学得的知识跟农业生产密切联系起来，把他们的劳动跟社会主义的建设事业实地结合起来。他们当中的绝大多数在毕业后，就能把这些促进农业生产的科学知识，带到广大的农村中去，推动农业生产，这对我国的农业建设将起到不可估量的作用。

案例：在自然教学中开展基本生产技术教育（汪锡纯，1956）

通过自然教学，扩大儿童生产技术的眼界，使儿童获得有关工农业生产过程的科学知识。

通过自然教学，使儿童获得使用一些简单工具的技能……包括：（1）在课堂教学中，指导儿童独立进行许多简单的实验。（2）收集标本和制作教具。在教具制作方面，指导儿童制作炼铁炉模型、制取煤气的嵌器装置（弯玻璃尖管、木塞孔）、水轮机、蒸馏器。（3）组织自然研究小组：把爱好自然科学的儿童组织起来，进一步培养他们研究自然科学的积极性和使用工具制作各种东西的技能。（4）成立知识角：把儿童收集、制作的标本、模型都一一陈列出来，以便儿童随时进行仔细地观察、研究。并把他们收集的各种植物叶子，也陈列出来，指导儿童认识它们，为今后开展实验园地活动做好准备。

关注技术教育。进入21世纪，技术教育逐渐受到重视，并被纳入小学科学课程，特别是2017年《标准》颁布后，有关小学科学中的技术教育受到更多关注。有研究者依据小学科学课程的性质与内容，将技术的存在形态分为三种，即科学的技术、应用的技术和经验的技术。其中，经验技术课可分为技术制作类、技术应用类和技术认识类三类，并有相应的教学策略（叶宝生，2015）。有的提出，重视在自然教学中渗透技术素养（冀思琪，2017）。

科学方法教育。20世纪80年代以来，科学方法教育受到特别关注。有研究者指出，科学方法教育研究多围绕传授学科知识，却少从学生的视角围绕学生发展、学生参与、学生评价等问题展开研究（刘毅等，2017）。另有研究者概括了科学方法的特征，即主体性、客观性、试探性和历史性；探讨了科学方法教育的理论基础，科学方法教育的心理学基础是皮亚杰的认知结构理论和信息加工心理学，其哲学基础是布鲁纳和施瓦布的学科结构观；指出了科学方法教育发展的进路，科学方法教学心理学的深入研究、科学方法课程内容的进阶研究、科学方法教学方式的逻辑研究、科学方法教育理论的系统研究、物理科学方法的科学教育哲学研究（胡扬洋等，2015）。

四、科学教学原则、方法与模式的研究

（一）自然教学原则的研究

新中国成立初期，小学自然教学原则得到较多关注与研究，研究者们提

出了诸多原则：思想性原则、理论联系实际原则、直观性原则、系统性原则、学生自觉性原则、可接受性原则以及巩固性原则等等。其中，对直观性原则、理论联系实际原则、系统性原则的研究颇多（杨波，1954；常熟县吴市中心小学，1966；凯筛，1953；潘洪建，2012）。

直观性原则实施（陈文，1957）片段

教师先把粉笔屑放在讲台上，让同学们看着，然后拿出书本（或笔记本）对着粉笔屑扇了几下（不要碰着粉笔屑）。当看到粉笔屑飞散时，就问同学：书本并没碰到粉笔屑，粉笔屑为什么就飞散呢？（因为我们周围存在着空气，书本推动了空气，空气再推动粉笔屑，所以粉笔屑就飞散了。）既然我们周围有空气，那么，你们看到了吗？嗅到过它的味道吗？（没有看到，因为空气是无色的；也没有嗅到它的味道，因为它是无臭的。）它跟什么物质相似呢？（引导同学们联系旧知识说：跟水蒸气很相似，所以空气也是一种气体。）教师归纳同学们的发言，写在黑板上：空气是一种无色（透明的）、无臭的气体。

接着，教师把干砖头浸在装着水的玻璃盆里，让同学仔细观察。当气泡从水中慢慢升起来时，问同学：这是什么现象？（固体的空隙也有空气，水把空隙中的空气赶出来。）这就是说，空气不仅占满空间，就是固体里也是含有空气的。教师把砖头拿出来，用酒精灯在盛着水的玻璃盆下加热，再请同学观察。不久，气泡从水中不断地跑出来。你们看，这是什么呢？（水中也含有空气，当加热时，就跑出来了。）一切生物都需要空气，才能够生存。生存在水中的鱼，它不至于闷死，其主要原因是水中也含有空气，它呼吸了水中的空气，来维持生命。我们想想看，如果我们几分钟没呼吸，那会产生什么样的结果呢？

教师又把已打足气的球胆给同学看，请一位同学到讲台上来，叫他用力压着球胆，这时，球胆稍微凹下；当放手时，球胆的形状马上恢复原状。这是什么原因呢？（空气的压缩是有弹性的。由于它有弹性，打足气的球，才会跳跃；装满足够空气的车胎，才可以减少车辆的震动。）

20世纪80年代以后，教学原则研究走向系统化，研究成果更加丰富。有的作者提出自然课教学七原则：教学的科学性与思想性原则、教学的系统性原则、教学的自觉积极性原则、教学的量力性原则、教学的直观性与抽象性相统一的原则、教学的巩固性原则、教学的因材施教原则（徐仁声，1981）。有的表述为：科学性与思想性统一原则、理论联系实际的原则、直观性原则、循序渐进原则和因材施教原则、趣味性原则、同步思维原则、发展性原则（潘留芳，1993）。有研究者探讨了科学教育的一般原则：活动性原则、过程性原则、开放性原则、价值性原则（孙宏安，2002）。

关于自然教学原则的运用。一些作者提出：要讲究科学性和教育性，发挥学生的学习主动性和积极性，通过直观和形象的方法感知学习对象，由浅入深循序渐进地进行学习，坚持理论联系实际，不断地巩固和积累知识，既要有统一的要求又要因材施教，既掌握知识又发展能力（林有禹等，1983）。

（二）自然教学方法的研究

1.关于科学教学方法的分类

新中国成立初期，研究者们讨论了自然教学方法的问题。有的认为，自然教学基本方法和形式有两个方面：一是使儿童直接接触或观察自然界的事物及现象（或其图像），如演示实物、演示实验、演示直观教具，在教室生物角或野外进行观察，在学校园地上进行观察和实际工作及各种参观等。二是以语词的形式使儿童掌握自然知识，例如谈话、讲述、讲读、阅读等。各种方法不是孤立的而是相互交织的（《小学自然教学法》，1955）。

20世纪80年代后，自然教学方法成为研究的核心内容。有研究者将小学自然教学方法分为讲述法（讲述、讲解）、谈话法（启发式谈话、测验式谈话）、观察和实验、巩固知识的方法等（徐仁声，1981）。有的依据自然科学的研究方法（观察和实验、科学抽象、假说和理论）提出小学自然教学的主要方法：讲授、谈话、实验、观察、练习、参观、阅读和讨论、复习、检查教学质量的教学方法（经常性检查、总结性检查）（林有禹，1983）。一些研究者介绍了国内外自然教学的新方法，如程序教学法、发现法、"探究—研讨"教学法、指导探究法、暗示教学法、掌握学习法、六课型单元教学法、综合启发式教学法、愉快教学法、角色扮演、开放教育（林有禹，1983；潘留芳，1993；赵学漱，1999）。除了常用教学方法，一些作者还讨论了小学自然教学的艺术：导入与小结、课堂教学要突出重点、课堂提问的技巧、课堂教学语言的艺术性与板书设计艺术、作业批改和成绩考核、大力开展课外科技活动（潘留芳，1993）。语言艺术（导言、组织教学、提问、问答、讲述、讨论、观察、实验、作业的语言艺术）、板书艺术（提纲式、表格式、图解式、投影式、补充式等）、版画艺术（简笔画、拼贴式）、教态艺术、驾驭课堂艺术（刘云来等，1996）。有研究者著书讨论课堂导入、提问、讲解、演示、指导、调控、评价、媒体运用、教学板书、结束教学等技能（张亮，2009）。

2.教学方法的选择与运用问题

教师采用的教学方法必须：（1）符合教育目的的要求；（2）根据自然教学的特点选择合适的教学方法；（3）依据学生的生理和心理特征来选择适当的方法；（4）根据学校的具体条件采取适当的方法；（5）根据自己的特长来选择合适的教学方法；（6）考虑教学方法的多样性和综合性（徐仁声，1981）。有作者提出选择和运用教学方法的原则：必须从教学目的的要求来考虑教法，必须从内容来考虑教法，必须从学生的知识水平和班级特点来考虑教法，从充分发挥教师的特长来考虑教法，要从周围环境条件和学校设备情况来选择教法（林有禹，1983：125-127）。根据学科特点、教学目的、学生的年龄特征和知识水平、学校的条件、教师的特长来选择教学方法（山东省教学研究室，1992：57-60）。

关于教学方法选择的探讨大多从教学目的、教学内容、学生发展、教师特长、教学条件等方面加以阐述，力求教学方法选择科学化。

关于具体教学方法的运用的探讨较多，大多从教学方法的环节进行阐述。如观察法的主要环节：（1）根据教学目的，选择、提供足够丰富的观察材料。（2）明确观察目的，提出观察要求。（3）指导学生按一定顺序独立观察。（4）组织学生充分讨论，得出结论。（5）组织学生进一步观察，验证结论（山东省教学研究室，1992：40-41）。实验法的主要环节：（1）根据教学内容，做好实验前的准备工作。（2）指导学生实验，做出假定性结论。（3）指导学生设计实验，验证结论。（4）指导学生做好实验记录，写出实验报告。（5）总结概括，得出结论。考察法的主要环节：（1）明确考察目的，做必要的知识准备和其他准备。（2）实地考察。（3）分析整理考察资料。（4）汇报考察结果。讨论法的环节：（1）搜集资料，做好准备。（2）提出问题，引起讨论。（3）统一认识，得出结论。技能训练法的主要环节：（1）弄清原理，讲解要领。（2）教师示范，学生分步练习。（3）连贯操作，掌握要领。（4）反复练习，形成技能（徐仁声，1981：42-57）。此外，研究者还讨论了观察法的运用，电影、幻灯片、录音机等现代化教学手段的使用，以及教科书使用、学生笔记指导、家庭作业布置与指导等问题（徐仁声，1981：149-182；周奕，2014）。

3.教学方法的改革与探索

李秉德、李定仁在《教学论》一书中根据教学方法的外部形态和这种形态下学生认识活动的特点，将我国中小学常用的教学方法分为五类："以语言传递信息为主的方法""以直接感知为主的方法""以实际训练为主的方法""以欣赏活动为主的方法""以引导探究为主的方法"（人民教育出版社，1991：201-207）。每一类包含若干种具体的教学方法。

参照上述分类框架，可以梳理小学自然（科学）教学方法的研究成果。

（1）以语言传递信息为主的方法，包括教授法、谈话法、讨论法、读书指导法等

"讲授"是一种基本的教学方法，它是教师通过语言直接地向学生系统连贯地传递知识与信息的方法。一些教师注重讲授的艺术，力求形象生动，深入浅出，如一位教师在讲电流时这样讲授（吴群，1963）：

为了讲清电在铜线里的流动情况，以使电流的概念建立在具体材料的基础上，可以用砖打比喻："当你们搬砖的时候，全班同学排成一行，从车上一块接一块地、连续不断地从第一个人传到第二个人……一直传到最后一个

人。你们排成的一行队伍好比铜线,在你们手里传动着的砖好比电在流动,电在导线里传动的情况和你们搬砖的情况差不多。"学生反映这回真懂了。

"讲读"是讲授中的具体方式。有研究者对小学一至四年级语文课中的科学讲读课进行分析,指出科学讲读课的作用在于巩固、概括、系统化并补充儿童已获得的自然知识。讲读过程包括:①阅读前的准备,如初步谈话或演示实物;②阅读课文;③分析课文内容;④编订提纲;⑤巩固和系统化;⑥概括性谈话(赵廷为,1957)。讲读教学要点为:充分联系儿童的生活经验,直观与语词相结合,教学要有重点,讲解从分析到综合,文字分析从属于科学知识内容的分析(赵廷为,1957)。

问答法(谈话法)。问答法,即谈话法,是教师根据学生已有的知识和经验,通过师生间的问答引导学生积极思考从而获取知识的方法。有研究者探讨了课堂提问的种类(认知记忆型提问、归结思维型提问、发散思维型提问、评估思维型提问),总结了提问的技巧(课前充分准备、问题要简洁、提问要面向全体、留有足够的等待时间)(陈华彬等,2003)。一些研究者对学生的问题意识进行调查后发现:学生没有问题、不敢提问、想不出问题、不善于提问。有研究者对课堂提问教学现状进行调查后发现存在教师缺乏课前提问设计、提问对象相对集中、提问方式单一、提问转换太快,学生思考时间短、课后提问反思少等问题,并对产生这些问题的成因进行分析(吴冰月,2017)。一些研究者提出小学科学问题意识培养的策略与建议,包括:加强学生的双基训练与能力培养,让学生"有问";营造良好的教学氛围,让学生"敢问";优化教学设计,让学生"想问";教会学生质疑的方法,让学生"善问",等等(冷丹阳,2009;武玲,2007)。减少为纪律而问,为学生发展提问,注意设问后的第一等待时间和第二等待时间,优化齐答等(郑侃,2013)。要有精心的提问设计;要有明确的提问目的;要有多样化的提问形式;要关注高水平的提问;要注重评价方式,多鼓励、少批评等(耿晨曦,2015;郑晓莹等,2015)。

读书指导法。"读书指导法"是教师指导学生通过阅读教科书和参考书而获取知识、发展智力的方法。科学阅读对学生的科学学习有着巨大的促进作用。阅读的内容要注重兴趣与全面相结合，阅读的时间要注重固定与随机相结合，等等（夏敏军，2017）。

(2) 以直接感知为主的方法，包括观察法、演示法和参观法

演示的方法。"演示法"是教师配合讲授或谈话，通过呈示实物、教具或进行示范性实验而使学生在观察中获取知识的方法。

观察方法。观察的类型包括：直接观察和间接观察、系统观察和随机观察、静态观察和动态观察、自然观察和实验观察、定性观察和定量观察。观察教学的目的和要求：有目的的客观的观察，观察材料要典型，观察要有序、全面，准确地记录和表达。观察的程序：①创设情景，提出观察的目的和要求；②组织观察活动；③对观察所得信息做出分析；④成果迁移（丁定一，1999：10-16）。在观察教学中，课堂观察包括实物谈话、实物课及简单演示。一般的教学过程：启发谈话、分发教材、进行初步观察、跟进详细观察、总结谈话。此外还需注意：在演示过程中，教师要随时告诉学生相应的字词，并写在黑板上；教师要通过比较，帮助学生形成具体的观念；利用图画或各种肌肉活动，形成具体观念（赵廷为，1957：33-38）。

直观教具演示。使用画片（挂图）进行演示。其过程为：①提出连贯的一系列问题指导儿童观察。在谈话过程中要给儿童时间来观察、了解及掌握图中的一般内容。②让儿童对画片上所画的对象和他们在生活经验中已经知道的对象进行比较。③观察对象的大小、长短（高矮），应正确清楚地告诉儿童。④有些题目需要用一系列图片演示某种事件或自然现象的发展过程（《小学自然教学法》，1955：21-22）。

板画与板书。板画能使学生形成较为巩固的思想联系。所以，当学习的知识缺乏直观物或其表达品，或用语言难以表达时，板画便成为最好的直观手段。例如讲解雷电现象和雷击的科学道理时可采用边画图、边讲解的方法，画出两块云，并用"+"和"-"两种符号表示出这两块云所带的异种电，随后又画出云块移动、互相靠近的情况，最后用红色的粉笔画出雷电产生的现

象。在云块下面画出动物、屋、树等，并用色笔画出电通过建筑物的路径，使学生清楚地了解雷击的科学道理。教学中的板书能突出教材的重点、关键、连贯性和知识的线索，对新知识进行系统的概括。因此，教师的板书应该清楚连贯、简明精炼、醒目、字体美观。（吴群，1963）

实验演示。其教学过程如下：布置问题、提出可能的解决方法、实验演示、说明所观察的现象、巩固所获得的知识（赵廷为，1957：38-41）。实验演示的规则和方法如下：教师应事先把必要的设备准备好，先单独地实验一次；和谈话法相结合，教师启发谈话，提出问题，让学生思索后做出各种假定，然后教师做实验验证；指导学生把实验方法画在笔记本里，在图的下面写出结论；实验前不让学生看到实验设备，实验时应使全体学生都看得清楚；应让学生知道仪器正确的名称、使用方法、操作过程；实验过程中目的明确，掌握中心，使学生的注意力集中在主要现象上，防止节外生枝（《小学自然教学法》，1955：20-21）。准确的演示需要教师注意：根据不同的教材、学校设备和学生的程度，确定演示形式；选择最能表达教材内容的典型直观物；教师在演示过程中，操作准确，动作灵活，现象明显，快慢适度；直观物位置适中，全班同学都能看到；学生的协助恰如其分；直观和语言恰当结合。结合的形式有三种：一是教师先陈列直观物，后用语言指导学生观察，从而获得关于学习的知识。二是教师用语言解释学习内容，用直观物证明讲解的正确性、可靠性，做到言之有物，使语言具体化。三是学生依次观察两种以上的现象，教师用语言引导学生分析原因，认识现象之间的联系和区别，并进行概括（吴群，1963）。

自然参观。参观法是教师根据教学目的，组织学生到校外一定场所进行直接观察、访问、调查、研究而获得知识或验证知识的方法。自然参观使儿童有可能去观察在自然条件下的自然物体现象，能激发起儿童对自然的强烈兴趣，并能以具体知识丰富他们的智慧。通过对周围自然界的感性认识，教师能培养儿童热爱乡土和祖国的感情。在旷野呼吸新鲜空气，又有利于健康。参观还便于儿童搜集各种材料，供在教室中研究和制作标本之用。参观不是游览，而是一种由教师领导的课业；它必须根据教学大纲的规定，并按照一定的计划进行。以秋天的参观为例（赵廷为，1957：28-33）：

教师的准备。参观前，教师先到附近公园去看看，然后编订参观计划。

向学生说明要求。教师预先告诉学生：我们将做一次参观，在公园里学习。我们去看看秋天公园的景色是怎样的，树是怎样生长的，还要采些树枝回来研究研究。最后向学生揭示参观研究提纲：公园的一般面貌、秋天的特征、公园里的树怎样、公园秋景美丽、总结、独立作业。

参观的进行。选择一个大晴天去参观（具体过程从略）。

参观后的工作。参观回校后，下一堂课就参观所见进行一次谈话。观察参观带回的树枝和叶子，进行比较、绘画，制作叶子标本，朗读秋天的课文。

有研究者提出，小学科学教学应该和自然紧密结合，走到大自然中进行学习，帮助学生认识到自身和大自然以及我们所生活的社会之间所存在的关联（张文侠，2016）。有研究者以小学科学课程"看月亮"为例，实施长周期观察活动，激发学生的兴趣（陈华，2018）。

考察教学法。考察教学的类型包括：准备性考察、并行性考察、总结性考察。其教育要求为：在考察教学中要求学生既动手又动脑，坚持理论联系实际，重视培养学生敏锐的观察力和养成良好的学习习惯，注意发展学生的个性特长，发扬团队合作精神，时时处处注意安全。考察教学的组织：做好考察的准备，定好考察计划；指导考察的正常进行，加强教学的效果；总结考察收获，整理考察材料。考察教学中应该注意的问题：准备工作要充分、细致，做好组织、启发、引导工作；总结收获，展览交流（丁定一，1999：92-96）。

科学场馆学习。科学场馆学习具有三个基本特征：基于真实任务、强调探究过程、产出多元结果（动作技能、兴趣态度、知识概念、社会交流）（伍新春等，2009）。我国关于科学场馆学习的研究涵盖了科普场馆科学教育理念、科普场馆资源开发和利用、科普场馆与学校相结合的科学教育课程与活动、针对不同年龄青少年的科学主题展览设计、科普场馆科学教育活动设计与评估等（赵立新、钟琦，2015）。

(3) 以实际训练为主的方法，包括实验法、练习法和实习作业法等

实验法。实验是以形成学生的技能技巧或行为习惯等实际训练为主要形式的教学方法，是学生获取科学经验知识和检验科学知识的重要方法和手段。实验教学的目的和要求：能认识一些常用的实验仪器和器材，并知道其用法；会使用常用仪器或器材做简单的实验；会设计一些简单实验（罗碗华、殷传宗，1993）。实验教学存在实验的目的性、实验方法的科学性、小组合作的实效性、延伸实验的主动性等方面的问题（杨汉兵，2012）。小学科学实验教学类型包括：下水实验、开放实验、改进实验、自编实验、趣味实验（王俊卿，2014；张玉学等，2014）。实验的类型：定性实验与定量实验、对照实验与模拟实验。科学实验教育的功能主要有：促进学生手脑的协调发展，促使学生建立良好的认知结构，发展能力。实验教学程序：①创设情景，提出问题；②提出假设；③设计实验；④进行实验研究；⑤实验结果的分析处理，并作出理论解释。实验教学中应注意的问题：教师演示实验，演示实验要注意科学性，要注意成功率，要注意可视度（丁定一，1999：47-61）。规范功能室管理，拓展实验教学资源；加强教师队伍建设，提高教师专业素养；创新教学内容和方法，提高实验教学有效性；完善教学评价体系，提高实验教学多元性（裴蕾，2021）。有研究者基于小学生科学认识发展过程，阐述了小学科学教学观察和实验设计的依据和方法（叶宝生，2013）。

练习法。练习法是学生根据教师的布置和指导，通过课堂及课外作业，有意识地反复完成某一活动，借以巩固知识、形成技能技巧的方法。二十世纪五六十年代，小学教师十分重视家庭作业与练习，部分教师给学生布置实践性作业，效果明显。

过去我布置的作业，绝大多数是让儿童回去在作业簿上答两三道课文后的问题，或者是读几遍课文。这样虽然在课堂教学中有时运用了直观方式，但是儿童的作业和复习方法是死板的答问题和读课文，结果所记忆的知识还是死的文字，和实践脱了节。上学期我较多地采用了让儿童亲自实践来巩固新知识的作业方式，纠正了上述的偏向。我采用过的实践性作业有下列几种：

1.实验作业：如"溶解和不溶解""饱和溶液和晶体""水力的大小""蒸馏水"等课，教师在课堂上做过的实验都可以布置儿童回家做。因为课堂上只有一套设备，也只能实验一两遍，不一定能使每个儿童都完全满意，这样就可以布置儿童回家独立实验（有时也可组织几个儿童合做）。在布置这种作业时必须和儿童研究，启发他们想法子找寻各种废物或自制简单的实验仪器代用品，并告诉儿童实验的方法和注意事项。

2.观察自然现象的作业：如布置儿童观察水的蒸发现象和雾、霜、雪、冰等，并提出观察的要求和注意事项。

3.参观生产的作业：有时可带领全班儿童去参观较大型的工厂，如参观砖瓦厂。但是不可能每一课都这样经常组织参观，同时往往又没有合适的、能容纳全体儿童的工厂。要弥补这一缺点，我在教如铁、铜、铅等课时，就布置儿童自己（或几个人）去附近的打铁铺、铸锅店、铜作坊等小型的手工厂中去实际观察工人叔叔是如何熔炼和锻炼这些金属的。

4.实习作业：如"水泥""石灰""粘土"等课，布置儿童回去亲自去溶凝水泥，制熟石灰及用粘土烧成砖头，从实习中巩固儿童对这些物质性能的理解，并初步学会对它们的实际运用。

5.收集实物的作业：如花岗岩、大理石、煤、铁、铜等课，布置儿童去收集这些岩石、矿物、金属标本的作业。儿童在收集过程中就能辨别和比较它们的性能。

6.通过观察挂图或课文插图来复习课文的作业：有些课文，如"煤的开采""石油的开采和提炼""炼铁"等，没法用观察实物和实验的方法，在本地又没有参观条件，就叫儿童采用边看彩色放大图或课文插图边看课文内容的方式去复习，在布置时必须告诉儿童要复习的重点，哪一幅图或图的哪一部分是说明课文哪一段和哪一个问题的，这样有助于儿童的复习和记忆（吴钟琬，1956）。

实习作业法。实习作业法是指根据教学大纲要求，教师指导学生在校内外一定场所进行实际操作或从事实际工作，在实践中综合运用理论而掌握知识、形成技能技巧的方法。它是小学自然教学较为独特的方法，在我国二十世纪五六十年代得到广泛关注与深入研究，下面展示一些教师的研究片段。

参观双轮双铧犁

在讲到"土地的耕耘"时，考虑到学生毕业后很多要参加农业生产，使他们掌握一些基本的农业生产知识是十分必要的，我决定组织学生进行一次参观活动，使他们从实际观察中了解耕耘的重要性和用新式农具的好处，初步认识双轮双铧犁的构造和使用方法，同时培养他们参加农业生产的思想感情。

事先，我们和凤凰三社联系，决定了参观的内容、时间和地点，并取得他们的帮助。我又在学生的笔记本上印制了一张表格，写明参观的目的、时间、地点，各小组要带的东西（公尺或市尺），每人要带的东西（铅笔、笔记本）；在"观察内容"一栏里提出了"双轮双铧犁有哪些主要部分"等六个问题，"作业"一栏里提出了"农民伯伯在天旱时为什么要刨松麦地""通过这次参观对农业生产有些什么新认识"两个问题和两道实习作业。

出发前我和学生进行谈话，讲解了表格内容，并提出一些要求，如要有组织性纪律性，爱护社里，好好听老师、农业社技术员的讲解和同学的提问，认真观察并做好笔记，等等，使学生了解参观是另一种形式的上课。

到了该社双季稻实验区，学生按组别及个子高矮围在双轮双铧犁周围，我一面指导他们观察，一面讲述它的主要部分名称和作用。接着农业社技术员边进行犁地演示，边讲双轮双铧犁的操作方法，如怎样调节犁的深浅度，怎样调节犁头犁土的宽窄度，怎样调节沟下轮的位置，等等。犁在田里往复耕翻数次后，各小组长实地测量耕地的深度与宽度，再汇报给全小组同学，分别记录好。

然后，全班公推两位体力较强的同学进行扶犁实习，社里的技术员和教师在旁辅导。实习学生又向全班学生报告操作的心得。

回校后，我进行了总结，使学生获得的感性知识进一步上升为理性知识。我又向学生指出：今天我们用双轮双铧犁来耕地了，将来我们会有更新式的农业机械来帮助人们劳动，来大大提高农业生产效率。

最后，我还要求学生填好表格，并指导学生完成各项实习作业。一是要学生回家后，去访问有经验的农民伯伯或自己的父兄，进一步了解双轮双铧犁的耕作效率，用具体数字来比较说明双轮双铧犁比木犁的耕作效率要大多少。二是利用课外园艺活动时间，各组在校内"少年米丘林实验园地"上，进行一次松土工作，观察松土对土壤结构和植物生长的影响。（常熟县精舍小学 钱恩慧）

我们的实验园地作业

为了使学生获得的土壤知识用于实际，我们开辟了实验园地，让他们以亲身劳动的体验来理解和证实课本知识，培养一些农业劳动的技能。

开学初天气还很冷，各种蔬菜没有到播种的时候，碰巧本市科普向农民宣传温床育种以提高农业生产，利用这个机会，我们指导学生在荒芜的园地上开辟一个长5尺宽3尺的小小温床。在温床中培育了南瓜、香瓜、番茄、玉米等作物的幼苗。学生不但从实际劳动中学得了管理温床的技能，而且看到自己的作物比一般农民种得早，更增加了种植的兴趣。

之前，我们结合课文进行实验。讲到土壤的种类和土壤的改良时，指导学生选择粘土、砂土、黑色土壤分装在五个盆内。在其中的一盆粘土、一盆砂土里加入人粪，使其成为改良粘土和改良砂土。在同时种下同样的玉米种子，观察它们的生长情况。两三周后，他们看到生长在黑色土壤中的幼苗最健壮，生长在砂土中的幼苗瘦弱无力。这个实验性的栽培活动使四班六年级学生亲眼看到在不同的土壤中植物生长得不一样。

由于科普、农场与公园的帮助，我们获得了不少新品种。我们播种了大叶菠菜、大花生、浦口大椒、兰州香瓜、玄武湖的大刀豆以及大黄金、小黄金、淮杂一号、白珍珠等新品种玉米。其中大叶菠菜在收获时，小小几平方尺的土地竟收获了二十多斤，一棵菠菜有普通菠菜的四五倍大。学生掌握了这些新品种的生长规律，将来就可以推广到农业社中去。

学生在"红领巾"杂志中看到了洋姜与向日葵嫁接方法的介绍，就在园地上选择一小块地方，栽上洋姜，准备嫁接向日葵。学生学会了嫁接植物的基本技能，对将来参加生产会有很大的实际意义。

实验园地上的作业是时间较长的活动，特别是栽培蔬菜，每天早晚都得照管。因此我们将学生分成许多组，每天一组，轮流负责日常管理。学生在园地管理工作中，必须注意晴雨、温度、风向的观测，必须观察植物生长的情况，并把这些和自己一天的劳动详细地记录下来。这种作业，对培养学生耐心细致、勤勤恳恳的劳动态度有很大作用。（泰州市城东小学 王述尧）

自然角作业是结合课堂教学在课外进行的。其主要内容包括：陈设供学生经常系统观察的动植物，领导学生来担任陈设、保管、照料、记录等工作（王小存，1957）。

(4) 以欣赏活动为主的方法

通过创设一定的教学情境，或利用特殊内容和艺术形式，培养学生的态度、情感和审美能力，主要包括游戏法、欣赏法等。

游戏教学。在低年级自然课中，寓教于乐，让学生玩科学游戏，学习科学知识。为此教师应该：精心设计教学结构，合理安排游戏开展的时机，精心准备游戏的教学用具，制定适当的游戏规则，善于运用组织游戏的语言（林维超，1996；水卿梅，2011）。有的研究者利用概念卡通结构简单、形象生动的特点，运用概念卡通实施教学，并提出在教学过程中教师应注意慎重选择概念卡通，以及适时干预、采用多元策略、寓教于乐等（邓亚东、丁邦平，2008）。从开发学生感兴趣的科学活动着手，设计相应的活动及材料，从学生生活中的事物开始研究，让小学低段学生走向自然、走近科学，从中获取科学知识，体验学习科学的乐趣，增强科学探究的能力，形成尊重事实、善于质疑的科学态度，培养良好的科学素养（浙江省教育厅教研室，2018）。

影像欣赏。科普影视综合了科学、戏剧、文学、绘画、音乐等多种艺术形式，其中包含的人文情怀是很多常规性资源所不能替代的（史柏良，2014）。

有研究者探讨了教育影像资源及其在小学科学教学中的运用，指出：教育影像资源主要有摄影图片、科教片、电影电视网络中的影像。它包括静止和运动两类，可具体分为摄影作品、投影幻灯、电视电影、计算机影像。教育影像资源具有形象性、科学性、教育性。如何在小学科学教学中运用科教片，有作者建议：充分开发利用校外科学教育资源，依托网络建设教育影像资源，教育影像资源本土化（毛昕，2003）。有研究者开展行动研究，将科普剧运用于小学科学课堂（周娈，2014）。

(5) 以引导探究为主的方法

"探究—研讨"教学法。"探究—研讨"教学法为美国哈佛大学兰本达教授所创。"探究—研讨"教学法将一个教学过程分为"探究"与"研讨"两个阶段。"探究"是指教师在课的开始，把一些实物材料发给学生，这些材料是教师在课前针对儿童所处的不同思维阶段及要求他们建立的概念而精心设计和选择的，然后要求他们尽力动手拨弄、操作这些材料，让他们充分发挥想象力、创造力，去体会、寻找材料中所包含的概念。"研讨"是指教师在学生探究的基础上，组织他们讨论，让他们把探究过程中发现的东西讲给大家听。经过大家畅所欲言的讨论、互相启发和补充，学生便逐渐从具体的事物中抽象出概念来，加深对事物本质的认识。"探究"实际上是学生对事物的感性认识阶段，"研讨"是学生对事物的理性认识阶段，探究得越充分，研讨的效果会越好；研讨得越深入，建立的概念会越准确（刘沛生等，2015）。一些研究者分析了"探究—研讨"教学法的特点：学生成了学习的真正主人，学生所获得的知识是自己体会出来的，学生的能力是通过探索实际操作获得的，学生的智力是通过对于结构的材料进行探索研究的实践过程开发出来的，培养学生探索未知世界的积极态度。研讨教学的目的是发展学生的思维能力，培养学生的分析概括能力和创造意识与创造能力。其教学要求是：让学生亲自去经历，对自然事物、现象的意义进行探索研究和讨论，对自然界进行理解；教师要成为设计师，把课堂、学校变成提供这种经历活动的中心，变成内容丰富的环境。其教学程序是：①提供有结构的材料。②让学生充分探究。③研讨会要耐心地进行讨论。④反馈练习。研讨教学中应注意的问题：要充分认识教师的主导作用。要认真备课，要因材施教，因人而异（丁定一，1999：106-109）。

小学科学创造性教学。小学科学学科创造性教学把创新教育和科学学科教育视为一体，承认科学学科教学内容本身具有创新教育的功能，学科教育过程不仅仅是学生学习自然科学的活动，而且也是学生和教师的活动和创造性过程。它包括：首创性地学习（通过自己的主动探索，"发现"新知识）与创造性地运用（用学到的知识和能力解决"新"问题，如模仿运用、点发散、逆向运用、联想运用、综合运用）。创造性教学观察包括：自行观察、自行提问、自行研究、自行取得结论、自行应用知识（周震锋、李玲，2006）。

探究过程包括假设阶段、探索阶段、形成结论阶段（殷蕊，2008）。探究指导方式为："追问—反馈式指导""追问—总结式指导"和"反思—建构式指导"（许莉娟，2010）。小学科学探究实践存在的问题有：实验结果与直言结论混淆，表达与交流环节不充实，探究各环节之间的联系不紧密（孟令红等，2015年第4期）。科学探究能力培养策略有：利用问题引领科学探究的方向，利用争论形成科学探究的思维，善用评价培养科学探究的习惯（李光，2017；王兴军，2007）。有研究者区分了实景探究活动、虚拟探究活动，讨论了"做中学""做与思"问题（卢苇，2004；杨友乐等，2016）。一些研究者探讨了创新思维培养出现的问题，提出培养创新思维的方法（孙晓辉，2013；熊元琳，2017）。

当然，以上是根据外部形态与学生认识方式的分类进行的一些梳理。正如苏联学者Н·С·马特普索夫、М·В·雷扎科夫在《论教学方法问题》中指出的那样："分类法与方法本身一样，可以有很多，但是孤立地取出其中的任何一种，都不可能全面地评述教学方法，因为教学是包括教学和教育在内的一个整体。"（《教育学文集 教学》（中），人民教育出版社，1988：508）我们也可尝试其他分类，进行梳理分析，概览科学教学方法的研究成果。

（三）自然、科学教学模式

20世纪90年代末以来，自然教学方法研究重心转向教学模式研究，按照教学模式的相关理论整合、提升原来的教学经验与方法，并陆续出现国外科学教学模式的介绍。在介绍、吸收国外教学模式的基础上，开始了科学教学模式的本土化改造与建构。同时，对教学方法的关注转向对学习方式的研究，科学学习方式的转变一时成为潮流。自主学习、探究学习、合作学习受到前所未有的重视，"科学探究"是最为活跃的高频词汇。研究者们对国外科学教学模式进行了较多的介绍与讨论。如萨其曼的探究训练模式、施瓦布的生物科学探究模式、马希尔斯和考克斯的社会探究模式，"小组探究模式"教学模式、探究教学模式、"焦点—探究—反馈—应用"教学模式、"概念转变学习"教学模式、建构主义教学模型、美国国家科学基金会提出的"5E"学习环模式等。澳大利亚学者迈克尔·马修斯在《科学教学——科学史和科学哲学的贡献》（外语教学与研究出版社，2017）一书中介绍了孟克与奥斯本的融合模式和马修斯的适度模式（丁史朝，1992；丁史朝、孙宏安，1992；丁邦平，2001；李森、于泽元，2002）等。2001年后，随着新课程改革的推进，国内研究者在小学科学教学模式方面进行了一些新的探索，主要有：主题活动教学、任务驱动教学、问题探究教学、思维导图教学、网络环境教学，以及自主学习、合作学习、体验学习、创造性教学、概念图教学、图例教学等（潘洪建，2012：270-272）。相关研究较多，影响较大的模式可分为以下几类。

1.科学知识教学的模式

知识传递教学（又称"直接教学"）。20世纪90年代，人们探索总结出一些小学自然教学法，如，由"兴趣开头、能力培养、反馈训练"构成的三段教学，由"提出问题——演示实验——小组争论——质疑问难——结论运用"组成的五段教学，此外还有七环节教学、三联系教学等。张洪轩等在借鉴人教社及各地成功经验和自身实践的基础上，构建了小学自然低年级"三段五步"课堂教学基本模式的初步框架，其操作为：即兴导入，学习新课（观察实验、思考质疑、获得结论），巩固运用（张洪轩等，1991）。也有研究者在反思传统五段教学法的基础上，结合科学教育教学活动的科学认识过程特征，总结出"提出问题→探索经历→获取知识→应用发展"的课堂教学结构，并要求科学（自然）课程教师根据课型类别的不同、教材内容的变化、教学方法的选择、教学条件的各异、学生实际情况等多种因素，创设多种多样的课堂结构（潘季顺，1992）。小学低年级自然课的"情·知教学"模式需要：认知目标与情性目标同时并举，认知过程与情性过程和谐共进，认知心理与情性心理健康发展。其操作策略有：保持良好的人际关系，创设适宜的学习情境，给学生以充分表现的机会，实施信息传递的立体结构，充分发掘和利用教材的思考性和情绪性因素，教会学生学习，学与习的统一等（鲁启安，1996）。

2.概念转变与建构的教学模式

"概念转变学习"模式。概念转变即由学生的前概念转变为科学概念，这一过程需要以学生已经存在的概念结构作为重建基础。有研究者对概念转变的科学教学做了介绍，分析了概念转变科学教学的理论基础；剖析了概念转变科学教学的含义、条件、方式与途径；提出概念转变策略，如引发认知冲突、解构迷思概念等（蔡铁权等，2009）。概念转变学习包括两种类型：连续途径和不连续途径。对于不连续途径，1989年卓沃尔（Driver）提出五个程序：定向、概念引出、概念重新、概念应用、反思概念变化。1992年斯考特（Scott）提出六个环节：定向和引出学生的概念、导入科学理论、检验新的模型、发展新的模型、回顾讨论比较可接受的理论、应用新的理论。其操作策略包括：揭示学生的前科学概念，引发学生的认知冲突，鼓励认知顺应（袁维新，2003）。

建构主义取向的教学模型，其操作包括四个步骤：邀请学生去学习；鼓励学生通过观察、测量或实验回答他们自己的疑问；学生提出解释和解决方案；鼓励学生就他们学到的东西，寻找应用途径和采取行动（李雁冰，2005B）。

基于科学建模的教学模式。该模式有利于促进学生对科学知识的理解，提高学生科学探究能力、反思能力以及合作学习能力。基本阶段为：探索阶段、模型的不确定推论阶段、模型形成阶段、模型的使用阶段以及模型的范式综合阶段（申超男、胡卫平等，2014）。

学习环教学模式。该模式是由美国学者阿特金和卡普拉斯提出的。它基于皮亚杰认知理论，包括三个基本环节：概念探索、概念介绍和概念应用（袁维新、吴庆麟，2007）。一些研究讨论了归纳—总结型、推理—假设型、实践—假设型、假设—预期型四种学习环教学模式的实施问题（胡小川，2014）。

概念图教学。概念图即用图表形象地把某一单元中包括的所有概念，用连接词及箭头联结起来，使学生理解和掌握概念之间的联系。其制作步骤为：第一，罗列所有单元概念（名词）。第二，找出其中最基本和普遍意义的概念，以这些概念为出发点，寻求概念之间的联系，用箭头将所有概念联结起来。第三，在箭头上方用"具有""含有"等联结词表明两个概念之间的关系（陈华彬等，2003：89-91）。概念图在科学教学中的研究引起了部分中小学科学教师的重视，他们开始在教学过程中，将概念图运用到新课引导、复习等过程中。随着概念图研究的兴起，思维导图、思维地图、观念地图、概念卡通等相继产生。思维导图在教育中的应用及研究成果较多。思维导图的合理运用，"在学生掌握知识的过程中能帮助学生记忆，在理解知识的过程中能促进学生思考，在应用知识的过程中能打开学生思路"。对思维地图的研究还比较薄弱，对概念卡通的研究更少，观念地图则尚未得到介绍（杨凌，2006）。

3.问题探究类教学模式

国外探究教学模式的介绍。如"小组探究模式"教学模式（蔡敏，2001）、萨其曼（J·R.Suchman）探究教学模式（徐学福，2001）、美国Donna Cleland女士的"焦点—探究—反馈—应用"教学模式（张军霞，2001）。有研究者对施瓦布的探究教学进行了系统的研究。作者分析了施瓦布探究教学的理论基础"科学即探究"，即科学具有多样性、发展性，科学知识具有可修正性、多线性。在施瓦布看来，完整的科学探究教学包括："一方面，它的材料要展现科学作为探究。另一方面，学生要被引导在这些材料中进行探究。他要学会辨认它们的组成部分，检查这些部分间的关系，注意到每个部分所扮演的角色，通过研究发现探究的一些优点与缺点。简而言之，课堂应该参与到探究的探究中。"科学探究教学的基本理念为：学生观，主动、积极的探究者；教师观，具有反思性能力的指导者；知识观，探究科学本质的多样性，不把单一结论传授给学生；过程观，结合知识产生的情境来理解科学知识。其基本策略为：教师使用探究性讲授，发展学生阅读与自学的能力，提供材料并进行讨论，运用引导性讨论，让学生进行参与式理解（韦冬余，2016）。

"5E"学习环模式。"5E"教学模式源于美国《生物科学课程》教材，由参与（Engage）、探究（Explore）、解释（Explain）、精致（Elaborate）和评价（Evaluate）构成，简称"5E"教学模式（袁维新、吴庆麟，2007；黄颖，2009；王健、李秀菊，2012）。一些研究者运用"5E"教学模式，以"奇妙的壳""食物链和食物网"为例，进行了试验研究（陈慧，2016；王家友，2016；冼雪仪，2017）。"5E"教学环节与教学策略（王健、李秀菊，2012），见表3-1。

表 3-1 5E 教学环节与策略

环节	要点	教学策略
引入	教师首先提供有意义的学习活动，以引起学生的学习兴趣。学生要针对教师提供的实物、问题、情境或现象进行思考，联系已有的知识和经验，并暴露出错误概念，这是学习科学概念的重要基础和前提。在"引入"环节，学生的已有知识与教师创设的情境之间产生了认知冲突，这是实现概念转变的重要策略之一，会激发学生进一步探究的欲望	这个环节的教学活动形式多样，可以是教师提问、展示相异事件（discrepant event）或提供问题情境，其主要目的就是吸引学生的注意力和激发学习兴趣。这里所说的"活动"不仅仅指学生动手活动，同时还包括动脑思考
探究	在探究环节，学生要针对特定的内容进行探究活动，他们要观察现象、建立事物之间的联系、概括规律、识别变量，这是引入新概念或术语的重要前提	在此过程中，教师的主要角色是学习的促进者，要鼓励学生操作，不直接说明答案，扮演聆听、观察的角色，必要时通过问题或建议的形式给予学生恰当引导
解释	探究完成后，学生要用自己的语言解释探究结果，形成初步解释。然后，教师直接给出科学的解释、术语或概念。这是使新概念、过程或方法明确化和可理解化的过程。需要注意的是，教师要使学生在前两个环节的经历与新的解释或概念之间建立联系，而且给出的新概念应简洁、清晰和直接，也为下一环节做好铺垫	在教学策略方面，讲授是最常用的策略之一。此外，教师还可以通过视频、多媒体软件等多种方式辅助新概念的阐释

续表

环节	要点	教学策略
精致	学生在获得新的概念后,需要利用这些概念尝试解决问题或解释新现象。因此,教师应该为学生提供时间和空间,让他们参与讨论和获取信息,以加强对新概念的理解,这个过程就是新概念不断精致化的过程,教师应注意引导学生对相应的概念、过程和方法进行归纳总结,使其从术语到内涵全方位地理解新概念	首先教师要给学生安排一个新的学习任务,例如提出一个问题,要求学生以小组合作学习的形式进行讨论,制订解决方案。学生可以从教师、书籍、专家、网络资源、数据库、实施实验等多种渠道获取信息,进而解决问题。学生需要应用到在上个环节中学习到的新概念或新方法,从而使其内化到其认知结构中
评价	在这一环节中,教师需要观察学生如何应用新的概念和方法来解决问题,并提出开放性的问题来评价学生对新概念或方法的理解和应用情况。同时,教师还应鼓励学生进行自评和互评	教师可以通过提问、小组讨论、记录学生的动手操作能力、纸笔评价等多种形式对学生进行综合评价

基于问题解决的学习（Problem-Based Learning，PBL）模式。让学生亲历科学探究,包括：创设学习情境,提出问题；学生探究,教师指导；精讲提炼,实施评价（王娜,2017）。加拿大教师指导学生制作电动汽车,并提示学生问题解决的策略：猜测和校核；做计划,画框图；找模型,做回顾；列出计划好的清单；解决一个个简单问题；写出公式和原理（韦钰,2010）。国内研究者戴文胜在《基于问题解决的"三环六步"科学教学模式的建构》中提出基于问题解决的科学探究的三环节（导入自学、合作交流、巩固运用）、六步骤（导学、试学、展学、研学、固学、延学）学习模式（《当代教育评论（第10辑）》,2020）。

基于项目的学习（Project-Based Learning，PBL）模式。为了促进学生的学习参与,加强对重要概念的深层理解,研究者20世纪90年代提出并试验了基于项目的学习模式。PBL使学生通过应用知识、操作实验的方式来学习知识。学生参与的真实学习情境与成年专家的研究活动极为相似。PBL是一种基于建构主义理论的情境化学习方式,认为学生通过实际操作及思想的实践,能够加深对学习材料的理解。在PBL方式中,学生参与真实而有意义的问题探讨。PBL与学生的生活密切相关,学习方法类似于科学家、作家、历史学家等等。PBL 课堂允许学生探究问题、提出假设、作出说明、讨论思想、彼此质询、试验新思想。研究表明，PBL 课堂的学生比传统课堂的学生学习成绩更好。《剑桥学习科学手册》中分析了 PBL 的特征：从一个需要解决的问题开始学习，这个问题被称为驱动问题（driving question）；学生在一个真实的情境中对驱动问题展开探究，解决问题的过程类似学科专家的研究过程，学生在探究过程中学习及应用学科思想；教师、学生、社区成员参加协作性的活动，一同寻找问题解决的方法，与专家解决问题时所处的社会情形类似；学习技术给学生提供了脚手架，帮助学生在活动的参与过程中提升能力；学生要创制出一套能解决问题的可行产品（products）。这些制品（artifacts）是课堂学习的成果，是可以公开分享的（教育科学出版社，2010：370）。该模式与现在流行的 STEM 教育模式十分类似。

引导发现模式。其流程为：准备、初探、交流、总结、运用（万莲美等，1981 年第 3 期）。"创造性教学"模式，其操作包括：自行观察、自行提问、自行研究、自行获取结论、自行应用知识（周振铎、李玲，2006）。

小组探究模式。该模式最初由美国芝加哥大学教授塞勒（H. Thelen）于 20 世纪 50 年代提出，后经以色列太埃威大学教授沙瑞（S.Sharan）和他的同事在 20 世纪 80 年代完善。学生之间建立合作学习的关系，成为学习活动的主人，"课堂"丰富多彩。小组探究的教学组织包括：组建学生小组，选定小组组长，分配成员任务，提供必要的支持等（蔡敏，2001）。学与教结合的科学探究教学模式，其操作包括：探究、合作、建构、创新（何善亮，2002）。

小学科学思维型教学模式。该模式基于思维型课堂学习原理，演绎出思维型概念学习教学模式、思维型科学探究教学模式和思维型问题解决教学模式。思维型概念学习教学模式的教学目标是帮助学生理解、掌握具体概念和概念属性，较适用于陈述性知识的学习，教学的重点聚焦于概念；思维型科学探究教学模式的教学目标是培养学生的批判性思维、创造性思维和解决问题的能力，较适合程序性知识和策略性知识的教学，教学的重点聚焦于探究；

思维型问题解决教学模式以现实生活中的问题为出发点，以科学概念和科学原理为依据，以制作作品或模型的形式学习解决现实世界中的真实问题（李霞，2018）。

全景科学教学（FSSI）模式。基于"一英寸宽，一英里深"的理念，缩减科学知识的教学，提升科学探究的深度。威廉·艾斯勒和玛丽·艾斯勒提出：小学科学承担着帮助学生发展做科学的过程技能与帮助他们获取适当的科学内容或信息的任务。前者就是指科学探究，即科学教学的深度；后者是指科学教学的知识内容，即科学教学的宽度。为此，他们提出全景科学教学（FSSI）方法，即每个科学主题或教科书的每一章都必须用一系列探究课来引入，在探究活动结尾，学生将会获得对概念结构的理解，获得一些做科学的能力以及对若干词汇的熟悉。然后让学生使用互联网、影碟、阅读材料以及其他学习方式来增加所研究题目的广度（周振宇，2009）。

4.科学史教育类模式

科学史的教育价值。刘兵在《科学史教学面面观》一文中从科学史教学对于科学教学本身、对帮助学生认识科学作为一种文化、对认识科学与社会之关系、对培养学生社会责任感的作用等方面进行了讨论（《自然辩证法》，1996年第2期）。促进学生理解科学的本质，促进学生的知识建构（袁维新2005A）。在科学史、科学哲学与科学社会学结合的教育中，STS教育和HPS教育最为普及与流行。

STS教育。STS（Science, Technology and Society）教育，即科学、技术与社会教育，兴起于20世纪60年代末70年代初，20世纪80年代引入中国，主要针对美国科技教育危机和20世纪以来科技的迅猛发展所带来的环境、社会问题，旨在研究科学、技术、社会三者的相互关系，培养具备科学技术素养、能参与科技决策、全面发展的一代新型公民。STS教育既是一种课程，也反映了一种教育思潮。STS已成为科学技术哲学领域的重要分支。STS的内容非常丰富，殷登祥在《试论STS的对象、内容和意义》中从哲学、历史和社会学等方面分析了STS的理论来源和六个重要的组成部分（图3-3）。

我国 20 世纪 90 年代开始大量介绍并引进西方 STS 教育。STS 课程包括：以科学概念和原理等基本知识主导的 STS 课程、科学知识和社会问题交融的 STS 课程、以社会问题为主导的 STS 课程。它具有内容的综合性、目标的多元性、情境性和实践性、实施的灵活性等特点（杨明全，2007）。STS 教学强调学生亲自参与（通过角色扮演、社会调查等方式）；跨学科的综合教学，教学形式多样；关注全球性问题（陈华彬、梁玲，2003）。STS 教育引入我国后，一些中小学开展了实验研究，如江苏省吴江实验小学。张人杰在《中外教育比较研究史纲（现代卷）》中介绍了中学理科教学中进行的 STS 教育，包括课堂教学，社会调查，课外兴趣小组（采集、鉴定化石标本和动植物标本），收集达尔文、拉马克等的活动图片，撰写小论文，等等（山东教育出版社，1997）。

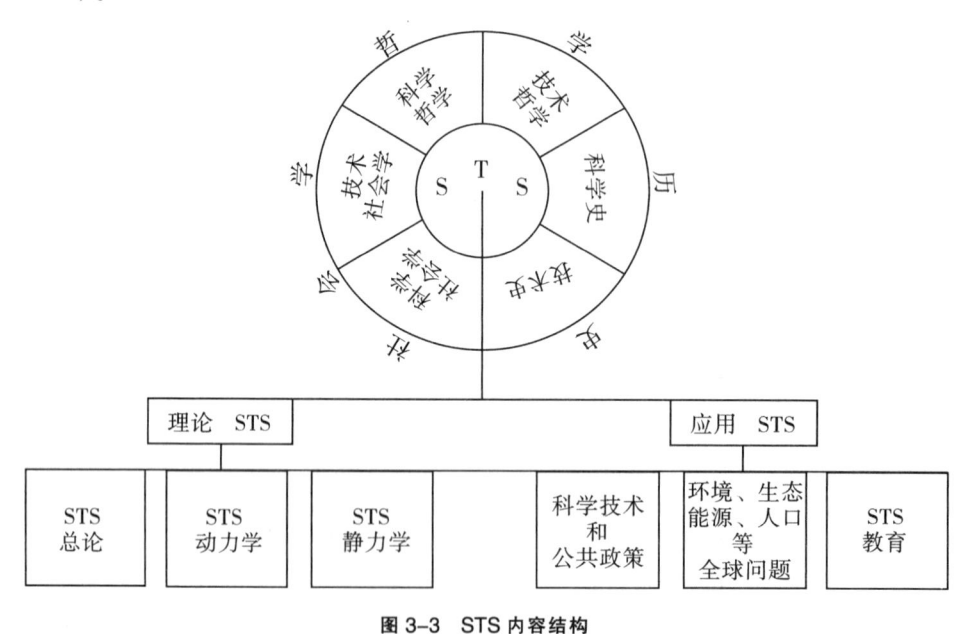

图 3-3　STS 内容结构

HPS 教育（History of science, Philosophy of science, Sociology of science）。1997 年英国科学教育学者孟克（M.Monk）和奥斯本（J.Osborne）在总结科学教育的历史经验的基础上，提出 HPS 教育。它借鉴建构主义理论，将科学史内容融入科学课程与教学。该模式对科学课程改革的作用有：为学校科学课程提供人文化的因素，沟通两种文化的作用，解决科学教育中的一些问题，如学生缺乏学习动机以及对科学在历史文化和社会中的地位理解不足的问题，可以使学生更好地把握科学本质，使学生懂得科学究竟是什么，科学知识是怎样产生的，科学在社会发展和进步中的作用，科学和科学方法的优点与局限性，等等（丁邦平，2000）。HPS 科学教育有助于：革新科学教育的理念、促进对科学本质的理解、化解唯科学主义影响、抵制反科学思潮影响、促进科学人文相结合、促进科学课程的改革（刘华昌、丁玉莲，2009；李艳，2009）。有作者分析了 HPS 教育的五个主要特征：以科学史、科学哲学与科学社会学为基础，重视对科学的哲学思考，以建构论为理论背景，从重视科学实证知识的传播过渡到理解科学本质，从培养科学精英过渡到培养有科学素养的公众（张晶，2010）。这一模式的基本前提是，所学的课题必须是科学史上某一科学家曾经研究的自然现象，如落体运动、植物的向光性、食物的消化等。这一模式的教学程序包括以下六个环节：①提出问题，②引出观念，③学习历史，④设计实验，⑤呈示科学观念和实验检验，⑥总结与评价（袁维新，2010 年第 7 期、2005 年第 10 期）。有的提出了故事型、启发型、研究型"历史—探究"教学模式，旨在让学生亲历科学家的研究路径，挖掘科学的本质，提升学生的素养（张煜等，2019）。HPS 作为国际理科教育研究热点，20 世纪 90 年代后走向精细化，具体表现为：从科学史中的过程与信念到科学本质中的科学史，从作为内容的历史与哲学观念到作为指导理论的历史与哲学思想以及从寻找普遍规律与联系的思辨论述到探寻情境化的教育意义。我国科学教师不仅要关注学生科学本质观的形成和培养、重视 HPS 教学在提升学生科学本质观方面的重要作用，还要有意识地把科学史、科学哲学与科学社会学等相关内容引进到科学课堂的教学实践之中（李艳梅、郑长龙，2009）。

IHV 模式（Interactive Historical Vignettes，简称 IHV，可翻译为"相互作用的历史事件"）。科学教育家沃德森（Wandersee）从 20 世纪 80 年代就致力于化学史的教学研究，1990 年提出了"IHV"教学模式，把科学史融合到科学课程。它把与教学主题有关的科学史改编为一系列生动活泼的、简短的戏剧小品（大约45分钟），每次把课程中要学习的科学概念进行精心编制，并把注意力集中到科学本质的一个重要方面上，从而达到把科学史融入现有的科学课程中的目的。其实施程序包括：素材准备、要素选择、剧本编写、表演、反思等。基于上述模式，有研究者对教科版小学科学五年级"沉和浮"资料库中"王冠的秘密"进行了 IHV 教学模式改编，形成剧本大纲，实施科学教学（关婷婷，2007；刘江雨、姜建文，2018）。有的以"质量守恒定律"教学为例，进行了 IHV 教学设计的研究（关婷婷，2007）。

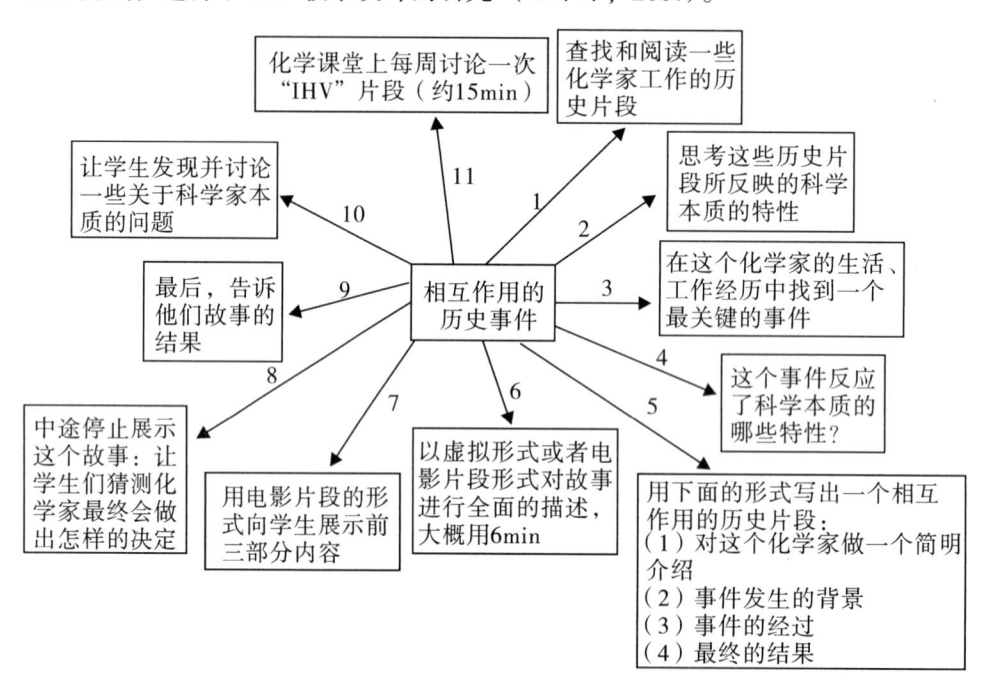

图 3-4 IHV 化学史教学模式

"科学史—探索"教学。我国学者构建了"科学史—探索"教学模式，让学生在学习物理的过程中"重演"人类探索物理的过程，亲历人类学科发展活动，进行深度的科学探究（王全、母小勇，2008；李嫣昉，2012）。

5.活动—实践类模式

"动手做"模式。1997年，法国启动旨在加强小学实验科学教育的计划——"动手做"。"动手做"采用的基本方法有行动、提问、研究和实验。

由教师引导学生对生活中的科学现象进行观察、思考、发问、实验和讨论，使学生从中学习科学知识，独立做事，记录与表达，养成良好的习惯。法国科学院为"动手做"活动制定了十项原则及六个环节，让儿童在操作中理解科学，学会做人（王晓辉，2003）。"动手做"活动包括六个环节：①确定适宜的主题、内容和任务。②提出相关的问题。③进行猜想和假设。④实验验证。⑤记录与描述。⑥结果与讨论。其基本原则为：①让孩子们先观察一个物品，或考察身边发生的某个事件，然后围绕该物品或事件进行实验。②在探索过程中，孩子们进行辩论和说理，将自己的想法和结论告诉别人，再一起讨论，从而建构自己的知识体系。③教师向孩子建议搞一些活动，并把各种活动分成阶段，让孩子们循序渐进地学习。这些活动应该是教学计划的一部分，但又要给孩子足够的自主性。④一个"动手做"主题的教学一般应安排若干个星期的时间，每个星期至少 2 小时。整个学段的"动手做"活动内容与教学方法要有连贯性和整体性。⑤每个孩子准备一本实验记录本，并用他们自己的语言记录活动的过程。⑥实验活动的主要目标是让孩子逐步掌握科学概念与操作技术，同时学会用书面语和口语进行表述，以巩固获得的经验。⑦孩子家长和学校所在街区应该参与到课堂教学与实验活动中来。⑧学校附近的大学和工程师学校中的科学家要运用各自的知识和条件，帮助孩子搞好实验。⑨地方的教师培训中心应该提供帮助，让从事"动手做"实验活动的教师能够学习和利用培训中心的教学理论与教学经验。⑩教师可以从网上下载可供直接使用的教学模块、活动思路及问题答案，也可以和其他教师或科学家进行合作与对话，共同探讨教学方法（刘占兰，2003）。此外，还有我国的"四动"教学模式。"动眼、动脑、动手、动口"的启发式小学自然教学，动眼即观察，动脑即思考，动手即实践，动口即研讨（张洪鸣，1992。）

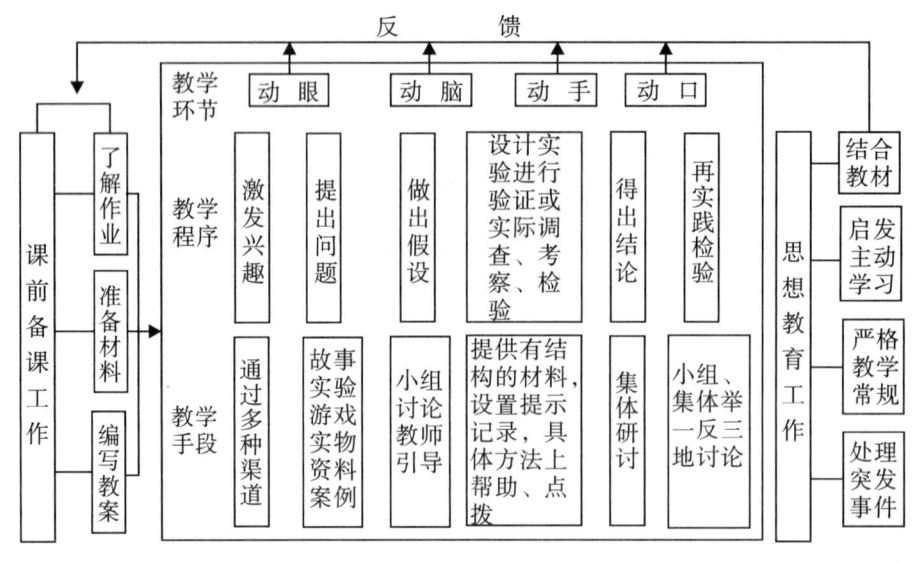

图 3-5 "四动"启发式自然教学法课堂教学结构

STEM 教育。2010 年后，STEM 教育受到较多关注。研究主要涉及 STEM 教育的起源、特征、意义，以及对策。关于 STEM 教育的特征。有研究者认为，STEM 教育具有整合性、体验性、探究性、合作性等特征（王智红，2017）。STEM 教育理念的核心是跨学科整合，跨学科整合的核心任务是通过项目学习或解决实际问题等方式，提升学生的综合素质（陶涛，2018）。关于 STEM 教育的作用。有研究者认为，STEM 理念的融入使小学科学课堂教学内容更加丰富，学生在提高科学素养的同时还能发展其他学科能力。STEM 可促进各学科知识技能的有机融合；有助于提高学生的学习兴趣，发展学生综合运用知识的能力（吴逢高、滕海川，2018）。同时，有助于提高学生的动手能力、创新能力、协作能力。STEM 教育操作模式包括：任务/项目、解决问题的方案、评价/完善、成果、交流与合作（董利，2017）。关于 STEM 教育的对策。整合课程设置，实现跨学科学习；精心创设情境，体现课程的实践性；引入工程设计的方法，培养学生科学探究能力（王智红，2017）。要在 STEM 教育理念指导下，探索科学教材，开展项目式学习；联系生活实际，探索综合实践课程；结合学生兴趣，研究个性化拓展课程。综合运用多学科知识，提高综合素质，成为跨学科人才（陶涛，2018）。STEM 教育理念实践融入小学科学的教育教学课堂的实证研究,如,基于真实情境中的驱动任务,通过聚焦问题、设计方案、制作模型、交流展示等学习环节,实施科学、技术、工程、数学教育。一些研究者围绕《摆的秘密》《制作植物模型》《学做小火箭》等进行课例研究（陈晓,2017；张梦岩,2018；吴永发,2018）。

CER 教学。科学解释是一种重要的科学实践。美国中小学实施的主张（Claim）、证据（Evidence）、推理（Reasoning）的教学（简称"CER 教学"）是科学教育中影响较大的模式。该模式以理性主义科学观与建构主义学习观为理论基础,它对于促进科学理解、发展科学思维、深化科学探究、培养科学精神具有积极作用,但亦有改进与完善的空间。CER 教学框架对于改进我国科学教育、提升学生的科学素养具有重要的借鉴意义。该模式的操作步骤为:创造问题情境,提出科学主张；通过多种方式,收集相关证据；链接证据与观点,开展科学推理；小组展示与交流,优化科学解释。其实施策略为:利用 CER 框架图表,为科学解释提供支架；使用适当和充分的证据,区分日常经验与科学证据；加强基本概念的教学,为科学推理提供支撑；考虑其他解释,学会进行反驳（潘洪建、盛群力,2019A）。

有研究者提出,依据低、中、高年级小学生认知水平不同和课程内容抽象程度不同而采用不同教学模式,如支架教学模式可适用于多种类型的任务；探究教学模式更适合于较大概念的学习,需要较长的时间跨度；直接指导教学模式要根据概念形成的逻辑顺序,将任务分解成适合小学生学习的一系列小内容（李霞等,2018）。

总之,新中国成立后,我国科学教学方法逐步由以讲授为主走向以探究为主。高潇怡、陈红兵在《小学教育研究 70 年（科学卷）》中指出,我国初期吸收苏联经验,课堂教学遵循凯洛夫教学五环节,以书本知识为主,强调系统知识的传授。20 世纪 70 年代至 80 年代,我国自然教学开始引进西方教学理论与方法,如 STS 教学、"探究—研讨"教学法,开始强调学生的主动发现。21 世纪以来,随着课程改革的推进,出现了主题教学、问题探究教学、任务驱动教学等教学模式。2010 年以后,随着慕课（MOOC）与 STEM 教育的兴起，"翻转课堂"项目式学习、主题探究等教学模式进入大众视野，并在教学中发挥了重要作用。

五、科学教学设计研究

（一）备课的研究

20世纪50年代，开始出现有关小学科学备课的研究，如有研究者根据教材内容和教学大纲要求，分析了"空气部分"的教学重点，并提出学期工作计划，如钻研教材、直观教学、联系工人农民、插图的运用、作业批改等（沈机，1957年第3期）。许多自然教学参考书对具体的教学进行了规划与设计，供自然教师教学参考。下面以《江苏省高级小学课本自然第一册教学参考书》中的"水单元 水的性质（一）"为例，展示其中的部分片段，以飨读者。

第一部分 水

水的单元教材研究

一、水的部分分计19课，可以分成三个部分：第一部分包括1—6课，是水的性质和饮水清洁；第二部分包括8—16课，是讲水的三态变化；第三部分包括18—19课，是讲人和洪水作斗争和水力的利用。三部分以"温度计"与"水在自然界里的循环"两课为纽带，把整个教材联系成一个有机的整体。

二、教材的系统性很强：首先从水与人类的关系开始，研究水的物理性质。待儿童们获得了水能溶解物质的知识基础后来教学"饱和溶液和晶体"。由于儿童们理解了水和人类的关系，知道了水中有溶解了的与不溶解的杂质，所以紧接着安排了"我们要用清洁的水"，并在这一基础上讲授"自来水"的知识。根据液体有热胀冷缩的性质，安排"温度计"帮助儿童形成温度的概念，为后面水的三态变化的学习创造条件。8、9、10课是有关蒸发与水蒸气的知识。11—16课是气态的水在不同温度和不同条件下发生的变化，与前面的知识紧密联系。然后通过"水在自然界里的循环"一课，将水的三态变化，作一归纳，指出各种变化间的相互关系。由于水在自然界里的循环，产生了

"水力"，带来了灾害。因此教材最后两课，安排了"我们跟洪水作斗争"和"水力的利用"。

三、教材充分体现了教学为生产服务、学以致用的精神：举凡可以和生产、实际联系的，都尽量地注意联系，这就不但使儿童初步掌握自然规律，能够解释自然现象，而且能够运用到实践中去，能动地改造自然。

四、教材的思想性非常强烈：在"饱和溶液和晶体"一课中，指出我们有无限的海水，盐的生产可以大量发展；在"我们要用清洁的水"一课中，反映了政府对人民健康的关心及合作化的优越性；在7、18、19课中，用新旧中国显然不同的两种情况作对比，强烈地对儿童进行了爱国主义教育，并通过新中国在水利工程上的伟大成就及水力发电事业的发展，体现了社会主义制度的优越性。在"我们要用清洁的水"及"自来水"等课中，分别对儿童进行关心集体，爱护劳动成果等共产主义道德教育。

一 水的性质（一）

甲 教材研究

这是学习无生物界"水"的知识的第一课，在这一课里，将要使儿童了解水的几种物理性质，及其和人类的关系。

课文分两部分。第一部分从日常生活离不开水，到河里有水才能行船，工厂里有了水才能开工，以及生产一斤小麦需要多少水等事实，有力地说明了水对生活和生产的重要性。第二部分研究水的性质，课文中运用了一系列的对比的方法，通过儿童各种感官的感觉，最后得出"水是一种透明的，没有颜色的，没有气味的，没有味道的液体"的结论。

乙 教学目的

一、使儿童了解水对生活生产的重要性，懂得在缺水的地方应该积极向大自然索取。

二、使儿童获得"固体""液体"的初步概念，认识水的几种物理性质。

丙 教学建议

一、教具准备：木块、石块、清洁的没有味道的冷开水、豆浆、烧酒、竹筷、干净的玻璃杯三只。根据地区情况还可以准备一点盐、研碎的黄土末。

二、教学开始，教师可以提问：大自然是由哪些东西构成的？为什么要学习自然课？评记成绩后指：构成大自然的东西是很多的，水就是大自然中的一种无机物。水和人类的关系非常密切，从今天起，开始学习关于水的知识。接着，可以启发儿童从生活、工业农业生产各方面举例说明水和人类的关系。儿童可能谈得很多，教师应该注意适可而止地进行概括，并根据课文说明生产一斤小麦需要多少水，使儿童理解水对农业生产的重要性。接着可以举出在"大跃进"的形势中，全国和当地向大自然要水的一二事例进行讲解，把教学和当前的斗争实际紧密地结合起来。

三、在研究水究竟是什么东西时，要按课文的顺序先通过水和固体的比较，使儿童了解固体和液体的区别，并形成水是液体的概念。再逐一用水和其他液体作比较，使儿童认识水的几种性质。在观察比较的过程中，应该注意以下几个问题：

1.引导观察比较时，要配合谈话，把儿童注意力引导到需要注意的地方去(在任何演示实验中都应该注意这一点)。譬如在研究水是没有颜色的这一性质时，教师可以这样提示儿童注意："有人说水是白色的，现在我们用水和豆浆比较，大家注意看它们的颜色有什么不同"。

2.在演示的过程中，要启发儿童解释现象，进行推理，帮助他们得到结论。譬如，在帮助儿童形成"固体"和"液体"的概念时，教师把木块拿在手上要儿童说出它的形状，把木块放在桌上要儿童说出它的形状，再要儿童想想把木块放在任何地方，它的形状会不会改变。然后告诉儿童像木块这样有一定形状的东西是固体。由此推论到砖头、石头，因为它们都有一定的形状，所以它们都是固体。并以此与水比较，使儿童理解由于水没有一定形状，所以水不是固体，凡是像水这样没有一定形状、能流动的东西，我们叫它是液体。并有计划地把结论逐一板书。这样的板书，能与观察起互相辅助的作用。当演示完毕时，黑板上便可得出一个完整的结论。然后教师把结论重述一遍，使儿童"对水是透明的，没有颜色的，没有气味的，没有味道的液体"

获得完整的认识。

3.教学中应该允许儿童提出疑问，帮助儿童解决怀疑。譬如，滨海地区的儿童，也许会认为水是有咸味的。这时可以叫一个儿童来尝尝老师所带来的水，说出水究竟有没有味道。然后放一些盐进去搅动一下，再要他尝尝，最后指出水本来是没有咸味的，水中的咸味不是水本身的味道。这样，儿童便很容易理解了。但不要给儿童讲到"溶解"的概念，因为这是以后的教学任务。

四、配合讲解演示，将课文分两次讲读：第一次在讲完水的重要性以后进行，第二次在学习水的几种性质后进行，同时应该布置儿童回家去根据教材进行复习的作业，逐步培养儿童凭借教科书来掌握知识的能力。

五、教师可以提出这样的问题进行巩固：

（1）说说我们已经知道水有哪些性质了。

（2）水和人类有什么关系？

六、布置儿童阅读课文，准备回答课文后面的问题，并把第三题做在作业本上。

研究者们提出备课的种种要求：认真学习教学大纲，深入钻研教材；正确确定教学目的；确定每节课的教学内容、教学重点和难点。充分了解学生，考虑课的类型和组织结构，确定教学方法和使用的教具，教学时间的分配和教学计划（教案）的编写（徐仁声，1981）。钻研教学大纲和教材，了解学生的实际情况，选择恰当的教学方法，准备教具和实验，评价教学效果（林有禹等，1983）。认真学习自然教学大纲，深入钻研教材；充分了解学生，包括了解学生的生活经验、知识基础、能力高低、兴趣需要、差异情况；组织教材和选择教学方法；准备器材、教具和实验；精心编写教案（山东省教学研究室，1992）。要吃透"两头"（即教材和学生）；要认真写好教案，备思想（即"为谁教"的问题），备对象（即"对谁教"），备方法，备内容（潘留芳，1992）。除了课时教学计划，有的研究者还讨论了学年（或学期）教学工作计划、单元教学计划的编写问题。有的对自然课的见习和试教进行了阐述与分析，扩展了研究的范围。

可见，专门对备课问题进行的研究较少，大多从大纲、教材、教学方法与手段等讨论备课问题，以便服务于课堂教学，提高自然教学质量。

(二) 教学设计研究

21世纪以来，有关小学科学教学设计的研究日益增多，一些小学教育的研究生开始以教学设计为研究选题，以某种教学理论或理念为基础，进行单元或课时教学设计，小学科学教学设计呈现繁荣景象。根据教学目标与任务，可划分为五大类教学设计。现列举如下：

1.理解接受类设计

基于科学本质教学的设计。科学本质阐明了科学所具有的基本特征，是人们对科学本质属性的正确认识。有关科学本质的课堂教学方法主要有：科学探究和科学史法，利用科学故事，利用科学史中的科学失误，利用科学史的问题（张颖之、刘恩山，2010）。为了更好地实施体现科学本质的教学，许多研究者开始进行一些基于科学本质观的教学设计。科学本质教学包括科学知识的本质，科学探究的本质，科学、技术与社会的关系这三个层面。科学本质教学应遵循教师主导、学生主体，明示时机、把握得当，由浅入深、循序渐进，表达准确、通俗易懂等原则。课堂教学应采用显性教学策略传达科学本质，如"提问—探讨"法，通过探究教学以及借助科学史揭示科学本质等（肖磊、徐学福，2011）。科学本质教学内容侧重于那些与科学实践有关的实用性科学本质，教学情境的设计与开发主要集中于针对科学与社会关系的议题（即社会性科学议题）、强调人类实践问题解决的科学史、科学探究性资源以及学生日常生活中常见的科学与伪科学话题；教学方法主要采用含有学生反思的明示法与情境化相结合、案例教学和角色扮演等（万东升等，2016；季薛庆，2010）。此外，还有基于理解性教学理论的设计，如以"植物的一生"为例进行的教学设计研究（陈燕燕，2014）。

2.探究发现类设计

探究发现类教学设计主要有：基于探究学习理论，以主题"光"为例，进行教学设计研究（陈晓君，2011）。基于"情境→问题→引导解决→寻找最佳",运用电脑机器人活动平台,引导学生解决实际问题的教学设计(刘勇,2013)。基于研究性学习理论,以"太阳和影子""光的行进"为例,进行教学设计研究(王蔚,2018)。基于问题连续体理论,设计连续性问题,以"浮力"为例,进行教学设计研究(李永生,2018)。基于美国"科学实践"概念,以"环境和我们"为例,进行单元教学设计研究(潘华靖,2017)。

3.情境体验类设计

情境体验类教学设计主要有:基于电子游戏理论(Conceptual Play Spaces),以"这些垃圾该扔在哪"为例,进行教学设计研究(姚志霞,2011)。以角色扮演游戏(Role-Playing Games)为基础,以"动物的运动""位置与运动""力与运动""昼与夜""交通运输"为例的教学设计研究(金海燕,2011)。基于虚拟学习情境理念,将虚拟学习情境类型分为直观学习情境、问题学习情境、实验学习情境、探究学习情境,以"植物"和"植物的生长变化"为例,进行教学设计研究(李宁,2013)。基于库伯的体验学习理论,以"新的生命"为例,进行教学设计研究(朱宝康,2016)。关注学生课堂学习经历、过程和体验的学历案,以"各种各样的天气"为例,进行小学科学学历案教学设计研究(袁悦,2019)。

4.个体差异类设计

个体差异类教学设计主要有:基于多元智能理论,以"凤仙花"为例,进行教学设计研究(段爱峰,2004)。基于学习进阶,对科学核心概念("能量""机械运动与力")和关键能力("科学解释""科学论证")的学习进阶进行研究,尝试将概念理解和关键能力的进阶进行整合,开展教学设计研究(郭玉英、姚建欣,2016)。

5.工程制作类设计

基于创客教育理念,依据敢于创新、勇于实践、乐于分享原则,以"离不开的电""运动和力"为例,进行教学设计研究(张秋萍,2017;黄斯妍,2018)。基于STEM教育模式,以"降落伞"为例,进行教学设计研究(董利,2017;赵月,2018)。有研究者比较工程设计、科学探究在教学时长、教学目标、教学过程和教学评价方面存在的差异,以"冷空气与热空气"单元为例,进行教学设计研究(白雪双,2018)。一些研究者从"发现问题—科学探究—工程设计—评价交流"四个教学环节入手,设计了基于 STEM 的小学科学教学流程,并以"水里有什么"为例,设计、应用小学科学教学活动,将 STEM 教育理念融于小学科学教学过程。

表 3-2 教学目标维度

STEM 理念	知识与技能	过程与方法	情感态度价值观
科学	1. 知识概念:悬浮物、杂质、溶解、沉淀、过滤 2. 操作技能:水净化实验、检验结果判断	1. 创设生活情境,引发学生好奇心,了解相关科学概念 2. 采用自主探究的方式了解净化水的方法以及具体的操作步骤 3. 开展净水装置工程设计与制作,掌握工程设计的流程 4. 通过作品互评的方式,改进优化产品	1. 污染的水危害人类健康 2. 珍惜水资源,保护水资源 3. 通过科学探究解决生活问题 4. 具有团结协作、勇于探索的科学态度和创新精神
技术	1. 检索净化水的方法 2. 沉淀法、过滤法、消毒法的具体操作		
工程	1. 搜集工程设计的流程、资料、素材 2. 设计净水装置的种类,实施方案 3. 绘制净水装置图,确定所需设备、制定标准 4. 效果测试,优化方案,重设产品		
数学	绘制净化水装置的模型、数据记录图表		
其他	1. 化学:物质之间的反应 2. 语文:语言表达 3. 艺术:净水装置的美观性与实用性		

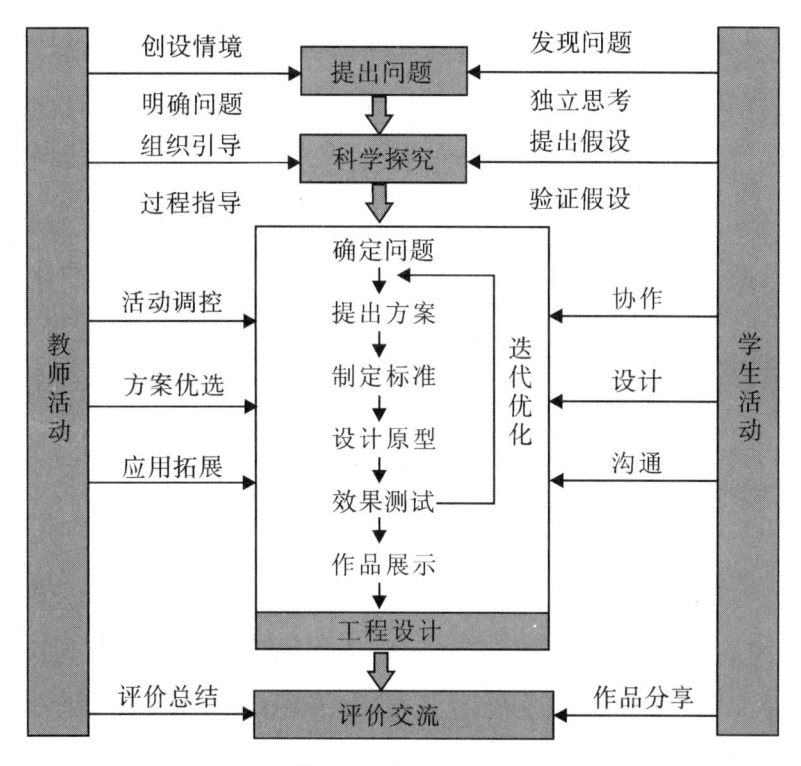

图 3-6 基于 STEM 的小学科学教学模式

李慧慧等在《基于 STEM 的小学科学教学活动设计与应用案例研究》一文中将 STEM 教学的实施过程概括为：（1）提出问题——如何把污水变干净。（2）科学探究——如何去除水中的杂质。（3）工程设计——净化水装置的设计。各小组沿着"明确净水装置——收集和分析信息——设计解决方案——制定标准——构建净水装置原型——迭代优化产品"的思路开展净化水装置的设计与制作。最后呈现作品的设计思路、作品最终的结果，以及该作品可运用的场景。（4）评价交流——作品展示，修正完善。

除了设计研究，一些研究者分析了小学科学教学设计规范化与学科性问题，提出改进建议：拓展学科知识理解，彰显小学教学设计的学科性；注重教学设计研究，促进小学科学教学设计的规范化；透视科学教学实践，关注小学科学教学设计的实践性（黄晓、孙丽伟，2014）。近年来也出版了一批关于小学科学教学设计案例研究的著作，如张和平主编的《小学科学新课程课堂教学案例》（广东高等教育出版社，2003)、戴缪勇的《小学科学与技术课程教学实践》（上海社会科学院出版社，2017）等。一些研究者选择具有个性与特色的教学设计或来自教学第一线的课堂教学片段，进行案例研究，展示了丰富多彩的教学设计与课堂片段。这些成果有助于小学科学教师拓宽研究视野，促进教学创新。

总之，十余年来，人们基于不同的视角、理论、理念，选择某个单元或课文，展开教学设计研究，将科学教学理论与教学实践结合，促进了科学教学实践的丰富与发展。

第三节 反思与展望

70年来，我国小学科学教学研究在不同领域均取得可喜成就。但在研究内容、研究视角、研究方法等方面存在一些值得关注的问题，有待反思与改进。基于小学科学教学研究的问题进行反思，可以展望未来小学科学教学的发展走向。

一、研究反思

（一）基本概念有待澄清明确

科学教学研究涉及许多基本概念，这些概念彼此关联，但也存在差别。相关论述对科学课程与教学的系列概念缺乏区分是一个较为突出的问题。不少研究对课程目标与教学目标、课程内容与教材内容、课程内容与教学内容、课程设计与教学设计不做区分，等同使用，造成逻辑上的混乱。教学阶段、课的结构与教学模式等概念亦存在一定的交叉现象。有的文章、著作或教材中几种术语同时并存，交叉重复，让读者无所适从。诸多科学教学的概念有待澄清、明确。

自然科学教学原则的概念定位问题。教学原则究竟是教学指导思想、教学原理，还是教学要求、行动规范，许多著述缺少对科学教学原则概念的分析和讨论。如"理论联系实际原则""因材施教"比较宏大，它们实际上属于教学指导思想，而"思想性原则""系统性原则"是否适合小学自然科学科目，也有待探讨。应该根据科学课程自身的特点与教学内容制订科学教学原则，保持科学教学原则的特色，否则会导致科学教学概念过于泛化、笼统，失去科学学科的基本特性。

教学内容的选择、编排研究比较宏观，有的将其等同于教材内容的选择与编排。实际上，科学教学内容不同于教材内容、课程内容，它是课程内容特别是教材内容的创造性转化与具体化。因此，教学内容的研究应侧重探讨如何对科学教材进行二次开发，如何根据一定的班级条件、学生特征、教学时间等因素对教材内容进行加工改造，使其更适合特定学生群体、任务的教学。同时，需要结合不同知识领域，探讨不同知识领域教材内容的特点及其处理问题。

科学教学模式问题。有研究显示，我国1993年才出现使用"教学模式"的概念探讨小学自然教学模式问题的文章，如《小学教学研究》1993年第1期中由刘嘉恩撰写的文章《自然实验课"六步四字"教学模式》。此后，"教学模式"的概念流行起来，备受欢迎，许多有关教学方法改革的研究似乎都想上升为对教学模式的研究，但并未清晰界定与规范使用教学模式的概念，未能按照教学模式的基本要素（教学目标、理论基础、教学程序、教学策略等）展开研究，将教学模式简单等同于教学阶段、教学环节，仅仅从教学流程来述说教学模式，忽视了对支撑教学模式的教学思想、理论、基础的分析与说明，致使对教学模式的研究缺乏深层根基，停留在表面的操作流程，丧失了教学模式内在的"灵魂"与"精神"，难以产生预期的教学效果。

教学设计概念方面，可以说20世纪90年代末，随着教育技术学的兴起，"教学设计"概念逐渐代替以往的"备课"概念，人们在行文中更多地使用"教学设计"一词。21世纪初，学术界出现了教学设计概念归属的争论，如李秉德撰文《"教学设计"与教学论》（《电化教育研究》，2000年第10期），何克抗撰文《也论教学设计与教学论——与李秉德先生商榷》（《电化教育研究》，2001年第4期）。在科学教育领域，许多有关教学设计的文章实际上仍是按照传统的备课模式对教学设计进行研究，不少教学设计仅仅是备课教案的翻版，缺乏教学设计的精神与理念。那么，教学设计与备课之间究竟如何区分，其差异主要体现在什么地方？对这些问题的讨论很少，因此导致现实中概念的混同使用。

（二）研究内容分布不够平衡

在自然科学教学目标与内容上，诸多研究要么在课程设计层面比较宏观地讨论教学目的与内容，甚至用课程目标与内容替代教学目标与内容，研究不免空泛，对具体的科学教学实践的指导意义不大；要么在课时教学目标与内容上进行具体而微的分析，缺乏必要的高度与深度。科学教学目标与内容的研究缺少中观层面的讨论。众所周知，小学自然、科学内容领域分为物质科学、生命科学、地球与宇宙、工程与技术，但通观70年的研究我们发现，几乎看不到从三大领域或四大领域来讨论教学目标设计与内容处理的著述，一些教材与著作缺少讨论不同领域教学问题的章节。不过，这种状况开始改变，如一些研究生的学位论文也开始从不同领域展开中观层面的教学问题研究（陈津，2014；孙怡然，2014；商瑞莹，2014）。

在自然科学教学方法与原则的研究上，对一些教学方法如问答、实验、探究、演示的研究较多，而对某些方法如欣赏法、考察法的关注甚少。自然科学教学方法分类研究薄弱，存在分类标准混乱问题。严格按照某一标准对自然科学教学方法进行分类的研究较少，教学方法分类体系未能建立。小学科学教学论研究应关注教学方法体系的建立，需要从不同角度、不同层次对教学方法开展深入的研究。同样，教学原则的分类缺乏严格的标准，一些研究者将诸多教学原则并列堆砌。教学原则的层次不够分明，教学原则之间的逻辑关系不清晰。

教学设计方面，由于缺少第一手研究资料，对国外教学设计的全面介绍与深入研究较少。今后的研究应关注国外科学教学设计的研究。如，有研究者选择美国小学科学课程《十万个为什么》及其教学设计《十万教师手册》，以"背上的宝宝""夜行动物""为蟹疯狂""企鹅的力量"为例，分析课程设计与美国课程标准NGSS的联系，剖析美国小学科学教学设计的特点（马萍，2018）。该类研究有助于拓展教学设计研究的视野。

研究缺乏系统性，对某一议题没有长期持续的研究与实践成果。目前在科学教育研究方面关注的主要领域，虽然成果颇多，论文数量蔚为壮观，但不难发现，很多研究都停留在对其内涵、概念的解读，或者是对其作用等方面的简单介绍，泛泛而谈，研究领域还未形成体系，深度不够。很多研究只是在短时期内对某一议题的关注，缺乏长期持续的研究与实践的成果。这就导致许多科学教育研究者的研究都还比较粗浅（蔡铁权，2011）。

（三）研究方法较为单一

对自然科学教学过程的分析大多是基于认识论、心理学的视角，如有研究者依据多元智能理论，探讨科学教育中的学生差异及其处理问题（陈华彬、梁玲，2003）。也有研究者借鉴班克斯的多元文化教育模型，探讨小学科学教育中的教学公平问题（陈华彬、梁玲，2003）。但从社会学、人类学、政治学的角度考察科学教学过程，揭示科学教学的社会学、人类学、政治学特征的研究少。教学阶段的划分存在逻辑问题，如徐仁声的《小学自然教材法》关于教学阶段分析中的后几个阶段实际上不是教学的阶段，而是自然教学的功能。

教学目标的研究问题。有的研究从"三育""四育""五育"的高度来探讨、表述科学教学目的，这些研究尽管具有一定的高度，但对教学目标、教学内容的表述宏大，教学操作性差，难以落实到具体的教学过程并指导教学实践。今后应采用行为目标撰写科学教学目标，增强教学目标的操作性。同时，教学目的、教学任务的表述直接移植课程目标，或者直接等同于教学大纲、课程标准中的规定，用教学大纲、课程标准中的课程目的、任务代替教学目的。此外，如何将课程内容特别是教材内容转化为课堂教学内容，即教师如何处理科学教材，相关的研究与讨论甚少，该研究有待深入。

关于小学科学教学方法研究，其思路主要有两种：一是将小学科学教学按照时间顺序进行阶段划分，梳理、介绍每个阶段的教学方法，如田正平的《中国小学常识教学史》（1996年版）。二是淡化实践线索，梳理小学自然科学教学方法的种类，如袁孝亭、曹琦编著《小学自然教育学》（1997年版）（讲授法、谈话法、讨论法、演示法、观察法、实验法、参观法、逻辑方法、练习方法、复习方法），朱纪华主编的《现代小学科技教育》（2000年版）

（比较鉴别法、类比预测法、综合分析法、因果分析法、逻辑推理法、问题引路法、文献调查法、信息归类法、原型启发法、知行结合法）。

需要指出的是，应注意科学认识与教学认识、科学方法与教学方法的关系。一方面，二者具有一些共同点。方法可以看成是内容运动的方式。苏联学者H·C.马特普索夫、M·B.雷扎科夫在《论教学方法问题》中指出："科学研究和学习都是认识过程。在每种过程中认识的主体和客体这两个因素始终不断地相互作用，在相互作用的过程中主体发现认识客体中的一切新的本质，从而扩展自己对客体的认识。"但是二者又并不完全相同，需要避免将科学方法简单地等同于教学方法，"因为科学认识和教学认识在目的和活动方式上是不一样的，学者和学生的认识手段及他们所取得的成果的社会意义也都是不一样的，还有其他许多的不同之处""在科学认识中，客体是被研究的现实，主体是对客体进行研究活动的研究者。在教学过程中客体是知识的内容，主体是从理论和实践上掌握这种内容的学生"。因此，不能用科学研究的方法替代教学方法，需要考虑学生的发展水平、学科特点，将科学方法转化为教学方法，如同苏联学者兹韦列夫所说"自然—数学类学科的教学方法的发展，在某种程度上有赖于从教学论角度把科学的方法改造成教学方法"（《教育学文集·教学》（中），人民教育出版社，1988：512）。

有关自然科学教学设计本身的理论研究极少，大多是结合具体的教学内容，基于经验进行教学设计，缺乏特定的视角。有研究者基于逻辑思维的角度，从思维过程、思维方法和思维形式三个方面进行教学设计分析与研究（叶宝生等，2019）。有的基于某一理论、理念或模式，进行具体单元或课时教学的课例设计。有研究者对上海小学科学与技术课程教学设计与实施展开案例研究，分析存在的问题，探讨相关对策（戴缪勇，2017）。今后的小学科学教学研究，应以小学科学教学中的问题为切入口，通过描述问题、分析问题、提出解决策略和解决问题等，提高科学教学的有效性（徐敬标，2010）。

相对于课程比较研究，需加强科学教学的比较研究。与国外HPS教育研究相比，我国仍缺乏对HPS科学教育的比较系统的研究，还需加强对HPS

的概念特征的辨析、教育价值的认识、课程内容的归纳、教学方法的探讨、教学模式的构建、实践应用的开发等（刘华昌，2009）。有研究者就 IEA（国际教育成就评价协会）组织和实施的 TIMSS 1999 课堂教学录像展开研究，从科学课堂教学组织方式、教学内容、学生学习行为等维度，对澳大利亚、捷克、日本、荷兰和美国五个国家进行分析，探讨各国科学课堂教学的共同特点和区别（张洪洋，2008；程晋宽，2008）。这样的研究较少，今后需加强。

二、未来展望

（一）厘清基本概念

如前所述，一些研究将教学阶段、课的结构与教学模式等概念混同使用，相关概念并列、交叉、重复，导致研究的逻辑不清、语义不明，教材结构混乱，读者无所适从。因此，未来研究需要厘清小学科学教学研究中的基本概念，尽量避免相关概念的混同使用，至少在同一篇文章或同一本著作中要保持概念的清晰，不同概念之间相互区别，减少不必要的交叉，以保持基本概念的一致性与思维的清晰。如对教学模式概念的使用，应将其定位为教学思想与框架，较为全面与规范地讨论教学模式问题，从教学思想、教学理念、教学程序、教学策略等方面加以探讨，不能窄化为教学阶段、教学过程。又如，课型的概念问题。该概念是借鉴苏联教育学中的课型概念，需要根据一节课的主要教学任务加以确定。课型可分为单一课型与综合课型，单一课型仅仅完成一种教学任务，综合课型完成多种教学任务。课的类型与课的结构联系在一起，课的结构主要为时间展开结构，即教学阶段，显然不能等同于教学模式。一些论述将二者等同使用，有失偏颇。再如，教学原则、教学理念两个概念存在较多的交叉，它们更多地属于教学思想层面的概念，是宏观地对科学教学做出的思想指引，而不是具体的操作要领。随着话语方式的转变，教学原则的提法似乎陈旧，今天我们越来越多地称之为"教学理念"。当然，"教学原则"的概念仍可继续使用，但在某种语境之中，不能同时使用教学原则、教学理念两个概念。

今后的科学教学研究应对一些基本概念进行语义澄清，清晰概念的范围、边界，规范使用基本概念，保持概念的明晰性与一致性，以便开展深入研究与学术讨论，也有利于科学教学活动的展开。

（二）研究内容需要拓展、深化

小学科学教学研究大多局限于传统教材的概念与问题，研究内容空间较小。未来研究可在以下方面进行拓展与深化。

不同内容领域教学的研究。70年研究显示，结合具体课时内容的教学研究较多，而结合不同内容领域的教学研究较少，教学研究的层次不够。就科学教学论教材而言，林长春、彭蜀晋主编的《小学科学课程与教学》首次设置了物质科学设计与实施、生命科学设计与实施、地球与宇宙设计与实施、工程与技术设计与实施四章，探讨了不同领域的目标、内容与教学策略，开启了对科学教学目标、内容与方法的中观层面的研究。这样结合具体领域知识内容的特点进行教学设计与实施的研究，既能避免对整个学科宏观研究带来的空泛笼统，又能避免仅仅局限于知识点的微观研究带来的琐碎，有助于帮助教师从一个领域出发把握不同内容教学的特点。

教学方法与模式的研究。教学方法研究是小学科学教学研究的核心，未来小学科学教学研究，除了深化基本教学方法研究与教学改革，应在不同层次上按照不同标准，建构不同特色、逻辑分明的自然科学教学方法体系，展示教学方法的丰富性、多样性与多维性，为教学方法的选择与使用提供更多的指导。同时，开展科学教学模式的研究与试验。众所周知，一般教学模式有着多种类型、层次，基于不同类型与层次的教学模式，需要探讨这些教学模式在科学教学领域的具体运用，包括运用的条件、原则、效果，并结合科学课程内容的特点对已有的教学模式进行改造，使其适合小学科学教学，丰富小学科学教学模式，为科学教师的教学提供更多的选择。R.基思·索耶在《剑桥学习科学手册》中指出，从设计中学（Learning by Design，LBD）是在"基于设计的推理"（Case-Based Reasoning，CBR）的基础上发展而来的。基于设计的教学的实施条件是：一节课40到45分钟，一次一个主题，一位教师带领 20 到 25 名学生，使用计算机的时间有限。LBD 教学方法包括：课堂活动的结构系统（又称课堂脚本）及教师角色指导纲目，帮助彼此从经验中学习的同伴角色，安排个人、小组、全班三种层次的教学活动，实物和文本的教学资源。此种教学的目的是给学生提供深度学习的经历，并支持学生以一些能够实现有效学习的方式来理解他们的经历。LBD 强调基于项目的探究学习。例如，学生们通过设计微型汽车及其动力系统，学习力、运动和牛顿运动定律；通过设计解决荒岛侵蚀问题，学习关于侵蚀和水流方面的知识，以及人与环境之间的关系。设计挑战性活动能为学生提供参与机会以及学习复杂认知技能、社会技能和交流技能的机会（教育科学出版社，2010：262-263）。LBD 教学方法模式具有较大的发展前景，可以进行尝试研究，并与中国本土结合，创造性地加以运用。

　　教学设计研究。教学设计是对教学的顶层规划与宏观把握，它建立在系统理论、传播理论、心理理论、教学理论等基础上，不同于传统的备课。教学设计把教学纳入系统规划与运筹的范围，有助于提高科学教学的质量，备课仅仅是教学设计的成果表达形式。除了对小学科学不同内容、知识点的教学设计研究，还应关注不同领域、不同单元的教学设计，在单元设计的基础上进行具体内容的设计，可以形成全局意识，在更高的层面审视教学，保持教学的灵活性，促进教学生成。同时，开展基于不同理论、模式、视角的教学设计研究，丰富教学设计的样态，焕发科学教学的生机与活力。如关于加涅基于信息加工的内部事件与教学外部事件匹配的教学设计甚少。事实上，加涅的《教学设计原理》一书中有科学教学设计范例，见表 3-3（华东师范大学出版社，1999：252）。此外，有关国外科学教学设计的介绍与研究太少，教学设计的国际视野不足，今后应关注国外小学科学教学设计理论与案例，通过对国外科学教学设计理论进展与典型案例的分析，为我国教学设计提供外域经验，丰富我国教学设计的理论研究，改进与完善我国小学科学教学设计实践。

表 3-3 一节以态度为目标的课的实例

事件	媒体	教学建议
1.引起注意	录像	呈现一个肥胖的体型,旁边列出高脂肪的食品（奶油、冰淇淋、甜面饼）；与之相对照的是一个苗条的体型,旁边列出低脂肪的食品（青菜、豆、芹菜、鱼）。提问："你希望自己保持哪种体型?"
2.告知学生目标	用录像呈现的人物（着护士制服）	"本讲习班的目的是使大家理解我们如何通过食用低热量、低脂肪的食品来控制体重。"（言外之意是学生应该这样做）
3.刺激回忆先前知识	同上	提醒（或教给）学生普通食品包含的热量和脂肪,指出哪些是高热量、高脂肪食品,哪些是低热量、低脂肪食品,强调饮食平衡
4.呈现刺激材料	实况教学	该节课的内容应由一个充当榜样人物的人来传授,这个榜样人物应该是过去超重而现在通过选择适当食品来保持合适体重的人
5.提高学习指导	实况教学和录像	榜样应该是可信的。他或她描述食品选用发生变化,引起体重变化,结果令人满意。榜样所传递的信息可以是："我能做到这一点,你也能做到""它有效果""这样做不易,但值得"
6.引出行为	幻灯机和工作记录单	让学生报告上周食用的食品,报告应提及选用食品的时间（用餐时及在用餐之间）。当然,这些报告并不是实际选用食品行为的完善指标
7.提供反馈	教师开头复习	饮食报告中有可取的做法时给予积极反馈。反馈时应伴随榜样或支持,肯定某一可取行为（或朝向可取行为的进步）
8.评估行为	教师	态度的评估可采用不易觉察的措施进行。观察学生几周,看看其不正常的体重是否不再增长,以及他们选用食品的言论中是否有积极的措辞
9.促进保持和迁移	工作记录单	态度会因来自环境的支持而得到强化。个体的努力会通过支持性团体的每周聚会而增强

目标：学习者选择食用低脂肪、低热量的食品以控制体重（注意：该节课不是针对儿童的，它适合于那些关心身体超重的年轻成人，而且以后每周对这个班重复呈现事件6、7、8）。

（三）研究方法需要丰富多样

对自然科学教学过程的分析大多是基于认识论、心理学的视角，有关社会学、文化学、人类学的研究较少。未来的小学科学教学研究需要加强多学科理论基础的透视，从不同学科视角探讨科学教学的问题。如有研究者从身体现象学的角度，在具身学习的框架基础上，以《火山和地震》和《太阳系大家族》两节课为例，以虚拟现实技术为支撑，进行具身教学设计研究。结果显示，具身教学可以帮助学习者更好地进行学习，身体的参与度与交互性的提高可以促进知识的理解和掌握（李明洋，2018）。这样的研究拓展了人们的视野。

开展科学教学的实证研究。除了传统的经验总结研究，还应规范运用教育科学研究方法，开展小学科学教学观察、教学实验、教学案例的研究。就教学观察而言，选择某一观察点（如课堂提问），确定观察的维度，制订具体的课堂观察表，研究者带着观察表进入课堂，根据课堂中教师与学生的行为表现进行客观的观察记录（不对外在行为进行主观推断），然后分类统计观察结果，揭示课堂教学行为存在的问题，最后进行分析，提出问题破解的建议。这样的研究客观、实在，对改进科学教学具有特别重要的意义。但这类研究很少。此外，可以开展科学教学实验研究，按照自然科学实验的方法进行科学教学的实验研究，即建立假设、设计实验因子（自变量、因变量、控制变量等），进行教学实验，探索科学教学中的因果关系。尽管教学过程较为复杂，变量控制较为困难，但还是可以在一定范围内开展教学实验研究，揭示教学过程中的基本关系及其特点。

进行规范的课例研究。课例研究是对课堂教学问题的案例研究，通过对典型案例中隐含的基本问题的描述、解剖，揭示问题的复杂性与多样性，引发读者对问题的深入思考。有别于我们在授课时列举的例子，案例是人们在教学活动中所经历的典型的富有多种意义的事件陈述，是从某一特定的角度，对某一情境进行描述。在案例情境中，包含有一个或多个疑难问题，同时，也可能包含解决这些问题的多种方法。教学案例研究可以分为证实性案例研究和探索性案例研究、成功案例研究和失败案例研究。案例研究不同于举例研究，它不是简单地对教学活动策略、样式的操作示范，而是对教学活动复杂性的展露分析。举例分析一般较为简单，其答案是唯一的，目的在于对某一原理的说明。而案例研究则常常包含对多种原理的运用，其答案可能多种，目的在于帮助读者学会观察与思考，养成一定的教育智慧。易凌峰在《案例研究：登天的阶梯》一文中指出："一个优秀的案例，应该对案例事实进行理论上的发掘和深刻的反思以提升案例研究的理论价值""案例最有价值的部分，应是对研究对象解决问题与现象时采用的方法与策略的分析"。案例应具有真实性、典型性、具体性、故事性、复杂性、启发性。

开展科学教学的行动研究。潘洪建在《教学行动研究：旨趣、问题与应对》一文中指出，行动研究是基础教育课程与教学研究的一种基本方式。与侧重思辨与阐释的理论研究不同，也与探求因果关系、揭示规律的教育实验研究不同，还与讲述教育故事、探询教育启示的教育叙事研究不同，行动研究关注具体情境下特殊的甚至个别的教育问题。行动研究通过对具体情境具体问题的关注、研究和行动尝试、反思，试图跨越理论与实践的鸿沟，优化教学实践的品质，提高教学实践的质量，促进教师的专业成长。行动研究倡导理性的、反思的实践，强调对相关理论自觉的、灵活的运用，研究与解决实际问题，促进问题的解决与实践的优化。教师在科学教学过程中可能面对大量的实际问题。即便是同一问题，每位教师的课堂的问题可能还不完全相同，这些问题不可能从现有的研究中找到答案。因此，需要教师本人在自己的教学中自主地（或合作地）清楚地界定问题，学习与吸收相关理论，提出解决问题的初步假设，然后通过教学试验，一边行动一边研究，同时进行反思，在反思中不断改进、完善，从而解决自身的教学问题。行动研究特别适合科学课堂教学问题的研究与解决。

开展科学教学的国际比较研究。梳理70年的研究成果发现，有关国外科学课程特别是国外课程标准、教材的介绍较多，中外小学科学课程标准与教材的比较研究较多，而国外科学教学的介绍较少，中外科学教学比较研究更少。这可能与研究资料获得困难直接相关，文本形态的课程标准与教材易于获取，而活动样态的课堂教学资料，特别是视频与课堂实录资料涉及个人隐私、知识产权保护等复杂问题，难以从网络直接获取，也难以从国外课堂收集相关资料。尽管如此，科学教学研究需要国际视野与全球眼光，"他山之石，可以攻玉"，中外科学教学比较研究不可或缺，应从多渠道、多方面收集相关资料，特别是获取比较完整的教学设计、课堂教学资料，或课后活动资料，如科技制作、STEM教育活动，然后结合我国科学课堂教学、科技制作、STEM教育，进行中外比较研究。通过中外比较研究，跟踪国际科学教育动态，把握科学教育研究前沿，发现中外特别是我国与发达国家科学教育的差距，寻找相关对策，缩小差距，以便提高我国科学教育的质量。

第四章 小学科学学习研究

科学学习是学生获得科学知识、形成科学技能、发展科学态度的过程。科学学习是学生获得科学素养的基本途径。70 年来，我国小学科学学习研究在小学科学学习理论、科学概念学习及其指导、科学技能学习及其指导、科学情感学习及其指导、科学课外活动组织与指导等研究领域取得较多成果。本章回顾小学科学学习的研究历程，概述其主要成就，反思科学学习研究存在的问题，并展望科学学习研究的未来发展。

第一节 研究历程

小学科学课程的研究历程可大致分为 1949—1976 年、1977—1999 年、2000—2019 年三个时期。每个时期有着不同的社会、文化与教育背景。梳理不同时期的研究成果，揭示不同时期的阶段特征，可以展现小学科学学习研究的基本图景。

一、1949—1976 年的小学科学学习研究

（一）阶段背景

新中国成立前，亦有自然学习的著作出版，如赵乙的《怎样学习自然科学》（科学书店，1943），讨论怎样学习生物学、物理、化学、卫生问题。新

中国成立后，学习苏联凯洛夫教育学说，关注学科知识的学习与巩固。在自然科学教育领域，重视科学知识的教学，吸收心理学的研究成果，讨论自然科学概念的学习问题，但缺乏对科学知识与技能学习的系统研究。科学学习问题未真正纳入研究者的视野。

(二) 主要研究内容

1.科学学习理论的研究。对科学学习的讨论基本上是直接将心理学的原理运用于科学学习领域，缺乏独立的科学学习研究。主要著作有：左荫庭的《自然学习纲要》（新中国书店，1951），该书探讨了自然学习的意义，即克服过去的迷信思想、改善我们的生活、减少生活上的危险、维护我们的健康；列举了自然学习的主要范围及其问题，将观察与实验作为基本的自然课学习方法。曹日昌等人的《怎样学习自然科学》（新少年出版社，1951），讨论了怎样学习数学、物理学、化学等问题。这些研究大多为经验介绍，或普通心理学原理的类推。

2.科学知识、技能与态度学习的研究。关注自然概念的学习，如赵廷为在《小学自然教学法》（新少年出版社，1953）中探讨了自然观念的储备、自然概念的形成、自然规律的理解问题。同时，阐述了实验作业及其指导事项。关注自然教学中的思想教育，重视自然课中的世界观教育、劳动教育、爱科学教育以及爱国主义教育。《在小学自然教学中进行唯物辩证观点教育的参考资料》（人民教育出版社，1958）一书精选相关资料，为自然课中的辩证唯物主义教育提供指导。

3.课外学习的研究。众多研究均将"小学自然课外活动"辟为专章加以讨论。如1955年出版的《小学自然教学法》、1957年赵廷为的《小学自然教学讲话》等，阐述了自然课外活动的概念、意义、内容与组织方法等问题，对自然观察、自然角实验、实验园地作业讨论较多。

(三) 阶段特征

本阶段的特征有：(1) 该阶段对科学学习及其指导的研究还处于起步阶段，缺乏全面关注与系统研究。(2) 研究成果大多属于经验总结，或是心理学原理的推演。(3) 研究的总体水平不高，缺乏深入、系统的理论探讨。

二、1977—1999 年的小学科学学习研究

（一）阶段背景

20 世纪 80 年代初，学习科学研究兴起，我国成立了学习科学研究会，开始对学习问题的全面关注与系统研究，一些教材、著作、论文开始了对科学学习问题的自觉讨论。如有学者讨论了小学生自然学习心理，分析了中高年级学生的自然学习心理特征，包括知觉特征、记忆特征、思维特征、想象特征、情感特征、注意特征（潘留芳，1992：44-49）。20 世纪 90 年代末，王磊等人对国外科学学习心理研究成果进行了介绍，对肖·格林（Shawn M.Glynn）、卢瑟·耶尼（Russell H.Yeany）和布鲁斯 K.布莱顿（Bruce K.Britton）主编的《科学学习心理》（Psychology of Learning Science）一书做了编译，后由海南出版社出版，该书的出版拓展了科学学习研究的视野。

（二）主要研究内容

1.科学学习理论的研究。开始了对科学学习概念、理论的自觉关注与思考研究。徐仁声 1981 年的《小学自然教学法》一书对观察与实验两种学习方式进行了颇为详尽的分析与阐述。林有禹等在 1983 年的《小学自然教学法》中介绍了布鲁纳的发现学习与布卢姆的掌握学习理论及其方法。一些教材与文章比较科学学习与科学研究的区别，阐明科学学习的特点。潘留芳 1992 年出版的《小学自然教学法》中阐释了小学生自然学习的心理特点，分析其心理特征。这些研究表明，人们对科学学习的意识明显增强。

2.科学知识、技能与态度学习的研究。关注学生掌握知识技能的过程，如徐仁声的《小学自然教学法》与林有禹等的《小学自然教学法》都分析了学生掌握知识技能的大致阶段，即感知、表象、概念、记忆、判断、领会、运用等，集中讨论了概念的形成和发展、能力的形成和发展、兴趣爱好的形成和发展问题，提出了概念形成、能力发展和兴趣培养的方法。知识掌握与能力发展的关系成为教育学术界研究的热点问题，人们发表了诸多观点，进行

了颇为深入的讨论。在台湾，学者们对科学概念的学习给予更多的关注与研究，杨启瑶编著的《科学概念的学习》（幼狮文化事业公司，1986）对科学概念的学习问题展开了较为充分的讨论。

3.科学课外活动的研究。20世纪80年代，我国中小学课外活动丰富多彩，课外活动掀起高潮。20世纪90年代，科技活动成为活动课程的基本类型，颇受关注。众多教材，如山东省教学研究室1992年的《小学自然教学法》、戴述美主编的《小学自然教学指导》（1995年版）等，均专章阐述科学课外活动的理论与实践问题，对课外活动的概念、价值、类型、内容、形式以及组织管理展开了充分的阐述与分析，对当时的科学课外活动的开展发挥了积极的引导作用。

（三）阶段特征

本阶段的特征为：(1)学习科学成为一门学科之后，科学学习心理研究亦成为一个独立的研究领域，引发了较多的关注与研究。(2)国外科学学习理论被介绍到国内，丰富了我国科学学习的研究内容与方法，科学概念学习、课外科技活动颇受关注。(3)研究总体水平有所提高，但研究深度依然不够。

三、2000—2019年的小学科学学习研究

（一）阶段背景

进入21世纪，西方学习科学的论著开始被陆续介绍到我国，翻译出版了一些科学学习的著作，除了影响较大的美国布兰思福特等的《人是如何学习的——大脑、心理、经验及学校》（华东师范大学出版社，2002）、美国M.苏珊娜·多诺万等的《学生是如何学习的：课堂中的科学》（广西师范大学出版社，2011），还有美国罗纳德·G.古德的《儿童如何学科学——概念的形成和对教学的建议》（人民教育出版社，2005）、英国德赖弗的《儿童的科学前概念》（上海科技教育出版社，2008）、英国温·哈伦的《科学教育的原则和大概念》（科学普及出版社，2011），以及庞丽娟主编的《国际科学教育新视野译丛》（北京师范大学出版社，2006），美国科学促进协会著、中国科学技术

协会译的《21世纪科学教育书系》（科学普及出版社，2001），等等。这些译著推动了我国科学学习问题的研究。正如有学者指出的那样，学习科学是正在形成的一门新的教育学，它从心智、脑和教育的关系来研究学习者和学习过程，研究教学过程中应该怎么学，怎么教；学习科学也是当前科学研究的一个多学科的交叉前沿领域，需要综合和发展来自认知神经科学、情感神经科学、生物医学工程、分子生物学、人类学和科学伦理学等方面的研究进展，还必须和本国的文化社会背景以及教育实践结合（韦钰，2010）。受国外科学学习心理研究的影响，我国学者也开始编译、出版科学学习心理、教学心理的教材与专著，科学学习的系统研究全面起步，涌现了一批科学学习著作。

（二）主要研究内容

1.科学学习理论的研究

开展较为系统深入的科学学习研究，建构科学学习理论与知识体系，出版了专门的研究论著，如王磊主编的《科学学习心理学》（2000年版）、王磊等著的《科学学习与教学心理学基础》（2002年版）、樊琪著《科学学习心理学——科学课程的教与学》（2002年版）、吴俊林等主编《科学实验探索与创新设计》（2017年版）。这些著作的出版，标志着我国科学学习研究进入一个新的阶段。一些教材如卢新祁的《小学科学教学法》（2007年版），林长春、彭蜀晋主编的《小学科学课程与教学》（2019年版）辟有"小学科学学习指导"章节，讨论小学科学学习问题。

2.科学知识、技能与态度学习的研究

科学知识、技能学习及其教学的成果颇为丰富。如陈刚、金洪源、赵旭生在《自然学科学习与教学设计》（上海教育出版社，2005）一书中，根据"知识分类与目标导向教学"理论，探讨中小学自然学科教学中的学习类型、学习规律问题，并基于不同知识学习类型进行教学设计。郑青岳编著的《科学探究式学习100个问题》（浙江教育出版社，2007），回答了科学探究学习中存在的系列问题。胡玉华等在《科学过程技能》（首都师范大学出版社，2006）一书中指出，科学的意义并不只在于科学知识本身，更重要的是获取科学知识的过程。科学过程技能可以应用到各科学习领域，运用科学过程技能以解决问题。钱金明在《小学科学探究活动结构化设计》中探讨了科学探究活动的结构化设计问题。作者从学问逻辑和认知逻辑两个视角解读科学教材，从结构化设计的理念出发，按"学问逻辑与认知逻辑相统一"的思路进行科学探究教学设计，帮助学生建构科学概念（浙江文艺出版社，2014）。唐小为在《从互动走向互动 为了科学探究的社会性课堂学习环境研究》中讨论了科学探究的社会性课堂学习环境的基本概念、理论基础、演化机制，支持科学探究的社会性课堂学习环境的构建路径等问题（西南师范大学出版社，2016）。施昌魏在《科学部落格——让技术与科学学习联接》中介绍了利用网络技术帮助小学生学习科学知识的各种方式（浙江科学技术出版社，2017）。毕华林、卢姗姗在《解释驱动探究的科学概念学习研究》中从科学概念的学习特点出发，借鉴学习心理学对思维、迁移和概念获得的研究结果，确立学生科学概念的理解水平和思维活动。通过干预学生在科学概念学习过程中的思维活动，并使用基于 Rasch 模型开发具有心理测量学标准的概念量表进行测试，呈现学生概念理解水平和相异构想的变化（山东科学技术出版社，2019）。此外，还有王春霞等编译的《探索式学习丛书·自然资源保护》（人民教育出版社，2003）、吴俊林主编的《科学实验探索与创新设计》（科学出版社，2017）、张瑞芳编《小学科学高阶思维活动的设计、实施与评价》（上海科技教育出版社，2018）等，对科学学习问题进行了讨论与研究。

一些研究者，如罗伯特·M.卡普拉罗等的《基于项目的STEM学习 一种整合科学、技术、工程和数学的学习方式》（上海科技教育出版社，2016），裴新宁、郑太年的《在探究中体验科学：科学主题的研究性学习》（广东教育出版社，2006），论述了STEM项目学习法的概念、STEM项目学习法的历史背景、STEM项目学习法的理论框架、STEM项目学习与各学科的关系，以及STEM项目学习在具体操作中常见的典型问题和相应的应对方法。

3.课外学习的研究

进入21世纪以来，随着科学教育的发展，课堂教学与课外活动一体化，课堂教学与课外活动的界限开始模糊，呈现课堂课外融合的特征。以往"课外活动""活动课"的提法开始转向，科技活动、科学活动、科学实践、技术实践、项目学习、STEM教育等概念陆续登场，科学科技活动走向综合化，迈向更高的水平。

一些研究者，如美国学者乔治·C.洛比尔（George C.Lorbeer）在《美国小学科学活动设计与示范》一书中介绍了国外科技活动的研究成果（华夏出版社，2004），国内教材如陈华彬、梁玲的《小学科学教育概论》继续讨论科学课外活动问题。陈慧、惠中在《小学科学活动设计与指导》中阐述了以小学科技活动理论和实践为主线，对科技制作、生物科技活动、科学竞赛等活动开展教学设计、进行活动指导的问题（中国人民大学出版社，2015）。讨论课外科学活动、科技活动的著作主要还有：宋罗星、陈晓玲主编《〈科学〉课程活动教学》（湖南大学出版社，2003），王永胜主编《小学科学课活动设计》（东北师范大学出版社，2003），赵秀祯编著《小学科学实验与科技活动》（东北师范出版社，2013），曹春浩、江卫园主编《小学科学学科实践活动的设计与实施》（北京教育出版社，2017）。

除了上述研究，还有众多小学科学教科书出版社，配合小学科学教材，编写出版了各年级乃至各册学生活动指导书（手册），指导学生通过科学活动进行教材学习；同时，将科学课程学习延伸到课外，实现课内课外的一体化，转变科学学习方式，促进课内学习与课外学习的有机融合。

（三）阶段特征

本阶段的特征为：(1) 研究走向系统，出版了系列专门讨论科学学习心理的著作、论文，科学探究活动设计与实施成为研究热点，成果丰硕。(2) 研究视野进一步拓展，脑科学、神经科学、人类学、伦理学为科学学习研究提供了新的视角，出现了对科学学习的多维探讨。(3) 研究方法的革新，科学学习研究开始采用实验方法，通过实验收集研究资料与数据，揭示学习的因果关系与规律。

第二节 主要成就

70年来，科学学习的研究成果较为丰富，主要体现在对科学学习理论、科学概念学习及其指导、科学技能学习及其指导、科学情感学习及其指导的研究，为未来科学学习的研究奠定了良好的基础。

一、科学学习理论研究

（一）科学学习的概念与类型

学习不仅是基于个体已知的意义建构，也是个体与环境互动而建构意义的结果。科学学习是"学生以掌握前人的科学活动经验（科学知识、科学方法和科学精神）为主要任务的学习活动"（史朝、孙宏安，1992：101）。"科学学习是以自然科学为对象的学习，是指个体因为科学活动经验而使相关的行为或心理产生较为持久变化的过程。"学生的科学活动与科技工作者们真实的科学活动相比较，其性质与对象是不同的（樊琪，2002：6-7）。科学学习的基本特征：问题性、探究性、主体性、体验性、合作性、表述性（即表述自己观察到的现象、亲身感受、疑惑）（卢新祁，2005：75-81）。科学学习包括习得科学知识、科学方法和科学技能，也涉及建构科学观念、科学态度、科学精神和认识科学的价值，甚至还涉及学习者的科学学习习惯的形成、科学学习模式的建立等。"科学学习是培养学习者学会学习、学会探究、学会运用科学知识和方法解决实际问题能力的基本途径。"（林长春、彭蜀晋，2019：96）

科学学习过程。美国理查德·迈耶（Mayer R·E.）在《学科教学心理学》（江苏教育出版社，2010）中探讨了科学学习的四个认知过程：识别现有概念不足以解释的现象，形成新的概念以便更好地解释所观察到的现象，应用这些新概念来解决新的科学问题，形成科学推理的专长。有研究者介绍了英国学者威尼·哈伦在《5—12岁儿童科学的教学、学习与评估》一书中概括的儿童科学学习的一些年龄的思维特点（樊琪，2002：159-164）。

5—7岁儿童科学学习的思维特点有：需要直接用行动来发现结果，只会从自身的视角来理解世界，认知局限于事物的某一方面或某一情境，难以把握事物的因果关系，对于一系列小事件仅能指认其中的一部分，等等。

8—10岁儿童思维特点有：开始整体地看待一个简单的过程；能够对一个简单的过程做逆向思考；认识到有时确定一个结果必须考虑两个影响因素，而不是一个；他人的经验如果自己也有过，就可以站在他人的角度来看问题；思维活动局限于熟悉的事物，遇到新情况时尚不能离开动作和直接操作进行思考；可以在头脑中形成关于事物的一些属性，但都是可以看到或易于表达的；问题的复杂与情境的复杂会影响儿童运用理性思考分析问题的能力。

10—12岁儿童的思维特点：能够处理包含多个变量的问题，但是分离与控制变量的能力仅仅局限于变量能清晰地分离出来的简单情况；能够进行逻辑思维，因此可以在头脑中操作更多的事物；直接得出结论的倾向开始减弱，并且越来越认识到观点要通过事实来检验；能够使用测量和记录来解决问题，从而使他们自己解决问题的方法在数量上更多、在质量上更好；能够全面考虑探究的可能步骤，并列出必要的计划。

近年来，学习进阶研究逐渐成为国际科学教育界的热点领域，它与学习理论、课程、评价领域的研究具有密切的关系。学习进阶试图刻画学生认知和思维模式的变化。学习进阶开发模式主要有伯克利系统和结构中心设计法，已有的学习进阶研究均是围绕核心概念建构，力图刻画学生知识和能力的不同层级，并将学生的学习表现作为进阶发展的证据（王磊，2014）。

关于科学学习的类型。郑隆、徐炎章在《科学思想方法与科学教育》（山东教育出版社，1994）中探讨了科学思想方法，如逻辑方法、非逻辑方法、美学方法、数学方法、系统科学方法、潜科学思想方法、交叉科学思想方法及其在科学教育中的应用。有研究者介绍了国外科学学习方法，如发现法、程序教学法等（史朝、孙宏安，1992）。也有论者从生成性思考、解释的性质、提出问题、元认知、工作方式五个方面对科学学习中的深层和浅层学习通道进行了比较（李耀俊，2001）。有研究者界定了科学学习方式，指出科学学习方式是学生在完成学习任务过程中表现出来的基本科学学习行为和认知取向。儿童科学学习方式有探究式科学学习、发现式科学学习、课题式科学学习（卢新祁，2005：81-82）。新课程倡导的科学学习方式包括：探究学习（指导性探究、引导性探究、自主性探究，或者分为自然发现型探究、任务驱动型探究、情境激发型探究）与合作学习（小组合作学习、课题合作学习）（林长春、彭蜀晋，2019：99-101）。科学学习的类型包括四大领域八种类型，四大领域为认知学习、技能训练、观念建构、情感培育。其中，认知学习包括认知自然现象和事实、建构科学概念和规则、问题解决策略，技能训练包括科学方法、科学技能，观念建构包括科学观念、科学态度，情感培育包括科学精神、科学情感（林长春、彭蜀晋，2019：96-98）。

（二）科学学习基础理论研究

1.科学学习心理学的研究对象、任务与方法

研究任务。科学学习心理学的研究任务分为理论任务和实践任务。理论任务体现为：能对科学学习活动过程中的心理现象及其发生、发展、变化的规律，做出解释、假说和预测；对科学学习活动中的各种影响因素进行研究和剖析；对科学学习活动中表现出来的学习的一般心理规律进行归纳、总结和提炼。实践任务为：提高学生科学学习的自觉性、主动性和有效性，优化科学课教师对科学学习的指导，激发科学课教师结合本职进行科学研究的行为动机并帮助他们提高科学研究的水平，促进科学教育改革（樊琪，2002）。

研究内容。王磊等人对国外科学学习心理研究成果进行了介绍，他们对肖·格林（Shawn M.Glynn）、卢瑟·耶尼（Russell H.Yeany）和布鲁斯K·布莱顿（Bruce K.Britton）主编的《科学学习心理》（Psychology of Learning Science）进行了编译，该书共分三篇：第一篇为科学学习的基本框架，第二篇是关于学生对物理科学、化学科学、生物科学等领域基本概念的认识与发展的研究，第三篇为科学教学的方法与媒体。全书十章：科学学习的建构观，学习理论基础上的科学教学，科学学习中的概念转变模式，学生的概念框架对学习科学的影响，学生对物理概念理解的发展模式，发展学生对化学概念

的理解和认识,"儿童生物学":生命科学概念发展的研究,科学活动、过程技能和科学思维,解释说明科学概念:类比教学模式,计算机辅助科学教学(王磊,2000)。有研究者总结了科学学习心理研究的热点问题,诸如:儿童的概念发展、儿童学习经验的开发、儿童科学过程技能的培养、儿童的科学学习策略。有研究者采用实验研究的方法,对小学生科学学习,特别是科学概念学习、科学探究技能学习与科学态度学习,进行了研究(樊琪,2002:9-11)。

2.科学学习的理论基础

哲学基础。有研究者以科学哲学为理论基础,从科学学习的起源、过程、结果和本质四个方面,探讨科学学习。关于科学学习的起源,人们常识性的观点是基于实证主义的,但实证主义自身存在一系列无法破解的难题,因此有研究者主张从批判理性主义的视角探讨科学学习的起源问题。关于科学学习的结果,可从库恩科学哲学的"结构"视角探讨科学概念的本质和属性,分析学生的自身的概念与科学概念的异同,从"结构"和"范式转换"的观点考察学生的概念转变问题。关于科学学习的本质,可以波普尔"三个世界"理论为基础,从多元论的视角探讨科学学习的本质,试图建构基于"三个世界"的客观主义认识论(王瑞,2015)。

心理学基础研究。有研究者将现代科学学习理论分为:行为主义派理论,包括系统学习、程序学习等;认知派理论,包括探究学习等;其他理论,如范例学习、完全学习等(史朝、孙宏安,1992)。有研究者讨论了科学知识学习的非智力因素,指出,影响科学知识学习和运用的非智力因素主要有学习兴趣、学习动机、情感、意志品质以及小学生的认知方式(林崇德、申继亮,2001)。基于建构主义的知识观、学生观、活动观、课程观,一些研究者分析了建构主义理论对科学课程学习方式变革的启示:以学生为中心,关注学生的个体文化,为学生提供自由探究的机会,促进学生之间的交往与合作(于海波,2002)。有研究者介绍了布鲁纳的发现学习理论、弗莱维尔的元认知迁移理论、建构主义学习理论、多元智能理论,探讨了这些理论对科学教育的启示：每个学生都有成材的潜力，教学应该着眼于学生多方面的智能，评价学生时应该看到学生多方面的智能（卢新祁，2005）。欧阳钟仁的《皮亚杰的认知论与科学教育》（幼狮文化事业公司印行，1984）一书讨论了皮亚杰认知发展阶段理论，讨论了该理论对科学教学的意义。美国理查德·迈耶（Mayer R.E.）著的《学科教学心理学》（The Promise of Educational Psychology: Learning in the Content Areas），涵盖阅读、写作、数学、科学教学的心理学研究。在科学教学心理部分，作者概述科学教育中概念转变的研究成果后认为：科学教育包括帮助学习者改变他们已有的概念，而不只是增加记忆中的信息量。一些学者讨论了科学学习的理念：为学生提供更多的探究学习机会，力求科学学习方式的多样化；通过丰富多样的实践活动培养学生探究学习的意识与能力；注意动手与动脑相结合，通过"做中学"与"学中思"来学习科学（林长春、彭蜀晋，2019: 98-99）。

（三）科学学习指导的研究

科学学习指导的类型。有研究者将科学学习指导分为：个别学习指导、课堂学习指导与课后学习指导（林长春、彭蜀晋，2019）。

科学学习指导原则：符合学生的年龄特征，联系儿童的原有经验，鼓励学生的主动探究，发展学生的科学观念，把握学生的学习动态，开发科学学习的丰富资源（樊琪，2002）。科学学习指导要求：科学教师应把科学学习建立在探究和亲身实践的基础之上；保护儿童的好奇心、探究热情和爱好，并符合儿童的认知发展规律；采用多样化的学习方式和丰富多样的探究活动，提高科学学习的成效；重视"教、学、评"一体化，通过"以评促学"来提高学习指导的有效性（林长春、彭蜀晋，2019: 103-104）。

科学学习指导方法。在科学学习的指导中，学习环境研究受到关注。美国西北大学和伊利诺伊州大学参与开发的中学科学教育可视化协作项目（Collaborative Visualization Project，简称COVIS项目），利用网络和多媒体技术，让科学学习融入真实的科学实践。它使学生在合作情境中以科学可视化工具为中介对科学问题进行探究和理解，同时沿着旁观者、参与者到成熟实践的示范者的轨迹，从合法的边缘参与者逐步到共同体中的核心成员，实现从新手到专家的身份转变（李妍，2005；张宝辉等，2008）。此外，随着社会的发展和建构主义学习观的兴起，研究者们逐渐认识到科学学习应该与社会生活发生广泛而深入的联系，场馆科学学习、项目学习、任务驱动学习等成为科学学习的重要途径与方式（伍新春，2009；袁慧结，2020）。

阅读指导。包括：阅读材料的选择，指导学生选择阅读时机、选择阅读方法、记录阅读笔记、评价阅读成果等（李嫣昉，2017）。

合作学习。研究者对科学课堂中小组合作学习的各个环节进行调查、研究和实验。教师在小组合作学习中没有起到很好的组织和调控作用；教师在学生交流小组合作学习的成果时没有很好地启发和引导；教师对小组合作学习的任务设置过于随意；小组合作学习的评价机制不够完善，不能对学生起到很好的激励作用（杨丽，2011）。有研究者对汇报交流环节进行了研究（李君，2014）。

此外，在科学课程学习中的语言问题受到人们的重视。在科学课程学习中，学生语言技能的获得必须首先明确日常语言与科学语言之间的异同及联系，在此基础上进一步提升理解性阅读与研究性阅读技能，以及在表达与交流中的"说得清，辩得明"的语言技能（陈庆朋，2007）。何善亮在《科学课程与教学研究三十年（1979—2009）》中认为，语言技能可以帮助学生发展科学素养，但不足以帮助学生理解科学本身的意义。

二、科学概念学习及其指导研究

科学知识是人类在试图了解和认识宇宙自然时所努力获取的有关事实和理论的信息，它是人类创造的成果。科学知识是不断修正和完善的，它会因为新的现象、新的实验所带来的新问题和新理解而不断改变和扩增。在整个科学知识体系中，存在四种不同层次和水平的科学知识：科学事实、科学概念、科学理论和科学模型。不同的科学知识相互影响、互为基础、层层递进，共同构成一个科学知识体（陈琴、庞丽娟，2005）。在科学知识学习研究中，科学概念学习受到特别关注。对于科学概念的学习，研究者们提出以下观点：

科学概念的学习是记忆教科书中的概念定义，科学概念的学习是获得和积累科学知识的过程，科学概念的学习意味着如何在新情境中应用知识的技能，科学概念的学习是顺利地解决问题，科学概念的学习意味着在概念之间建立起联系并形成类似于科学理论的概念结构，科学概念的学习意味着获得对自然现象的一种新的解释方式（卢姗姗，2019：25）。

（一）儿童科学概念及其形成的研究

1.科学概念的含义与作用

"科学概念"是"概念"的子集，它是透过自然现象反映客观事物一般本质及其运动规律的思维形式，也是人类对客观自然界认识的总结和结晶，是揭示自然界未知内幕工具和（逻辑）思维活动的工具。科学概念不是客观事物（存在）本身，相反，它是客观事物本质的一种反映与揭示，是人类个体和社会的一种自觉建构。科学发展史告诉我们，任何一门科学理论在其形成和发展过程中，都必然伴随着一些新的发现、新的发明、新的思想和新的观念，同时伴随着一些新的概念的产生。科学概念是人们在实践的基础上，运用逻辑及非逻辑（直觉及形象思维）等思维方式，通过抽象、概括和辨别等活动过程逐渐形成的，其生理基础就是神经网络运动（饶浩，1996）。

兰本达在《社会、教育与概念的形成——1982年5月在北京师范大学的演讲》中指出，概念的作用是把每天袭击我们各种感官的成千上万的信息，概括成为较大的总体。通过想象以及后来在新情况下的应用，这些较大的总体就变得更加丰富和完整。从而，当现实事物不在眼前的时候，概念就在各种各样客观存在之间，起着重要的桥梁作用（《课程·教材·教法》，1983年第2、3期）。正是如此，有研究者指出："从关注事实性知识到关注科学概念是我国小学科学教育必须迈出的关键性一步。"（喻伯军，2013：30）

2.科学概念的形成

在科学概念的形成过程中，人们对概念形成的"渐进"与"突变"过程进行了分析（杨治良，1986；杨丽珠，1987）。形成过程的特点：小学生科学概念的学习过程是一个"渐进——高原期——突变"的过程，其趋势与成人学习科学概念基本一致，符合思维发展的规律；小学生科学概念的学习在"高原期"比成人波折多、波动的幅度大，说明小学生处理复杂知识或信息的难度更大一些；小学生开始学习某一科学概念时，取得的收获较多。学生在学习的起始阶段就能利用自己已有的科学概念体系形成最简单的假设，但是这种假设要经过反复验证，才能逐步形成复杂抽象的假设，从而直接针对研究问题，通过研究产生新的科学概念（卢新祁，2005）。研究表明，学生获得科学概念的过程与人类探索科学概念的过程相似，是一个动态的发展过程，难以用某一个模式去固定化。

科学概念的形成与发展如何从初级水平的抽象概念到高级水平的具体（思维具体）概念更是一个值得关注的问题。刘默耕依据维果斯基的语言发展理论，把人们自然概念的形成分为低水平的混合思维、符合思维、前概念思维和概念思维。有研究显示，"获得足够的感性认识、掌握建立概念的思维方法、排除概念学习的思维障碍、理解应用概念、形成概念结构"能更好地揭示科学概念的内在形成机制。换言之，概念有初级水平的抽象概念和高级水平的具体概念两个发展阶段。初级水平的抽象概念是对具体（感性具体）事物某个或某些方面属性的抽象；高级水平的具体（思维具体）概念反映的则是对象多样性的有机联系的整体，是对象许多不同规定性的统一的概念（史建中、郭传信，1990）。儿童主要有两条概念获得的途径：一是在日常生活过程中通过经验积累而形成的概念，这类概念称为日常概念；二是在课堂教学过程中，通过揭示概念内涵与本质而形成的概念，这类概念称为科学概念（黄希庭，1991；钱旭升，2011；王岳，1994；卢新祁，2005）。有研究者指出，在自然教学中，学生认识自然界一般通过观察、听讲、阅读、练习、实验等方面的活动。这一系列的活动可分为感知、理解和运用三个阶段（王素，2002）。概念学习的教学指导策略：积极了解学生的起点与心理特征；选择学生能够学习的概念，引导学生将知识联系起来；组织学生运用，促进概念整合（卢新祁，2005）。低年级科学概念教学的三种策略：延展探索过程，诱发学生的积极情绪；重构教材内容，导向概念的自我建构；注重即时评价，形成主动学习的态度（连阳梅，2010）。

有研究者以一组非人工的、自然的科学概念（"反作用力""机械能守恒""熵"和"场"）为学习内容，分别以成人和中学生为被试者，比较成人和中学生科学概念形成过程的异同（母小勇，2002）。有研究者对一般教育环境下生物学概念形成过程特征展开实验研究发现，一般教学条件下生物学概念的形成具有高起点、缓增长、平台震荡的特征（姚宝骏等，2009）。

有研究者介绍了国外关于学习进阶的研究，特别是对于科学概念学习进阶的研究。研究者指出，目前围绕学科核心概念以及跨学科概念，已发展的学习进阶包括食物链、生物多样性、遗传、碳循环、力与运动、物质、能量和天体运动等多个主题（周丏晓、刘恩山，2019）。在该方面，我国的研究还不多见。

（二）前科学概念的研究

在对儿童科学概念学习的研究中，日常概念（前科学概念）得到大量的关注与深入的研究。有关学生前科学概念的研究可追溯到1929年皮亚杰在《儿童关于世界的概念》中对儿童自然观念的探讨，当时他并未明确提出概念转变理论。20世纪70年代以来，发展心理学中的认知学派对儿童前科学概念及概念转变进行了大量的研究。

1.前科学概念的含义与特点

何谓前科学概念？前科学概念是学生在系统地学习科学知识之前所具有的想法（窦轶洋等，2001），是学生正式学习之前已经形成的对事物、现象的看法和观念。它又被称为错误概念、错误观念、错误理解、朴素概念、朴素理论、相异概念、相异构架、另类概念、相异概念等。与"错误概念"相比，"前科学概念"（简称"前概念"）否定的意味要少些，学习者拥有的前科学概念最终会把学习者引导到当前的科学概念上来（李高峰、刘恩山，2006）。我国台湾学者将音译与义译结合，把英文"misconception"译为"迷思概念"（由"mis"的音译与"conception"义译两部分组成）较好地表达了这一概念的内涵（李雁冰，2006；刁鹏成，2006）。

前科学概念的特点。英国利兹大学科学与数学教育研究中心的罗莎琳德·德赖弗等对 10—16 岁在校学生对光、电、热、力和运动、物质结构等领域的一系列自然现象所具有的概念进行调查，著有《儿童是科学家吗?》一书。他们还在《儿童的科学前概念》（上海科技教育出版社，2008）一书中分析了学生未经教学所具有的概念的特点，探讨了这些概念随着教学而改变和发展的一些规律，提出了针对性的教学设计建议。国外学者 Michael Allen 在《Misconceptions in Primary Science》（Open University Press，2010）一书中讨论了小学生不同领域迷思概念及其转变问题。在我国，研究者选择 3—6 周岁儿童，选择水、光与影、空气、生命、物质、密度、浮力、繁殖、重力、声音、简单电路，利用临床访谈法和现象学研究方法，描述儿童的前概念（吕萍，2015）。发现儿童科学概念形成的四个基本特点：与经验存在"依靠"与"断裂"关系、对错参半、受到多重因素综合影响、具有明显的个体差异。有学者分析了学生对科学概念"误解"（Misconception）的特点：个性化、隐蔽性、矛盾性、顽固性、普遍性等（陈华彬、梁玲，2003：81-85）。一些研究者运用访谈、纸笔测试等方法，让学生构建概念图，发现前概念具有经验性、普遍性、隐蔽性、稳定性、顽固性、异质性（即个体差异性)(李雁冰、刁鹏成，2006）。

总之，人们对儿童的前概念已形成了一些实证研究成果，但多是关注某个年纪而非连贯的研究，所研究的知识主题尚未形成体系。

2.前科学概念的成因

迷思概念的成因可概括为：日常生活的影响、事物表面或明显特征的影响、知识与文化背景的影响、同伴文化的影响、科学教材和教学的误导、大众传媒的影响（李雁冰、刁彭成，2006；任英杰，2008）。日常生活、事物表面或明显特征、知识与文化背景、同伴文化、教学误导、大众传媒等因素影响着儿童日常概念的形成。而转变学生迷思概念的方法有访谈、构建"概念图"、纸笔测试等（李雁冰、刁彭成，2006）。

3.儿童前概念转变的研究

1982 年，康奈尔大学教育系的波斯纳、斯特莱克、修森和格特左戈 4 位教授在《科学教育》第 66 卷第 2 期上联名发表了《科学观念的顺应：建立观念转变理论》一文，正式提出概念转变的问题。随后，以皮亚杰的认知发展机制理论、库恩的科学进化论和奥苏贝尔的有意义接受学习的理论为基础（胡卫平等，2004），人们对概念转变理论展开了较为深入的研究与实验。

概念转变实质上就是一种学习，它是指个体原有的某种知识、经验由于受到与此不一致的新经验的影响而发生的重大改变。有研究者基于建构主义学习观，从顺应侧面来揭示学生学习的概念转变（张建伟，1998）。前概念的转化需要设法在学生已有认知充分暴露的基础上，借助转化理论策略才能有效实现。概念转变理论指出，真正转化概念需要满足四个条件：学习者对当前概念产生不满，学生只有感到自己的某个概念失去了作用，才可能改变原有概念；新概念的可理解性，学习者要懂得新概念的真正意义；新概念的合理性，新概念与个体所接受的其他概念、信息相互一致，而不是相互冲突；新概念的有效性，个体应看到新概念对自己的价值，它能解决其他途径不能解决的问题（应从祥，2017）。

概念转变的过程与条件

儿童的概念转变不是容易实现的，有时甚至是非常困难的。这不仅有概念转变方式的"充实与重建"的选择问题，而且有概念转变途径的"连续与不连续"等复杂原因（袁维新，2004B）。学生的前概念（特别是错误概念）不仅仅涉及学生对概念命题本身的理解，更可能涉及学生对整个物理系统的理解（学生的心理模型），乃至本体类别水平的理解（杜伟宇、吴庆麟，2005）。因此，概念转变教学不应仅仅依靠建立在认知冲突和解决冲突基础上的单一教学策略（直面错误概念、引发认知冲突、促进建构活动、使用新建模型等），还应分析与转变先前概念背后的本体论和认识论假定（王美，2008）。

概念转变研究最关注概念转变的内在机制（概念转变模型）问题。早在1982年，波斯纳（Posner）等人就提出了著名的概念转变模型（Conceptual Change Model，简称CCM），对概念转变的四个条件（学习者对当前的概念产生不满、新概念的可理解性、新概念的合理性、新概念的有效性）以及个体的知识经验背景（概念生态，包括认识论信念、原有概念、学习的本质、概念的本质、问题解决的策略、情意领域、科学的本质）等进行了分析（袁维新，2004B）。人们基于认识论、本体论、（婴儿）朴素理论，对概念转变模型的纯认知观点（"冷"的概念转变）提出了批评，促进了概念转变的进一步研究（吴娴等，2008），例如弗斯莱特（Vosniadou）的架构理论和心理模型、齐（Chi）等人的本体论观点，以及平特里克（Pintrich）的超越"冷"的概念转变，彻格斯特（Treagust）的包含认识论、本体论和社会情感的"多维课堂概念转变框架"等（高潇怡，2009）。有研究者在对国外相关概念转变理论消化吸收的基础上强调元认知、元知识在概念转变中的作用，拓展了人们对概念转变的理解与认识（袁维新，2003B）。

概念转化的教学策略

概念同化。以学习者原有的观念为基础，利用比喻和类比的方法将其扩展到新的领域。防止概念误解：诊断学生的"误解"，对症下药；认真备课，避免错误；根据儿童的年龄特征进行教学；让学生自己纠正错误（陈华彬、梁玲，2003）。实施探究式教学，采用概念图，运用POE策略。其中，POE策略即预测—观察—解释（Prediction-Observation-Explanation），通过诊断学生的迷思概念促进学生建立正确的概念。纳斯伯姆和挪威克提出基于学生前概念的三步教学模式：让学生尝试解释某事件，引起概念冲突发现矛盾事件，然后引导和鼓励学生调整认知。我国学者将其简化为：第一步，揭示并重视学生头脑中的前概念。教师可运用问卷调查、访谈、实验等方式使学生暴露前概念。第二步，创设情境，引发认知冲突。教师直接呈现错误概念，或通过小组讨论引发个体不同的观点。第三步，"鼓励评价"。"鼓励评价"是指鼓励学生大胆地对新的观念进行阐述和评价，组织学生进行总结与交流。促进学生概念同化过程的策略有：找准学生概念学习的起点，交给学生抽象思维的方法，加强概念形成过程中的思维训练，激发和保持学生概念学习的兴趣（周赞梅，1997）。概念同化的实质是在教师的组织、帮助和指导下，通过对事物或现象的充分了解，对事物或现象进行分类和辨别的过程。概念学习最基本的策略就是寻找事物或现象分类的依据。对教师而言，为了帮助学生有效掌握概念，教师必须：适当组织教材；将知识系统化；以准确的语言明确揭示概念的本质；突出本质特征，控制无关特征；正例和反例的运用；运用变式和比较（顾援，2000）。准确定位前概念，转变科学认知；合理借助前概念，构建矛盾情境；以前概念为基准，组建科学实验；比较分析前概念，纠正错误理解（姚亮，2018年第24期）。

概念图。概念图是由美国诺瓦克开发的一种能形象表达命题网络中一系列概念含义及其关系的图解，其理论基础是奥苏贝尔的学习理论。概念图中节点代表概念，连线代表概念之间的关系。概念图能引导学生将新学习的概念和原有的概念进行沟通，它强调从事物的关系中把握概念本身（任英杰，2008；胡洪羽，2012；陈华彬，2003：88-93）。

变构学习。瑞士学者安德烈·焦尔在《变构模型——学习研究新路径》一书中提出，变构学习理论认为，学习者只能从自身概念出发，穿越自身概念并在没有他者存在的情况下学习才能将科学概念转化为自己的知识。在具体教学中，设置适当的"教学环境"，让学习者的心智活动和学习环境之间建立起丰富互动，科学知识才能在学习者的头脑中增长（教育科学出版社，2010）。

CCM模式。1982年Posner等人提出概念转变模型（Conceptual Change Model，简称CCM），讨论了概念转变的条件以及个体的知识经验背景对概念转变的影响。国外一些研究者对概念转化的实质、规律和策略进行了探讨。有研究者介绍了国外学者的研究成果，提出促进儿童概念重组的策略：提供充分的经验材料，设计合适的刺激性问题，选择明确的揭示本质特征的方法，创造运用科学概念的机会（见图4-1）（王岳，1994）。有研究者介绍了国外概念教学研究中关于正反例的研究，尤其是1977年坦尼森（Tennyson）提出的概念教学模式（包括概念的定义、呈现正反例、练习三个环节），以及1990年代马飞龙（Marton）提出的变易理论（Variation Theory），即变易、审辨、同时性，指出基于匹配、差异和由简到难三个原则合理组织起来的正反例能够有效地帮助学生掌握概念（郭建鹏等，2007）。

图 4-1 德赖弗、休森等人的促进概念转换与重组的过程模式

CAT 模式。有效的科学概念学习必须经历认知冲突（Cognitive Conflict）、抽象概括（Abstract & Generalization）和迁移运用（Transfer Practice）这三个基本环节，因此可以由这三个基本环节循环构成一个学习环（如图 4-1 所示），循序渐进地推进学生科学概念的认知发展。取这三个基本环节第一个词的英文单词第一个字母，将这个学习环简称为 CAT。基本策略为：创设学生学习科学概念的学习共同体，搭建学生学习科学概念的"脚手架"（林静，2009）。

其他模式包括：DO 五步教学模式、NN 三步教学模式、OF 四阶段教学模式、建构性教学模式等。此外，研究者们提出更多的教学策略，如归纳策略，包括选择归纳、典型归纳、概率归纳、类同归纳、区别归纳、逐步上升归纳、验证归纳等（傅坚、黄瑷，1994）。以自身的前概念为基石，自我发现问题；以他人的前概念为诱饵，引发思维冲突；以众人的前概念为动力，形成合作交流（史柏良，2009）。关注儿童的科学前概念；保持儿童对科学的好奇心，让儿童亲历科学探究；创设合作性的学习环境（王璞、孙铭明，2014）。了解前概念，为转化做好准备；利用实验活动把学生认知中错误的前概念加以转变（周明镜，2015）。尊重学生的前概念，并以之作为新知识的生长点。创设情境，通过"利用观察体验，直面认知冲突；呈现反例，制造认知冲突；运用课堂辩论，呈现认知冲突；导入生活事件，激发认知冲突；巧用课堂生成，引发

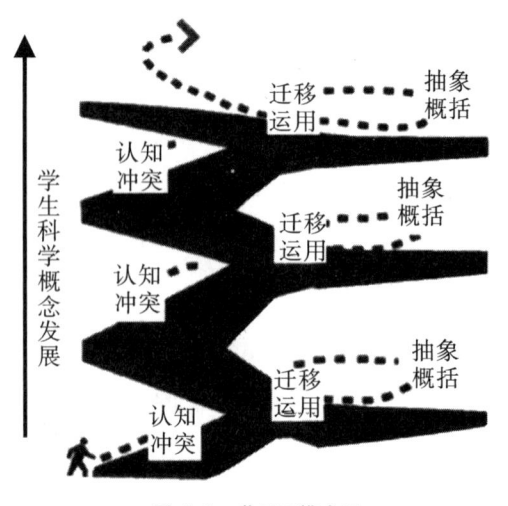

图 4-2 学习环模式图

认知冲突"等途径，激起学生的求知欲和好奇心。学生在经历思想上的冲突和震撼的过程中，用科学概念代替原有的错误观念，实现错误前概念向科学概念的转变（朱灿，2015）。有研究者探讨了小学科学物质领域教学中转变学生前概念的策略：顺延前概念、阻停前概念、逆转前概念（黄俊彬，2015）。转变教师教学的关注点，促使教师从忽视到关注儿童前科学概念，关注教学的意义和学习的发生；运用概念转变理论，引发认知冲突，深层建构儿童科学概念；借鉴建构主义学习理论，提供认知支架，促进儿童理解概念（吕萍，2015）。教学前期预测，全面凸显出前概念；预设认知冲突，科学转变误差概念；组织合作探究，建构科学概念网络（徐小军，2016）。

还有研究者讨论了概念转变研究的成就：儿童拥有先前知识和自发的概念建构，儿童是根据自身的日常经验来认识并解释世界的，儿童已有的根深蒂固的假定会影响甚至限制新信息的获得，传统的教学很难真正促进学生的概念转变。概念转变研究对学习环境设计的启示：需要重视并运用学习者的先前概念，需要分析并转变先前概念背后的本体论和认识论假定，发展学习者的元概念意识，需要创设安全、包容的学习环境，需要精心安排课程材料（王美，2008）。

有研究者提出由"概念转变"到"概念理解"的转向问题。科学概念理解包括建立概念之间的联系，将概念应用于不同的情境，能够以不同的方式表征概念（卢姗姗等，2018）。

(三) 科学概念学习指导研究

苏联学者关注知识的学习与掌握，斯卡特金在《小学自然教学法》中描述了1—4年级学生概念（如"动物"概念）的发展过程，以及指导学生掌握知识的途径。

教师组织学生观察所研究的物体或现象；用连贯的一系列问题和作业，用比较其他对象的方法，帮助查明对象的特征，形成关于这一对象的清晰正确的观念。

教师用观察和比较个别对象的方法，用分出本质特征的方法，引导儿童达到初级概括，形成基本概念。

教师用演示个别对象的方法，帮助儿童查明并且理解自然现象间的最明显的联系和规律。

教师依靠儿童直接感知物体和现象时获得的知识，用概括的形式（讲述、朗读）给儿童讲授关于物体或现象的知识。

教师布置各种各样的作业、任务（练习），使儿童实际应用已获得的知识，组织复习和练习，使这些知识在儿童意识中具体化、深刻化，并巩固起来，并且养成各种技能和熟练技巧。

给儿童解释他们的学习劳动跟伟大共产主义建设事业的关系，指出自然知识在利用自然资源和征服自然力方面的意义，把教学跟生活、跟儿童的经验紧密联系起来，采用积极的教学方法，以使儿童喜欢学习。

受苏联的影响，我国学者讨论了形成儿童自然概念的教学方法：指导儿童从个别东西研究的基础上再进行概括，了解一般的本质的东西。提出连贯的一系列问题启发儿童思考，把研究的各对象相互比较，使儿童找出各具体事物（现象）的共同特征、本质的属性，得出结论。形成自然观念，应当用对事物（现象）进行分析综合的方法，将客观事物的各个不同的因素分别加以考察以及把分析了的事物（现象）在意识中综合起来作为一个整体（《小学自然教学法》，1955：7-8）。

科学概念是科学教育的重要内容，这不但在于它是构成科学定理、科学法则及科学思维策略的基本构件，还在于它是一种高级的认知加工过程，对形成学生的认知图式进而发展为解决问题的能力有着不可替代的作用。关于科学概念学习指导的研究集中在以下几个方面。

科学概念的教学指导。在课堂教学过程中，新概念的引入方法有两种基本形式：一种是从"概念的形成过程"入手揭示概念；另一种是从旧概念入手，通过知识的正迁移，由已有概念的延伸、扩展或演变，接受新概念的定义（侯佩秋，1994）。学生掌握一个科学概念，实质上就是掌握同类事物的共同特征，同时也意味着能区分概念的有关特征与无关特征、概念的肯定例证与否定例证（刘绍江，2002）。一些学者探讨了科学概念教学与科学思维能力培养的关系、科学概念教学与科学方法训练的双向结构（互动）、科学概念教学与科学探究的和谐发展等问题（胡卫平，2004；张和平，1996）。有作者探讨了科学概念教学与科学探究的关系问题，指出：探究过程与科学概念的关系好比船与舵的关系，没有探究过程，科学概念将被架空；没有科学概念，科学探究将失去方向（王小梅，2008）。

科学概念学习指导涉及科学概念的要素、学习环境的设计、教学过程的安排、学习成效的评价等诸多问题。科学概念本身包括概念名称、概念定义、概念属性（内涵）和概念例子（外延），或者包括概念的语词、内涵、外延、例证及其前科学概念等基本要素（周赞梅，1997；李高峰、唐艳婷，2010）。运用实例初步建立概念，再进行特征分析，尝试性地运用语言表述概念的定义，最后进入概念深化阶段（刘克兰，1987）。为了深刻理解和灵活应用概念，学生需要经历概念发展的过程。为此，不仅需要教师为学生科学探究提供充分的有结构的材料（以获得事实性知识和感性认识）和充分利用学生生活经验以提高学生探究兴趣，更需要学生的积极卷入和思维加工；在教学上做到形义结合使概念直观化，实践运用使概念具体化，分析归纳使概念系统化（吴举宏，2003）。

大概念的相关研究将科学概念学习指导研究推向了一个新的高度。核心概念（大概念、大观念）及其概念体系构成了一种理论观点或一个理论体系的基石（欧阳景根，2006；张颖之、刘恩山，2010）。科学教育大概念是以核心概念及其教学的基本内容为中心区域，逻辑性地向与之相关联的领域链接和辐射，从而构成"中心区域+外围环带"的综合性概念复合体。科学大概念是基于科学事实基础的，但同时又超越科学事实，将科学方法、科学思想以及科学观念抽象概括，并用语言表达出来的观念性认识（李刚、吕立杰，2019）。将科学教育大概念引入教学，可促进学生的知识结构和认知结构的系统性建构，推动学生对科学的理解以及科学本质观的形成（阎元红、郭文华，2019）。温·哈伦出版的《科学教育的原则与大概念》一书，集中讨论了科学大概念及其教学问题，为科学教育实践提供了更多的支持（科学普及出版社，2016）。有学者主张以大概念的理念进行科学教育（韦钰，2016）。美国理查德·迈耶（Mayer R.E.）在《学科教学心理学》中探讨了促进这些认知过程的教学方法：直觉物理问题；识别异常现象：摒弃错误概念；启动概念转变：结构新概念；形成科学推理：应用新概念；建构科学专长知识：学习建构和使用科学知识（江苏教育出版社，2010）。科学大概念教学的主要价值体现为促进概念理解与知识迁移、促进学生能力的全面发展以及提高教与学的效率。其实践路径包括：教学环境、教学载体、教学环节以及教学评量四个组成，即基于已有科学经验的内部环境与面向真实情境的外部环境，概念框架式教学活动载体，学习主体经历的领悟、探究、表现与反思环节以及多维度的教学评量内容与多元化的教学评量方式（金鑫，2018）。一些研究者以《有趣的食物链》《溶解》单元为例，探讨科学大概念的教学实践问题（孙静妮，2018；胡善义，2018）。

三、科学技能学习及其指导研究

（一）科学技能的概念与特点

1.科学技能

相对于科学知识的学习，人们对科学技能的系统关注相对较晚。21 世纪初，一些小学科学教育学（课程与教学论）教材开始出现"科学技能"的章节，专门讨论科学技能及其教学指导问题。如，王磊等编译的《科学学习心理》（海南出版社，2000）一书，该书第八章"科学活动，过程技能和科学思维"介绍了 20 世纪 60 年代美国小学科学课程计划《科学——过程和方法》关于过程技能的界定与类型划分。科学过程技能被定义为一组具有广泛迁移力的适合多种学科和科学家的工作性质所需要的能力。科学过程技能分为两类：基本技能和综合技能。基本技能包括观察能力、推理能力、测量能力、表述能力、分类能力、预测能力。综合技能包括控制变量、确定可操作性定义、解释数据、实验能力、确立模式（王磊，2000：176-177）。樊琪的《科学学习心理学——科学课程的教与学》（中国轻工业出版社，2002），该书第八章"科学探究技能学习的实验研究"对科学探究技能的含义、特征进行了分析，并展开了较为深入的实验研究。陈华彬、梁玲编著的《小学科学教育概论》（高等教育出版社，2003）设有"科学过程技能"专章，将科学技能分为基本技能与综合技能（陈华彬、梁玲，2003：18-19），并系统介绍了观察、推断与预测、分类、测量、确认变量、制作图表、假设的定义与特点、实验实施和结果分析（陈华彬、梁玲，2003：129-172）。张红霞主编的《小学科学课程与教学》（高等教育出版社，2004）一书在第四章"观察在科学教育中的地位"对科学观察特别是测量与实验及其教学展开了较为充分的阐述。王强主编的《小学科学实验教学论》（人民教育出版社，2015），对科学实验教学基本问题进行了完整的阐述，该书第四章"科学实验学习"、第六章"科学实验方法"浓墨重彩地对科学实验方法、技能及其学习问题展开了深入的讨论与分析。

关于科学技能与科学方法教育的研究。有学者指出，只有那些具有重要方法和方法论意义的知识学习，才能使个人达到在他本人的发现活动中再现历史形成的人类已有的科学方法，因此，需要克服科学方法与科学内容的脱节，将方法融于结论性知识的陈述之中（郝京华，2000）。科学方法教育可分为经验认识方法的教育和理性认识方法的教育（余自强，1999）。科学方法教育还与科学探究能力（发现问题能力、提出假设能力、设计实验能力等）、科学思维能力（比较分类能力、归纳概括能力、科学推理能力）、科学创造能力的培养有着紧密的联系。在科学教学情境创设和课程资源开发上，以问题解决为本、以人的学习活动为中心、以促进知识整合为学习目标的网络探究性学习环境研究，以及利用儿童喜爱的玩具开展科学教育，拓宽了人们创设科学教学情境和开发科学课程资源的传统思路（邢红军，1997；王怀真等，1997；毕晓白，2000、2007；胡卫平、林崇德，2003；吴淑琴，1996；赵和生，1998；胡卫平、俞国良，2002；黄都，2004；刘炳升，1993）。

有研究者提出科学能力的概念，并分析了科学能力的结构。研究者指出，小学生科学能力是在小学科学课堂教学过程中和相关的科学探究活动中发展起来的一种学科能力，它是由科学观察力、科学思维能力、科学想象能力、科学实验能力和科学创造能力构成的（林崇德、申继亮，2001）。

总之，21世纪以来，研究者们关注科学技能的学习问题。其中，对科学技能、科学方法、科学能力培养的关注更多。近些年来，对探究技能、探究能力的研究呈现了一批研究成果。

2. 探究技能（科学探究、探究学习）

在科学技能的研究中，人们关注最多的是探究技能、探究能力，以及与此直接相关的探究学习、探究教学，21世纪以来有关科学探究及其教学的成果十分丰富。

（1）科学探究、探究学习的概念与特征

明确把"探究学习"作为一种重要学习方式是20世纪五六十年代的事情，其首倡者是美国生物学家、课程专家、芝加哥大学教授施瓦布。在施瓦布等人的推动下，探究教学在英美等国得到了蓬勃的发展。

什么是"探究"？有学者指出，"探究"就是对现有知识或理论的开放态度和创新意识。换言之，探究的本质特征就是了解现有知识或理论的主观性和局限性，不惧权威、敢于怀疑、敢于创新（李华，2003）。也有研究者从"作为目标的探究、作为方法的探究和作为原则的探究"等维度对"探究"进行阐释。探究存在于我们生活的方方面面，对任何事物的认识都属于探究的范畴，探究实质上就是一种认识方式，甚至是一种生活方式。可以从关系的维度理解探究与认知发展、探究与学习成绩、探究与批判性思维和过程技能、探究与教师的关系（徐学福，2001）。有研究者指出，科学探究需要接受学习，接受式学习需要渗透探究的思想（刘炳升，2004）。

科学探究是在一定的信念和假设指导下进行的，它可以指科学领域里的探究，也可以是学生在科学课堂所进行的探究。科学教师对科学探究概念的理解多是"科学过程""动手操作""让学生参加活动"等，而对通过科学探究发展学生的认识能力重视不够。科学探究不仅要求学生使用观察、推理、假设等一些科学过程（Scientific Processes）技能，还强调用逻辑、想象以及以证据为基础的思维来形成并修正科学解释、识别和分析各种模型、交流并捍卫自己得出的科学结论，即从科学认识论的角度让学生理解科学和科学探究的本质。换言之，科学探究不仅包括科学调查研究技能，还强调科学思想和证据（魏冰，2000；胡献忠，2001）。对于科学探究的全面理解，有助于人们超越简单的"过程技能"的集合模型和逻辑（思维）策略模型的探究能力，生成固定模式，走向一种灵活可变的问题解决模型，亦即科学探究能力包含一般的认知技能、实践技能和探究策略三类构成成分。科学探究是学生已有经验的重要来源，是儿童认识事物的主要方法，是儿童未来学习与发展的有力支撑，能不断提高学生的认识水平（卢新祁，2005：93-97）。基于此，研究者指出，科学探究既是学习内容，也是学习方式，更是教学指导思想（李高峰、刘恩山，2009）。

关于探究（式）学习。探究学习实质上是将科学领域的探究引入课堂，使学生通过类似科学家的探究过程理解科学概念和科学探究的本质，培养学生的科学探究能力的（学习）方法（柴西琴，2001）。科学探究学习的特点：重复前人的探究，探究方法比较简单，探究结果的具体化，需要教师进行组织和给予一定的指导，探究行为不断完善，同学合作的比例较大（卢新祁，2005：99）。研究者探讨了网络环境下的小学科学探究学习的意义：绘声绘色的网页、丰富多彩的内容，给学生创设了良好的学习环境，又为学生提供了多样的学习方式（殷憨、宋营弟，2008）。

关于探究（式）科学教学。探究教学既可以解释为"利用探究的形式进行科学内容的教学"，也可以解释为"旨在帮助学生理解科学过程之探究特征的教学"。同时，它还可以解释为"利用探究的形式进行科学内容的教学，从而使学生更好地理解科学过程之探究特征"（李华，2003）。有研究者指出，相对于科学探究教学的"形"（模拟科学探究的基本程序的教学），"自觉无知、鼓励发表不同意见和讲究证据"等科学探究教学的"神"更为根本（徐学福，2002）。探究教学在教师观、学生观、学习观和评价观上均体现了独特的见解和主张：教师即探究的促进者和合作者，学生是具有创造能力的学习社会中的主体，学习过程是一个建构的、社会化的综合体验过程，评价即开放、多元的反馈过程（李森、于泽元，2002）。探究式科学教学目标由科学概念、探究能力和应用能力组成，探究必须围绕着核心概念展开（刘占兰，2006；王晓辉，2001）。有研究者用反思与超越的视角来认识"科学探究"教学的复杂性并指出：科学探究始于"问题"但不是"简单问题"，"假说"是探究的"复杂性"要素但不是必需的，实验是"假说"真理性的根本判据但不是绝对和充分的（应向东，2006）。探究式科学教学（模式）在培养学生的科学素养上有许多优势，它有助于学生自主建构科学概念，增进对科学、对自然的好奇心和探索兴趣，养成科学态度和科学精神，掌握科学方法，发展实践能力和创新意识。探究（式）科学教学的根本目的在于引导学生自行探究获取知识。在探究过程中充分认识科学的本质，敢于质疑，勇于创新，从而使自身批判性思维能力、逻辑思维能力以及创造性地解决问题的能力得到充分的发展（李建梅，1999）。有学者指出，从科学研究的本质、人类学习的本质和科学教育现实的视角看，建立在建构主义的基本思想上的科学探究性学习，实际上是一种回归科学和儿童本性的教育追求（罗星凯，2003）。但也有研究者对探究教学进行哲学反思。科学家的探究与儿童的探究是不完全相同的，把科学教学过程简单等同于科学研究过程并不能反映科学教学过程的本质（袁维新，2006）。

(2) 科学探究学习的类型与程序

在科学探究（教学）的分类上，根据科学探究要素可将其分为完全探究和部分探究；根据探究活动的难易程度及学生的知识和能力水平、教师进行指导程度的不同将科学探究分为指导型探究和开放型探究（柴西琴，2001）。美国教育家施瓦布根据目的与方法的不同把科学探究分为稳态的探究和动态的探究（李华，2003）。

对于科学探究的过程，特罗布里奇、拜比尔和鲍威尔等人认为，科学探究的基本程序包括形成问题、建立假设、设计研究方案、检验假设、表达或交流结果等。美国 1995 年《国家科学教育标准》提出，科学探究的过程主要包括：进行观察，提出问题，查阅书籍和其他信息资源来寻找已有知识，利用各种工具搜集、分析并解释数据，作出答案、解释或预言，交流结果。科学探究包括了猜想与解释、实验与操作、明显地看到操作结果、记录获得的信息、结论与交流等。指导科学探究的过程：①创设问题的情景，②确定探究的问题，③引导作出假设，④组织制订计划，⑤指导验证活动，⑥组织收集整理信息，⑦安排解释和交流，⑧小节与拓展（卢新祁，2005：103-107）。分析了不同学段学生科学探究的特点。小学科学课堂中自主探究学习的基本程序为"自主探究——主体发展——素质养成"。而开放教学模式可表述为"引疑——质疑——判断——计划——探究——交流"六个环节（周鑫、周新奎，2006）。刘炳升等从探究式学习的"学习目标、情境创设、活动设计、探究评价"等教学环节来进行阐述。科学探究的基本环节包括提出问题、形成假设、设计方案、实施方案、描述与解释、表达与交流这六个环节。这六个环节对不同学段小学生具有不同的特点（解萌，2014）。总体而言，科学探究主要包括观察和提出问题、形成假设、实验求证、得出和交流结论四大步骤（韦冬余，2015）。

科学探究构成要素分析。从纵向展开过程来看，科学探究大体要经过以下步骤：提出科学问题，根据已有知识和经验提出假说或猜想，收集证据，解释，评估，交流和推广，等等。从横向展开过程来看，它的每一个步骤可以是多种形式的活动，具体情况不同所采用的方式也不同。郑青岳等从探究式学习的"提出问题""建立假说""表达交流""过程与结果关系""实践性练习""联系生活"几个要素进行讨论。

（二）科学探究学习的指导策略

研究者们提出众多策略。引导学生自行探究知识的前提，引导学生自行发现问题，提出问题，引导学生自行设计探究的程序，引导学生自行观察与实验，引导学生自己得出结论与揭示规律，引导学生自行应用知识与解决实际问题，进行发明创造（李建梅，1999）。要营造一个有利于探究教学的环境，需要对教师进行全方位的培训，以促使他们转变教学观念，探究教学的总体安排应有一定的梯度，探究活动的设计应从我国的教学实际和学生实际出发，在强调探究教学的同时，要注意多种教学方法的运用（柴西琴，2001）。有研究者围绕探究式学习目标、评价，探究式学习中师生关系，探究式学习与接受式学习、探究式学习与现代信息技术之间的关系，提出了探究式学习应该遵守的十八条原则（任长松，2002）。有研究者建议，开展科学见习让学生直接参与科学家的研究活动（徐学福，2002）。在科学探究学习内容的选择上，应增强学生对学科内容的理解能力，理解科学家是如何研究自然界的，培养学生的调查能力和科学思维的习惯（周仕东，2002）。树立正确的教育观念，优化青少年科学创造力发展的环境；激发学习动机，培养青少年创造性的人格；有的放矢，制订青少年科学创造力培养的规划；学习创造性思维和想象方法，训练青少年的创造性智能品质（胡卫平、俞国良，2002）。探究学习设计中应针对具体情况，灵活选择合适的学习方式，将探究的方式与其他方式结合起来，以达到最佳的学习效果（刘炳升，2004）。科学探究应注重培育学生原始创新基因：注重激发学生的好奇心和探究欲、鼓励学生发现问题和提出问题、呵护学生的怀疑精神、培养学生丰富的想象力、容许学生失败、学会合作和宽容（项红专，2004）。创设探究学习情境，培养探究学习兴趣；给学生自由选择的权利，提供探究学习的动力；在探究过程中加强教师的有效引导，提高探究；小组合作，共同研究，促进探究学习的深入（蔡建华，2006）。明晰课程理念、活用教材资源、创生精彩课例、聚焦专题、提升思辨品位（陆志平，2007）。将捕捉问题作为小学科学探究的起点，让学生亲身经历科学探究，体验研讨活动，解决他们日常学习生活中的科学问题（施建宏，2014）。可以从探究情境、探究材料、探究过程三个维度优化小学生科学探究学习（陈静，2016）。多元对话使学生原有知识经验与教师、学生、教材、实验甚至自我交流互动，引起原有知识结构的重新建构，从而获得新的知识（倪伟军，2017）。应根据学科特点和探究活动的操作要求，从小组合作的技能、实验器具器材的使用技能和探究活动操作技能等三方面对学生进行科学技能训练（汪生虎，2018）。有研究者探讨了观察活动、实验活动、设计与制作活动、调查活动、自由探究活动等高阶思维活动的设计路径与操作要点，提出了发展高阶思维的分析思维策略，如呈现大数据、借助图表、指引分析路径、教师追问、运用信息技术；发展高阶思维的创造性思维策略，如激发创新需求、提供结构性材料、提供知识支持、介绍创新事例、介绍创新技法、引导多角度思考、引导关注事物间联系，并辅以案例进行解析（张瑞芳，2018）。

一些研究者对我国的"做中学"项目实验进行了评介。"做中学"项目不仅强调引导学生在研究自然事物的基础上形成概念，而且重视提高学生的思维品质和从多方面培养学生的探究能力（郁波，2001）。"做中学"及相关实验探索从另一层面加深和拓展了人们对科学探究教学的认识。"做中学"项目是基于动手的探究式的学习方法，在幼儿园和小学科学教育中加强学生学习主动性、好奇心、合作精神等情绪能力的培养（韦钰，2009）。"做中学"项目还充分动员社区和家庭的力量来支持科学教育，并通过现代化的互联网增进国内和国际间的交流与合作（赖小林、丁振源，2005）。

关于探究学习的困难与对策。探究学习的困难有：探究过程中的不知，可用的探究资源不足，优良品质有待形成，社会和家长的支持不够。探究式学习调查结果发现：教师对探究式学习的理解程度不尽如人意；教师对探究式学习中的师生角色定位不清；教师尚未掌握好探究式学习的内容选择和适宜程度；教师在探究式学习的计划和指导中存在一些不合理的行为（邹金凤，2018）。引导学生进行科学探究的策略：放飞探究的心灵；引领学生亲历科学；循序渐进，螺旋上升；启发和诱导（卢新祁，2005：108-113）。

四、科学情感学习及其指导研究

（一）科学情感的概念与构成

1.科学态度、情感的概念

科学态度、情感是科学精神的重要组成部分，科学精神是科学态度、情感的内化与升华。学生科学情感态度与价值观，既是学生学习科学的动力，又是科学课程的具体目标。人们对科学情感中的自然观进行了较多的探讨。研究者指出，自然观教育是科学课程情感、态度与价值观教育及其研究的基本主题。在人类发展饱受大气污染、水污染、耕地破坏、森林遭劫、能源危机等诸多困扰的今天，更需倡导人类必须与自然界协调发展的思想与观念（王玉梅、柳松，1990）。自然观是一个随人类社会动态发展的认识过程与观念，它可以从人与自然关系的历史演进中窥见一斑（王国聘，2001）。自然观与特定地域的社会历史、政治、经济和文化有关，例如，东方"亲和型、自然共生型自然观""物神一元论型自然观"及西方"数理自然观""自然支配思想"（征服自然）的自然观（倪娟、李广州，2007）。科学态度、情感与价值观更多地表现在科学精神方面，也是人类在长期科学探索过程中积淀而成的精神气质的集中表现。科学精神是近代科学的产物，是科学本性的自然流露和延伸，体现了科学的哲学和文化意蕴，是科学的根本和灵魂。从系统论的角度看，科学精神包含着众多的构成要素，并具有错综复杂的内部结构（刘大椿，2008：25-33；王树恩等，2003）。胡适在《我们对于西洋近代文明的态度》一文中从认识论、方法论角度探讨科学精神的蕴涵。在认识论意义上，科学精神主要表现为一种理想化的认知态度，其核心就是科学的理性精神，"科学的根本精神在于求真理"。李醒民在《科学的文化意蕴——科学文化讲座》一书中指出，在方法论意义上，科学最强调事实，它把科学实验看作科学定律和科学理论的最终源泉和最高检验标准，这是科学的实证精神，也是渗透于科学活动全过程的方法论灵魂（高等教育出版社，2007：232-233）。科学研究必须求真、求新（曲铁华、马艳芬，2005）。有研究者对科学文化的教育价值进行了阐释（郭元婕，2006）。

2.科学态度、情感的构成

对于科学态度和科学精神的内容构成，研究者们提出了各自的观点。如，美国学者彼得和约瑟夫在《Science in Elementary Education (8th edition)》一书中认为，科学态度包括对事物具有好奇心、能以一种创造性方式解决问题、具有批判性思维、具有坚持性、理解和接受自然的不确定性等。钟圣校提出，科学态度就是好奇、关切、求真、精确、客观、谦虚谨慎、坚毅和独立思考等（钟圣校，2000）。顾志跃认为，科学态度包括：实事求是；严谨踏实；谦虚谨慎，善于合作；热情自信，有高度责任感；敢于标新立异，又能谨慎求实等（顾志跃，1999：63-64）。刘大椿在《论弘扬科学精神》中认为，科学态度包括理性精神、实证精神、开放精神、民主精神、批判精神（《求是杂志》，2001年第24期）。我国2001年《科学（3—6年级）课程标准（实验稿）》指出，科学精神包括"注重事实，克服困难，善始善终，尊重他人意见，敢于提出不同见解，乐于合作与交流"（卢新祁，2005：117-123）。对于科学精神，研究者们则认为，它包括怀疑、求实、进取、创新、严谨、公正、合作和奉献等。总之，科学态度和精神主要包括求实、严谨、怀疑、创新、坚持、合作等。

（二）科学情感学习指导

科学情感、态度与价值观教育引起了研究者的特别重视。如何培养学生的科学情感？有研究者指出，小学自然学科思想教育内容丰富，主要有爱国主义教育和国情教育、科学自然观教育、审美观教育、科学态度教育等。拉塞克等在《从现在到2000年教育内容发展与全球展望》一书中指出，科学精神的传承与弘扬不仅需要改变科学教育只注重科学知识传递忽视科学方法和科学精神的偏颇现状，还要重构科学教育三维目标（知识与技能、方法与能力、情感态度价值观），即把作为科学本性所要求的各种价值观念、思想观念、行为准则、意志品质等科学精神目标放在第一位，并把学会做人、学会关心、学会思考、学会负责放在目标的中心，弘扬科学精神，彰显科学力量（教育科学出版社，1992：146—147）。法国思想家卢梭在《论人类不平等的起源和基础》中指出："由于情感的活动，我们的理性才能趋于完善。我们所以求知，无非是因为希望享受；既没有欲望也没有恐惧的人而肯费力去推理，那是不可思议的。"（商务印书馆，1982：85）

科学情感教育策略。"爱祖国、爱人民、爱劳动、爱科学、爱社会主义"

不可能自发地形成，而是要靠教育来培养的。没有科学知识的人不可能用科学，不会用科学就不能爱科学。所以我们要培养儿童爱科学的情感，首先要发展他们学科学的理智，还要训练他们用科学的技能（陈侠，1985）。依靠学科课堂教学渗透和学科课外实践，各学科之间的横向联系与相互配合补充；实践中寓思想教育于知识传授、实践训练、教师情感之中（李煜生、陈洁，1992；乔际平，2007）。在培养学生"爱科学"情感的过程中，不仅要在教学中关注和培养学生的科学学习兴趣，更应该对学生的好奇心及其科学特性给予高度的重视（赵玉梅，1993）。科技教育应该体现人文精神的社会实践活动，应倡导包括人文精神教育在内的完整的科学教育（唐斌、尹艳秋，1997）。引导学生积淀科学精神的方法：让精神在体验中感受，让精神在过程中体现，让精神在回顾中明确，让精神在重复中扎实。注意问题：慎用文学想象的形式，区分科学史故事的传奇性和科学性，加强合作与讨论，相信权威但不要迷信权威（卢新祁，2005）。创设情景，注重学生全面参与；以探究为主，充分发挥学生主动性；建立多元化情感态度、价值观评价体系（邱弟孝、李祖敏，2011）。以科学故事法升华个人价值观，以行动法塑造社会价值观，以科学辩论法涵养人类价值观（刘韬容，2019）。

此外，为了加强学生科学情感的教育，除了课程教学活动，一些研究者如萧枫、姜忠喆主编《学生热爱科学教育》（吉林出版集团有限责任公司，2012），孙仲仪、高天著《学生热爱科学教育与班级主题活动》（安徽人民出版社，2012），探讨了学生热爱科学教育的相关理论，介绍了热爱科学教育班级活动、主题活动，对案例进行了点评。有作者以社会主义核心价值观为指导，探讨了初步的辩证唯物主义世界观和方法论教育等问题（陈素云，2016）。

培养学生科学情感的实验研究。"做中学"科学教育活动课程对儿童情绪发展具有一定的积极作用，有利于培养儿童科学的思维方式，培养儿童发现问题、探索问题的能力以及提升儿童的自信心（赖小林等，2008）。有研究者在三年级下册《动物的生命周期》单元的养蚕活动中，通过养蚕培养学生的责任感，激发学生的科学探究兴趣，加强学生的生命教育。看着蚕的结茧成蛹，羽化成蛾，孩子感受到了生命的神奇；看到蚕蛾交尾产卵后的死亡，孩子的感伤正是对生命的一种悲悯，同时也认识到了生命生长的自然规律。（王苗如，2013）。研究者基于教育云平台，以《电路暗盒》为例，设计与实施了小学科学混合式学习活动。研究发现，基于云平台的混合式学习可以有效地提升学生们的学习成绩，也有助于提高学生们的学习态度，对情感体验和行为倾向产生了积极影响（张琳，2017）。

五、科学课外活动的研究

（一）课外活动的发展

20世纪50至60年代，科学课外活动受到关注，许多小学组织学生开展了丰富多样的课外科技活动。

自然课外小组（常熟县吴市中心小学，1966）

我们还根据农村实际需要和学生兴趣，建立了自然课外小组。有的学生参加了园地实验小组，培养棉花、油菜大王，有的学生参加了气象哨活动，有的学生参加了病虫情报组活动，有的学生担任了卫生员。几年来，我们园地上种的棉花、山芋都获得较大丰收。不少大山芋每只重量在二斤以上。红领巾气象哨的气象员们，经过近一年的实践，基本掌握了一套观测天气的本领（如温度、湿度、风力、风向、云状、云量、降水量等），在活动过程中，培养了认真、负责、细心的工作作风。参加病虫害情报组的同学，为公社农科所的同志们提供了不少有价值的线索，同时也培养了自己关心农业生产的好习惯。小卫生员在学好自然的基础上，通过公社医院的培训，学会了简单的治病医伤本领，有两个小卫生员学会了用显微镜检查寄生虫卵，为同学们进行了大便检查。

我校还定期出版《学科学》黑板报，按时向学生进行农业知识和科学卫生常识的教育。

新中国成立后的17年内，小学自然课外活动的发展可分为三个阶段：自然研究小组——课外学科小组——科技活动小组（田正平，1996）。其基本特点有：课外学科小组活动以课堂学习内容为依据，但又不局限于教学大纲规定的范围；学生在活动中表现出极大的积极性和独立性；学科小组活动紧密配合生产技术教育和劳动教育；学科小组活动包括了某些具有公益劳动性质的实际工作（潘洪建，2012）。

进入 20 世纪 80 年代，中小学课外活动掀起了一个高潮，一些小学教师积极组织学生开展课外活动，取得了丰硕的成果。

我们是怎样开展课外科技活动的呢？（句容路小学，1978）

（一）坚持自力更生、因陋就简，打破唯条件论

在我们成立第一个电工小组，开始学生课外科技活动的时候，全部资料和工具就只有一把榔头、一把老虎钳、两把旧剪刀和一些废铅皮，活动经费一学期为四、五元。当时也没有专用的活动场所，借用教师的办公室，每次活动请教师让一让，八、九平方米的地方大家挤一起干。我们发动同学搜集废旧材料，旧的木板、木条，一只钉子，一根电线，一节废干电池，一块铜片都收集起来加以利用。就是利用这些废旧材料，电工小组的同学制成了小旋凿、小削刀、小榔头、小镊子等工具，着手进行科技试验。

（二）有计划地联系课堂教学安排课外科技活动的内容

课外科技小组活动的最基本的内容，都是参照自然常识课的内容来确定的。例如，当课文上讲到电报机的作用和原理时，我们就组织学生根据书上讲的原理制作电报机和蜂鸣器，并练习发报；上了电和电灯课，就指导学生制作电铃、电话机、电动机以及台灯、交通灯、灭蝇灯等等。然后，在这个基础上再扩充新的内容，指导学生制作一些比较复杂的科技作品，并根据作品制作的需要，向同学们介绍讲解一些课文中所没有的科学知识和原理，扩大他们的知识面。

（三）普及与提高相结合，采用多种形式开展课外科技活动

在每个年级都设了科技课，定期举行科普知识的讲座，而讲座的内容则根据年级的高低，深浅不同。全校组织的十六个课外科技小组有比较"高级

的",如电工、航模、摄影等小组,也有比较简单的,如剪纸、书法等小组。年龄大、学习基础较好的学生学习制作电动机、自控仪器模型、机器人等比较复杂的作品。年龄小、基础差的学生则可以做一些纸模型、晴雨花和简单的小实验。这样,就可以根据学生的爱好和知识程度,把所有的人都组织起来,得到程度不同的锻炼和提高,既照顾到大多数同学,又有利于培养和选拔"尖子"。

北京房山区刘保丽老师,在小学自然课外活动与科普教育活动方面进行了积极的探究,如组织学生观察大自然,进行气象观测、物候观测、栽培与饲养等,开展多种科普活动,取得了显著的成果(刘保丽,1992:87-113)。中国青少年科技辅导员协会编《青少年课外科技活动的研究与探讨》一书,对课外科技活动展开了研究与讨论。20世纪90年代,一些作者出版相关研究论著,如郭正谊等出版《青少年科技活动概论》(中国科学技术出版社,1992)、郭治等出版《城市小学科技活动》(中国科学技术出版社,1994)和《乡镇小学科技活动》(中国科学技术出版社,1994),进一步推动了课外科技活动研究。

21世纪以来,小学科学课外活动仍受到关注,翻译出版了一些国外著作,如日本奥山英治等著《21世纪少年儿童科学教室 课外活动百科》(浙江少年儿童出版社,2001)。中国物资出版社1998年出版了冯克诚主编的课外科技活动系列著作,如《课外科技活动的意义与作用》《课外科技活动的内容与形式》《课外科技活动的设计与方案》《课外科技活动的组织与管理》,涉及课外科技活动的意义与作用、内容与形式、设计与方案、组织与管理等。慈溪市实验小学教育集团科学课题组积极开展课外科技活动,对课外科技活动的经验进行了总结与提升,出版了《小学课外科技活动组织与指导的实践研究》。美国学者乔治·C.洛比尔(George C.Lorbeer)著《美国小学科学活动设计与示范》(华夏出版社,2004),介绍了一些美国的科技活动。同时,为了配合科学课程的教学,一些出版社出版了与教材配套同步的活动手册,如李杏华的《科学活动资源包1—5》,郝京华的《科学活动手册》,陈慧、惠中的《小学科学活动设计与指导》，王笑君的《南通市小学科学活动课程》，张放、徐娟的《科学活动新设计》，等等。

（二）课外科技活动的性质与意义

课外科技活动的特征：不限于课本，不限于课堂，能者为师，以学生自己的科技活动为主（赵学漱，1999）。马冬娟等主编的《小学科学教育的理论与实践》（中国环境科学出版社，2005），阐述了活动课程与科学教育的关系。

诸多研究者分析开展课外自然研究活动对于少年儿童培养的意义。课外自然研究活动可以促进教学质量的提高，有利于全面贯彻教育方针；课外自然研究活动可以培养学生的科学素养，有利于发现人才；课外自然研究活动有利于转变社会风气，促进社会主义精神文明建设（林有禹等，1983）。开展自然课外活动有利于激发学生的学习兴趣，反复巩固学生的知识；自然课外活动有利于对学生多种能力的培养；自然课外活动有利于对学生进行思想品德教育（山东省教学研究室，1992）。楼曙光在《小学科学教育的理论与实践》一书中指出，小学科学教育必须重视课外实践，进而构建高效小学科学教育课堂目标（延边大学出版社，2019）。

（三）课外自然研究活动的内容和形式

课外自然研究活动可分为：群众性课外活动、自然小组活动（科技制造小组、饲养或栽培小组、气象观测小组、物候观测小组、地质小组）、家庭中的课外活动、课外阅读活动（徐仁声，1981）。按照其规模可分为：群众性活动，如远足和春（秋）游活动；参观活动（农业生产参观、工业生产参观），"小发明"活动。小组活动，如技术模型制作活动、教具制作活动、电工技术活动、化工技术活动、种植和饲养活动。课外活动，如阅读、听广播、做游戏、制作、实验和观察等（林有禹等，1983）。科技活动的形式有个人活动、科技社团活动、群众活动、班级活动（赵学漱，1999）。科技活动的内容安排，需适应我国社会发展对人才和劳动者素质的需要，符合青少年的年龄特征、兴趣爱好和知识水平，考虑科技活动的辅导力量，考虑科技活动内容的教育效果（赵学漱，1999）。有研究者列举了小学科技活动的十余种形式：专题研究、课外科技兴趣小组、科技夏（冬）令营、情境模拟、科学小制作、讨论辩论、种植养殖、科学游戏、参观访问、竞赛、科学欣赏、社区科学活动、家庭科技活动、角色扮演、科学幻想等（陈华彬、梁玲，2003）。

（四）课外自然研究活动的组织和指导

领导重视，搞好协作，争取社会的广泛支持；活动的内容要与教学、经济发展和当地实际相结合；指导的重点放在培养学生的科学素质上；健全课外自然研究活动的制度；掌握课外自然研究活动的实施原则，提高活动质量（林有禹等，1983：180-184）。小学自然课的课外活动的组织指导，计划的制订，活动的开展包括：群众性活动、小组活动、个人活动（山东省教学研究室，1992：185-191）。

科技活动的原则：教育性原则、自主性原则、兴趣性原则、科学性原则、实践性原则、创造性原则、安全性原则（赵学漱，1999：233-236）。小学科技活动原则包括：面向全体学生、树立开放的教学观念、重在过程、科学性、学生的主体性、全面发展（陈华彬、梁玲，2003：176-182）。

科技活动的方法。自学法、观察法、实验法、调查法、研究法、教练法、讨论法、制作法、评议法、创作法、竞赛法（赵学漱，1999：247-261）。

科技活动方案设计和辅导技能。活动方案设计思路包括：活动目标、知识背景研究、学生情况调查、内容要点、活动方式等。科学探索活动的辅导包括：观察实验活动、科学探索活动（小论文活动）、对辅导教师的要求。科技制作活动的辅导包括使用技术、方法技术、原理技术三个层次。小学科技制作活动也有三个层次：照图施工式科技制作、有所改革式科技制作、有所创造式科技制作。创造发明活动的辅导技能涉及思维训练和创造训练活动、对辅导教师的要求（赵学漱，1999：266-295）。

有研究者总结了国际校外科学教育实践的基本概况：各国高度重视校外科学教育；校外科学教育机构众多，分布范围广；校外科学教育机构和活动彰显特色；科学教育活动更注重实践性、互动性、体验性；注意科学教育内容更新，保持校外科学教育的吸引力；校外科学教育机构人员素质较高，机构具有培训功能；场馆学习呈现新的发展趋势。校外科学教育活动类型有：团体参观（参与式实地考察、挑战与任务、科学野营/科学派对/科学节）、拓展项目（科学剧、车轮子上的科学、科学家庭学校、学术探索项目等）、其他活动项目（发现实验室、教室活动、科学小试验、科学在线游戏/展览、重大项目/活动集、多媒体资源包等）。国际校外科学教育实践的特点有：明确的目标定位，提升学生的科学素养；注重互动型和体验型学习，活动形式多样，强调学生的参与、体验和探索；与学校课程紧密联系和配合，开展科学教育活动菜单；活动内容设计具有科学性，符合学生年龄特征；活动设计完善，教育功能发挥充分（中国儿童中心，2012）。小学科技活动课程实践探索。建立科技活动课程体系，建立三个基地（科学宫、种植养殖基地、科技系列考察基地），落实好"两课一活动"（从学科课程中划出一节课，加上一节课外活动课），分校级、年级、班级三个活动层次，并以校科技节为契机，进行全面推动（张启建，1997）。

第三节 反思与展望

70年来，我国小学科学学习研究在不同领域均取得一定的研究成果，亦存在一些值得关注的问题，诸如研究的理论基础问题、研究内容问题、研究方法问题，这些问题有待反思与改进。基于对小学科学学习研究的反思，可以展望小学科学学习未来发展的基本动向。

一、研究反思

（一）科学学习的理论基础单一，仅仅基于哲学与心理学探讨

尽管怀特海认为"科学拒绝哲学。换言之，科学从不关心为其真理辩护或解释其意义"，但科学与科学学习具有一定的哲学基础与认识论前提。纵观既有科学学习的研究成果，可以看出，基于哲学认识论与心理学的研究较多，即大多研究要么是建立在一定的哲学之上，要么是建立在心理学基础上，而从社会学、文化学、现象学、人类学等角度探讨学生科学学习问题的研究很

少，科学学习研究存在理论基础相对单一的问题。如苏联对科学学习过程的研究，其哲学基础是马克思主义认识论，从马克思关于人类认识的一般过程的理论推论儿童科学学习的一般过程。事实上，科学学习是一个复杂而漫长的过程，既是学习者个体对信息进行整理、加工、组织，建构新的意义的过程，同时又是在一定的社会历史文化背景下展开的具体学习过程，存在一定的人际互动与经验交流，特定的历史文化、社会时尚、时代思潮对科学学习过程与效果产生不可忽视的影响。

学习是一种复杂活动，是"一种意义炼制活动"。法国学者安德烈·焦耳在《学习的本质》一书中指出，学习就是自我发问，就是和现实对话，就是与他人对质，就是自我表达，就是论辩，就是建立网络等（华东师范大学出版社，2015：79-87）。实际上，科学学习亦具有复杂性。正如英国学者约翰·齐曼在《可靠的知识——对科学信仰中原因的探索》一书中指出的那样："学习'科学地思考'（即像物理学家、化学家或考古生物学家那样）是一个长期而复杂的过程。一方面，学生不可能简单地通过'个人发现'学习科学。面对显然毫无意义的一堆仪器和现象，通过他无助的努力，他不能胜任复制无数前辈的科学步伐的任务。科学概念不能通过直观和推断从实验事实中产生，像立体几何从感觉数据自动综合自身那样。没有完全合格的教师或详细说明当前意见一致性的书籍的指引，获得对科学思想的模式和复杂语言的掌握是不可能的。"（商务印书馆，2003：127-128）。齐曼指出，化学反应方程式不能告诉我们这类过程的所有事实。化学反应本身是十分复杂的，我们仅仅从数量关系去加以理解与领会是不够的。科学探究的学习不仅仅是一种理智的活动，其间充满了一定的协作交往，社会人际过程影响探究活动的展开与学习效果。

（二）研究内容不平衡，科学情感、态度的研究少

从科学学习研究的具体内容看，对科学概念及其学习、科学技能及其学习的研究较多，而对科学情感、科学态度及其学习的研究甚少。有关科学概念的自然形成与教育形成的研究很多，特别是对科学概念自然形成中的前科学概念

（又称错误概念、迷思概念）的研究特别多，我国学者对前科学概念的形成关注度颇高，发表了不少研究文章。这些研究采用实证调查或测试的方法，收集了儿童对不同科学概念的前理解与朴素认知，研究资料颇为丰富。科学技能的研究主要集中在一些过程技能的研究，如科学观察、科学实验、科学测量、科学阅读等。10余年来，研究者们尤为关注对科学探究技能及其学习的研究，探究学习成为研究的热点问题，发表了许多文章，出版了不少著作，具有一定的深度。相比之下，人们对科学情感、科学态度及其学习的研究则缺少热情，可谓"门前冷落"，成果有限。仅仅一些教材为了课程内容的系统性与完整性，专题讨论了科学情感与态度及其学习问题，专门探讨科学情感与态度及其学习的文章不多见。这可能与科学情感、科学态度自身的特性有关，也可能与科学学习成就评价技术与工具不完善有关。情感具有内隐性、模糊性、长期性、复杂性等特征，难以在以纸笔为主的测试中进行有效测评。人们对科学情感、科学态度及其学习问题关注不够。

（三）研究方法上，临床谈话、实验研究少

在研究方法上，既有的研究以经验研究与课例研究为主，运用访谈、实验等方法探讨科学学习的研究比较少，科学学习研究的方法较为单一，影响了科学学习研究成果的科学性与有效性。实际上，科学学习的丰富性、复杂性需要运用多种方法开展多视角、多方位的科学学习研究。如20世纪初，瑞士心理学家皮亚杰运用临床谈话法，通过向儿童提出不同层次的问题，分析儿童的回答及其思维方式，调查儿童科学认知的方式与特点，并在此基础上概括与揭示儿童科学思维的发展水平与阶段，取得了大量的令人信服的研究结论，创立了发生认识论。但纵观既有的科学学习研究成果，我们会发现，采用临床谈话法对儿童科学概念学习进行调查研究的极少。尽管临床谈话法不属于严格的科学研究，缺乏严格的实验因子的控制，但却是获得研究资料的基本手段与途径，值得倡导与使用。在对具体科学内容，包括科学知识（概念）、科学技能（方法）与科学情感态度的学习研究中，实验是一种有效的方法，这样的研究在20世纪80年代并不少见，但进入21世纪，运用实验方法进行科学学习的研究减少，近年来，我们很难看到相关科学内容学习的实验报告。这可能与教育实验的变量复杂、难以控制有关，也与教育实验伦理的种种顾虑有关，人们担心严格的教育实验会导致教育伦理质疑，甚至引发教育伦理危机，因此科学学习的实验研究几乎销声匿迹。我们认为，教育实验研究是教育研究中一种基本的、有效的方法，尽管运用该方法存在这样那样的困难甚至质疑，但作为一种基本的研究方法，它具有存在的价值，不应该从研究方法中完全消失，更不应将它弃之不用。恰当的态度是，在一定的范围内，力所能及地、规范地使用，尽可能减少其负面效应，让实验研究回归科学学习方法研究的大家庭。共同运用多种研究方法，充分发挥每一种研究方法的优势，才能深化科学学习研究，丰富科学学习研究成果。

二、未来展望

（一）加强科学学习社会学、文化学基础的探讨

事实上，科学学习是一个复杂的过程，既是学习者个体对信息进行整理、加工、组织，建构新的意义的过程，同时又是在一定的社会文化背景下展开的学习过程，存在一定的人际互动与经验交流，特定的历史文化、社会时尚、时代思潮对科学学习产生不可忽视的影响。因此，科学学习研究除了关注科学认知，从哲学认识论、心理学角度探讨科学学习问题，也应关注科学学习过程中的社会交往、互动，关注历史文化、时代氛围对学生科学学习产生的影响，需要从社会学、文化学、人类学、伦理学、美学等角度，全面探讨科学学习问题，多维度、多方位地揭示科学学习的特征。科学社会学、科学知识社会学（SSK）已从社会学、人类学等角度对科学研究过程及其成果展开了深入的研究，为我们揭示了科学研究过程的丰富性与复杂性，展现了作为科学研究结果的科学知识之社会性、文化性，描绘了科学研究及其成果的多维画卷，充分说明科学既是一种理智成果，也是一种社会事业，还是一种文化成就。同样，科学学习也应该是一种认知活动、社会活动、文化活动。对科学学习的深度探讨，除了需要哲学、心理学理论的支持，还需要社会学、文

化学、伦理学的支撑，多种视角的研究有助于揭示科学学习的丰富性、复杂性与多维特征。关于科学学习的文化学研究，国外学者对科学学习的文化本质进行了实证研究，主要包括：学校内外环境中的学习，日常知识和话语、学术知识和话语之间的关系，探索青少年的不同技能实践和学科训练之间联系的基于课堂的设计研究。这些研究强调多维学习，包括认知、会话、情感、动机、个性。美国学者R.基思·索耶主编了《剑桥学习科学手册》，该书的一则案例显示了在小学科学学习过程中不同学生意义建构实践的文化差异（教育科学出版社，2010：558-562）。

当三年级的儿童在西班牙语—英语双语课程中讨论"植物每天生长吗"这个问题时，他们就生长的模式及其可见性展开了辩论。塞雷娜，一个父母受过高等教育的女生，并被公认为是一个很优秀的学生，她通过逻辑测量从外部现象的角度来理解植物的生长问题。她提出通过植物每天生长图表的测量证据能够看见植物生长。另一个女生，埃琳娜，提出了不同的见解。她是移民的孩子，父母是工人阶级，并且在复读三年级。她认为我们可以通过联想自己的生长来观察植物的生长——当她的脚长得比袜子大时，有很"挤"的感觉。

该例中的埃琳娜通过自己的成长来想象植物的生长，这反映了科学实践。研究已证实科学家的意义建构实践和那些来自非主流群体的年轻人的实践之间存在共通之处：为形成理论和知识建构，在其他事物之间使用具体的想象、辩论和隐喻。

当然，要看到科学学习的复杂性。正如科学知识社会学研究所揭示的那样，科学学习不仅仅是对客观的科学知识的理性把握，更应该是在理论的特定境脉运用之中对其加以掌握。美国学者约瑟夫·劳斯在《知识与权力——走向科学的政治哲学》一书中指出："我们必须在运用中理解科学知识。这种运用涉及地方性的、存在性的知识，它处于对制度、社会角色、工具和实践的塑造的寻视性的把握之中，使科学成为我们世界中的一种可以理解的活动。"（北京大学出版社，2004：130）。同样，科学方法的学习亦如此。今天，我们将科学方法等同于一套不变的、客观存在的、固定的标准化流程。实际上，科学方法并非"与境无关"、一成不变。卡林·诺尔-塞蒂纳在《制造知识：建构主义与科学的与境性》一书中认为："'科学方法'可以被视为一种当地性定位和当地性扩散的实践形式，而不是一种非当地的普遍性范式。科学方法是与境孕育的，而不是无与境的。而且，它正如同社会生活的其他形式一样，也可以被视为根植于社会行动的场景之中。"（东方出版社，2001：88）。巴里·巴恩斯在《科学知识与社会学理论》中指出："那种相信确实存在着'科学方法'的信念，是持续理想化的产物；一旦面对科学多样性的具体说明，它就无法持续下去了。"（东方出版社，2001：64）。技能是社会性的、情境性的，技能学习唯有通过操作、模仿，并在长期的社会实践活动中才可能得以形成。巴恩斯认为，没有人能讲授一种普遍的"科学方法"，因为科学方法不仅仅是一般的思维模式，它与社会情境相关，不能以一种类似程序化的烹饪书那样的方式予以传授。

美国学者菲利浦斯·索尔蒂斯在《学习的视界（第四版）》中认为，理论家对于"学习是什么"和"学习是怎样发生的"这样的问题还没有达成共识。心理学家、人类学家、语言学家、神经生理学家、哲学家和其他人仍然在试图了解大脑是怎样工作的和人们是怎样学习的（教育科学出版社，2006：1）。当然，他们已经形成了一些好思想，这些思想会帮助你对学习进行思考。科学教师必须尽力理解科学学习，以便成为有思想、有效率的科学教育工作者。

（二）深化科学概念学习的研究，关注科学态度学习的研究

今后的科学学习研究，除了应继续深化对科学知识、科学技能、科学方法及其学习的研究，还应拓展研究领域与主题，创新研究工具和手段，运用多种方法，开展对科学情感、科学态度的测评与培养，积累研究成果。只有这样，科学素养的培养才能完整。因为科学情感与态度是科学素养的重要构成部分，缺少科学情感与态度既会背离科学教育的方向，也无助于科学素养的真正形成和提高。

加强对科学概念本质的理解。既看到科学概念、术语帮助我们认识世界

的积极意义，也应看到其自身的局限性，正如施瓦布在《科学、课程与通识教育——施瓦布选集》中论及科学研究与学习中的术语选择时所指出的那样："对术语的选择被看作以遮蔽其他事实为代价，强调一个情形中的特定事实。对术语的选择决定了与一个研究相关的或不相关的事物；它们字面上指向源于数据的现象的领域或方面。如果学生要对科学结论的本质有一个透彻的理解，那么他就需要理解术语的这种一般作用。识别专门结论中包含的专门术语、认识没有指明的现象和所选择的术语强调的重点，这些构成了对有效应用于物理世界的具体结论的充分理解。了解术语的存在和效果，领会科学不仅随着递增的精确性和新现象的发现而发展，而且通过对术语的重新定义和替换增长而得以发展，这样有助于我们说明现象的更大的方面，或把先前被分离的现象的各个方面联系起来。"（中国轻工业出版社，2008：62）。

前科学概念调查的研究。有关儿童的前科学概念，国外学者发表了诸多研究论文，出版了一些研究专著，涉及以下内容：生命过程与生物的概念，如生命、呼吸、循环、营养、疾病、遗传、变异；物质及其特性的概念，如化学反应与变化、分子、物质形态、地球科学；物理过程的概念，如力、沉浮、电与机械、光、声、热、地球与空间等。今天我们处于一个新的环境之中，网络时代、数字化时代的儿童的前科学概念可能与二三十年前儿童的前科学概念有所不同，究竟发生了哪些变化，仅仅利用先前的研究资料可能不能准确把握儿童的前概念状况。当然，西方学者介绍了迷思概念研究存在的争论，评价了迷思概念运动。R.基思·索耶在《剑桥学习科学手册》中指出，迷思概念研究的积极的贡献：（1）迷思概念突出定性理解和解释的重要性，反对单纯强调定量问题解决能力这一历史背景。（2）迷思概念让构成主义者在教学中思考学习显得非常重要，这与先前的"白板"获得学习模式相反。（3）迷思概念提供了一个教学问题的关注点以及达标的新尺度。它减少了对具有领域普遍性（domain general）的学生难点的关注，转而强调领域特有性（domain specific）。消极的影响：（1）大部分迷思概念研究相对缺乏理论发展或检验。迷思概念的深度常常是难于测定的。一个基本的问题没有提及：从表面上来判断，多数学生给出的一个错误回答是否总是可以算作一个"概念"。（2）迷思概念研究极力强调先前知识的消极贡献。极少有人认为原有概念提供了丰富的资源。（3）很少讨论如何学习是切实可行的。（4）迷思概念的研究促使理论说观点和"冲突"教学模式占据主导地位（教育科学出版社，2010：313-314）。这些问题是以后研究需要关注与克服的。

关注科学概念转变的研究。徐宁、郭玉英在《国外物理概念转变研究：借鉴与启示》一文中提出需深入研究的主题："学习者原有认识以什么方式支持原有概念并排斥科学概念？如果原有认识不可能凭空消失，那么如何促使其由支持迷思概念转向支持科学概念？""如何使学习者认识到科学概念是可理解的、合理的？即如何使学习者顺利认识概念的内涵和外延？""对哪些具体概念采用何种策略是更有效的？在采用认知冲突策略时，如何判断学习者有意义的认知冲突已经发生，并对教学起到了积极的促进作用？这样的认知冲突如何达到？支持教学策略的理论本身是否存在不足，应该从什么角度发展和完善？"（《课程·教材·教法》，2009年第6期）。这些方面将成为今后在概念转变领域研究的重点问题。

关注科学态度学习的研究。科学态度学习的研究不像科学知识、技能的研究，态度具有内隐性、长期性、潜在性，无论是态度的形成还是态度的改变都是一个长期的过程，绝非一日之功。同时，态度的形成与改变与所在环境有着密切的关系，随着环境的变化，人们的态度会不知不觉地发生变化。因此，如何巩固态度情感教育的成果是一个极为复杂的问题。正是由于上述原因，科学态度的学习在一些国家缺乏强烈的关注，如在英国、美国等国家的课程学习目标体系中，没有明确的科学态度、科学情感学习的条目，科学态度目标仅仅是渗透在科学知识学习与科学探究活动之中，因而导致科学情感、科学态度学习的研究明显滞后。那么，如何加强科学态度、科学情感的学习研究呢？我们认为，可以更多地关注科学情感、科学态度的内容与形成途径，在具体的教学过程之中形成学生的科学情感与态度。如采用自然观察的方法，借助STEM教育、STSE教育，让学生投入科学活动过程之中，观察学生科学态度、情感的变化，探讨影响学生科学态度、情感形成的条件与教学要求、教学策略。凯勒（J·M.Keller）提出的 ARCS 动机设计模式，即维持注意力（attention），强调针对性（relevance），建立自信心（confidence）和创设满意感（satisfaction），是一种综合性的教学设计理论，也是最有影响力的动机/情感设计理论，被广泛运用在各种教学设计实践中。在此基础上，近年来阿斯特莱特娜（H. Astleitner）进一步演化了 FEASP 情绪教学设计模式，即减轻恐惧（fear），减少妒忌（envy），减少生气（anger），增加同情（sympathy）和强化愉悦（pleasure）。ARCS 模式和 FEASP 模式恐怕是目前教学设计中仅有的情感动机模式，与其相映照的还有戈尔曼（D.Goleman）的情绪智力或者情感智力理论。这些理论与模式能否在小学科学教育领域得以运用，通过教学设计与实施，促进学生科学态度与情感的养成，有待开发研究。

（三）重视临床谈话法的运用，加强实验研究

如前所述，儿童前科学概念研究是科学概念教学的基础，但我国缺乏系统的研究。20 世纪初，瑞士心理学家皮亚杰创立了儿童心理临床研究方法，主要是运用谈话法了解儿童对自然现象的理解，通过与儿童的谈话，查明儿童头脑中的自然概念，分析其推理过程，把握儿童的前概念水平，从而促进概念的转变。尽管临床谈话不是在特别控制的环境下展开的，也没有严格的因素控制，收集的资料难以进行数量化处理，但临床谈话是自然展开的，借助提问和不断的追问，可以了解儿童对概念的理解及其内在的推理过程，对于儿童科学概念的学习具有积极的指导意义。今后的研究需要运用观察访谈、作品分析、问卷测试等方法，系统而深入地调查儿童前科学概念及其表现，探讨网络时代儿童的前概念的水平、问题、特征，为儿童科学学习指导与教师的教学设计提供依据和参考。

加强科学学习的实验研究。实验研究是一种基本的研究方法，它以控制、定量、规范为特点。对于科学学习研究而言，实验研究应该是一种可供选择的基本方法，如概念转变理论需要多种实验研究来发展与检验。然而近年科学学习研究极少运用实验研究的方法。其主要原因可能是科学学习实验研究

的条件难以控制，实验组与对照组的设置容易引发教育伦理质疑。其实，自然现象与社会现象有别。因此，社会科学的实验研究应该与自然科学的实验研究有所区别。尽管社会现象难以像自然实验那样进行严格的条件控制，但可以采用相对宽松的标准，在一定范围内适当地控制条件，操作实验因子。正是在此意义上讲，社会科学实验属于准实验，不必像自然科学那样严格控制实验条件。就科学学习研究而言，可以在同一班级实验进行实验前后的对照，说明实验因子对学生发展的影响。也可以采用行动研究方法，对前期的研究方案进行反思改进，在改进的基础上，进行不同年级的循环，以显示实验研究的效果。

值得关注的是学习进阶的研究。学习进阶的研究为课程、教学和评价的整合提供了更多理论基础和实践途径。有研究者介绍了学习进阶的构成要素与开发流程。学习进阶的组成包括进阶终点、进阶变量、中间水平、学习表现和评价工具五个要素。学习进阶的开发是一个循环往复的过程，具体过程如图 4-3 所示。学习进阶的开发主要涉及五个步骤：首先是根据教育期望如课程标准等学科内在逻辑以及学生的认知规律构建假设的学习进阶理论框架，该假设框架中要有进阶起点、进阶终点及各中间水平的描述，将其学习表现外显化。随后，开发相应的测评项目并实施测试，使用测量模型对实证数据进行拟合分析，根据结果对理论框架或者工具进行修改，再进行下一轮的测试，直到实证数据与理论模型拟合度达到较高水平。此外，还有运用评价工具对学习进阶研究及其成果展开评价，如运用 BEAR 评价系统（周丐晓、刘恩山，2019）。运用上述方法，美国近年来已围绕学科核心概念以及跨学科概念，对多个主题的学习进阶进行了研究。在科学实践领域相继开展了科学建模、科学论证、科学推理等科学实践能力的学习进阶研究。这是一个可以借鉴的研究模型，可供我国研究者学习采用，开发我国小学科学学习的进阶。

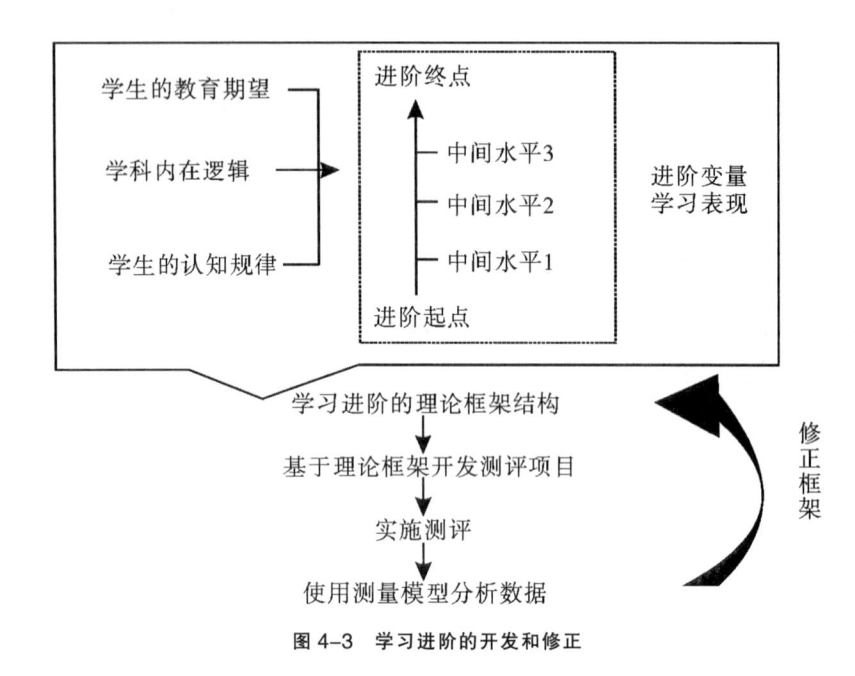

图 4-3 学习进阶的开发和修正

第五章　小学科学教育评价研究

教育评价是指在一定教育价值观的指导下，依据确立的教育目标，使用一定的技术和方法，对所实施的各种教育活动、教育过程和教育结果进行价值判定的过程。可见，教育评价的领域非常广泛。教育评价主要包括：对学生学业成绩的评价、对教师教学质量的评价和进行课程评价。在"教育评价之父"泰勒看来，教育评价的核心在于"评价学生达到各种学程目标的程度"。教学评价是对教学工作质量所作的测量、分析和评定。本章小学科学教育评价研究主要包括对教学评价与学习评价的研究，兼及对课程评价的研究。

第一节　研究历程

新中国成立之后的小学科学教育评价研究的发展呈现出学习西方且结合中国本土教育现实的总体特征。据此可把小学科学教育评价的发展历程划分为三个阶段。

一、1949—1976年的小学科学教育评价研究

（一）阶段背景

1949年至1976年为小学科学教育评价研究的第一个阶段，该阶段又以1966年作为分水岭分为两个时间段，从1949年到1966年为第一个时间段，

1966年至1976年为第二个时间段。从小学科学教育评价研究开展的状况来看，后一时间段由于受到特殊的社会环境的影响，正常的教育秩序被破坏，教育研究也就很难正常开展，小学科学教育评价领域的研究活动也不能幸免，成果乏善可陈。我们主要介绍第一时间段，即1949年至1966年的研究情况。

新中国成立后，改造旧教育、建设新教育是新中国教育建设面临的核心任务。1950年《小学课程暂行课程标准初稿》的颁布揭开了新中国小学科学教育的帷幕。1956年颁布的《小学自然教学大纲（草案）》、1963年颁布的《全日制小学自然教学大纲（草案）》则成为这一时期小学科学教育的法定文本，教学大纲对小学自然教学的目的、内容安排、教学方法和途径做出了规定，我国小学科学教育评价也就进入了依据大纲进行评价的阶段。

（二）主要研究内容

这个时期的小学科学教育评价研究刚刚起步，研究成果较少，专门研究小学自然、科学评价的著作还没出现，主要是在翻译介绍苏联小学自然教学的著作中涉及的评价的问题，其中最具代表性、影响较大的当属斯卡特金《小学自然教学法》第四章"自然教学的方法和形式"中的"巩固知识和检查知识的方式"。我国的刘默耕在1952年中华书局出版的《自然教学经验点滴》中也专门阐述了"检查效果与巩固成绩"的方法。此外，还有一些是对我国小学自然评价实践做法的经验总结，如江苏省南京市小西湖小学的吉钧义系统尝试了自然科的成绩考查。

从研究内容来看，本阶段自然教学评价研究主要聚焦在以下几个方面：（1）不同教学内容的评价方法。如：针对课堂知识讲解的提问方法，针对推理的学生集体回答方法，测量学生知识接受程度的个别考问等（刘默耕，1952）；针对知识应用的课外活动、个别谈话、家庭访问及书面调查等方法；针对小学自然课外活动的展示和汇报方法。（2）教学效果和学生学习的评价。研究者总结了课堂上常用的检查方法，包括口头回答问题、指图讲述、报告在家里所做的实验、用观察和实验等方式来回答问题、板书、请学生根据所答问题概括科学名词术语等等。知识评定的方法主要包括检查家庭作业、平时测验（吉钧义，1957）。（3）知识掌握评定的方式。期末考试命题的原则：考虑学期自然教学总的目的，问题要能启发学生的思考和培养综合概括的能力，问题要能联系生产和生活实际。常用题型是填充、简答、填图等（吉钧义，1957）。

（三）阶段特点

首先，学习苏联经验，开展小学科学教育评价研究。以马克思主义为指导思想的苏联教育学成为研究的理论基础，评价研究更关注教学效果的检查，强调评价对于教师教学活动开展的反馈作用。

其次，依据小学自然教学大纲，展开评价方式方法的研究。研究紧紧围绕如何落实教学大纲规定的任务来进行评价，小学自然教学大纲规定的教学任务强调对自然基本知识的掌握和知识在实践中的应用，强调知识与生产实际的结合，在教学方式上以讲解和参观为主，针对不同的教学内容和方法探讨评价方法。

再次，更注重对实践操作的评价研究。小学科学教育评价研究刚刚起步，主要以学习苏联经验为主，同时也吸取了中国传统教育评价的一些做法，注重对实际操作性的研究，关注研究成果在实践中的应用。

二、1977—1999年的小学科学教育评价研究

1977年至1999年，随着"文革"结束、恢复高考制度和改革开放国策的实行，中国教育一方面在拨乱反正，重建正常的教育秩序，另一方面吸收借鉴国外教育理论，推进中国教育改革的进程。中国教育从注重基本知识和基本能力发展到注重国民素质培养。

（一）阶段背景

在教育领域，1977年邓小平主持召开科学与教育工作座谈会，恢复高考制度。我国教育事业得到了恢复，开始走上了蓬勃发展的道路。1985年5月颁布《中共中央关于教育体制改革的决定》，要求有步骤地实行九年制义务教育，提高全民素质。1999年中共中央国务院《关于深化教育改革全面推进素质教育的决

定》则对20世纪80年代以来对素质教育的实践和研究探索正式予以肯定，提出"全面推进素质教育，培养适应21世纪现代化建设需要的社会主义新人"。

从1977年"文革"结束到1999年正式提出素质教育，教育部在1977、1978、1986、1988、1992年先后颁布5个小学自然教学大纲。1986年《关于第七个五年计划的报告》提出："要加强教育事业的管理，逐步建立系统的教育评价和监督制度。"与之呼应，1988年《大纲》在"教学中应该注意的几个问题"中，首次出现了"学生学习效果的考查"的内容，指出"考查要有利于学生掌握基础知识，有利于发展学生的能力"。这一要求延续并强化了双基教育对评价的影响。1992年《大纲》在知识和能力方面的教学要求上分别采用了"了解、知道、理解"和"初步学会、学会"等程度动词来表述，进一步促进了小学自然评价向更深层次的开展。1977年高考制度的恢复促进了对教育评价的关注，1983年原国家教委邀请国际教育成就评价委员会（IEA）主席、瑞典斯德哥尔摩大学教授胡森和教育评价专家海德曼等人来北京讲学。1984年我国加入IEA组织，1986年布卢姆应华东师范大学之邀作"教育评价专题学术报告会"，国外教育评价理论在我国得到传播，影响了我国教育评价实践与研究。

（二）主要研究内容

随着国际教育理论研究的交流和中国小学自然教学改革实践的蓬勃发展，这一阶段的小学自然评价研究开始逐渐展开。论述小学自然教学评价问题的代表性教材有：徐仁声《小学自然教学法》（1981）、林有禹《小学自然教学法》（1983）、李培实《小学自然教学指导书》（1988）、山东省教学研究室编著《小学自然教学法》（1992）、潘留芳《小学自然教学法》（1993）等。这些教材均开辟专门章节讨论自然教学评价的原则与方法。此外，影响较大的还有：刘默耕《刘默耕小学自然课改革探索》（1998）、美国学者沃什顿（Washton.N.S.）《怎样教好自然科学——献给小学和初中教师》（北京出版社，1985）、周若新《小学自然科学教育评价》（1999）等。其中，周若新的著作是我国第一本在教育评价理论框架内阐述小学自然评价的著作。同时，学术论文数量增加。1985年，湖北教育报刊社创办小学自然教学研究杂志《科学启蒙教育》（该刊物1988年改名为《小学自然教学》，2003年变更为《科学课》，2013年变更为《湖北教育（科学课)》)，为小学自然教学评价研究成果发表提供了平台。

1.自然课课堂教学效果评价的研究

随着对自然教学过程认识的深入，一些研究者探讨了我国小学自然课堂教学评价的构成维度。20世纪90年代末，在自然课堂教学评价维度划分的基础上，进一步细化了评价的观测项目，构建了6个项目18个要点的自然教学评价指标体系（周若新，1999)。

2.自然课学生学习评价的研究

自然课学生学习评价依据包括：(1) 关于小学自然学生学习评价目的和作用。1986年10月，北京市教科所所长梅克在湖北省教委所举办的"中英普教视导与教育评价研讨会"上提出："中小学教育质量评价的对象首先是学生质量，这是中小学质量的核心，也是学校一切工作的出发点和归宿。"自然教学评价具有3项作用：它是自然教学重要的组成部分，是鼓舞学生不断提高学习质量的有效手段，是教师检查自己教学工作的重要途径（李培实、徐仁声，1988；周中梁等，1986)。(2) 关于自然课学生学习评价的指导思想。针对我国小学自然教学大纲的要求，反思现实中小学自然教学出现的偏重知识考核的问题，研究者提出坚持全面评价学生综合能力等观点。(3) 关于自然课学生学习评价的原则与要求。关注自然教学大纲的要求，注重知识与能力的结合，提倡平时考查与阶段性考试的结合，形成性评价与总结性评价的结合；关注评价的可操作性和方便性。(4) 关于学习效果评价方法。自然课学习效果评价方法是众多研究者最为关注的领域。评价形式主要有笔试、口试、期末考试、平时抽查、提问、开卷考试、学生对自己作品进行自我评定、互相评议、作品展示、观察评定、作业批阅、课堂练习、小制作等。研究者一方面肯定测验法在学生学习效果评定中的重要作用，另一方面通过对考试命题的研究，提倡综合评价方法。

3.小学自然学生学业成就评价体系构建的研究

到 1999 年，随着教育评价理论研究和实践的深入，研究者们开始关注小学自然学生学业成就评价体系的构建，对小学自然学业成就评价的维度与方法进行了探讨（顾志跃，1999；周若新，1999）。

4.小学自然学生实验能力评价的研究

依据布卢姆的教育目标分类学中关于操作技能领域的理论，研究者们着重探讨了实验操作领域的评价（蔡正秋、计云龙，1990），有的从动作技能形成的心理学机制和小学自然实验课型两个方面尝试建构小学自然实验能力评价的指标体系（陈轩，1989），还有的从实验能力的构成要素出发提出自然实验操作能力的考核内容及具体要求（殷志杰，1995；张中秀、张汉林，1997）。

5.对国外小学科学教育评价研究的介绍

1977 年后，国外教育研究的成果被纷纷介绍引入到我国。1979 年美国学者兰本达应邀来中国讲学，"探究—研讨"教学法引起小学科学教育者的关注。20 世纪 80 年代初，兰本达在我国开展"探究—研讨"教学法教师培训和演讲，掀起了"探究—研讨"教学法研究热潮。1983 年兰本达与布莱克伍德、布兰德韦恩合著出版《小学科学教育的"探究—研讨"教学法》，详细介绍了"探究—研讨"教学法的学生学习评价的三个维度，即探求概念的能力、已达到的概念水平、学习态度和方法的等级，及其评价的标准和方法。一些学者依据"探究—研讨"教学法的学习评价观对我国小学自然学生评价进行改良（冯启萄，1985；王启荣，1993；姜允珍，1993）。

此外，还有对日本小学理科学习评价的介绍。李守中在《科学启蒙》杂志介绍了日本小学理科学习评价的情况，特别提及日本的理科学习评价作为对过去笔试的反省，从研究改变笔试的意义出发，提倡探究学习中的评价（李守中，1985、1986、1986）。

（三）阶段特点

从 1977 年到 1999 年，我国教育经历了从恢复教育秩序到素质教育提出、教育评价研究从学习苏联到引进介绍国际教育评价理论形成学科体系的变化，小学自然评价研究在这个进程中，呈现出以下几个特点：

第一，积极开展国际交流，小学自然评价研究逐渐与国际教育评价研究接轨。在 20 世纪 80 年代，随着兰本达"探究—研讨"小学科学教学法在我国的引入及展开，以及对布卢姆教育目标分类理论、国际教育评价理论的学习与借鉴，现代教育评价的理论在小学自然评价中逐步得到体现。平时考核、期末考试等用语逐渐被新的概念所替代。评价的内容维度从知识、能力逐渐扩展到情感态度、动作技能；以目标达成度为中心的绝对评价开始替代传统的以等级化与名次为主的相对评价；评价方式完成了从单纯的分数到多指标的综合评价体系的过渡。可以讲，经历了短短的近二十年的引进、学习、借鉴国际教育评价理论和实践的过程，我国小学自然评价实现了与国际教育评价研究的接轨。

第二，小学自然评价对象逐渐明晰，课堂教学评价、学生学习评价形成了各自研究领域。课堂教学评价研究延续了苏联教学理论的分析框架并进一步拓展和深化，形成了具有中国特色的课堂教学评价的分析框架。学生学习评价研究从最初的注重成绩评定扩展到综合评价，评价方法研究在注重运用测验法的同时，也开始关注过程性、质性的方法。

第三，小学自然评价研究逐渐由经验总结转向基于评价理论的技术操作。20 世纪 70 年代末 80 年代初，以考试分数作为高等院校招生依据的高考制度满足了国人对教育资源分配的要求，由此，以客观标准的指标来进行评价成为公平、高效的代名词。同时，我国引入了国际教育研究成果，为小学自然评价体系的建立提供了理论分析框架。目标取向的教育评价以及教育测量技术为小学自然教学评价提供了实施的途径和方法。

第四，小学自然学生评价由注重知识向注重素质的综合评价转向。到了 20 世纪 80 年代中期，随着社会各界对应试教育的反思及素质教育的提出，以及在兰本达等强调科学探究能力的教学思想的影响下，我国开展了综合评价改革试验，小学自然学习评价研究促进了评价内容、方法的完善，初步形成涵盖知识、能力、态度、精神和情感评价，运用形成性、诊断性、总结性评价的综合评价模式，实现了小学自然学习评价从知识性向教育性的转变。

三、2000—2019年的小学科学教育评价研究

（一）阶段背景

从2000年至2019年，我国颁布了两个小学科学课程标准，分别是2001年《义务教育科学（3—6年级）课程标准（实验稿）》和2017年《义务教育小学科学课程标准》。

2001年标准将"自然"改为"科学"，适应了世界科学教育的趋势。在课程理念部分，特别提出："科学课程的评价应能促进科学素养的形成与发展。评价既要关注学生学习的结果，更要关注他们学习的过程。评价指标应该是多元的，要包括科学素养的各个方面；评价方法应该是多样的；评价主体则应包括教师、学生、家长等。"2001年秋季，通过教育部审定的十多个版本的《科学》教材投入使用，我国科学课程进入到"一纲多本"阶段。相应地，科学学习评价也从依据大纲紧密结合教材的评价转向标准评价阶段。2017年标准进一步巩固了科学素养培养的核心地位，确立了其基础性课程的地位，明确了其实践性、综合性的课程性质。在评价建议部分，特别指出："教学和评价是课程实施的两个重要环节，相辅相成。评价既对教学的效果进行监测，也与教学过程相互交融，从而促进与保证学生的发展。"对学生学习评价的原则、内容、方式等作出了相对详细的说明。这是2001年课程改革以后，我国教育评价改革与探索成果的体现。

实际上，2002年12月，教育部下达《关于积极推进中小学评价与考试制度改革的通知》，2013年教育部发布《关于推进中小学教育质量综合评价改革的意见》，指出"要大力推进中小学教育质量综合评价改革，建立健全中小学教育质量综合评价体系"。2015年，教育部基础教育质量监测中心启动了国家级义务教育阶段学生学习质量监测工作，并于2017年5月在全国范围组织实施了小学科学学习质量测试。

由此可见，我国小学科学教育评价实践正逐步建立立体的评价体系，在微观层面对学生学习赋予灵活多样性的评价；在宏观层面，通过建立学习质量监测体系监控保障小学科学学习质量。我国小学科学课程评价改革的实践反映了该领域的研究成果，同时也促进了研究向更深更广展开。

（二）主要研究内容

随着我国教育事业的蓬勃发展，小学科学教育评价研究也得到了长足的发展。小学科学教育理论研究的队伍壮大，硕士、博士研究生成为一股新生力量，研究成果明显增多，除了大量公开发表在期刊杂志上的学术论文外，还包括小学科学教育评价的著作教材和一批博硕学位论文。小学科学教育相关教材和著作辟有专门章节，探讨小学科学课程评价、教学评价、学习评价。

本时期小学科学教育评价的研究成果，主要包括以下几个方面的内容。

1.对小学科学教育评价存在问题的描述与分析

研究者从不同角度对2000年以来我国小学科学教育评价的状况进行分析，指出存在的一些问题。有的从评价目标、评价内容、评价形式、评价机制、评价心态等评价的组成要素指出问题（陶国忠，2005）；有的从教师对学生的评价、学生之间的相互评价和自我评价、教师之间的相互评价和自我评价等评价主体出发反思现状（徐燕，2010）；还有的从学生、教师、学校、社会四个层面分析存在的问题（彭香，2016）。

2.关于小学科学教育评价的理念和原则的研究

研究者大多依据我国颁布的课程标准来论述小学科学教育评价的理念和原则，指出：小学科学教育评价的宗旨为培养和提高学生的科学素养；评价的核心是以学生为主体的科学探究活动；评价的原则主要包括评价主体多元化、内容全面化、方法多样化、时机全程化等（郝京华，2002；张红霞，2004）。有的表述为：平等性原则、发展性原则、个性化原则、差异性原则、公正性原则等。

3.关于小学科学教育评价类型的研究

对于小学科学教育评价的类型，研究者们采用教育评价理论的分类方法，如，诊断性、形成性、总结性评价，绝对评价、相对评价，自我评价、相互评价等。除此之外，研究者们还基于国外教育评价理论最新发展探讨新的评价类型，如表现性评价、真实性评价、发展性评价等。

4.关于小学科学学生学习评价的研究

小学科学学生学习评价是本时期研究者最为关注的内容，研究的焦点集中在小学科学学生学业成就评价、科学探究评价、科学知识评价、科学态度情感价值观评价等几方面。(1)学业成就评价的研究。有的研究者对我国小学科学教育中学生学业成就评价改革的基本理念进行了讨论；有的基于核心素养建构科学学业质量测评框架（胡卫，2016）；有的以学生的学习表现作为链接，构建基于学习进程的小学科学学业质量测评体系（韦斯林、贾远，2010）；还有研究者借鉴国际科学测评项目 TIMSS、PISA 等的经验构建我国小学科学学业成就测评的框架。(2) 科学探究能力评价的研究。有研究者重点关注科学探究的过程性技能、思维能力的评价；有学者借鉴 PISA 测评的经验，将科学思维分为五个等级进行量化评价（郝京华，2017）。(3) 科学知识的评价。关注对科学知识的理解和应用能力的评价（叶宝生，2012）。有的将理解的品质分解为知识、方法、目的和形式四个维度。有的提出就科学知识掌握的不同内容和层级提出评价的策略与要求。(4) 关于学生科学情感态度价值观的评价。一些学者分别对 2001 年、2011 年科学课程标准中的情感态度价值观的评价内容进行了解析（潘洪建，2012；曾宝俊、夏敏，2018）。有研究者结合我国小学科学课程实施的具体实际，主张采用观察等定性方法进行评价，并提出了具体操作的要求与途径。(5) 学习评价方法的研究。小学科学学习评价方法包括十八种：问卷法、纸笔测验、概念图评价法、档案袋评价法、活动表现评价、学习记录卡、自我评估报告、观察、访谈、评定量表、展示性评价、代表作评价、作业法、专题任务评定法、反思性日志、口头评价、评优激励法、升级卡评价方法。

5.关于小学科学课堂教学评价的研究

小学科学课堂教学评价研究成果颇为丰富。(1)通过调查研究,诊断小学科学课堂教学评价存在的主要问题,从评价的性质、主体、内容、方式等方面反思课堂教学评价实践存在的不足。(2)依据最新理念,提出小学科学课堂教学的评价原则和要求。(3)从实践实施的角度探讨了小学科学课堂评价方法及其使用程序。(4)基于科学探究构建科学课堂教学评价框架和量表。

6.国外小学科学教育评价介绍与比较

积极开展小学科学教育评价领域的国际交流,介绍了世界各国小学科学教育评价领域的实践与理论研究成果。(1) 国外小学科学课程标准中的评价研究。扬州大学的潘洪建研究团队把南非、新加坡、加拿大、德国、韩国、厄瓜多尔、印度、巴西、芬兰、英国等世界其他国家小学课程标准中关于评价部分的内容与我国进行了比较。(2) 国外小学科学课程评价改革与实践的研究。如有研究者介绍了日本学力观下的科学课评价（角屋重树、孟令红,2008）;有的对美国、英国、澳大利亚、加拿大 20 世纪 90 年代以来的小学科学学业评价进行系统的分析;还有研究者分析了美国、英国、加拿大三国科学教育评价方案。(3) 对国际科学教育评价项目的研究。国际数学与科学趋势调查（TIMSS）、国际学生评价项目（PISA）、美国国家教育进展评估（NAEP）是国际学生评估三大项目。有研究者通过对 TIMSS、PISA、NAEP 科学素养评估内容的分析,详细介绍了科学素养测评工具的编制过程（吴俊明,2008：299-316）;有研究者借鉴 TIMSS 把科学探究能力评价目标分为常规程序中的能力素质评价和探究自然世界的能力素质评价两个部分,建立评价体系（罗国忠,2007）;还有的结合 TIMSS 和 PISA 的经验提出对我国小学科学教育评价的启示。

（三）阶段特点

从 1999 年开始,随着新一轮课程改革的启动和推进,我国小学科学教育评价也进入到基于课程标准、目标为主的评价阶段。总体来看,评价研究具有以下几个特点：

第一,研究注重以课程标准为依据,侧重目标实现的评价。本时期颁布的 2001 年和 2017 年小学科学课程标准对小学科学学习的目标维度及内容、评价原则和方法等都作了相对比较详尽的规定，小学科学教育评价研究大都遵循实践逻辑的研究路线，致力于对课程标准相关规定在实践评价中的具体实施和路径的研究，对评价方法的使用结合具体实践进行了探索。

第二，小学科学教育评价内容的各个维度均有涉及，但有所失衡。科学探究维度的评价研究最为丰富，科学思维评价研究也逐渐展开。科学知识的评价对从事实性知识掌握的评价逐渐转向对概念、原理等结构性知识掌握的评价。科学态度的评价逐渐形成体系。不过在科学精神方面的评价有待加强。科学、社会、技术维度的评价还没有得到应有的重视，研究成果较少。

第三，积极开展国际科学素养评价经验的借鉴研究。通过对国际科学教育评价成果的介绍与比较研究，借鉴国外最新的研究成果并将其运用于我国小学科学教育评价实践。展开对科学评价的理念，如建构主义、多元智能理论等的探讨；将评价方法运用到我国的小学科学教育评价中，尤其是档案袋评价、表现性评价等过程性评价方法备受关注；展开对 PISA、TIMSS 等国际项目中的科学素养评价内容和测评框架的分析，并与我国小学科学学生学业成就、学习质量相结合，开发基于我国小学科学教育评价实际的测评框架和检测工具。

第四，小学科学课堂教学评价依然是研究的重点内容之一，并逐渐形成了多维度、多视角的评价体系。以小学科学探究教学的活动构成为出发点建构小学科学课堂教学评价标准，或以学生科学探究学习为出发点，构建评价体系。

第二节　研究的主要成就

从新中国成立至今，小学科学教育评价研究与我国教育事业共同发展。得益于小学科学教育的不断发展，小学科学教育评价研究历经三个发展阶段，从最初的实践探索和经验总结，到国际实践经验和理论的引进和借鉴，再到系统的理论框架指导下的中国探索，逐步形成了初具中国特色的小学科学教育评价理论体系，且与国际小学科学教育评价研究同步。70 年来小学科学教育评价研究主要集中在以下几个方面。

一、小学科学教育评价的理论基础研究

新中国成立初期，基于马克思主义理论的苏联教育学是小学科学教育评价研究的理论基础，研究者把教学看成是一种特殊的认识过程，注重间接知识和直接经验之间的辩证关系。在此观念之下，研究者把评价看作为教学的一个环节，评价的目的主要在于检查教学效果，强调评价对于教师教学活动开展的反馈作用。在评价内容方面，关注科学知识的掌握和服务于生产劳动的能力，体现了马克思主义的理论与实践关系观。

改革开放之后，研究者对布卢姆教育目标分类学、泰勒的目标进行评价、行为主义和认知主义关于知识分类的理论、维果斯基社会文化建构主义关于概念和思维发展的理论等进行了借鉴，小学科学教育评价研究开始围绕"目标导向"进行探索。评价的对象从教学扩展到学生和教师，尤其注重对学生学习结果的评价；对评价目标的维度或依据布卢姆的学习分类，或依据教育心理学的知识、能力、思维分类和发展层级进行划分；对目标达成的程度采取各种程度副词进行描述。小学科学教育评价的系统性和可操作性得到了加强。摒弃了原来以试题内容为主的分析方法，更注重于计算平均分、标准差、标准分、百分位和各种常模、量表，用统计方法进行定量分析（顾志跃，1993）。

21世纪以来，建构主义、多元智能理论、生命哲学、杜威的教育理论等的讨论最为充分。建立了以学生为中心、促进学生发展、强调关注学生学习全过程、注重多元化评价方法综合使用的发展性评价为主的理念（郝京华，2002）。随着研究的深入，越来越多的研究者认为真正意义上的学习是学习者主动建构的过程。为此，"有价值的学习"被认为是以学习者的主体作用为基础，强调认知活动中新知与旧知的联系，强调知识和技能的应用、迁移，强调教学方式中的过程和体验，强调教学互动中主体情感、态度和价值观等指标的重要影响。因此，科学课程评价应该具有以下理念：评价与教学过程并行，评价不是完成某种任务，而是一种持续的过程；评价被用来辅助教育，

贯穿于教学活动的每一个环节；评价提供的是强有力的信息、洞察力和指导，旨在促进发展。评价的基本目标是为了教育并促进学生的表现，而不仅是为了检查学生的表现；评价是为学习服务的，是学习的动力和源泉；评价是为人的终身发展服务的；评价应体现以人为本的思想，建构个体的发展（袁丛领，2018）。此外，关于科学评价的知识论基础也得到了关注和讨论。研究者认为：人类的生存需要基础性知识，人类的发展需要创造性知识，要实现科学知识的创造，学生应该了解科学知识的相对性与相关性，领悟科学的本质。在学生科学课程学业成就评价中，应始终基于这一理念（杨宝山，2008）。

总之，经过70年的发展，中国的小学科学教育评价研究所依据的理论基础已经与国际同步。

二、小学科学教育评价的指导思想与原则研究

（一）小学科学教育评价的指导思想研究

新中国成立之初，研究着重探讨学情诊断、平时考察与期末考试相结合的评价方式，评价方法注重纸笔测验与观察生产实践中活动表现相结合，评价的目的在于给教学活动提供即时反馈信息，以改进教学（刘默耕，1952）。可以讲，这个时期小学科学教育评价的指导思想还没有明确地确立学生发展中心的地位，以教师作为评价的主体。

1978年之后，关于小学科学教育评价指导思想研究的焦点从单一的关注对教学活动的改进，转向把学生学习评价作为自然教学评价的首要任务，自然课学生学习评价与自然课课堂教学评价逐渐区分开来。在我国，1986年开始基础教育综合评价改革，研究者针对我国小学自然教学大纲的要求，以及兰本达"探究—研讨"教学法在科学教育中的探索经验，对偏重知识考核的问题进行了反思。刘默耕指出，应避免单纯命题考试知识的弊病，发挥教师的创造性，多方面研究本学科的考查内容、要求、形式、方法等等（刘默耕，1993）。有学者认为："传统的考核办法有较大的片面性，一方面偏重于定期考试，忽视平时考查；另一方面考查以书本知识为主，忽视学生能力方面的

考查。新考核办法把重点放在检查能力上，有助于发展学生学科学、用科学的志趣与能力，有助于学生更加热爱自然课、大自然和科学技术，有助于促进自然教学达到'一举多得'的目标。"（刘宗起，1989年第2期）传统的成绩的考查与评定"往往只考查书本知识，忽视能力的考查，因而容易使学生养成死记硬背的坏习惯。"（李培实、徐仁声，1988）还有其他研究者也指出：只用一张试卷考试的方法，不适应自然学科教学的特点，不能对学生的知识、操作、情感等各个领域进行全面的考查，因此，一定要改考试为考查，采用灵活多样的形式和方法，才能促进学生全面素质的提高（谭世健，1994；袁泽中，1995）。

进入21世纪，以科学素养为核心的评价目标得以确定。科学课程的教学要通过评价，了解学生实际的学习和发展状况，改进教学，促进学习，最终实现课程宗旨，即提高每个学生的科学素养（郝京华，2002）。在评价理念方面，科学素养所包含的内容在评价中首先应该有所体现，评价指标应该有情感态度价值观方面的，有科学方面的，有科学知识方面的，还有科学探究方面的（郝京华，2001）。《中小学评价与考试制度改革的基本框架（讨论稿）》指出："评价与考试的改革必须体现新的教育评价观念，要注重对学生综合素质的考查，强调评价指标的多元化，促进学生全面发展；评价要保护学生的自尊心和自信心，体现尊重与爱护，关注个体的处境与需要；评价应突出发展、变化的过程，关注学生的主观能动性，激发积极主动的态度；要将评价贯穿于日常的教育教学活动中，发挥评价的教育功能。"据此，有研究者指出：评价改革首先是指导思想的变革，评价改革应改变过分强调甄别与选拔的功能，发挥评价促进学生发展、教师提高和改进教学实践的功能（宋清涛，2003）。还有研究者指出："科学教学评价的宗旨在于培养和提高学生的科学素养。新课程的核心理念是为了每一位学生的发展，教学评价作为教学的重要组成部分，其出发点和归宿点也应该是促进学生全面发展，科学教学评价应通过有效的发展性评价，了解学生实际的发展和学习状况，改善教学，促进发展，最终实现课程宗旨——提高每名学生的科学素养。既要关注学习结果,又要关注学习过程以及情感、态度的变化。要实现评价目标多元化,评价手段多样化,形成性评价和终结性评价并举,定性评价和定量评价相结合,创设一种"发现闪光点""鼓励自信心"的激励评价机制。"(陶国忠、袁来军,2005)

(二) 小学科学教育评价原则的研究

1978年后,随着自然课学习评价指导思想的变化,研究者提出了相应地评价的原则与要求。例如,自然课学生学习评价的考核原则:考核主要在课中进行,不加重学生和教师的负担,且要做到"五结合",即知识与能力结合,理性知识与应用知识结合,笔试、口试与实际操作结合,课内外活动结合(包括兴趣小组中创作有关作品),平时考核评分与书面单元考核评分相结合(周中梁、蔡秀峰,1986;刘宗起,1988、1989)。依据1988年自然教学大纲要求,一些研究者提出学业成绩考查原则:①全面考查、评定学生的学习成绩(包括知识、能力、学习表现等等);②考查知识与考查能力结合;③考查知识与实际应用结合;④期末考试与平时检查结合;⑤笔试、口试与实际操作结合;⑥教师评定与学生评定结合(李培实、徐仁声,1988;刘宗起,1989)。另有研究者提出了进行学生学习效果评价应注意的问题:①学习效果的考查,应注重培养学生的参与意识;②考查内容应以大纲为依据,体现大纲中的知识和能力要求;③考查的形式和方法灵活多样;④考查评价方法简便,要易于操作(谭世健,1994;袁泽中,1995)。评价时应注意:①在日常教学中注重形成性评价;②注意总结性评价的作用;③综合评价学期和学年成绩(徐庆尧,1997)。评价需要:①明确教材的编排意图,变单一考查为综合评价;②采用平时与期末、闭卷与开卷、笔试与实验等各种形式相结合的综合评价方法;③要根据学生的年龄特点,既考查知识又测试能力(李屏寅,1998)。

关于小学科学教育评价的理念和原则,研究者大都依据我国颁布的课程标准来进行论述。研究者指出,评价的原则主要包括:评价主体多元化,评价内容全面化,评价方法多样化,评价时机全程化。此外,教师应对每个学生科学素养的主要方面的培养与发展进行持久的跟踪与调控，随时关注学生在课堂上的表现与反应，及时给予必要的、适当的鼓励，进行指导性的评价（郝京华，2002；张红霞，2004；徐敬标，2010；张二庆、乔建，2016）。

一些学者基于不同的理论立场和视角探讨小学科学教育评价原则。如有学者基于生命视角认为生命性是小学科学学习评价应有的品性，彰显生命特性的小学科学学习评价应遵循：①评价目的：面向生命的应然状态，科学评价要真正做到呵护学生生命，提升生命价值，面向学生发展的应然状态；②评价主体：以人的存在为前提，发展生命价值；③评价内容：兼顾科学素养与生命特性的全面化，克服单一的偏重知识技能的误区；④评价时机：由静态走向动态生成的全程化；⑤评价标准：由预设走向生成，因人而异，尊重学生生命的独特性与发展性；⑥评价方式：走向质性与量化相结合（翁秀平，2009）。

还有学者认为小学科学教学评价的主体的多方参与，不仅体现在多元性上，还应注重多元主体之间的互动（傅道龙，2006；张二庆，2016：168）。对于小学科学教学评价内容的全面性原则，既要考虑科学知识的广度，又不能忽略情感态度与价值观、科学探究的方法与能力、科学的行为与习惯等方面（程琳，2017：279-280）。有学者提出了发展性原则，认为小学科学教育评价要促进教师和学生发展（徐敬标，2010：215；杨小凤，2014）。有学者则特别强调个性化、差异性原则，要求小学科学教育评价尊重学生的个性差异（彭香，2016；陈其浍，2019）。还有一些学者关注小学科学教育评价的公正性原则（叶宝生，2012；袁丛领，2018）。有学者提出了小学科学教育评价的总体要求：建立起与科学素养培养目标相匹配的评价体系，促进科学素养的形成和发展，针对科学素养内涵的多样性，评价指标多元化，评价的方法多样化（郝京华，2001）。评价指标应包括多样化的科学教育成果，其中包括：探究的能力，运用科学知识、科学方法进行个人事务决策和形成对社会问题看法的意识和能力，好奇心、求知欲以及与浅显的日常生活、周围环境有关的科技基本知识。评价方法应考虑纸笔测验以外的方法，如观察法、

"档案夹"法、实际作业法等。评价的主体应从教师个体转移到教师、学生个人、学生集体及家长评价主体联合体（郝京华，2000）。

三、关于小学科学教育评价类型与方法的研究

从1949年至2019年，在小学科学教育评价类型和方法方面的研究历经了从经验到系统化、理论化的发展阶段。

（一）小学科学教育评价类型的研究

在新中国成立之初，有学者基于实践经验，根据评价时间和目的，将评价分为三种类型，即课前检查、课中教师讲解过程中的评价、课后学生成绩的评定（刘默耕，1952）。20世纪80年代初，小学科学教育评价的分类主要也还是平时检查与期末考试两种（李培实、徐仁声，1988）。到了20世纪90年代之后，随着教育评价思想的发展和国际教育评价理论的引进，小学科学学生学习全过程多元评价理念在研究中得到广泛的探讨。研究者们广泛采用教育评价理论的分类方法，阐述了基于不同功能目的和评价时间的评价类型。有学者探讨了诊断性、形成性、总结性评价，绝对评价、相对评价，自我评价、相互评价及其使用时机和具体操作措施（徐庆尧，1997；顾志跃，1999；陶国忠、袁来军，2005）。对基于形成性评价的小学科学学习性评价、表现性评价、真实性评价、发展性评价也进行了介绍和深入讨论。

小学科学学习性评价。学者将学习性评价作为形成性评价的一种形式，"学习性评价（Assessment for Learning）由形成性评价（Formative Assessment）发展而来，是形成性评价的一种新形式，是在教学过程中进行的一种内部评价，其目的之一就是促进学生的思考和学习。"（丁灵巧、丁邦平，2007）。有学者把学习性评价作为与诊断性评价、终结性评价、形成性评价相并列的一种评价类型（程琳，2017）。学习性评价主要用于小学科学探究中的过程评价，其特点可以归结为：①教师可以通过学习性评价来确定学生现有的学习水平，并据此确定他们需要走向哪里；②关注学生如何学习，不仅教师在评价的时候需要关注学生的学习过程，学生自身也需要意识到他们

是如何学习的；③学生展现他们所掌握的知识、理解和技能的行为都可以认为是学习性评价，如提问、设计、决策等；④注重保持和激发学生的学习动机；⑤强调让学生知道如何改进学习，而不是简单地告诉学生评价结果；⑥重视发展学生的自我评价能力，以对自己的学习负责。学习性评价需要注意：① 探究前，通过提问促进学生的思考与讨论；②在探究过程中，通过提问促进学生思考；③通过学生的记录单了解学生并给予反馈，教师关注并合理利用记录单上的反馈信息，让学生互评他们的记录单（丁灵巧、丁邦平，2007）。

小学科学表现性评价。有学者把表现性评价作为学习性评价的一种，认为表现性评价能够更好地突出小学科学探究性的特点，在进行小学科学探究的评价时应该以表现性评价为核心进行表现性评价设计，真实反映学生学习的全貌（程琳，2017：283-284）。也有学者把其作为单独的一种类型来看待（张二庆、乔建生，2016）。表现性评价在小学科学教学中的价值：①多种测试方式能获得关于学生的更多信息；②开放性的问题更能够激发学生的创造性；③真实的生活情境对学生更具有吸引力；④综合性任务能更全面考查学生的科学素养；⑤注重建构、应用，更有利于对探究能力的培养；⑥直接的证据使评价结论更具说服力；⑦标准参照的评价更能面向全体（张二庆、乔建生，2016：177）。

小学科学真实性评价。真实性评价目的在于促进并提高学生实际解决问题的能力。将其运用于小学科学教育评价更贴近小学生的实际生活及社会生活，能更全面、更翔实地记录和反映小学生科学学习的真实情况。运用的方法和模式主要有观察、访谈、记录卡片、探究活动、档案袋评价、表现性活动及评价等（张二庆、乔建生，2016；袁丛领，2018）。

小学科学发展性评价。有学者特别强调了发展性评价在小学科学中应用的价值和意义：促进教师观念的发展、影响教师教学的策略、促进科学课堂创新、促进科学素养的形成（余婷，2013；彭香，2016）。实施发展性评价要求：①评价贯穿于教学活动的始终。评价贯穿于教学活动的整个过程，不但要关注终结性评价，而且要注重形成性评价。②评价旨在促进发展。评价对学生发展、教师素质提高和教学实践的改进具有促进作用。③评价应体现以人为本，促进个体发展。促使每个学生最大限度地实现其自身价值（刘超，2010）。

（二）小学科学教育评价方法的研究

新中国成立之初，研究者将苏联注重评价促进教学的观念与我国教育的考察传统相结合，着重探讨学情诊断、平时考察与期末考试相结合的评价方式，评价方法注重纸笔测验与日常观察、活动表现相结合。全过程多元化评价的理念存在于我国小学科学教育评价研究与实践之中。不过，相关研究仍侧重于教学的改进，还没有明确地确立学生发展中心的地位。经过70年的探索，小学科学教育评价的代表性方法达到20种之多，如问卷法、纸笔测验、概念图评价法、档案袋评价法、活动表现评价、学习记录卡、自我评估报告法、观察法、访谈法、评定量表法、展示性评价法、代表作评价法、作业法、专题任务评定法、反思性日志法、口头评价法、评优激励法、升级卡评价方法等。

针对不同教学内容的评价方法得到关注。如针对课堂知识讲解，采取提问的方法；针对推理问题，采取教师引导设问、学生集体回答的方式；针对实物观察、实验、图解，采取复演、解释、板书的形式；测量学生知识接受的程度，采用一连串的应用问题来进行个别考问；针对现象比较显著、因果关系明显的问题，鼓励学生举手回答（刘默耕，1952：75-79）。针对小学自然课外活动，一些研究者介绍了苏联斯卡特金的评价方法：要求学生按照题目记载观察日记，最后形成工作报告，并在全体学生面前进行展示和汇报（人民教育出版社，1954）。我国一些自然课教师探讨了知识应用于实践的评价（吉钧义，1957）。

自然科的成绩考查，不仅要检查学生掌握科学知识的情况，同时要检查学生是否能把所学知识应用到实际中去。根据上述的考查要求，我把平时考查作为成绩考查的主要方式，结合期末测验这个方式，平时考查一般采取以下这些方法：

1.课堂提问：这是较好的考查方法。课堂提问可以督促学生经常复习功课，达到巩固知识的目的。提问内容有：①口头回答问题。如问：农民伯伯为什么用锄地的办法来抗旱？②指图讲述。如指着人体挂图讲述呼吸时空气所经过的道路。③报告在家里所做的实验。如报告分析土中含有腐殖质壤的实验经过情况及实验结果。④用观察、实验等方式来回答问题。如在一盒子内装着花岗石和石灰石，让学生把它们分别出来并说明它们的不同。⑤板书。叫学生把所答问题中的科学名词术语写出来。等等。

2.检查家庭作业：从家庭作业本中也可了解学生的学习成绩。如布置了书面回答问题、实验观察等作业后，在下一堂课检查他们的作业本。

3.平时测验：在一个单元或某课教学结束后做一次单元复习和测验。如这学期六年级计划进行4次平时测验。第一次土壤部分1—5课，是关于土壤的概念与成分的知识，我根据教学要求及教材的系统性拟定了14条复习提纲，在课上指定学生名回答。复习后，用15分钟的时间测验了5个问题。

期末测试的目的是系统地检查学生一学期的学习，总结一学期的教学成绩。测验应当在指导学生进行全面复习的基础上举行。期末测验试卷如何命题是一个重要的问题。数年前我开始教学时感到很困难，一本书内容那么多，无从出起。于是这一课上找一个问题，那一课中找一个填充；有了这一课的，又怕缺了那一课的。现在觉得这样做不对。要使命题恰当，首先应当考虑一学期自然教学总的目的要求是什么，应当要学生了解哪些主要问题，明确了这点，命题就比较容易了。例如六年级土壤部分主要是要求学生明白土壤的成分、性质以及怎样改良土壤等基本知识，所以就用了下面5个题目：（填充题）①土壤的主要成分是_____。②施肥的目的是_____。（问答题）③为什么要研究土壤？④为什么大雨灌溉后要锄地？⑤为什么要改良土壤的构造？怎样改良？

其次，问题要能启发学生的思考和培养其综合概括的能力。例如在矿物部分，用"某种金属的性质怎样"这类的问题就不如用"有形状大小相同的五种金属，只知道它们是铁、铜、铝、铅和锑，你怎样把它们分别出来"这样的题目来得好，这样提问也可以避免学生在复习时的死记硬背现象。

再次，问题要能联系生产和生活实际。例如用"大雨后或灌溉后为什么要锄地"就比用"水在土壤是怎样上升的"好一些。教学了"温度计"后，就提出"为什么井水冬暖夏凉"这个实际问题。

此外，试题的方式可以多样，但分量不宜太多。我们常用的方式是填充、问答、填图（如在人体骨骼图上填上骨的名称）、填表（如砂和粘土的性质比较）等。期末测验试题也不多，一般是10—15题。

除了通过课堂提问和测验考查学生知识外，我还从课外活动、个别谈话、家庭访问及书面调查等方面，考查学生怎样把知识用之于时间。例如检查学生在下雨以后是否去锄松土壤，在劳动生产中是否把土壤翻得合适，是否会给植物施肥，是否养成卫生习惯，等等。通过这些检查，又促进学生进一步实践。像学习"关爱牙齿"以前，六年级（2）班50人中没有一人晚上刷牙；学习后第一次检查时，有35人做到晚上刷牙，饭后漱口；第二次检查时全部做到了。一个姓王的学生说现在饭后不漱口就感到不舒服。学了"维生素"以后，一般学生能说服家长不要把菜烧得太久。一个学生叫母亲烧茼蒿汤时，水开后再放菜，改变了过去先炒再煮的做法，以尽可能保持维生素。

对于这些方法的使用，有学者认为应该根据不同年级学生的心理特征采取适当的方法，如"根据小学自然教学的特点，低年级应着重应用观察评定法、作品法等，在课堂上及各种自然课外活动中对学生非知识方面的因素，进行考核评价，一般不以知识方面的测验为主。对中、高年级的学生，除了考核学习态度、兴趣习惯、动脑动手能力等方面外，还要进行知识、技能方面的测验，以评价学生掌握知识和技能的情况，促使学生掌握必要的基础知识和基本技能"。（山东省教学研究室，1992：204-208）

还有研究者从评价方法的特点出发给出适用评价内容的说明。教师观察评价法，过程性评价，观察行为表现，了解目标达成、学习兴趣和态度；与学生谈话评价法，适合情意目标；活动表现评价，适合科学探究能力、情意目标；测验与考试，适合科学知识、科学探究能力；活动产品分析法，适合科学态度、逻辑思维能力；学生成长记录袋评价，描述学生成长过程；评定量表，科学学习中的成果、行为表现、学习能力、态度、动机、兴趣等；作业法，适合学习水平、学习能力；评议法：情意目标（陶国忠、袁来军，2005；徐敬标，2010；张二庆、乔建生，2016；彭香，2016；程琳，2017）。

另有研究者基于评价目标维度探讨评价方法及其使用。①以考核学生科学知识掌握情况为主的评价可采用纸笔测试方式，如课时测试、单元测试、学期测试等。②以考核学生科学探究技能为主的评价，可采用现场观察的方式。现场观察一般有课堂即时观察、专题考核观察等。③以考核学生学习表现为主的评价，可采用记录、记载、语言评价等方式，目的在于诊断学生学习表现情况。学习表现包括课前准备（材料准备、资料搜集等）、作业完成、课堂状态、合作学习、科学观念等。对于这些内容的评价，可采用记录次数、记载等级（如优、良、中、差等）的方式。语言评价含程度性语言（如真实完整、认真细致等）和激励语言评价（如有道理、有创意、真聪明等）。④以考核学生活动效果为主的评价，可采用展示作品的方式进行，包括实验报告、小制作、小论文、小调查、观察日记等，目的在于鉴定学生活动质量水平。⑤以考核学生综合学习质量为主的评价，可采用成长记录袋的方式进行，包括书面测试卷、实验考核成绩报告单、作业、课堂学习评价记录单、活动照片、作品、获奖情况等，教师可根据学生成长记录袋收集的内容，对学生学习质量做出综合评价，目的在于确定学生终期学习质量水平（翁映焜，2018）。

还有研究者从教学活动前、中、后三个阶段讨论学习评价方法：①前置性评价可以使用的方法有图示思维法、事例展示法、归因访谈法、资料交流法、实例操作法；②过程诊断性评价可以使用的方法有对照反差式、要素提炼式、答辩式、模型评价式；③后测性评价可以使用的方法有运用概念进行判断、运用概念进行演绎推理、运用概念解决问题、技术作品实用检测、记录表评价（张军霞，2005）。

四、关于小学科学学习评价的研究

从 1949 年到 2019 年，我国逐步确立了以科学素养为核心的学生学习评价，科学素养的内容维度也通过探讨逐步形成共识。新中国成立初期，小学科学教育注重学生对周围自然环境的认识以及运用科学知识去解决生产实际中存在的问题。因此，在自然科学教学评价中强调对自然基本知识的掌握和知识在实践中的应用，强调知识与生产实际的结合（刘默耕，1957）。1980 年前后，小学科学教育除了必要的自然科学常识之外，还要求发展学生爱科学、学科学、用科学的志趣和能力，受到正确自然观、科学态度、爱家乡爱社会主义祖国等的思想熏陶，促进他们的身心健康发展，自然常识课程开始回归科学课程作为小学基础课程的性质定位（潘洪建，2012）。在小学科学学习评价中，科学知识和能力的评价成为主要目标。随着对应试教育倾向的反思和素质教育的提出，学生科学素养进入研究者的视野。这既是研究者对科学课程的性质认识变化所带来的，也是国际科学教育评价的发展新趋势给予的启示。进入 21 世纪，以科学素养为核心的评价目标得以确定，研究者们对科学素养评价目标的内容划分进行了充分的探讨。典型的观点有：科学知识与技能，科学精神、态度、价值观，科学方法与能力，科学行为与习惯，科学与社会、环境的关系（顾志跃，1999）。科学知识（概念、定律、理论等）、科学技能、科学方法、过程技能与方法思维、价值观、解决社会及日常问题的决策、创新能力、科学—技术—社会及其相互关系、科学精神、科学态度、科学伦理及情感等等（郝京华，2002）。科学观念与应用、科学思维与创新、科学探究与交流、科学态度与责任四方面（胡卫平，2016）。这些研究为小学科学课程标准制订和评价体系框架的建构提供了有益的思路。具体到学生学习评价的操作层面上，小学科学学习评价研究大致围绕科学素养的三个维度，即科学探究、科学知识、科学情感态度价值观加以展开。

（一）对科学探究（过程与方法）评价的研究

对学生科学探究的评价是 2001 年课程改革之后提出的科学目标维度之

一，指的是科学方法和过程的内容。

1.对学生实验能力的评价研究

有研究者指出，学生探究能力评价涉及设计实验和实验操作技能（汤晓明，2001）。实验能力评价在我国曾经占据着重要地位，科学实验被认为是培养学生科学技能和思维的重要内容。2001年之后，科学实验才逐渐被科学探究所替代，成为科学探究活动中的一种类型。

新中国成立之初，小学自然教学在重视对基础知识的系统掌握之外，亦注重实践运用，强调知识与实际生产、生活的联系，开展了多种形式的科学探究教学活动，如课堂观察、参观、记载自然历、自然角作业、教学实验园地作业、实验演示、儿童独立实验作业、采集和制作动植矿物标本、参加轻便的生产活动等等（包正甫，1957）。不过，在进行评价的时候尚没有形成专门的方法和体系，研究也大多是经验总结式的。教师引导设问，学生集体回答，"比较细腻的问题，一步步带领学生的思想跟着我走，要他们集体回答我的问题，我说原因，学生说结果，我说现象，学生说本质"（刘默耕，1952）。有的从课外活动、个别谈话、家庭访问及书面调查等方面进行评价（吉钧义，1957）。或要求学生按照题目记载观察日记，最后形成工作报告，并将小组活动的内容和成果在全体学生面前进行展示和汇报。

1978年之后，受兰本达"探究—研讨"教学法的影响，结合小学自然的理科特点，侧重操作和过程的实验能力评价是研究者重点关注的内容。研究者依据布卢姆的教育目标分类学中关于操作技能领域的理论，结合我国小学自然教学大纲的要求进行了有益的探索。一些研究者探讨了操作领域的评价。作者认为，在实验教学的启蒙阶段，要培养学生有一个良好习惯与正确的操作方法。为此把实验分解成若干个关键的、相对独立的部分，每一部分作为一个观察点，再对每个观察点作具体的描述，使观察点的要求具体化，对每一个观察赋予权重，进而构建了实验能力评价量表（蔡正秋、计云龙，1990）。有的认为，实验能力的考查不能只考查学生知识掌握的情况，需要结合对学生实验过程的观察来进行综合评价。通过看学生的操作，听学生实验后的汇报及对观察实验结果的分析进行评价（殷志杰，1995）。有人从动作技能形成的心理机制和小学自然实验课型两个方面尝试建构小学自然实验能力评价的指标体系。一个动作的掌握必须经过领会、接受、模仿、操作、熟习、创造等六个环节，据此衡量学生的实验能力水平。再根据小学自然教材的八类型课文，即观察课、实验课、科学考察课、逻辑推理课、解暗箱课、科学讨论课、技能训练课、创造性思维课，选择其中较多地体现动手技能训练的观察课、实验课、技能训练课三类课型，分析实验能力培养目标细则，建立达成水平的指标体系，举例如表5-1（陈轩，1989）。

表 5-1 小学自然实验能力评价指标例举

课型	课题	认知领域		
		识记	领会	应用
技训	制作叶的标本	(1)台纸清洁 (2)标签贴于右下角,填写清楚	(3)叶片完整 (4)干燥平展 (5)叶尖向上 (6)背面向纸	(7)标签名称正确 (8)浆糊适当,标本位置得当 (9)器材
		操作领域		
		模仿	操作	熟练
		(8)	(2)(7)(1)	(3)(6)(4)(8)(5)

在具体实施小学生自然实验操作考核过程中，应考核学生对基本实验过程和操作技能的掌握情况，同时也考核学生是否有良好的实验习惯和实事求是、严肃认真的科学态度。依据大纲对实验考核内容掌握程度的要求，即从低到高分别为"初步学会""学会"两个层次，提出自然实验操作能力（观察能力、操作能力、分析归纳能力）的考核内容及具体要求、自然实验操作考核的形式（动手独立操作与填写简单实验报告结合，独立操作与监考教师提问结合，加强实验操作考试）及其要求（张中秀、张汉林，1997）。

有研究者从小学生的心理特点出发，侧重探讨以激励的方式开展科学实验能力评价，在考查科学过程和方法的同时，促进对学生的科学兴趣的激发，提出小学科学实验评价的"大拇指"评价体系。"大拇指"倡导学生从实验课一开始就进入评价状态，学生可以对自己评价，对所在小组进行评价，也可以接受小组成员评价，接受老师的评价，实验课结束后延伸到接受家庭成员的评价，等等。但一切评价的指向都以"大拇指"为原则，具体操作如下：①评价阶段多元化：课前、课中、课后进行。②评价手段多样化：自我评价、组内互评、组间互评同时施行，教师、学生、家长共同参与评价，以多角度的评价促进学生的发展。③评价结果激励化：采用学员评价表，在科学实验课过程中，每一节课后都给本课中表现较好的学生"大拇指"，然后在相应的实验室墙上贴上星星。一个月下来，评选出当月最佳实验学生；实行优秀实验小组评价表，一个月汇总后，在实验室墙上公布本月最佳实验小组，进行表扬（王云，2017）。与此相似的还有序号评价法。序号评价法是一种由教师和学生共同参与的评价方法，具体操作如下：第一步，根据科学启蒙教育的要求和学生年龄特点，师生共同约定评价的内容。低年级的评价内容有：①观察实验是否认真细致；②汇报情况是否实事求是；③分组探索是否积极主动；④课中竞赛是否积极争先；⑤器材取放是否注意保护；⑥课内言行是否干扰他人。到了中年级，约定的评价内容又增加了三项：材料准备是否不怕困难；同学之间是否注意合作；解决问题是否积极创新。到了高年级，约定的评价内容则更多。第二步，根据人人参与，便于操作的原则，师生共同约定评价的方法。在教室内张贴师生预先约定的评价内容，要求学生逐步牢记。教师预先备有数张"序号卡"，每张"序号卡"上分别写有一个评价内容的序号。上课时，如需对某一学生在某个评价内容上进行鞭策，就可随时选出相应的"序号卡"亮给这个学生看，亮卡时，教师应面带微笑，以示激励。每次下课学生自我填写序号评价表，进行自我评价（周大鸣，2000）。

2.对科学探究评价的研究

2001年颁布的《义务教育科学（3—6年级）课程标准（实验稿）》中把科

学探究作为课程的首要目标，对小学科学学生探究能力的评价也成了研究中的重中之重。

第一，对小学科学探究思维能力评价的研究。有学者指出，人们将视线集中在探究中动手的部分而忽视了思维能力。思维能力包括分析性思维、创造性思维、批判性思维。学生设计一个探究方案需要经历连续的思维过程，并对问题进行仔细的分析，确定关键要素创造性地设计方案，并制定计划以批判性的角度审视问题，探寻问题的根源和合理性（张蓉，2007）。还有学者提出，探究能力的评价方式以定性为主，分科学探究方面和创新思维方面（彭香，2016；汤晓明，2001；陶国忠，2005）。对于思维能力评价的具体方法，有学者认为创新思维评价只能通过观察学生在解决或思考问题过程中是否有突发奇想或创新的行为表现来实现（彭香，2016：58）。还有学者以案例的形式分别对探究过程中的分析性思维、创造性思维、批判性思维的评价做了分析（张蓉，2007）。

①分析性思维评价案例：遥控器

小明、小华和小强三个人对电视机遥控器发生了兴趣，想探究不同材料对于遥控信号的阻隔性。小明在家里用纸片挡在电视机和遥控器之间，小华在家里用塑料薄膜挡在电视机和遥控器之间，小强则用棉布做阻隔。当小明的纸片加到14张，小华的塑料薄膜加到20片，小强的棉布加到10片的时候，他们的遥控器失去了效用。于是他们三人觉得，棉布对于遥控器信号隔离的效果最好。

问：你觉得他们的实验结论正确吗？为什么？你有什么意见？

案例分析及评价设计建议

这是评价学生分析性思维的一道题目，题目的类型类似于纠错，但是由于错误隐含在复杂的探究活动中，存在一定的隐秘性。遥控器问题看似是一个完美的科学探究活动，学生如果不是对探究活动步骤以及基本探究技能有非常深入的理解，则很难发现活动中隐含的错误。

分析性思维存在于人的头脑中，评价的时候不如各项技能那样显性化，便于衡量。我们只能从学生的判断中侧面评价其分析性思维能力的掌握情况。学生要能够从科学过程技能中识别出"控制变量"这一环节出现了问题，并分析具体的问题所在，比如电视机、材料和遥控器之间的距离应该是一定的，材料的大小、电池的电力、电视机的类型、遥控器的方向等等因素都是需要控制的……论述的全面性体现了学生分析性思维能力的高低。

科学探究活动是复杂的，众多的过程技能内隐于活动之中，如果不仔细分辨，难以意识到其存在。不如转而将这样的性质转变为设计的原则，利用这些技能隐性化的特点，设计相关的题型，以考察学生的分析性思维。在设计具体题目的时候，可以采用开放的形式，提供一个探究活动，让学生对其做出评价，而在这项探究活动中，就隐含种种问题。学生能够从看似规范的科学探究活动中，准确判断问题的所在，并提出翔实的解决方案，这才是高级分析性思维能力的表现。

②创造性思维评价案例

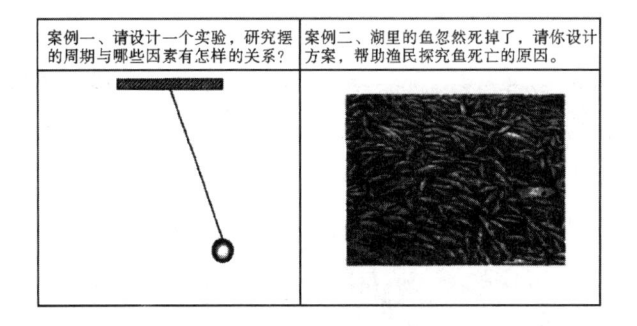

案例一、请设计一个实验，研究摆的周期与哪些因素有怎样的关系？	案例二、湖里的鱼忽然死掉了，请你设计方案，帮助渔民探究鱼死亡的原因。

案例分析及评价设计建议

科学探究中的创造性思维表现在对一个具体问题的解决。在解决问题的过程中，需要设计一定的实验方案，制订实验的步骤，验证实验的有效性，探寻与问题有关的因素，并通过活动最终得出结果。由始至终，创造性思维都在起着主导性作用。

上述两个案例都需要经历探究的一般过程，形式看似一致，实则有极大的差别。因为这两个案例属于不同类型的问题。从问题结构和特点来看，问题有良结构与劣结构之分，有硬性和软性之别。一般将便于观测、便于建模、边界清晰、目标明确、界定清晰的问题称为具有良结构硬问题，而把难于观测、不便建模、边界模糊、界定不清晰的问题称为劣结构软问题。参照这样的观点，

"摆"就是一个良结构的问题，因为能够影响单摆周期的只有线长、重物的质量、摆的角度这三个因素，学生在确定因素和设计方案验证假设的时候都不会遇到什么太大的困难。而"湖里的鱼"则是个不良结构的问题，因为造成鱼死亡的原因有很多种，可能是水质被污染了，可能是气候发生突变，当然也有可能是其他因素。首先要确定因素就显得很困难，其次在方案的设计上学生又需要积极运用创造性思维，针对不同因素设计相应方案。这一案例中对于创造性思维能力的要求显然要高于摆的案例。这就启示我们在设计题目的时候要更多地采用这种不良结构的问题，以深入了解学生创造性思维能力的水平。

③批判性思维评价案例：从环保的角度看下面电动自行车的广告画，你能想到什么？

案例分析及评价设计建议

在科学探究活动中，批判性思维有着重要的作用。科学家正是因为对知识不断地批判反思，才能发现那些被公认作真理的知识背后的谬误，从而开始探究的历程。具备批判性思维的学生能够看清事物的假象，主动产生探究的愿望，并在探究活动中具有明确的目的性。换句话来讲，因为疑问是他们主动产生的，所以他们有更加强烈的解决问题的动机。

批判性思维不仅仅表现为对已有的知识概念的质疑，更广泛地表现在对日常生活中看似正确的现象的思考。以电动车的广告为例，大多数电动车的广告画中总会以自然作为背景，表达"环保"这一主题。但实际情况真的是这样吗？我们知道电动车的能量来源为蓄电池，而蓄电池对于环境存在着巨大的危害。具备较强批判性思维能力的学生能发现这一点，指出广告画的不合理。让学生对公认的知识、定律，生活中的现象事件做评论，是了解学生批判性思维能力的有效方式。

还有学者把科学思维细分为七个思考技能：精确描述自然现象的技能，发觉与描述自然现象因果问题的技能，觉察、产生和叙述另有假说和理论的技能，产生逻辑预测的技能，计划和实施控制实验测试假说的技能，收集、组织和分析实验数据与相关资料的技能，做出和运用合理结论的技能。同时根据 PISA 测评的分级标准将科学思维分为五个等级。水平的划分，既为学生学科思维技能的评价提供了准绳，也为诊断、个别化教育干预方案的制定提供了依据，易于操作（郝京华，2017）。

第二，对小学科学探究过程性技能评价的研究。研究者大都认为，对科学探究的评价是一项综合评价活动，可以根据学生探究活动的结果以及在整个探究活动过程中的表现来进行评价。评价的内容包括六个方面，即好奇心、科学材料操作与工具使用、探究的倾向性与深度、科学活动记录、发现事物之间关系、表达与交流能力。评价方法主要以质性评价为主，也包括定量的纸笔测验，通常采用真实性评价和表现性评价、观察记录法、档案袋评价法、自我评价与他人评价相结合等方法（熊士荣，2006；叶宝生，2012；曾宝俊，2018）。在具体实施要求方面，有研究者指出：科学探究的评价方式应注重以质性评价统整量化评价；评价的内容注重探究学习的结果，更重视探究学习的过程（熊士荣，2006）。还有研究者强调：为了使比较复杂的探究能力评价活动做到公正、客观、有效，在具体操作时要明确评价的目标、提供适当的问题情境、明晰评价标准、选择评分方法（张海河，2006）。

在小学科学探究评价策略方面，一些研究者建议以专项活动的方式进行评价设计。如，完成专题作业，考查学生综合探究能力；组织实验方案设计活动，考查学生的方案设计能力；开展现场实验操作测试，考查学生动手探究能力。有研究者总结自身的实践探索提出"课题研究""创新实践""科学实验""趣味解题""小制作"以及"学习收获总结"等考评方式。①开展课题研究，考评学生的综合素质；②通过创新实践，了解学生的创新能力；③进行科学实验，磨炼学生的观察能力；④巧借趣味解题，考评学生的基础知识；⑤开展科技制作，锻炼学生的动手能力（熊俊芬，2002）。也有研究者主张对学生探究能力的评价，要与探究过程结合起来，包括提问质疑和对问题展开合理假设的能力、设计实验和实验操作的技能、对获取的信息进行思维加工的技能（汤晓明，2001）。探究技能评价包括：①探究问题的评价。看学生发现和提出的问题是否来自对周围事物的观察。评价学生能否从"这是什么""为什么这样""这是怎样形成的"等角度对周围事物及现象提出问题；评价学生所提问题是否适合探究，所提问题是否符合学生的年龄、智力、知识水平和经验，问题是否明确，是否有科学内涵，是否能对所提的一大堆问题进行筛选，是否学会把太容易或太难的问题去掉。②探究计划的评价。制定计划需要学生用理性的思维去整理感性材料，从而选择方法，确定步骤。③探究过程的评价。看学生能否通过观察、实验、制作等探究活动搜集整理相关信息资料。如学生能否通过观察、实验等活动搜集和整理活动过程中的事实，能否找到那些能够帮助自己研究问题的信息，是否能够发现和选择那些对解决问题来说是最有效的信息，是否根据研究问题的需要把选择出来的信息组织起来，让它们产生新的意义。④探究结果的评价。看学生能否选择自己擅长的方式表达探究的过程和结果，并与他人进行多向的交流与评议。要求学生学会用自己擅长的方式表达探究结果，包括在科学探究活动中做的笔记，选择能说明结果的恰当的描述方式，如数据、图表、示意图等，向别人传达自己的认识。同时要让学生学会倾听、评价别人的探究结果，对别人的探究结果敢于提出自己的看法。同学之间要学会倾听别人的想法，善待批评；同学之间要相互接纳、分享、赞赏、互助等（陶国忠、袁来军，2005：53-57）。

可喜的是，研究者结合具体案例针对某种特定的评价方法进行了深入的探索。顾志跃等在《小学科学教与学》中分别对小学科学探究过程技能评价的情景试题设计、活动表现性评价设计、专题档案袋评价设计进行了研究。（1）情景试题设计。情景试题评价过程技能设计的要点包括：用学生熟悉的生活情景替代传统试题；情景试题注意适度开放，解答过程可以反映学生差异；情景试题的得分无标准答案，可以根据质量差异量化评分。研究者分别对三类典型的试题进行了设计,即对问题作出预测、制定探究方案的能力测评,分析和处理数据、作出自己解释的能力测评,阅读和整理资料、收集需要信息的能力测评。(2) 活动表现性评价。对活动性表现评价环节(确定评价目的、设计合适的真实任务与工作单、制定可操作性的评估标准、收集评价资料、形成评价结果)进行评价,见表 5-2 (顾志跃,2011:209)。(3) 专题档案袋评价设计。有研究者结合小学科学学习内容,对专题档案袋评价设计的过程进行了详细说明,如表 5-3 所示(顾志跃,2011:214)。

表 5-2 测量活动评价标准

测量活动评价标准				
评价指标	评价细则	分值 (10分)	得分 (5分)
1.正确的天平使用方法	能熟练操作天平,测量结果正确	2	
	操作天平不够熟练,所测物体结果大多正确	1	1
	天平操作有重大错误,不能测出物体质量	0	
2.合适地利用天平进行测量的技术	能根据物体质量大小有序测量,砝码调配不频繁	2	
	能发现可以按物体质量大小测量,减少砝码的调配次数	1	
	物体测量顺序随意,砝码调配频繁	0	0
3.对物品质量的估测能力	估测结果基本接近实际	2	
	部分物体估测结果接近实际	1	1
	估测结果与实际相差较大	0	
4.有序地收集、记录数据	能有序地边测量边记录数据	2	2
	偶尔会遗忘记录数据,对物体重复测量	1	
	经常会遗忘记录数据,对物体重复测量的次数多	0	
5.对自己的活动质量能自我判断	能清晰地知道自己的成功与失败之处	2	
	能大致知道自己的成功与失败之处	1	1
	对自己的活动过程模糊,不能作出判断	0	

表 5-3　XXX 学生四年级第一学期科学专题档案袋目录

序号	技能类型	材料目录	数量
		XXX 学生四年级第一学期科学专题档案袋目录	
1	观察	组合透镜观察记录表、小生态瓶中生物状态观察表、使用显微镜观察微生物的工作单（显微镜下水蚤的样子手绘图）	3
2	交流	/	0
3	分类	新能源的利用和开发资料搜索	1
4	测量	简易天平称量物品实验记录表	2
5	收集数据	（同 3, 9）	1
6	推断	怎样使杠杆平衡实验记录表	1
7	预测	/	0
8	制作模型	制作"水透镜"探究报告、简易小天平（作品另存）	2
9	解释数据	电磁铁磁性强弱实验报告	1
10	制作图表	草原生物的食物网络分解图 2 份（其中一份是不完整的）	2
11	假设	（同 6, 9）	0
12	控制变量	（同 9, 14）	0
13	下可操作定义	/	0
14	探究	防止馒头发霉的探究方案与报告、使橡皮泥浮起来的实验报告	2
15	活动评价单	使用显微镜观察微生物的评价单（有评价细则与整体描述）、制作"水透镜"探究活动评价单（家长评价）	2
16	活动观察	制作"水透镜"探究活动、家长观察文字记录	1
17	自我评价	简易天平称量物体自我评价、小生态瓶中生物状态观察自我评价、使橡皮泥浮起来的实验等活动中的自我评价	3
18	组员评价	电磁铁磁性强弱实验中组员作出的评价	1

一些研究者介绍了运用工作单评价学生的科学过程技能的具体做法，明确指出了使用该评价工具评价的内容及一般程序，其评价内容为探究过程和结果，评价程序是先由学生自己现场填写，然后由教师收集、整理，最后按照评分标准进行打分，见表5-4（潘苏东、赵美玲，2010）。

表5-4 识别变量技能工作单的评价规则

因素	等级描述	标准	分值（分）
识别自变量	A.完全识别出适合问题的自变量	完整描述	3
	B.识别出的自变量不确定	模糊描述	2
	C.识别出不适当的自变量	与问题不符	1
	D.未识别出自变量	空白	0
识别因变量	A.完全识别出适合问题的因变量	完整描述	3
	B.识别出的因变量不确定	模糊描述	2
	C.识别出不适当的因变量	与问题不符	1
	D.未识别出因变量	空白	0
识别无关变量	A.完全识别出适合问题的无关变量	完整描述	3
	B.识别出的无关变量不确定	模糊描述	2
	C.识别出不适当的无关变量	与问题不符	1
	D.未识别出无关变量	空白	0

有的结合案例阐述了对科学探究能力的表现性评价策略：一是要求学生执行的表现性任务，二是用来评判表现和结果的标准。而评分规则及表现性任务都是依据学生达到的学习效果进行制定和开发的。所以，表现性评价的核心要素就是表现目标、表现任务和评分规则。在常规的教学和课程活动中进行科学探究嵌入式评价，该策略的核心是自我评价，自我评价的方法有反思性日志、学习记录卡、自我评价报告等（杨小凤，2014）。此外，有的则结合案例对调查法、纸笔测验法、概念图评价法、档案袋评价法和活动表现评价法在探究学习评价中的运用做了介绍（熊士荣，2006）。

（二）对小学科学知识评价的研究

新中国成立以来，知识评价一直是研究的重点内容，且研究聚焦在考试及命题上。在早期，对于知识的评定采取期末考试的方式。期末考试命题的原则：应当考虑一学期自然教学总的目的要求是什么，学生应当要了解哪些主要问题；问题要能启发学生的思考和培养其综合概括的能力；问题要能联系生产和生活实际，题型常用的方式是填充、简答、填图等，题量一般10—15题（吉钧义，1957）。知识评定的方式学习苏联采用等级计。小学科学教学评价要求与教学大纲对照，来确定学生的成绩，进而打分（1—5分，5分为满分）。

20世纪80年代早期，根据方法运用的时机和作用，研究者把科学知识评价的方法分为平时考查和成绩评定。后来随着教育评价理论在我国的传播，研究者开始使用形成性评价、总结性评价的概念。评价形式主要有笔试、口试、期末考试、平时抽查、提问、开卷考试、学生对自己作品进行自我评定、学生讨论、互相评议、作品展示、观察评定法、作业批阅、课堂练习、小制作等（林有禹，1983；周中梁，1986；谭世健，1994；袁泽中，1995）。对于这些方法的使用，有学者认为应该根据不同年级学生的心理特征采取适当的方法。"根据小学自然教学的特点，低年级应着重应用观察评定法、作品法等，在课堂上及各种自然课外活动中对学生非知识方面的因素，进行考核评价，一般不以知识方面的测验为主。对中、高年级的学生，除了考核学习态度、兴趣习惯、动脑动手能力等方面外，还要进行知识、技能方面的测验，以评价学生掌握知识和技能的情况，促使学生掌握必要的基础知识和基本技能。"（山东省教学研究室，1992：204-208）对于考试问题，研究者一方面肯定测验法在学生学习效果评定中的重要作用，另一方面也对实践中出现的片面追求考试分数的现象做出反思，提倡综合评价方法。考试命题应注意：①要体现大纲的精神实质，着重检查基本知识，检查分析和解决问题的能力、操作能力以及其他学科学、用科学的能力。②试题要有一定的数量，题目太少，检查面狭小，就会有偶然性。③试题要叙述完整，要求明确，避免因文字表达不当而影响对学生实际知识能力的检查。自然考试不应局限于问答式的笔试，如有条件也可进行口试和实验考试，这样可进一步了解学生的能力情况，对培养学生动脑又动手的学习方法可起推动作用（林有禹，1983：125）。一些研究者把期末考试分为低、中、高三个层次。第一个层次的考试为一张试卷，其试题主要是对知识的理解与运用，综合性强，能同时考查知识与能力的发展水平。第二个层次的考试题分为口试或笔试与实验两类。第三个层次的试题，不再是书本的再现，而是考查学生运用已获得的知识与能力独立解决新问题的能力。该层次的试题可分为三种：第一种，要求学生先自学课本中某一课，后填写报告表，或者笔答几个指定问题，或者写一份学习心得体会。第二种，要求学生独立研究与解决日常生活中某个自然现象或某个实际问题。第三种，是教师在期中前后公布一些研究课题，让学生任选其中一题，也可自拟研究课题。不同层次的考试采取不同的考核与评定的方法。第一个层次的考试方式，要求学生在试卷上答题，教师给评分。第二个层次的考试方式，无论是口试题，还是实验题，都要求学生用自己的语言面对全班答题。学生答后自己评分，然后教师再给以评分。此外，学习成绩好的可另考难度大、创造性强、综合性强的加分题。答对加分，予以鼓励；不对，不记分也不扣分（刘宗起，1989）。另有研究认为：对学生进行自然知识的测验，既要检查学生对自然知识的理解和掌握情况，又要防止因死记硬背知识而挫伤学生对自然学习的兴趣。因此，在命题时应注意：①命题的覆盖面要广。考试题基本上每一课的内容都有所涉及，但让学生作答的部分很简单，或是选择、填空，或是对应词语连线等。②多考查理解性的内容，少考查记忆性的内容。③既有对知识的考查，又有对一定能力的考查。书面测验的命题形式要活泼。一般有填空题、选择题、正误判断题、对应连线题等（山东省教学研究室，1992：204-208）。有的则提出，一般总结性检查是通过考试来进行的。考试和复习是相互联系的。在考试前，要根据大纲的要求和学生掌握知识、能力发展的实际情况有计划地复习。在卷面考试中，教师要改变命题题型单调无味的习惯做法。在题型上不要只是填空和问答，应增加选择、判断、现象解释、趣味性智力题（如猜谜语、配对连线等），使命题对学生产生吸引力。既要记忆，又要灵活应用。试题要注意考试可行性，严格按大纲要求命题，切勿太难或太易。评分时要一视同仁，对有创见性题解应破格给以优秀成绩，鼓励学生从小创新的意识。考试结束后，教师应对试卷进行分析，写出分析报告，作为今后教学的借鉴和从事教学研究的资料（潘留芳，1993：119-120）。

21 世纪之后，研究者对小学科学知识的评价研究在以往的基础之上结合课程标准进行了深入的探讨。有学者认为对科学知识的评价不在信息量的大小，而关键是对科学知识的理解和应用能力。因而，理解、应用知识能力也就成了评价的核心标准。理解、应用能力不仅需要学生对科学知识最基本的概念和技能有所了解，并且能利用这些知识进行思考，同时还需要具有进行表达陈述、交流的能力。有研究者详细介绍了简单事实性知识的评价方法、理解能力的评价方法、应用能力的评价方法，以及不同知识的测试试题编写的基本要点及注意事项（叶宝生，2012：220-226）。该项研究对编制试题进行科学知识评价具有很好的指导性和操作性。还有研究者在论述知识的评价问题时，在理论上论证了"理解"的重要性，并将理解的品质分解为知识、方法、目的和形式四个维度，通过具体案例分别呈现了对各个维度的评价，进而阐述如何评价的问题，如表 5-5 所示（张蓉，2007）。

表 5-5 评价理解的四个维度

知识	方法	目的	形式
转换过的直觉认识	建设性的质疑	知道所学知识的用处	掌握了不同类型知识的表征方式
丰富连贯的知识网络	建构领域内的知识	运用所学知识	有效运用不同类型知识的符号系统
	验证领域内的知识	内化知识，并能独自灵活运用	能够根据不同的对象和情境进行思考

另有研究者针对科学知识掌握的不同内容和层级，提出了评价的策略与要求。如，有研究者提出，进行课时活动过程评估，考查学生课时科学概念的构建。采用学生小组自评、互评的方法。组织单元知识学习前测、后测，考查学生单元科学知识的构建。组织期终综合评估，考查学生对全册知识的理解应用（教育部基础教育课程教材发展中心，2013：145-146）。只需要了解的知识，评价方法主要是日常课堂上的提问与观察记录。需要掌握的最基

本知识，评价方式以量化的测验、考试为主。过程性知识，可采用观察、记录、专题性实验操作、长期作业的方法（彭香，2016：58）。

（三）对学生科学情感态度价值观评价的研究

2001年小学科学课程标准把科学情感态度价值观作为分项目标之一，其内容标准主要包括对待科学学习、对待科学、对待自然、对待科学技术社会的关系四个方面，涉及对科学学习的兴趣，爱科学、爱家乡、爱祖国的情感，正确的科学价值观三个方面（潘洪建，2012）。2017年小学课程标准对应的分项目标则表述为科学态度，其内容标准包括探究兴趣、实事求是、追求创新、合作分享四个维度，涉及科学兴趣、科学精神、科学情感、科学品质等，关注六个方面：兴趣、创造精神、乐于思考、求实批判、吸收精神、坚持性与独立性（曾宝俊，2018：161）。有学者指出，情感、态度与价值观都是一些触摸不到的东西，要想客观地评价它们并不是一件很容易的事。近三十多年来，教师和研究人员广泛借鉴教育心理学、社会心理学、心理测量学，乃至情绪心理学等其他学科领域的研究成果，对教学过程中的情意评价开展了许多研究，总结出很多具体的情意评价方法。如主题统觉测验、社会关系图、情境测验、语义分析技术等（叶宝生，2012：219）。还有学者介绍了运用心理学的量表对科学学习兴趣、科学学习态度、科学学习风格进行测量（吴俊明，2008）。不过，研究者同样指出：必要的时候，可以对学生进行专门的情感态度与价值观测试，但是这种测试要慎重，最好有专业人员的参与。因为这些方法都是由专业研究人员为了研究的需要而开发出来的，如果没有相当程度的专业训练，不太适合任课教师在课堂评价实践中应用（郝京华，2002；叶宝生，2012）。

结合我国小学科学课程实施的具体实际，研究者认为，尽管一个人的外在行为表现与内在心理特征并不是完全对应的，但经过长期细致的观察，教师还是可以对学生的情感、态度与价值观形成较为准确和清晰的认识。每个教师在师生互动的过程中都会有意无意地观察学生的各种表现。但要想获得客观的、丰富的有关学生情意发展状况的评价信息，教师就要带着比较明确的评价目的，甚至要有具体的观察计划和观察指标，并且认真做好观察记录（叶宝生，2012：219）。还有研究者提出运用观察法对学生科学态度进行评价的策略：对学生在具体情境中的表现进行即时观察评价，对学生的阶段性表现进行观察评价，对学生在一节课中的表现进行连续观察评价（教育部基础教育课程教材发展中心，2013：147-148）。评价以描述性的定性信息为主，主要为表现性评价方法，以观察记录和学生互评、自评为主（彭香，2016）。在具体操作时，研究者提出：情感态度与价值观领域内容标准的习得性决定了对它的评价不能只看结果，更应该注重活动设计的内容效果，以及实施过程的有效性。因此，教师考察与评价该领域内容标准的落实情况，应从设计、过程、结果三个方面着手。①活动设计应该使小学生有兴趣，乐意参加，投入程度高，能激发他们的探究与求知欲望。②教学活动的过程评价主要靠教师的现场观察与判断，尤其是对小学生参与程度、兴趣激发、有否体验和是否感悟的观察与判断。③情感态度与价值观领域内容标准的结果评价，一般依靠教师在日常教学和批改作业时随时注意搜集有关的信息与资料，做好学生学习轶事记录，在此基础上每隔一段时间做一次判断（郝京华，2002：140-141）。还有研究者从科学态度四个方面的内容进行针对性的研究，认为：①对待"科学学习"的评价。看学生在探究学习过程中能否自主合作，并产生乐于探究与发现周围事物奥秘的欲望。具体可以从以下几个方面评价学生对待科学学习的态度：在进行科学学习过程中所表现出来的学习兴趣是否浓厚，学习动机是否强烈；在科学探究中能否尊重事实证据，能否大胆想象，敢于创新；是不是乐于合作与交流，乐于采纳别人的意见，乐于改进自己的学习或研究；能不能关心科学技术，热心参与有关活动，发展对自然和社会的关怀及责任感，等等。科学学习的评价可以灵活运用观察、问卷、访谈、测试等方法，搜集评价对象的有关资料，然后经过比较分析作出其在求知欲、自主、合作、求实等方面的价值判断；运用档案袋评价法搜集记录学生成长与进步的一件件实物，如学习资料、小制作、最满意的科学论文、科学绘画、科学小发明及金点子等。同时，还可以通过考察学生的某些典型行为、习惯，间接地评价他们对科学学习的态度。②对待"科学"的评价。看学生能否从科学发展的故事中体会科学是不断发展的事实。在对待"科学"的评价时,要结合教材中预设的科学故事或教学中随机生成的事例让学生知道对科学的理解不能持静止或僵化的态度,而应用发展的眼光去看待科学。同时能与老师和同学交流分享有关科学发展的故事,从中受到启发并发表自己的观点。还应鼓励学生大胆地质疑权威。可采用过程性评价、差异性评价等方式进行质性评价。③对待"自然"的评价。看学生能否在对自然的探究活动中形成珍爱生命、人与自然和谐相处的意识。在对待自然的评价中主要可以采用表现性评价:教师通过观察、与学生谈话、随访、评议等方式了解学生是否发展了对生命和自然的关爱以及对社会、对自我的责任感等情况。另外还可以采用激励性评价、问卷式评价等方式进行。④对待"科学、技术和社会关系"的评价。看学生能否在丰富多彩的科学实践活动中感受科学对人类、对社会的双重价值。一是评价学生能否关注身边的新科学,并能利用科学技术来提高自己的生活质量,形成科学的生活和行为习惯。二是体现在学生是否关注地球,关注生命,知道科学发展给人类和社会带来的双重影响,尤其要利用环境教育(陶国忠,2005:83-87)。

(四)学业成就评价体系的研究

学生学业成就评价,是依照课程目标对学生的学习成效进行价值判断,并把判断结果反馈于教育实践,以改进教和学,促进教育的良性运行。学生学业成就评价,包括学生学业成绩或学生学习结果(效果)的测评,它除了关注学生掌握的知识和技能,还关注学生的情感、态度、价值观等情感领域的发展。所以,学生学业成就评价是对学生小学科学学习的一个整体性的评价。该问题在1999年之后才进入到研究者的视野。

1999年,随着教育评价理论研究和实践的深入,逐步建立了小学自然学生学业成就评价的体系框架。周若新借鉴顾志跃的科学教育评价,针对学生学习评价内容维度构建了小学自然学生学业成就评价体系框架。该体系把小学科学学生学业成就评价的内容分为四个维度。①科学精神、态度、价值观。

科学精神的评价目标包括：客观精神、探索精神、质疑精神、公平竞争与合作精神。科学态度的评价目标包括：学习科学的兴趣、科学探索与学习的动机、科学探索与学习的行为倾向。科学价值观的评价目标包括：正确评价科学对社会的影响、科学是人脑力劳动的产物、科学技术是第一生产力。对科学精神、态度、价值观维度进行评价的方法主要为：问卷法、访谈法。②科学知识与技能。自然科学学科知识与技能的评价目标大多可以以现行教学大纲、课程标准为依据。需要注意的是：一是尽可能加强这些知识、技能与现实社会生活的联系，不能就知识论知识；二是在技能目标中，除了动作技能，更要关心心智技能的评价要求。对它们的评价目标主要依据各年级教学要求，通过设置年龄常模的方法制订标准。采用的方法主要为测验法。③科学方法与能力。科学方法和能力主要包括收集专题文献资料的方法、观察分析方法、运用科学模型形成假说的方法、实验的方法、表达和交流科学成果的方法，以及实际动手操作的能力。采用的方法主要有作业法、作品分析法、能力测试、综合评价法。④科学行为与习惯。学生的科学行为与习惯主要表现为爱动脑、会动脑的探究习惯，良好的学习习惯与方法，健康意识与良好的个人生活行为习惯，环保意识与自觉维护社会环境的行为习惯，热爱自然、保护生态的行为习惯等方面。采用的方法主要有行动观察、三角测量、情境法、日记法、能力测试等（顾志跃，1999：275-296；周若新，1999：91-118）。第八次课程改革之后，有研究者在回顾了我国小学科学教育中的学生学业成就评价的历史和现状调查的基础上，从学科的、过程的和学生的角度出发，提出了我国小学科学教育中学生学业成就评价改革的基本理念：需要有以科学素养的培养为根本出发点、牢固树立评价学生学业成就的意识，把使每个学生都能从评价中获益作为最终目的（宋清涛，2003）。更多的研究者则致力于小学科学学生学业成就测评的研究，如胡卫平团队提出了基于核心素养的科学学业质量测评框架，认为：①科学学科核心素养的构成是建构科学质量监测框架的依据，主要包括科学观念与应用、科学思维与创新、科学探究与交流、科学态度与责任四方面。在这四个素养中，科学探究与交流是一个过程，是一种科学学习方式和科学研究的方式，是形成科学观念、发展科学思维、形成科学态度的主要手段和途径，同时，也是一种综合的能力。科学观念与应用、科学思维与创新、科学态度与责任是通过科学学习培养的核心素养。②基于核心素养的内涵确定测评要点。监测题目的设计是科学质量监测的关键，可以分为理解素养内涵、构建问题情境和具体设计问题三步。其中理解每个核心素养的内涵是设计监测问题的前提条件。③基于学生核心素养的发展水平设计试题难度（胡卫平，2016）。北京市则以学生的学习表现作为链接，建立评价与课程标准之间的有机联系，构建了基于学习进程的小学科学学业质量测评体系，如图 5-1 所示（韦斯林，2010）。

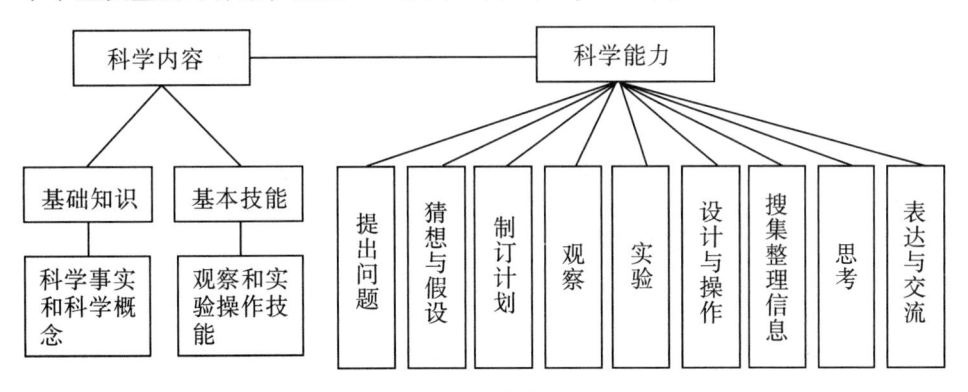

图 5-1 北京市小学科学学业质量测评框架

还有研究者借鉴国际科学测评项目的经验，构建我国小学科学学业成就测评的框架，并对具体选段和内容进行了有益探索。如，有研究对学生学业成就监测进行简要介绍，分析、研究与借鉴国际测评项目 PISA、TIMSS、NAEP 的评价理念，并对教育测量、认知分类、评价等最新相关的研究成果进行详细的梳理，厘清学业成就评价的设计理念，如图 5-2 所示。对评价维度、评价框架、初步开发相应的编制试题的模型与保证质量的技术进行了初步探讨（张雨强、崔允漷，2010）。

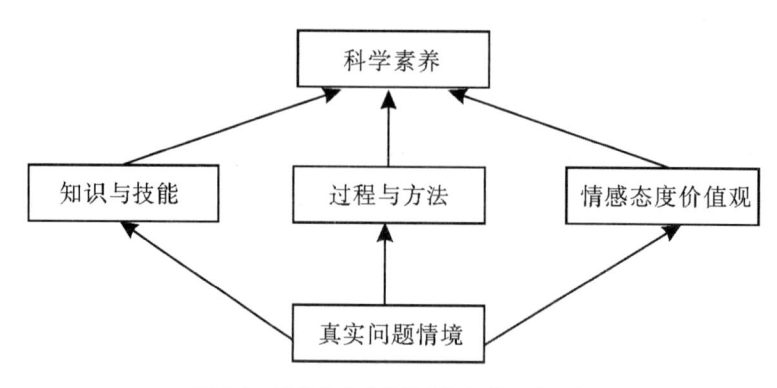

图 5-2　科学学业成就评价框架的设计理念

有研究者分析了 TIMSS 科学测评框架和我国科学课程标准，认为 TIMSS 科学测评框架的科学内容维度涵盖了我国科学课程标准的学习内容；认知维度的详细要求比我国科学课程目标水平更完善；而科学探究维度的要求，我国的科学课标中要素分得更详细。因此，研究者以 TIMSS 测评框架为依托，结合我国实际构建小学四年级科学测评框架。以《声音》单元为研究对象，根据试题编制的步骤进行试题编制尝试和检验（刘照照，2019）。另外一项研究则以小学五年级科学学业成就评价为例，开发了基于内容维度、认知维度、知识分类、知识分层的二维测评框架，并以此为依据开发测试框架编制命题双向细目表来指导五年级小学科学学业评价的试题命制（韩学姣，2015）。

更有一些学者聚焦小学科学开放性试题评价和开发，推进了小学科学学生学业成就测评研究向纵深发展。如，有研究者强调需要让学生接触界定不良问题与开放性问题，学习怎样用科学知识来解释或解决日常问题，把考查重点导向培养学生批判性创新精神与探究性实践能力（张雨强，冯翠典，2009）。另有学者认为在笔试的科学学科命题中，应以考查学生在"知识与技能"维度的表现为基础（林未延，2011）。有研究者通过对典型试题的分析和对命题现状的调查提出：命题内容要关注过程，留下探究的痕迹；要综合教材内容和学生实际（谢小立，2013）。情景性试题也是科学探究的重要手段。有的分析了评价中存在的问题，认为小学科学虽然提出了关注能力的口号，但是却依然以检验学生描述或记忆技能方面的事实信息作为评分标准，而不是科学探究方法和能力本身。有的举例分析了情景性试题的优势，提出采用情境性试题考查学生在特定情境中运用知识技能解决问题的能力（钟媚，2010）。有研究者依据试题的结构要素将小学科学开放题分为条件开放型、内容开放型、策略开放型、答案开放型和综合开放型，并提出小学科学开放性试题的开发建议：试题要尽可能贴近生活，合理调节开放题的难度，开放题应倾向于对更高级别认知水平的考查，背景材料要正确选取并与科学知识有机结合，试题的设计要体现对三维目标的考查（张帅，2015）。

五、关于小学科学课堂教学评价的研究

我国小学科学教育评价历来重视评价对教学的促进作用。自新中国成立以来，在苏联教育学理论的指导下，研究者依据课堂教学活动的要素，针对教学过程的环节和教师的教学行为建立了系统的课堂教学体系。随着教学观念的不断变化和更新，结合中外课堂教学评价的理论和经验，研究者确立了基于课堂教学活动和效果、教师教学行为、学生科学学习等不同视角的综合性、多视角、多维度的课堂教学评价框架和量表。总体来看，研究的内容主要有以下几个方面。

（一）通过调查研究，反思小学科学课堂教学评价存在的主要问题

有研究者指出：①总体上看，关注外部评价，即专家和作为专家的教师对课堂的评价，评价注重选拔功能，终结性评价比较多。②内部评价重视不够。课堂教学中教师对学生的评价还停留在表面层次，评价不够深入全面；大部分教师没有关注学生之间的自我评价；学生之间的相互评价没有到位。③在小学科学课堂教学评价中最重要的三个评价内容，依次是学生的参与程度、学生的学习效果、学生是否得到发展。但在观察的课堂中很少进行三个方面的评价。④"万能评价表"忽视了科学课程的特点（伏衡一，2008）。还有研究者发现小学科学教师课堂教学评价行为存在以下问题：①评价主体方面。现实的探究课堂评价仍以教师评价为主，教师在一定程度上还处于主导地位，学生的主体地位并没有体现出来。②评价内容方面。探究教学中教师对学生的科学知识、参

与科学探究的过程与方法、科学情感态度与价值观以及探究能力四方面的评价不均衡,尤其对情感态度价值观方面有所忽视。③评价方式方面。探究课堂口头评价仍然占有绝对地位。④评价反馈方面。缺乏深度引导的反馈。⑤评价性质方面。以激励性评价和纠偏性评价为主(耿宏丽,2010)。

(二)对小学科学课堂教学评价原则和要求的研究

有研究者提出了实事求是原则、坦率诚恳原则、兼顾整体原则、激励性原则、差异性原则、讲究方法原则(蔡海军,2007)。还有研究者指出:①评价时,既要重视从整体上对教学情况进行评价,又要注意从教学的各个环节和各个方面(如导入、讲解、提问、教学语言、板书、演示、教学组织、结束等)对教学进行深入细致的分析,做到宏观评价与微观评价相结合。②评价时,要在客观、全面、公正的基础上,充分肯定教师付出的努力和取得的成效,激励教师深入开展教学研究,努力提高教学水平;要做到实事求是与激励教师上进相结合。③在经过充分论证和深入研究的基础上,制定出教学质量评价指标体系,根据需要在某些情况下对教师的教学进行定量评价。但是在教学过程中的许多现象是难以用数量精确界定的,仅有一个定量的"分数",也不能反映出教师教学中具体的长处和不足。只有将定量评价与定性评价相结合,才能更好地发挥评价的作用。④评价还要做到自我评价与他人评价相结合(叶禹卿,2002:116-117)。

(三)对小学科学课堂评价方法及其使用程序的研究

课题评价方法主要有:量表评价法、综合比较法、网络评课法、庭辩式评课法、行为跟进式评课法、即时评价法、案例分析法、档案袋评课法等(袁丛领,2018)。有研究者介绍了 Clicker 评价系统在小学科学课堂评价中的应用。Clicker 也被称为 Classroom Response System,是一套用于课堂实时反馈并支持师生互动的教学系统。将教学与评价融为一体,使评价最大限度地帮助改变课堂教学。合理地使用 Clicker 作为评价工具,可以让评价与课堂教学融为一体,从而提升小学科学课堂的教学效率。在小学科学课堂评价中应用 Clicker 评价系统的流程和手段如图 5-3 所示(刘翠,2018)。

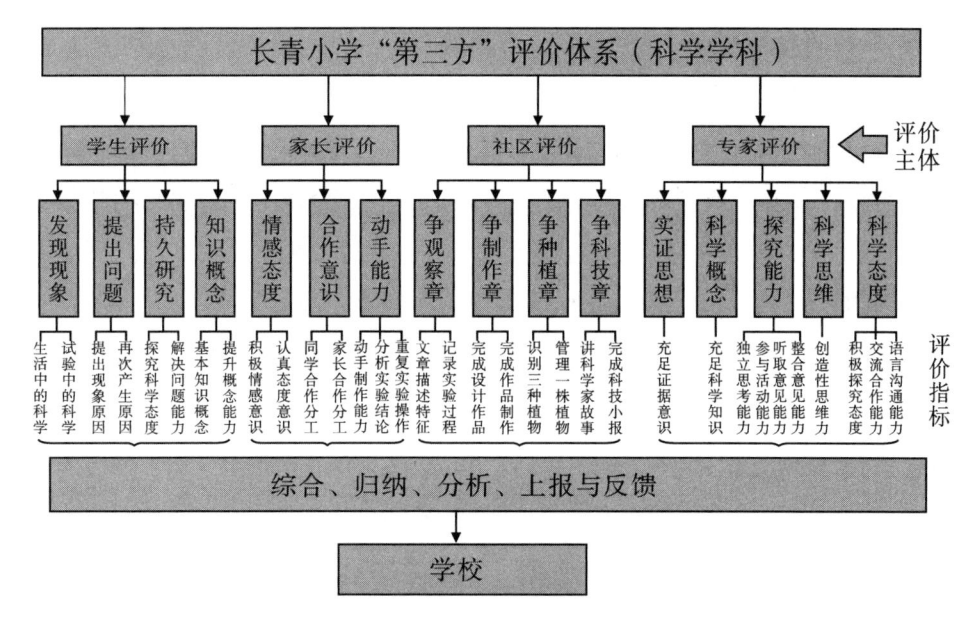

```
长青小学"第三方"评价体系（科学学科）
    ↓           ↓            ↓            ↓         ← 评价主体
  学生评价    家长评价     社区评价      专家评价
```

学生评价	家长评价	社区评价	专家评价
发现现象 / 提出问题 / 持久研究 / 知识概念	情感态度 / 合作意识 / 动手能力	争观察章 / 争制作章 / 争种植章 / 争科技章	实证思想 / 科学概念 / 探究能力 / 科学思维 / 科学态度
生活中的科学 / 试验中的科学 / 再次产生原因 / 探究科学态度 / 解决问题能力 / 基本知识概念 / 提升概念能力	积极情感意识 / 认真态度意识 / 同学合作分工 / 家长合作分工 / 动手制作能力 / 分析实验结论 / 重复实验操作	文章描述特征 / 记录实验过程 / 完成设计作品 / 完成作品制作 / 识别三种植物 / 管理一株植物 / 讲科学家故事 / 完成科技小报	充足证据意识 / 充足科学知识 / 参与听取意见能力 / 整合意见能力 / 独立思考能力 / 创造性思维力 / 交流合作态度 / 语言沟通能力 / 积极探究态度	评价指标

```
综合、归纳、分析、上报与反馈
              ↓
            学校
```

图 5-3　长青小学"科学"学科的第三方评价体系图

有研究者将档案袋评价方法应用于小学科学课堂教学评价，指出要时刻关注学生在课堂上、课余活动中、生活上以及与学习相关的其余活动的表现。对学生的表现进行细化、量化观察，总结出每个学生具备的学习优势和缺陷，设计针对性较强的评价模式（王加伟，2016）。

（四）对小学科学课堂教学评价框架和量表的研究

这是小学科学课堂教学评价研究的焦点，研究成果众多。综观这些研究成果，可以发现大致分为两类：一是以苏联的教学理论为指导的课堂教学评价体系，主要集中在自然教学大纲时期，科学课程标准时期也有相当丰富的研究。二是基于西方的教学理论来构建的小学科学课堂教学评价体系，主要集中在课程标准时期，大多从小学科学探究活动的特点出发，从多个维度来对小学科学课堂教学活动进行评价。

第一类小学科学课堂教学评价框架主要是从课堂教学活动的组成要素出发来构建的。在1978年之前，虽然也非常强调评价对教学的促进作用，但还没有形成明确的课堂教学评价的概念。改革开放之后，小学科学课堂教学评价才与学生评价分离开来，逐步形成了独立的研究领域。有研究者认为，自然课的分析与评定需要考虑：①教学目的是否达到；②新旧教材的联系是否紧密，新课的导入是否合适；③教材选择是否合适，重点、难点的确定是否符合实际；④采取的教学方法是否符合教材的特点，教学方法是否符合儿童的年龄特征；⑤教师是否激发起学生学习的兴趣，是否使学生产生自觉学习的要求；⑥这节课有哪些方面准备得不充分？上课时发生了哪些问题？哪些知识学习得好？哪些知识没讲清楚？存在什么问题？以后应如何补救？⑦这节课教师取得了哪些好的成绩和经验？今后应该怎样使课教得更好？⑧学生方面存在些什么问题？（学生的学习能力、知识水平、学习态度、纪律情况等）今后应该怎样克服？（徐仁声，1981：214-215）有的则提出了七个方面的评价标准：①教学目的要明确，结合教材和学生特点，体现知识要求、能力培养、思想教育；②教学内容必须正确，体现科学性、思想性；③教学原则和教学方法必须运用得当；④教学双方积极性都高，学生能够积极思考；⑤教学语言清晰；⑥组织得好，全课结构合理，内容安排巧妙，有效利用上课时间；⑦教学效果好，包括基础知识的理解和掌握，观察能力、分析思维能力、实验能力的培养，思想教育的效果，等等（林有禹，1983：204-206）。有的则认为分析与评价一堂自然课上得是否成功的标准主要是：①教学目的，要求是否达到；②新旧教材间衔接是否自然、紧密，导入是否科学、有趣，教学情境设置是否新颖、富有启发和吸引力；③教学内容、演示实验、教具挂图等选择是否恰当；重点确定是否准确，突出了没有；难点突破了没有，方法巧不巧；④教学原则是否充分体现；⑤教学方法是否优选，符不符合教材内容的课型特点、儿童学习心理特征，是否有利于对学生科学态度、科学精神和科学实践能力的培养；⑥教师的教学是否创造出一种心理安全感，是否激发起学生的学习兴趣和求知欲望，学生学得是否轻松愉快；⑦教师的教学语言艺术性如何，知识讲授是否"精、清、活"，存在什么问题，今后如何改进；⑧板书设计是否科学艺术，书写是否规范；⑨这堂课取得哪些成绩，今后怎样教得更好；⑩学生学习存在什么问题，应如何加以克服（潘留芳，1993：71）。

有研究者认为，自然学科教学评价依据的价值标准主要有三个方面：一是社会与时代发展的需要，二是符合科学教育的规律，三是有利于学生得到全面、和谐、充分的发展。在我国素质教育方针的指导下，考虑小学自然教学的课程性质和要求，借鉴美国米斯（Meath）的教学质量评价指标、苏联的巴班斯基评价教师教学和指标体系的基础上，研究者构建了我国自然学科课堂教学评价指标体系。该指标体系包括 6 个项目，18 个要点，具体内容如表 5-6 所示（周若新，1999：83）。

表 5-6 自然科学教学评价指标

序号	评价项目	评价因素	权数
1	教学目标	(1)教学目标的确定 (2)教学目标的实施	0.14
2	教学内容	(3)科学性 (4)教育性 (5)重点、难点 (6)方法训练与能力培养	0.20
3	教学过程	(7)结构合理 (8)学生的认知过程 (9)教师的主导作用和学生的主体作用 (10)教学的反馈调控	0.24
4	教学方法	(11)教法的选择与运用 (12)观察与实验的设计与指导 (13)现代化教学媒体的选择与运用	0.2
5	教学基本素质	(14)教学组织 (15)操作技能 (16)教学语言、板书、教态	0.12
6	教学效果	(17)完成教学任务 (18)情意发展	0.10

类似的研究成果还有：教学观念、教学目标、教学内容、教学方法、教学组织、教学态度、教学效果（叶禹卿，2002）。教学目标、教学内容、教学过程、教学方法、教学媒体、教学组织、教学气氛、教师素质、教学效果（人民教育出版社自然生物室，2001）。十全十美评价标准：教学思想、教学目标、教学内容、教学方法、教学手段、教学结构、教学效果、教学氛围、

教学语言、教学特色（蔡海军，2007）。

第二类小学科学课堂教学评价体系的构建研究则不仅关注教师的教学行为，还关注学生作为教学主体的表现；不仅关注小学科学课堂教学作为一般教学活动的特征，还强调我国小学科学课堂教学中的科学探究的特点，并由此构建多维度的评价框架。有研究者从探究性、活动性、兴趣性、生活性、合作性、发展性、创新性七个方面对科学探究、情感态度价值观、科学知识进行评价，建立评价标准，给出评价的方法建议（袁优红，2018）。有研究者提出了"三度"评价标准：参与度（学生参与的比例、参与的时间）、有效度、效益度（教学投入与产出）（蔡海军，2007）。另有研究者从学生的学习方式、学生的学习水平、学生的学习效果、教师的角色把握、学习环境的营造、教育技术的使用等方面来进行评价（叶宝生，2012）。

有学者从学科教学的角度提出了科学教育课的"视听法"组合评价方法。"视听法"是一种组合式评价。"视"即看的意思，指考察评价一个单元或一组课的整体作用，掌握"面"的情况。"听"即在一系列课中听教师上几节典型课，了解其"点"的水平。点面结合，对科学教育课做出有效的全面评价。可以通过教案、学生作业、单元测验及科学教育课的特殊活动成果等方面考察教师一个系列（单元）课的全过程。听典型课可以了解科学教育课的具体情况。一般来说，一组完整的单元教学由新授课、巩固课、复习课等组成，最好在每一类型的课中都能听一节。听课的重点应放在观察教师、学生的课堂表现上，着重观察学生注意力是否集中，思维是否活跃，主动参与的积极性有否被调动等方面。用"视听法"评价科学教育课需要收集的主要资料有：①教师教案中体现科学教育因素的情况。②学生在课堂教学中主体参与性发挥的程度。③学生通过学习，在科学素养上得到了哪些方面的收获与进步（顾志跃，1999：298-299）。

还有的研究者提出科学课堂教学评价应该包括对教师教的评价和学生学的评价两个方面，并依此构建评价标准。有研究提出，从课标的要求以及影响小学科学课堂教学的因素看，小学科学课堂教学评价体系应由两个子系统构成，即学生学业成就评价系统和教师课堂教学评价系统。学生学业成就评价系统主要体现学生当前的科学素养发展状况,以及在科学学习中的发展状态和现有水平,主要包括学生当前的科学知识水平、掌握的科学方法水平、科学态度、情感与价值观等方面的发展情况。教师课堂教学评价系统主要对教师在课堂教学中促进学生科学素养提高而开展教学水平和技能的评价,主要包括为促进学生科学素养而制定课堂教学的知识与技能、过程与方法、情感态度和价值观的教学目标,关于促进学生科学素养发展而做的课堂结构情景设置和特色的教学设计等方面(徐燕,2010)。

还有研究者认为,可以把新课程小学科学的课堂教学评价指标体系分为两个维度,横向维度和纵向维度。横向维度有两个指标:"教"和"学"。纵向维度有六个过程指标: 教学目标、教学方法、教学过程、教学效果、教学反思和评价建议。评价标准如表5-7(伏衡一,2008)。

表5-7 课堂教学评价的指标体系

	教	学
教学目标	尽可能用表现性目标表达需长期积累才可能实现的目标。目标明确、全面、清晰、具体、有层次性。目标的多元性和可操作程度	1、学生明确自己的任务,对教学目标的认同 2、具有必要的知识准备 3、对学习的内容有兴趣,有强烈的求知欲
教学方法	教师教学基本功良好,能调动学生的积极性。根据内容灵活选择教法,对学生的学法指导及示范准确有效。突出重点,突破难点,注意个体差异。现代教育技术、手段在教学中有效应用	1、体现学生的主体地位 2、能采用有效的学习方式,掌握学习方法,学生在探究学习中能发现、提出问题 3、能利用已有的知识和经验建构新知识
教学过程	教学过程的有效调控的程度,教学组织能力情况。尊重学生、关注学生个体的差异和学生个性张扬。用丰富多彩的亲历活动充实教学过程	1、学生:主动参与学习的态度、广度、深度 2、学生:和教师、学生之间的多向交往、信息沟通 3、学生:敢于提出问题,发表见解
教学效果	1、教学目标的达成度,完成教学任务情况 2、教师对新课程理念的理解和在教学过程中的体现的情况 3、教师在课堂教学过程中得到的体会 4、教师在课堂教学过程中和学生的互动,享受成功的喜悦	1、知识技能:根据课程目标,学生对有关知识、技能学习的目标达到度 2、方法能力:学生通过参与教学活动,科学探究能力、合作能力、实践创新能力的发展和提高 3、情感态度:学生对学习的兴趣和自信,正确的学习态度和良好的学习习惯

续表

	教	学
教学反思	1、能否体现学科课程基本理念和课程特点 2、能否尊重和适应所有学生的学习需求和经验，在教学过程中调整教学目标 3、能否按照教学目标、教学内容、学生实际选择来优化教学方法和策略 4、教学是否适合学生的学习？能否关注学生的个体差异？	1、参与和确定符合自己学习需求的学习目标 2、是否积极参与学习过程，选择适合自己的学习方法，在解决问题中学习 3、能否在学习过程中提出问题，解决问题，并参与始终？包括在合作学习中的学习
评价建议	评价者对教师、教学过程的建议	评价者对学生、学习过程的建议

有研究者构建了包括教师和学生两个方面的、分值为150分的量化评价量表（蔡海军，2007）。此外，有研究者认为小学科学课堂教学是以问题引发活动，以活动构建教材与课堂，以解决核心问题引领学生开展有结构的科学活动，根据核心问题设置问题链，根据问题链设置对应的活动链，以活动链为明线、以问题链为暗线开展科学探究教学，并据此构建了小学科学问题—活动化课堂教学评价标准，见表5-8（袁优红，2018：80）。

表5-8 问题—活动化课堂教学评价标准

执教		学校		班级				时间		
课题				课型				课时		
项目	评价内容		等级				权重		得分	
			优	良	中	差				
教学目标	教学三维目标的设定						20			
	课堂核心问题的确定，活动化重难点定位									
	教学理念与学习方法的选择是否符合学生需要									

续表

教材处理	课堂活动链设置合理，活动数量安排恰当						25	
	活动链安排是否以生为本，符合科学认知逻辑，体现科学本质							
	课堂学习问题链设置有思维逻辑，与活动链相匹配							
教学过程	学生活动化时间不小于15分钟，学生参与活动化的过程有兴趣，主动性强，参与度大						40	
	师生平等协作，师生、生生多方互动，体现积极交流的氛围							
	活动驱动问题设置难度适中，体现科学性、层次性、逻辑性							
	自评、互评、他评等客观评价过程							
	学习活动化有亮点，有创新性环节							
	教师组织引导学生"问题—活动化"学习方法得当，有艺术性							
	情感、价值观的渗透水到渠成							
	多媒体整合运用恰当							
教学效果	教学目标有效达成						15	
综合评价							总分	

还有研究者则更进一步，认为在关注小学科学课堂教学时应以问题解决为导向，以活动为核心，关注人的发展。小学科学课堂教学评价标准分为"结构要素"和"人的发展"两个维度。"结构要素"维度包括：①学习目标

设定是否指向学生素质提高，是否有层次性，是否有拓展性，是否灵活。②科学探究过程是否有利于学生素质提高：提出科学问题的评价，进行猜想和假设的评价，设计实验方案的评价，观察与实验、获取事实与证据的评价，合作与交流的评价。"人的发展"维度包括：情感态度与价值观的培养是否有利于学生科学态度的养成，学习方式的选择是否有助于学生科学素养的提高，学生的状态（参与面、参与程度、学生反应），教师素养与发展（陶国忠、袁来军，2005：30-42）。

有研究者对我国 11 个省市的小学课堂标准进行了调查分析，认为在小学科学课堂教学过程中，教师对学生的评价受传统评价方法的影响，评价侧重于语言—言语智能、身体运动智能和逻辑—数学智能。学生的自评和互评以及教师的自评和互评都没有受到足够的重视（伏衡一，2008）。

六、国外小学科学教育评价研究的介绍与比较

1977 年后，国外教育研究的成果被介绍引入我国，教育评价领域也不例外。研究者积极开展小学科学教育评价领域的国际交流，介绍了世界各国小学科学教育评价领域的实践与理论研究成果，并与我国进行比较，主要研究有以下几个方面。

（一）对国外小学科学课程标准中评价的研究

以扬州大学的潘洪建研究团队为代表的研究者把世界其他国家小学课程标准中关于评价部分的内容与我国进行了比较，发现：①澳大利亚特别注重收集详细的诊断信息，显示学生已经知道、理解了什么并且能够证明，显示学生需要做什么来提高（戴霞兰，2013）。②南非规定学业评价由国家评价、教师评价和家长评价相结合，通过国家测试、教师手册和练习作业三方面对学生的学业成绩进行评价（赵立，2014）。③新加坡课程标准中的评价内容侧重于对理解、推理应用和动手操作能力的评价。中国课程标准的评价建议则更关注学生的发展，注重评价主体的多元化。新加坡利用信息技术对小学科学课程进行评价，其优势有：评价更开放、更全面、更主动（吴旭，2014）。

④加拿大安大略省从知道与理解、思考和探究、交流、应用四个方面对学生进行评估，并且每一方面按照达到程度垂直划分为四个水平等级（赵静，2015）。⑤德国北莱茵-威斯特法伦州在自评自改的基础上，经常使用独立的外部评价（肖一政，2015）。⑥韩国从理解基本概念、解决日常问题、获得情感体验三个方面予以评价（徐菲，2015）。⑦厄瓜多尔针对每个领域的具体知识，重点评价学生在某个学习领域应达到的标准（许友权，2018）。⑧印度提出改革评价制度，除了评估学生的成绩，还注重收集、分析和解读各种评价信息，以做出全面的评价。整个初小阶段不设立任何正式的定期考核，高小阶段开始设置连续且定期的评估，并且采用等级评分制，鼓励通过日常活动和练习来评估学习，基于长期的观察，对学生进行持续全面的评价（程秋焓，2018）。⑨中国与巴西两个国家均突出评价方式的多元性与评价内容的广泛性，但我国更看重评价主体的多样性，而巴西课程评价将层次性置于更重要的地位（邵娟，2019）。⑩芬兰科学课程评价内容注重学科横贯能力，从科学知识、工作技能和日常行为三个方面进行评价（王佳文，2019）。此外，美国1996年课程标准从科学过程与方法维度、科学知识和概念、科学态度进行评价（张红霞，2004）。还有研究者对美国2013年科学课程标准进行分析，发现美国中小学科学课程评价包括五个方面：①科学内容，三个知识领域即物质科学、生命科学、地球与空间科学。②科学实践，包括四个部分，即确认科学原理、应用科学原理、应用科学调查和应用技术设计。③评价题目，主要采用三种类型题目（选择性题目、结构化反应题目、综合性题目）评价学生的科学知识和科学实践能力。④评价内容分布，不同年级的科学知识和科学实践的评价比重不同。⑤学习困难学生和非英语母语学生的评价（罗贵明，2013）。

（二）对国外小学科学课程评价理论与实践的研究

对我国小学科学教育评价影响最大的国外理论和实践之一当属兰本达的"探究—研讨"教学。1979年美国学者兰本达应邀来中国讲学，介绍她的小学科学教育的"探究—研讨"教学法，并于20世纪80年代初在我国开展"探究—研讨"教学法教师培训和演讲，掀起了"探究—研讨"教学法研究热潮。1983 年《课程·教材·教法》杂志刊发胡梦玉译的兰本达 1982 年 5 月在北京师范大学的演讲，同年陈德璋、张泰金翻译的由兰本达与布莱克伍德、布兰德韦恩合著的《小学科学教育的"探究—研讨"教学法》由人民教育出版社出版发行。这些研究成果详细介绍了"探究—研讨"教学法的学生学习评价的三个维度，即探求概念的能力、已达到的概念水平、学习态度和方法的等级，及其评价的标准和方法。有研究者探讨了"探究—研讨"学习评价观对我国小学自然学生评价的启示（冯启蓿，1985；王启荣，1993；姜允珍，1993）。

日本小学科学教育评价的经验也比较早被介绍到我国。20 世纪 80 年代中期，哈尔滨教育学院小学教研室的李守中介绍了日本小学理科学习评价的情况。日本提倡探究学习中的评价。其评价的内容大体上可以分为：①把知识和经验加以整理、记忆的能力；②用自己掌握的知识和经验来理解说明自然界发生的现象的能力；③在新的场合能应用所掌握的知识的能力，即能够探求解决问题的方法的能力；④对照自己的经验和知识，分析、理解、判断新信息的能力；⑤能很好地观察自然现象，并把观察结果用自己的方法来表现，进一步就所观察的内容表述个人创见的能力；⑥能够把理科在社会生活中的作用讲述给别人的能力。评价的方法为行动评价，具体实施办法主要包括连续评价、综合测验、笔试三种，并分析客观测验和小论文测验的优缺点及其实施的建议（李守中，1985、1986）。日本学者角屋重树在《日本小学科学课的学习指导与评价》中指出，日本以生存能力培养为目标的评价，其小学科学教育评价内容包括四个方面：对自然事物和现象的关心、热情、态度，科学的思考，观察和实验的技能、表现，关于自然事物和现象的知识、理解（江苏教育出版社，2008：4）。

还有研究者分别对美国、英国、澳大利亚、加拿大 20 世纪 90 年代以来的小学科学课程改革进行了研究，对四国小学科学的学业评价进行系统的分析。美国的 NSES 中明确提出"学生学业评价采用内部评价与外部评价相结合，教师课堂评价与学区、州、国家的大型评价相结合的方式"。英国国家科学课程评价删除了水平描述,其改革的措施有二:一是在学生入学后进行简单的检测,并依据这些数据建立基准,衡量学习进展;二是学校可以选择和管理提供的一系列基准检测,并报告使用此基准的结果。另外,教师评价在英国小学科学学业评价中始终扮演着举足轻重的角色,该评价贯通于学生整个阶段的学习,教师评价主要是在平时的教学中以提问、谈话、能力观察、作业效果、作品展示、纸笔测验等方式进行。在学期结束时,教师给学生评定出合理的成绩等级,并将学生成绩上报英国标准与测试局(STA)。澳大利亚小学科学学业评价主要包括学校评价和国家评估。为了充分发挥评价的诊断和导向功能,保证评价的可行性和有效性,学校评价工具通常由教师合作完成,主要包括测试、撰写报告及小论文、技能测试、访谈及建立学生成长档案等。加拿大安大略省的学业评估不只是简单地测量学生学了多少知识,还要看学生能否运用所学的知识,突出能力与知识并重。评估的方式有定性的考查,如日常检查;也有定量的测试,如纸笔测验(殷梅青,2014)。还有研究者通过对美国、英国、加拿大三国科学教育评价方案进行分析,提出值得我们借鉴的地方。①评价内容侧重具有良好结构的知识,在评价过程中应测试学生的知识广度和知识结构,应侧重于了解学生对知识的理解、推理和应用以及动手操作能力。②评价形式多种多样。美国小学科学教育评价是内部评价与外部评价相结合,教师课堂评价与学区、州、国家的大型评价相结合。英国是由国家评价、教师评价和家长评价相结合,通过国家测试、教师手册和练习作业三方面对学生的科学成绩进行评价,它还应包括日常检查和表现性评价。③内部评价和外部评价相结合。英国小学科学教育评价是由国家和学校共同完成的。美国科学教育评价是由教师课堂上的例行评价和学区、州和国家级的大型评价构成。④在重视学生成绩评价的同时,同样重视学习机会的评价。为学生提供的学习科学的机会是不相同的。如果用同样的要求或评价方式对学生的成绩进行评价,会造成评价的不公正。因此,在对学习成绩评价时必须考虑到对学习机会的评价(郝京华,2002:14-16;张蓉,2007)。

(三) 对国际科学教育评价项目的研究

国际数学与科学趋势调查 (TIMSS)、国际学生评价项目 (PISA)、美国国家教育进展评估 (NAEP) 是国际学生评估三大项目,而学生科学素养是主要的评估内容之一。有研究者通过对 TIMSS、PISA、NAEP 科学素养评估内容的分析,详细介绍了科学素养测评工具的编制过程(吴俊明,2008)。还有研究者通过研究发现,TIMSS 把科学探究能力解析成一系列要素能力,其评价目标把这些要素能力分成两部分:①常规程序,侧重于常规的实验能力,包括使用仪器、设备和计算机,做常规的实验操作,收集数据,组织和呈现数据,解释数据。②探究自然世界,侧重于探究能力,包括找出要探究的问题、设计探究方案、做探究、解释探究数据、从数据中形成结论(罗国忠,2007)。还有的研究者则关注 PISA 测验中的科学素养测评框架,如图 5-4 所示,并结合我国小学科学教育评价给出了建议:①科学教育要以培养具有批判性思维的科学知识消费者为首要目标,突出评估科学探究的能力。②以合理的方式在科学教育中嵌入程序性知识和认识论知识。③通过学生自主的科学探究培养科学理性。④建立明确的目标导向,注重学生高阶认知能力的发展(刘帆,2015)。

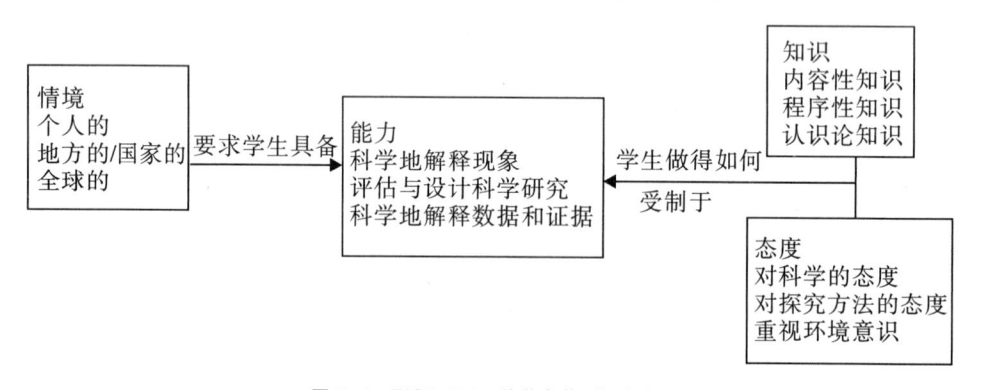

图 5-4　PISA 2015 科学素养测评框架

研究者认为 TIMSS 和 PISA 对我国小学科学教育评价的启示主要有:①测评情境真实。在 TIMSS 与 PISA 测评时都要尊重测评情境的真实性,这样就可以更好地培养学生把知识与实际相联系的能力,将科学知识贴近生活情境,培养学生的学习兴趣,提高他们的科学素养。②多种测评方式相结合。PISA 测评并不是基于课程的评价，而是面向未来发展和终身发展的评价。评价要客观、理性，结合我国的教育特点，将多种测评方式相结合，通过试卷测评、问卷调查、随时考核等方法进行全面、符合实际情境的评价，有助于我国教育的进一步发展。③同时测评基础知识和解决问题的能力（高继伟，2015）。

第三节　研究反思与展望

一、研究反思

（一）研究视角与思路较为单一

综观新中国成立以来的小学科学教育评价研究成果，在研究视角与思路上存在重视事实判断研究而轻价值判断研究、注重实践逻辑的研究而缺少理论逻辑的研究、注重技术方法等评价的可操作的研究而缺乏对评价的实质内容的有效性的研究等方面的问题。

第一，重事实研究轻价值研究。评价是对人、事、物的性质、程度、价值做出判断的过程，本质上是一种价值判断活动。所谓价值，指的是满足需要的程度。由此可见，评价首先得基于特定主体的某种需要，这种需要是对人、事、物的一种应然表达，也就是评价的价值标准问题，然后是对人、事、物现实状态的一种实然描述，两相比较，进而做出价值判断。所以，评价研究既包括价值研究，也包括事实研究。价值研究确定评价的内容，事实研究收集评价对象的资料，对其进行描述。从我国小学科学教育评价70年的研究来看，成果大多集中在事实研究领域，热衷于探讨小学科学教育评价方案的制订和数据资料的收集，但是对小学科学基于评价内容及其标准的探讨不是特别充分，或者是基于国外经验的引进，或者是基于国家标准的直接简单引用，形成了只注重普遍性而忽视评价的情境性、具体性、个体性等状况。应该看到，小学科学教育评价经过70年发展已经前进了一大步，特别在事实判断的科学性与精确性方面有了很大的发展，但还存在明显不足，与理想的具有导向、激励、调控、鉴定、改进等多项功能的评价作用的发挥还有一些差距，造成这些问题的主要原因是对小学科学教育评价的价值研究的认识不足，忽略了它作为一种人与人之间的价值判断活动，受到价值观念、相互关系、心理偏差等多种主观因素的影响，只把它简单地看作是一项纯技术性工作，从如何提高它的科学性、精确性等方面下功夫。对什么是价值判断，为什么要进行价值判断，价值判断的基本心理过程是什么，实现这一过程需要哪些技术方法等问题研究不够（顾志跃，1993）。

第二，重实践逻辑轻研究逻辑。实践逻辑是在实践者与环境相互作用的历史活动中"生成"的逻辑，最终指向对具体实践领域或对象的改进；研究逻辑则致力于把问题说得清楚，最终指向真理性。我国小学科学教育评价实践与研究必须围绕国家的教育方针而展开。在这方面必须坚持一元化价值取向和统一标准。这些年的教育评价正是由于坚持了这一点，才能较好地发挥为把握教育事业的发展方向服务、促使教育目标与各种教育政策法规落实等社会作用。在70年的小学科学教育评价研究中，研究者们聚焦于小学科学教育评价中的实践操作层面的研究并取得了丰硕的成果。不过，值得特别注意的是，这并不意味着可以忽视理论研究的重要性，可以把国家的政策方针、课程标准直接拿来作为评价的指标，把评价作为一种管理的工具和手段。实际上，70年来遵循实践逻辑的小学科学教育评价研究尽管成果可观，但由于理论研究的缺乏，存在着创新不足、观点类似，借鉴为主、自主建构不足等问题。例如，小学科学教育评价的标准趋向普遍化、国际化，缺少一些中国特色；小学科学课堂教学评价和学生学习评价的评价体系越来越标准化的同时却少了一些针对具体对象和情境的深度；评价类型和方法多样化，但大多来自移植和借鉴，难以看到基于小学科学教育评价自身或基于我国教育评价自身的研究和思考，等等。实践逻辑研究这种强调任务完成而不对任务本身和内容进行思考、就事论事的研究，发展到一定阶段就会产生学科基础知识面的局限，难以打开思路，向更深刻更高级的层次发展。

第三，重技术方法轻内容。从新中国成立至今，小学科学教育评价的思想方法的基本走向是从经验思辨到科学实证，再到量化质化并行；产生较大影响的方法论先是系统论和逻辑实证主义，之后又有自然主义、社会建构主义和解释学等。两种方法论下的评价各有其特点和适用范围，但都属于实证的方法，即都基于事实性资料的收集和分析。前者的基本思路是制订指标、收集信息、分析比较、作出判断；后者的基本思路是进入现场、收集资料、意义建构、进行理解性解释。应该讲，对于这两类评价方法在小学科学教育评价中的使用程序和过程，是研究者最为关注的，成果也最为丰富。在小学科学学生学习评价、小学科学课堂教学评价两个主要领域，研究者构建了非常丰富的各种评价框架、指标体系，结合具体案例对特定评价方法的操作进行了研究。但是，在热衷于对各种评价技术方法的操作性进行研究的同时，却少见对评价技术方法使用的适切性和合法性的讨论。例如，在制订各种指标体系时，很少见到探讨指标体系的内容结构的合理性问题；在建构、使用各种评价标准时，也很少见到对评价标准的效度和信度的检验。而诸如此类的问题恰恰是各种评价技术方法使用的前提性条件，评价的内容是否合理，评价方法收集的数据资料是否可信、是否反映了要评价的内容，这些问题从某种角度而言，比技术方法的使用更为重要，而这也恰恰是现有研究中比较薄弱的地方。"评价方法的研究力量大于其他方面的研究力量。教育评价是一门综合性很强的应用性学科，涉及教育哲学、教育价值论、认识论、教育的各种基本原理、目标分类学、测量、统计，以及教育管理等多门学科。但从我国中小学教育评价实际看，以研究具体操作方法方面的力量为主。……而对教育哲学、教育价值论、认识论等的研究相对较少，这就使我国中小学教育评价缺少必要的基础理论支撑，成为一种纯技术性的管理工具和手段，影响它自身的发展与成熟。"（顾志跃，1993）

（二）研究内容不均衡

从小学科学教育评价研究的内容来看，70年来研究的内容已经得到了极大的扩展，在研究内容重点突出的同时也存在着不均衡的问题，具体表现在以下几个方面。

第一，小学科学学生学习、课堂教学评价研究充分，课程评价研究极度缺乏。小学科学教育评价的内容已经分化为学生学习评价、课堂教学评价、课程评价三个领域。其中，小学科学学生学习评价在20世纪80年代之后成为研究的重点内容，尤其是1986年教学大纲特意把学生学习效果评价单独提出之后。小学科学课堂教学评价研究一直稳定持续展开，在各个阶段都是研究的重点内容之一。小学科学课程评价研究相对前两者而言显得尤其薄弱，即便是在2001年第八次课程改革之后，对小学科学课程评价的内容也很少见，而且课程评价的概念也较为混淆，与教学评价之间往往缺乏明确的边界。这可能与我国课程与教学论发展过程中教学论、课程论研究的纠葛有关，也与我国小学科学教育评价研究中偏重实践逻辑的倾向相关联。有关小学科学教科书评价的研究则更是少见，这也许与我国基础教育教科书长期实行"一纲一本"的教材编撰制度（统编制）有关。

第二，科学知识、科学探究评价研究较为充分，科学情感态度研究初步展开，更少涉及科学、技术、社会、环境和人之间关系的评价。对科学知识的评价一直是我国小学科学教育评价研究中受关注的内容，从新中国成立初期侧重自然基本知识的评定，到重点研究考试以及命题来检测各种类型知识及知识学习不同层级的测量，虽然也曾出现对考试的过分强调和反思，不过学生科学知识的评价构成了小学科学教育评价研究的基本内容之一，研究成果也颇为丰富。科学探究评价是研究者关注的另外一项内容，虽然各个时期表现形式不太相同，但也一直是研究的题中应有之义，研究者从实习作业评价、实验能力评价、过程性技能评价、科学思维评价等方面对评价的内容和方法进行了较为丰富的探讨。与科学探究评价相比，科学教育中情感、态度和价值观评价的研究成果则相对少一些，产生这一现象的原因当然与考试选拔标准等有关，但也与情感态度价值观评估理论上的模糊和具体评估方法的欠缺不无关系。另外，关于STSE方面的研究还不多见。虽然关于科学、技术、社会、环境之间关系的教育内容一直在小学科学教育中存在，只不过有时作为专门的主题呈现，例如最新的小学科学课程标准专门把它列为课程标准的内容维度之一，有时候又以隐性课程的方式运行，例如新中国成立之初强调的"爱祖国、爱家乡、爱自然"和"与生产劳动相结合"等等，但是在评价研究中，这些方面并没有得到充分的重视。

第三，以内部评价为主，第三方评价、外部评价研究不足。现代教育评价强调评价主体多元化。随着教育评价功能从单纯的鉴定、证明发展到导向、改进，评价人员的角色关系也随之发生相应的变化。在小学科学教育评价中，评价的主体应从教师个体转移到教师、学生个人、学生集体、家长、相关专家等主体联合体，评价类型也从单一的内部评价扩展到外部评价。不过，这个趋势在现有的研究中并没有得到很好的体现。综观现有的研究成果，内部评价研究最为充分，尤其是小学科学教学活动内部评价，即教师和学生作为主体的评价是研究者关注的重点内容，在这两者之中，又以教师为主的评价最为突出。而外部评价即教学活动系统之外的教育管理部门、教研员、家长、教师同行、相关专家、第三方机构等等参与小学科学教育评价的研究相对而言显得尤为不足。虽然也有一些研究者进行了国际科学相关的测评项目如PISA、TIMSS等研究，但其关注点在这些国际测评项目的框架体系，而非关注这些测评项目作为外部评价的典型是如何运作和实施的，因此对于我国小学科学外部评价的借鉴价值有限。

（三）研究力量稍显薄弱

教育评价专业性要求很强且涉及知识面很广，涉及教育哲学、教育价值论、认识论、教育基本原理、目标分类学、测量、统计、教育管理等。研究人员既需要经过专门的教育评价专业训练，还需要对教育各个领域的理论基础加以了解；既要顾及教育各个领域的价值观，从教育哲学、教育本体论到具体的教育质量观、人才观、教学观、学生观等等，还要了解认识论、各种科学分析思路与方法，掌握信息搜集、质量分析的各种手段，以及测量、评定、统计、计算机应用等技术。小学科学教育评价的研究者除了要具备教育评价专业素养之外，还需要对科学具有一定的了解，熟悉小学科学教育领域的理论和实践。从我国小学科学教育评价研究队伍来看，研究力量还是稍显薄弱。我国小学科学教育评价研究的人员主要由两部分组成：一是从事小学科学教育的一线教师和教研人员，他们对教学实践非常熟悉，积极进行小学科学教育评价的实践探索，研究成果大都属于经验总结型，不能上升为理论，具有一定的局限性。二是从事教育评价或者科学教育的研究人员，经受过专门的理论研究训练，多从评价理论或科学教育理论出发推进小学科学教育评价的发展。客观地讲，70多年来，正是这些研究者的努力，推动了我国小学科学教育评价的发展，从经验思辨逐渐到比较系统的理论体系，将理论与实践有机融合。我国虽然也成立了普教评价专业委员会，但专业化程度还有所欠缺，还没有形成小学科学教育评价专家群体。持续专注小学科学教育评价研究的研究人员不足，与教育学科的其他领域相比，小学教育研究专业人员培养，如博士和硕士研究生培养，还没有形成足够规模，这已经成为阻碍我国小学科学教育评价研究发展的瓶颈。教育评价中已经广泛使用的一些评价模式，如CIPP模式、目标游离模式、差距评价模式等等在现有研究中很少得到充分的讨论。

二、未来展望

（一）小学科学教育评价研究的视角与思路更为宽广

以往小学科学教育评价研究多从课程与教学论视角出发，基于教育评价理论，尤其是布卢姆的教育目标分类学来思考问题、展开研究，之后又加入了基于建构主义等理论的发展性评价、过程性评价、学习性评价等，但也都属于评价学的范畴。这本身并没有问题，但如果仅限于此，尤其是只侧重实践逻辑的研究，只从技术应用的角度出发，则限制了全面看待评价对象的视野。世界教育评价的发展趋势已经逐渐从教育价值学、教育伦理学、教育心理学等教育学科群以及社会学、政治学、人类学、学习科学、文化学等多视角去思考教育评价的问题，科学教育也从单一的学科教育而趋于集科学与社会、工程、技术、社会、艺术等跨学科综合教育，随之而来的"跨学科评价"因其能够实现对学生综合能力的全面考察，也将成为世界基础教育评价发展的新趋势（魏晓东等，2017）。研究的思路从"对学习的评价"转向"为了学习的评价"；不仅仅研究评价的实现，而且探讨评价的价值取向问题；既研究教育学视域中的评价，还可从社会学、文化学等跨学科角度对评价内容进行审视。如潘洪建在《科学知识社会学及其对科学课程改革的蕴意》一文中基于科学知识社会学研究成果，提出"科学课程评价改革需要重视科学认知评价，引导学生理解科学理论的情境特征；关注科学文化评价，引导学生理解科学的文化特质。"（《山西大学学报》，2021年第4期）教育评价的这一趋势也应在小学科学教育评价中得到体现和延伸，进而改变目前研究视角和思路单一的局面。

（二）小学科学教育评价的内容更加丰富全面

课程评价作为与课堂教学评价、学生学习评价同等重要的领域在教育评价中已经得到研究者的关注，尤其是课程标准评价研究、教材评价研究正在逐步展开，这一趋势虽然在小学科学教育评价中体现得还不是很明显，但也逐渐显现。如扬州大学的潘洪建团队对美国、英国、德国、法国、芬兰、日本、澳大利亚、加拿大、新加坡、印度、巴西、南非、厄瓜多尔等十多个国家的小学科学标准进行了系统的比较。小学科学教材的比较研究近年来也涌现出了不少研究成果，虽然这些研究的侧重点在于比较，只是在比较的过程中进行一些评价研究，但随着研究的推进，小学科学课程评价研究将成为与其他两个领域同等重要的研究内容。

从我国小学科学教育评价内容维度研究的发展来看，先是注重科学知识评价的研究，之后科学探究成为研究的热点，进入21世纪，科学精神、科学态度、科学情感逐渐引起研究者的兴趣，近年来STSE评价开始受到了关注。虽然后两者在评价中的确存在着更大的难度，尤其对于量化评价倾向来说更是如此，但随着心理学和测量学研究的进展，尤其是评价的质性倾向的兴起，研究者对其进行了初步的探讨。随着评价工具的情景化、个性化评价、跨学科评价、发展性评价的发展，小学科学精神、态度、情感评价和STSE评价将会是今后一段时期的研究热点，进而推进小学科学教育评价内容维度的全面和均衡发展。

内部评价与外部评价并重，第一方、第二方和第三方评价兼顾是国际教育评价的发展趋势。在教育评价领域强调政府、社会、专业力量、学校和教师相互协调、相互配合的评价体系，已经成为教育评价发展的新走向。在我国的教育评价实践中已经开始出现第三方评价，国家也出台了相关政策和措施来促进第三方评价的发展，如管办评分离、国家督导、社会监测等等。在小学科学教育评价研究中开始出现相关的研究成果，如小学科学学习质量监测体系的构建等等。随着学校和社会在教育评价中的自主权的加强以及保证教育评价的透明、公开、公正和公平的要求，小学科学教育评价第三方评价和外部评价也将成为研究的新热点。

（三）研究主体趋于多元化、专业化

随着我国以科学素养为核心的科学教育的推进，越来越多的人员参与到小学科学教育评价研究中来，除了科学教育工作者、一线科学教师和教研员、教育评价研究人员以外，经受过专业训练的小学科学教学和学科教育评价研究生成为了研究的生力军，形成了日趋多元化的研究队伍。小学科学教育评价国际学术交流日益频繁，通过举办和参加国际科学教育和评价学术会议、联合培养博士生、访学和进修项目、国外专家讲学和担任客座教授、科研项目合作等方式，国际小学科学教育评价领域的最新研究进展和成果在我国得到传播和借鉴，增强了我国研究队伍的专业化水平。小学科学教育评价学科建设取得了长足进步，随着高等教育大众化进程和学科教育和教育评价研究生教育规模的扩大，小学科学教育、学科教育评价方向的研究生培养规模急剧扩张，经受过小学科学教育评价及其相关领域专业训练的研究者成为了核心研究人员。同时，随着基础教育学校与高等教育和研究机构科研合作日益紧密，专业研究人员走进小学科学教学实践，与一线小学科学教师合作，在促进科研成果实践转化的同时，也发挥各自特长和优势，共同促进专业发展。通过这些途径，培养了小学科学教育评价研究力量，研究主体将日益趋于多元化和专业化。

第六章 小学科学教师发展研究

自近代师范教育发端，教师发展问题研究成为题中应有之义。随着师范教育到教师教育的转变，研究的核心内容也从教师的培养转向职前培养和职后发展并重，研究的视角也从基于教育工作的教师素质和培养途径转向基于教师的发展阶段和历程。小学科学教师的发展研究当然遵循一般的教师发展研究的规律，但由于小学科学本身的特点以及课程在整个教育课程体系中的地位特征，研究的内容也有其自身的特点。

第一节 研究历程

一、1949—1976年的小学科学教师发展研究

（一）阶段背景

从教师队伍建设来讲，一是如何解决师资短缺问题，二是如何对从旧社会学校接管过来的教师和新加入教师队伍的社会人员进行思想改造。1951年全国初等教育教师教育会议报告《用革命的办法办教育》提出，政治学习是首要任务，并要求各地教师普遍学习中国共产党的历史。1952年出台《关于大量短期培养初等教育师资的决定》，通过培训班、短训班、业余进修班等形式，对补充到教师队伍中的社会失业教师和人员，施以政治与思想教育，辅以业务教育，并通过编制教师教学参考书，作为教师教学的主要依据。与这

些临时性举措同时进行的是学习苏联经验，建立新中国的教师发展体系。1951年新中国召开第一次师范教育会议，重视和学习苏联经验，对师范教育进行改革。同年，颁布《关于改革学制的决定》，规定师范学校和初级师范学校培养初等教育师资。1953年《人民教育》发表《教学工作是学校压倒一切的中心任务》，强调教师的主要责任是做好教学工作，实际上是明确了教师的职责。1957年《关于中学教学研究组工作条例》，规定教研组的任务是组织教师进行教学研究工作，总结、交流教学经验，提高教师思想、业务水平，提高教育质量。

小学自然课程在新中国成立之初就作为小学基本科目而存在，但是小学里很少单设专职的自然教师，师范学校也不专门开设自然教育专业，大都在化学、物理等课程里兼顾小学自然。在1953年颁布的师范学校化学、物理学教学大纲（草案）中都特别强调化学、物理学的教学在注重专业知识教学的同时，要兼顾小学自然科教学的需要。

（二）主要研究内容

1949年新中国成立之初，教师发展主要指的是教师培养问题，侧重回答一个合格教师的基本素质应该如何的问题。此外，还有教师发展途径问题。研究的主要内容聚焦在：（1）关于小学自然教师素质的内容结构研究，或从自身教学经验的角度总结小学自然教师的素质结构，如，刘默耕将小学自然教师素质分为思想教育的能力和完成教学的能力（刘默耕，1952）；或从教学大纲的规定出发讨论小学教师的素质要求（黎明，1957；唐济，1954；赵元良，1957；杨尔衢，1963）。（2）关于小学自然教师发展途径的研究。如提出：举办业余进修学校；个人专研与集体研究相结合的备课方法；组织专职教师平时自学，分为文史、数理两组进行分组研究；假期分科讲习班；参加函授学习等（汤睿桢，1956）。

（三）本阶段研究特征

本阶段的研究成果虽然不是很多，但研究特征还是很鲜明的，主要如下：（1）小学自然教师的思想政治素质受到格外重视。注重培养爱国主义和国际主义思想，在马列主义基础上，向资产阶级的、反科学的、唯心主义的思想进行斗争。(2) 研究的内容具有鲜明的苏联特色。学习苏联师范教育体系的经验，主张小学自然教师的素质结构以具有高中程度的文化知识为主，辅之以教育学、心理学知识，强调与生产劳动实际的结合，强调实验操作和教具制作能力。(3) 注重专业思想能力的培养。特别注重专业思想的培养，树立小学教育重要性的认识和情感，要热爱小学自然教学职业、热爱儿童。

二、1977—1999 年的小学科学教师发展研究

（一）本阶段研究背景

1977 年至 1999 年，小学科学教师发展领域主要有两个重要的变革：

第一，小学自然课程性质从知识性向教育性转向。1981 年颁布的新大纲对小学自然课的性质作了明确规定，从过去学习自然知识的学科变为对学生进行科学启蒙教育的学科，把知识性变为教育性。教学改革必然要求教师的改变。1980 年 4 月教育部颁发《关于进一步加强中小学在职教师培训工作的意见》要求：对于教学有困难的教师，首先组织他们过好教材教法关，然后再系统进修文化和专业知识。对于基本胜任教学工作，但未系统学习过所教学科专业知识的教师，要组织他们进行系统的学习。与之相适应，从 1982 年贵阳举办"小学自然讲习会"开始，到 1985 年全国各省纷纷开办自然教师培训会。20 世纪 80 年代中期，教师发展的重点开始转向教学方法的运用上来，教学方法革新成为主题。1984 年 5—6 月美国学者兰本达来北京系统介绍、培训"探究—研讨"教学法。围绕教学方法改革，形成了以公开课和教研组备课为中心的中国教师发展经验。

第二，20 世纪 90 年代教师专业发展开始登场，师范教育模式开始向教师教育模式转向，开启了职前培养和职后培训进修一体化的进程。自 1966 年 10 月国际劳工组织和联合国教科文组织《关于教师地位的建议》倡议"应把教学工作视为专门的职业"之后，教师作为专业人员的身份逐渐成为世界的共识。1993 年我国颁布《教师法》明确指出教师是履行教育教学职责的专业人

员；1995年我国的教师资格证书制度建立。随之对教师的专业素质要求也发生了变化，整个世界教师教育的趋势向高等教育化、综合化转变，传统的师范教育也向教师教育转变。1995年2月，原国家教委师范司制定并颁布了《大学专科程度小学教师培养课程方案（试行）》，到1995年5月，全国共有65所学校经国家教委批准启动培养大专学历小学教师的实验。教师职前教育的师范教育体系逐渐由三级师范（中师、师专、师范大学）向两级师范（师专、师范本科）过渡。上海师范大学、南京师范大学在全国率先成立初等教育学院，专门培养本科学历的小学教师。1998年上海又率先完成了高等师范专科学校的升级，从而完成了三级师范学校培养体系的改造。我国其他地区也先后开始了这一进程。随后，1997年教育专业学位硕士研究生开始招生。1999年国家规定教师培养不局限于师范院校，由封闭的师范教育向开放的教师教育转向。教师发展的视角也不再仅仅局限于为了满足教学工作需要的教学知识和技能的发展，教师个人层面的发展开始进入研究者的视野；教师培训也不再仅仅是技术性的训练，而是与教师终身的持续成长联系在一起，职前培养和职后培训进修一体化进程由此开启。

（二）主要研究内容

本阶段我国小学自然教学改革，尤其是小学自然教学方法改革在实践中轰轰烈烈地展开，同时师范教育改革也有声有色。虽然还没有出现研究小学自然教师发展的专著，但本阶段出版的不少小学自然教学教材与著作，专门设置有有关小学自然教师的章节内容。刘宗寅的《小学自然教师必读》（济南出版社，1989）、徐庆尧的《基础教育现代化教学基本功：小学自然卷》（首都师范大学出版社，1997）等专门研究了小学自然教师的基本素质问题。本阶段发表的学术论文数量也大有增长。除了《课程·教材·教法》《小学教学研究》《小学自然教学》等杂志外，《化学通报》《生物学教学》《物理教学》等理科教学类期刊也有研究文章发表。综观本阶段研究的成果，主要聚焦在以下几个方面。

（1）小学自然教师培养的研究。对小学自然教师在小学自然教育中的重要地位和作用进行了阐述（徐仁声，1981；林有禹，1983；白雪光，1985）。分析现实中小学自然教师队伍中存在的问题，如专职教师少、未经过自然学科专业培养、自然学科知识贫乏、教学积极性不高等（白雪光，1985；周卫东，1991；丁邦平，1998）。有的提出小学自然教师培养的改革设想与建议（江树铭，1984；叶震生，1996；赵长林，1999）。

(2) 小学自然教师培训目的、内容、途径的研究。研究者认为，师资培训的目的有两项：一是提高在职教师的自然科学知识水平，二是提高在职教师的教育专业理论水平。（李培实，1989）。培训内容上，包括小学自然课涉及的动物、植物、物理、化学、地学、天文等方面的知识，制作标本、使用仪器、野外观察等方面的技能，以及教学方法、实验操作和演示（武永兴，1985等）。在培训途径方面，研究者提出的形式主要有：进修学校、讲座、短训班、终身自我教育（徐仁声，1981；顾志跃，1999）。种子训练、教育研习会和教学研究会、科学教育师范小学（李济英，1999）。教研组集体讨论、备课、公开观摩课、参观学习、分片集中教研等（白雪光，1985；郑桂兰，1991）。

(3) 关于小学自然教师素质构成的研究。主要观点可以分为两类。第一类的观点可以概括为小学教师的普遍素质加上小学自然教学特殊要求（刘怀清，1988；赵泽虎，1991；黄益如，1997），小学自然的教学能力主要包括系统观察能力、科学实验能力、科技制作能力、科学考察能力（单兆麟，1990；赵泽虎，1991）。第二类观点则直接从小学自然教学本身出发来研究教师的素质构成（徐仁声，1981；林有禹，1983；中央电化教育馆，1986；梁进军，1988；靳爱林，1998）。值得特别注意的是，科学素养第一次出现在小学自然教师的素养内容中。

(三) 阶段特征

综观本阶段的小学自然教师发展研究，具有以下特点：(1) 研究侧重小学自然教学实践中的问题。围绕小学自然教学实践的核心问题，倡导小学自然教师培养的专业化。(2) 对小学自然教师素质结构的研究依然从满足小学自然教学工作的要求角度出发。研究者对小学自然教师的素质要求已经从小学教师普遍素质加小学自然特殊要求的结构向从自然教学需要出发来建构转变。（3）经验总结色彩浓厚，理论思考和实证调查薄弱。从研究方法的角度来看，本阶段的研究还是以对实践经验的总结为主，以调查为主的实证研究开始出现，但为数不多，基于教师教育理论的研究也不多见。

三、2000—2019 年的小学科学教师发展研究

（一）阶段背景

2001 年，随着全国基础教育工作会议的召开和《基础教育课程改革纲要（试行）》的颁布实施，我国基础教育课程改革进入了一个新的阶段。与此同时，教育部相继出台了一系列促进教师专业发展的政策，主要涉及教师职前培养和职后培训两个方面。1999 年 1 月国务院批转教育部《面向二十一世纪教育振兴行动计划》中明确指出："2010 年前后，具备条件的地区应使小学和初中专任教师的学历分别提升到专科和本科层次，经济发达地区高中专任教师和校长中获硕士学位者应达到一定比例……要加强和改革师范教育，提高新师资的培养质量……实力较强的高校要在新师资培养及教师培训中作出贡献。"由此开启了小学教师职前培养大学化的进程。2004 年 3 月，教育部颁布《2003—2007 教育振兴行动计划》：改革教师教育模式，将教师教育纳入高等教育体系，构建以师范大学和其他举办教师教育的高水平大学为先导，专科、本科、研究生三个层次协调发展和终身学习的现代教师教育体系。2012 年教育部颁布《小学教师专业标准（试行）》。2014 年教育部颁发的《关于实施卓越教师培养计划的意见》。2018 年初，教育部召开普通高等学校师范类专业认证工作视频会议，对于推进师范专业认证制度、提升教师教育质量提出新的要求。同年，教育部等五部委为了落实《中共中央国务院关于全面深化新时代教师队伍建设改革的意见》，印发《教师教育振兴行动计划（2018—2022 年)》。

具体到小学科学教师职前培养上，我国小学教师的职前教育开始从职业

化走向专业化。在全国大多数省市，中等师范学校绝大多数升格为师范高等专科学校，有的直接并入师范大学或学院。科学教育专科、本科专业陆续在一些师范大学（学院）、综合大学创办。2004年教育部发布《教育部关于进一步加强基础教育新课程师资培训工作的指导意见》，小学科学教师职后三级培训制度逐步确立。2007年教育部开始组织实施小学科学学科骨干培训者国家级培训。2009年在南京成立了中国教育学会科学教育分会，下设小学科学工作委员会，各地成立小学科学教育学会，小学科学教学与研究活动促进了小学科学教师的专业发展。2011年教育部印发了《关于大力加强中小学教师培训工作的意见》，以教师需求为中心的案例式、订单式培训逐渐成为小学科学教师职后培训的主要形式。

（二）主要研究内容

小学科学课程地位的提升促进了小学科学教师发展的研究。本阶段的研究成果主要包括著作、学术论文和学位论文三种形式。本阶段出版的众多著作开始专门探讨小学科学教师发展问题，如《小学自然教师教学基本功》（叶宝生，2002）、《小学科学教学技能》（徐敬标，2010）等。还有一些著作安排专门的章节论述小学科学教师专业素质或专业发展，如《小学自然教材教法》（殷志杰，2001）、《小学科学教学法》（卢新祁，2005）等论及小学科学教师的专业素质及其发展。本阶段与小学科学教师发展相关的研究生学位论文占据了很大的比重，这说明在小学科学教师发展研究领域已经基本形成了比较稳定的研究中心和队伍。研究的重点内容主要集中在以下几个方面。

1.关于小学科学教师专业素养基本结构的研究

随着小学科学教育受到重视，小学科学教师的专业素质结构问题逐渐成为研究者关注的焦点，这一问题的研究大致可以分为四种路径：一是从小学教师共有的专业素质出发，结合小学科学学科的特殊要求来加以探讨（主要有二维结构说、三维结构说、四维结构说、五维结构说），其代表人物有卢新祁、殷志杰、郝京华、徐敬标等；二是从小学科学课程标准出发进行研究，代表人物有段佳、戴丽敏等；三是以科学素养的基本构成为基础加以说明，主要包括三要素说、四要素说、六要素说、七要素说等；四是从教师知识的分类角度进行阐述，将教师知识分为显性知识和隐性知识。

2.关于小学科学教师发展的调查研究

对小学科学教师发展的现状调查样本既有覆盖全国大部分省区的大型调查，也有基于县域、市域，甚至是某所学校的典型调查；调查的内容也从宏观的小学科学教师队伍及其专业发展调查，深入扩展到针对教师专业发展的某项内容的调查。调查包括：关于小学科学教师队伍现状和专业发展水平的调查（徐敬标，2004；胡卫平，2007）；关于小学科学教师科学素养的调查（张红霞、郁波，2004）；关于小学科学教师专业素养特定内容的调查，涉及教师科学素养观、科学探究观、科学教师本质观、科学教师PCK知识等。

3.小学科学教师职前培养研究

众多研究者认为无论是以往的分科培养师资的模式，还是"主辅修制"或者短期培训模式均不能适应新设的《科学》课程对教师素质的要求，纷纷呼吁改变小学科学教师的职前培养模式，开设科学教育本科专业（林长春，2003；丁邦平，2010；程琳，2017）。研究内容主要围绕小学科学教师职前培养模式、科学教育专业建设、课程设置三个方面展开，代表人物有林长春、丁邦平、徐敬标、张二庆、龚大洁等。

4.小学科学教师职后培训研究

随着三级培训制度的建立，小学科学教师职后培训也成为这一时期研究的热点问题之一，研究的主题主要包括对小学科学教师培训现状的反思研究、对小学科学教师职后培训的建议研究、关于小学科学教师培训内容的研究、关于小学科学教师职后培训形式的研究、关于小学科学教师职后培训模式的研究等等。

5.小学科学教师发展的策略与途径研究

随着教师教育改革的推进，教师职前职后一体化的教师专业发展也成为研究的内容，有关小学科学教师发展的策略与途径的主要观点有：观念更新与改变，包括教育行政部门、学校、教师个体的观念；构建完整的教师专业发展体系，包括职前培养和职后培训以及两者之间的联通，建立针对性强、方式多样、多层次的教师专业发展体系；完善政策、制度保障，为小学科学教师专业发展提供条件保障，包括政策导向、评价机制、经费投入等；提供教育理论知识、科学学科知识、学科教学知识等学习内容，侧重科学素养和探究教学、实验操作能力的内容；构建良好的教师专业发展外部环境和文化氛围，包括社会对教师发展的支持、构建和谐鼓励支持教师发展的学校文化；建设教师学习平台、形成教师专业发展共同体、开展合作交流，包括各种教师学习的网络资源平台、大学—教研机构—学校之间的协作体、不同学校之间的教研网络、教师同伴学习共同体等；增强教育科研意识，提倡校本教研，培养教学研究能力；增强教师个人专业自我发展意识，培养自我发展、自我反思能力，等等。

6.小学科学教师发展的国际研究

研究者积极开展国际比较研究，介绍和借鉴国际经验和最新研究成果。对美国、英国、法国、韩国科学教师培养培训进行了研究。特别是对美国、澳大利亚科学教师标准进行了较多的介绍和研究，包括制定背景、开发理念和准则、内容构成、特点、实施的实效性等。还有研究者对菲律宾科学教师专业标准开发的基础、原则、流程以及框架和基本内容进行了介绍与分析。此外，研究者对国际上科学教师的科学学科教学知识（PCK）的模型和构成要素的研究成果进行了介绍和分析。

（三）阶段特征

第一，博士硕士研究生成为小学科学教师发展研究的一股重要力量。与此前的研究发展阶段相比，直接与小学科学教师发展相关的博硕学位论文数量大增，占据了研究成果中的很大比例，研究生与导师合作发表的学术论文也为数不少，小学科学教师发展研究的队伍逐渐形成。进入21世纪以来，南京师范大学、首都师范大学、重庆师范大学等院校积极开展小学科学教师专业发展方面的研究，逐渐形成了具有特色的研究团队。

第二，调查研究为数不少，个案研究等质性研究开始出现。随着小学科学课程地位的提升与三级培训制度的建立，为了了解教师培训需求，提高培训效果，促进本阶段调查研究的开展，个案研究等质性研究开始出现。这意味着研究方法的多元化，除了理论演绎方法之外，定量研究的方法、质性研究的方法开始得到应用，标志着该领域研究发展到了一个新的阶段。

第三，聚焦小学科学教师的职前培养和职后培训，但教师专业发展的一体化没有得到应有的重视。随着我国师范教育改革的推进，小学科学教师职前培养的目标、模式、课程设置等自然也就成为了本阶段研究的焦点问题，一些先行开展小学科学教师培训的院校的研究人员也成为了本阶段的研究骨干力量，如首都师范大学的丁邦平、重庆师范大学的林长春等。同时，小学科学教师职后培训的需求、有效的培训模式、培训形式和方法等问题也得到了广泛研究。不过，职前职后教师专业发展一体化相关的议题在本阶段研究中尚未得到充分体现。

第四，研究开始深入。在大量小学科学教师发展现状调查的基础上，本阶段中后期研究开始向一些具体领域，如探究教学、科学本质观、PCK知识、社会性科学议题（SSI）等方面深入，国际上科学教师研究的前沿理论与实践中的热点问题在我国也得到了关注。

第二节 研究的主要成就

从新中国成立至今，随着小学科学课程地位的不断提升以及我国教师教育指导思想和实践模式的演变，我国小学科学教师发展研究的焦点也随之发生转移，从最初关注兼职自然教师和在语文学科中进行自然教学的能力，到关注小学自然教师培养和培训并结合小学科学学科特点的教学知识和能力的发展，再到关注小学科学教师的科学素养和专业发展。

一、小学科学教师专业素养基本结构与内容研究

小学科学教师发展主要涉及两个问题：一是发展内容的问题，即小学科学教师应该具备哪些素养；二是发展途径和方法的问题，即小学科学教师怎

么发展和提高自己的素养。新中国成立初期，研究主要从小学教师的共同素养出发并结合完成自然教学的特点来分析小学自然教师的素养；改革开放后，随着兰本达等西方科学教育理论与实践在国内的传播，研究开始关注从小学科学的学科特点出发来分析小学科学教师的素养；到了2001年课程改革之后，研究开始出现以小学科学教师本身的专业发展为核心、强调科学素养的研究路向。

（一）基于小学教师共同素养，结合科学教学特点的研究

在新中国成立初期，有研究者基于自身的教学经验，认为教师进行自然教学取得良好教学效果需要一些能力，主要分为思想教育的能力和完成教学的能力两个方面。其中，自然课的思想教育能力是把辩证唯物主义的基本要义教给儿童，通过儿童的自觉，打下辩证唯物主义宇宙观、人生观的基础。由此，教师必须持相应的观点。教学能力则涉及教材的处理能力、激发学生学习自然兴趣的能力、运用教学方法的能力、制作教具的能力、实验示范能力、组织领导自然课外活动小组的能力等等（刘默耕，1952）。在思想教育方面，除了结合教材进行辩证唯物主义和爱国主义教育以外，还必须注意师范生的专业思想教育；在学科知识方面，要注意联系实际，重视对日常生活现象的解释；在教学技能方面，要熟悉实验仪器设备及其操作、简单的自然教具的制作（唐济，1954；杨文群，1955；赵元良，1957）。还有的研究则在小学教师共同素养的基础上，突出探讨完成自然教学任务的特殊要求：必须在系统的科学知识灌授的基础上，进行专业教育；注意联系实际和其他的未来小学教师所需要的知识；要注意培养学生的实验技能；在课堂教学中应经常注意学生仪表、言语的逻辑性和通俗性、板书；培养学生制造教具的技能；在课外小组活动中布置学生绘制一些图表；组织展览会和科学晚会的能力（黎明，1957）。

有研究者指出小学自然教师的修养：首先要有一个高尚的、真善美的灵魂，注意自己的言行，不断提高自己的思想境界，注意自己品德和人格修养；其次，要不断充实最新的科学知识；第三，要有教育方面的专门知识，包括

教育学、心理学、教学法知识；第四，要掌握良好的语言表达能力；第五，良好的科学思考能力；第六，具备实际操作能力，指导学生进行观察、实验、制作模型、采集制作标本以及开展课外活动的能力（徐仁声，1981）。另有研究者认为小学自然教师的修养包括：第一，加强思想修养。热爱教育事业形成辩证唯物主义世界观。第二，善于教好功课。钻研教材、改进教学方法、精湛教学艺术。第三，努力探索教学规律。善于总结自己的教学经验，善于学习古代的和国内外的教学经验，勇于和善于发现问题、提出问题，并发表自己的看法。第四，具有良好的教学素质，知识渊博，能力全面，包括教学能力、语言表达能力、了解学生个性和学习情况的洞察力、多方面的组织能力、丰富的想象能力、操作技能（林有禹，1983：250-258）。还有研究者认为对小学自然教师的要求包括：①提高思想觉悟，热爱党、热爱社会主义教育事业；②热爱学生；③较高的科学文化修养：基础性的科学启蒙课程，多学科科学文化知识，一定的治学能力，善于学习、会学习；④较高的教学艺术：提高教育教学水平，掌握小学自然教学中的观察、实验方法，学会自制教具，教学设计能力；教学语言能力，使用直观教具和现代化教学手段；⑤善于组织校内外科学小组活动（李培实、徐仁声，1988：249-251）。随着始于20世纪80年代的自然教学方法改革与实践的展开，逐渐形成理论化的小学自然教师素养结构维度。①思想素质维度：树立良好的自然教学素质，热爱自然科学，树立正确的教学指导思想。②文化素质/科学知识维度：知识的深度、知识的广度。③教学能力维度：对自然教材的分析和透彻的理解能力；专业的教学理论；教学能力，如观察能力、实验能力、逻辑思维能力、想象能力；教学技能，如栽培技能、饲养技能、制作技能（王淑贞1994）。

教师素养结构代表性的成果概括如下：

1.二维结构说

二维结构说即小学科学教师的素养由思想素质和业务素质两方面组成。代表性的观点如：①小学自然教师要有高尚的思想素质，包括对教育事业的热爱、强烈的责任感，还包括兴趣、情感和意志三大心理品质。②小学自然教师要有较高的业务素质，包括渊博的知识，全面的能力，如运用教材的能力、语言表达能力、洞察能力、组织能力、想象能力，以及各种实践技能，如操作工具、应用仪器进行实验和教具制作等（崔兴东，2000）。再如：①小学科学教师的卓越品质，主要包括对科学的无限热爱、满腔的工作热情、不倦的探索精神、客观公正的态度、不断自我批评的品质。②小学科学教师必备的技能，主要包括：精心备课的技能、完善教学活动的技能（提问、处理学生问题、组织实验、把握教学时间、调动儿童情趣、组织教学等技能）、实施恰当评价的技能（评价与指导、设定考查、把握评价时机等技能）、开拓教学资源的技能（课后反思、交流资源）（卢新祁，2005：154-169）。

2.三维结构说

小学科学教师专业素质的基本结构包括思想方面、知识方面、能力方面。①思想方面。树立为小学科学教育做贡献的崇高理想，热爱学生、热爱科学、热爱大自然，具有科学态度、科学观点。②知识方面。比较广博的自然科学知识，包括自然科学学科基础知识和丰富的实践知识；了解科学史、科学探究的一般过程和方法；教育学、心理学的基础知识，小学自然教学理论和方法。③能力方面。娴熟的教学能力，包括分析、研究、处理教材，制订教学计划的能力，组织课堂教学、实施教学计划的能力，教学应变能力，教学评价能力；比较强的动手能力，包括实验器材、教具制作、工具使用；进行教学研究的能力（殷志杰，2001：309-317）。另有研究者指出，专职小学科学教师必须具有：①坚定的科学教育事业心。对科学启蒙教育这项事业有着深厚的感情，对待科学教学要有科学精神，热爱学生，热爱教学。②扎实和宽厚的科学知识。科学教师要占有足够的科学事实材料方面的知识，有丰富的科学表象储备；占有一定数量的、高于科学教材的科学概念、科学规律和理论；还要熟悉科学探究的一般程序和方法。③必要的教育科学知识。具备科学教学能力，如科学探究能力、自学能力、表达能力（郝京华，2002；叶禹卿，2002；张红霞，2004）。还有研究者从小学教师专业标准的三个维度出发，分析专业素养结构：①专业知识。包括：学科内容知识，也称本体性知识；教育学和心理学知识，也称条件性知识；学科教学法知识，即舒尔曼所提，由小学科学学科内容知识、教学策略知识、关于学生的知识以及情境知识整合而成；实践性知识，就是教师的教学经验；科学哲学、技术哲学、科学史以及科学、技术、社会关系等方面的知识。②专业技能。包括：一般专业技能，如了解学生及与学生交流能力、语言表达能力、组织管理能力、运用现代教育技术能力、教育科研能力；特殊专业技能，如设计问题情境能力、组织学生进行合作学习能力、组织学生进行探究的能力。③专业情意。包括：专业理想、专业情操、专业性向、专业自我（张二庆、乔建生，2016：188-196）。

3.四维结构说

四维结构说的代表性观点主要有：

有研究者认为，小学教师素质结构包含政治品德素质、文化知识素质、教学技能和能力素质、教育教学观念等。①政治品德素质。作为一名小学科学课教师，要有坚定的科学教育事业心。②文化知识素质。主要包括科学知识、教育学科知识和教学法知识三个方面。③教学技能和能力素质。包括：探究活动设计和创新能力、自我反思和提升能力、处理现代化信息的能力、推动学生心理发展的能力、组织协调能力、科学评价能力。④教育教学观念。诸如：以科学探究为核心、以学生为中心、创设合作的学习环境、科学全面地评价学生（徐敬标，2004）。

还有研究者认为小学科学教师的特定素质包括：①思想道德和职业品格素质。首先，树立为小学科学教育献身的崇高理想。其次，应具备科学精神，包括求真精神、理性精神、求实务实精神、创新精神。②专业知识素质。科学教师应具备本体性知识、条件性知识、实践性知识、文化性知识。其中文化性知识除了一般教师所应具备的基本的文化知识外，还应该包括科学哲学、技术哲学、科学技术社会学、科学史以及STS教育等方面的知识。③能力素质。小学科学教师的专业能力主要包括教育能力、教学能力、反思能力、科研能力。④心理素质。包括健全的人格和健康的心理状态（叶宝生，2012：33-40）。

另有研究者认为，小学科学教师的专业结构主要包括教师的专业知识、专业能力、教育信念及职业道德等方面的内容（徐晓雪，2012）。

此外，还有五维结构说，认为小学教师素养包括五个方面：教育教学信念、专业知识、专业能力、自我专业发展意识和教育教学经验（冯恒，2006）。

虽然从二维结构到五维结构划分不同，但基本都包含思想素养、专业知识素养、专业能力素养三个方面。另外值得特别注意的是，有研究者提出的"自我专业发展意识"这一维度，反映了当下教师专业发展领域的热点问题，这也是在2021年4月教育部颁布的《小学教育专业师范生教师职业能力标准（试行）》中规定的内容维度之一。

（二）基于课程标准的小学科学教师专业素养结构研究

在2001年课程改革之前，研究者主要以小学自然教学大纲为依据，探讨完成自然教学任务的教师素养问题。有研究者认为，依据自然教学大纲，自然教师要有任教自然科学的独特能力，表现为：①自然科学具有很强的科学性，要求自然教师有严肃的科学态度；有比较丰富的自然科学知识和社会科学知识；所传授的知识都必须正确、可靠，准确反映自然界的本来面目和普遍的规律性。②自然教学内容具有广泛性，要求自然教师有广博的知识。③自然教学内容具有实践性，要求自然教师有较强的动手能力。④自然教师要力求把自然研究的实践活动转化为儿童乐于从事的经常性活动。⑤要求教师具备运用身边的生产、生活资料组织自然教学的能力。这些能力包括带领学生到大自然中边观察、边教学的能力，有采集标本、制作标本的能力，有利用乡土教材和一切现代化手段组织教学的能力。⑥自然教学在德育方面的任务，要求教师要做到乐教敬业，对自然科学、对家乡、对祖国具有强烈的情感（黄益如，1997）。另有研究认为优秀的自然教师不仅要像语文教师那样善于表达，还要像数学教师那样善于推理与分析。自然教师的基本功可以概括为"博、看、做、讲、写、画"六个方面。"博"指知识面广，特别是自然科学方面的知识；"看"指观察技巧；"做"指动手技能，包括实验、操作、制作;"讲"指通俗地讲好自然现象及科学道理,讲述科学家的故事,分析讲授自然教材;"写"指规范合理地进行板书及教案的设计书写,正确地书写实验报告及分析,会写科学小论文;"画"指会画简单的挂图和说明图,会制投影片,能办好科技板报(仇丽君、景裕辉,1997)。还有研究则从四个方面建构小学科学教师的基本素养:渊博的知识、熟练的观察实验操作技能、扎实的教学基本功(语言、板书、绘图绘画、写作、教态、把握重点难点、运用现代化教学手段、课堂管理等基本功)、独特的教学艺术(靳爱林,1998)。

2001年之后,小学科学课程标准成为探讨小学科学教师素养的主要依据。有研究者指出,小学科学课程标准明确提出的"科学探究"是科学课的灵魂,探究式教学对小学科学教师提出不同的素质要求,包括:①综合科学的知识体系,科学课程的宗旨和目标决定了科学教师不但要具有一般教师的知识结构,还应具有自然科学、社会及人文科学的综合知识体系。②选择、设计和指导科学探究活动的能力。③科学教育的独特技能(王刚,2004)。还有研究者认为,小学科学课教师应是一位通才,一位手脑并用的实践者,一位痴迷的探究者、发明家,一位新课改的积极实施人,一位形象生动的表达者(段佳,2005)。研究者指出,从20世纪中期至今的小学科学教育改革,课程性质由"自然"到"科学",教育目标由"精英"到"大众",教学方法由"过程"到"探究";与此相适应,小学科学教师在专业素养上,也应该转向动态的教师素养观,包括:①学科知识。在学科知识方面,从关注小学科学课程所涵盖的相关学科的结论性知识,到更关注对科学学科性质的理解,以及科学知识和技术与个人发展、社会生活之间的关系。②引导儿童进行科学探究的能力。把知识的系统学习融入科学研究的过程;关注小学生的生活经验以及他们将前科学概念转化成科学概念的机制和特点。③教育、心理学知识。关注有关儿童发展的最新研究进展,关心自己所处地域文化的独特性,并把自己的观察、思考和学习融入专业实践之中。④对科学哲学与科学史的学习与把握。⑤学科教学知识。它涉及个体对学科系统知识的理解和把握,相应的教学策略及其对教学的具体环境的理解（戴丽敏，2014）。

可以看到，随着自然教学大纲内容的变化以及向科学课程标准的演变，对教师的要求也在发生着改变，研究关注的重点从20世纪80年代的自然科学和社会科学等综合性知识、动手操作的实践教学能力，逐步发展到自然、人文和社会的综合知识体系、探究教学能力，再到强调对科学本质的理解、科学教学知识，研究愈来愈体现出科学教师与其他学科教师素质的独特性要求，专业化特征越来越明显。

（三）聚焦科学素养的小学科学教师素养结构研究

进入20世纪90年代之后，科学素养成为了科学教育领域研究的焦点，自然也进入到小学科学教师素养研究的视野。相对于科学课程教师的专业素养，他们的科学素养更是一个值得关注的问题（何善亮，2020）。

围绕科学素养进行小学科学教师素养结构研究时，一种研究路径是把科学素养作为小学科学教师素养结构当中的一个重要维度。代表性的观点如，科学教师的素养包括教学观念、教育与教学能力、科学素养等方面。①教学观念包括教学观、学生观、质量观、人才观。教学观要由知识中心转向科学方法中心、由教师中心转向学生中心、由"读"科学转向"做"科学、由独学转向共学；学生观突出"玩"中学、"想"中学、"做"中学、"用"中学；质量观重视学生科学意识培养、重视科学兴趣的培养、重视个性培养、重视过程培养；人才观坚持奉献精神的价值标准、坚持自我开发潜能的价值标准、坚持合作精神的价值标准、坚持全面发展的价值标准。②教育与教学能力包括备课能力、上课能力、动手能力、评价能力。③科学素养包括科学精神与态度、科学知识与技能、科学方法与能力、科学行为与习惯。研究者依此构建了科学教师素养的评价指标体系（顾志跃，1999：313-336）。

之后，有研究者沿着这个思路进行扩展，认为小学科学教师基本素养包括基本素质、科学素养、教育素养。①基本素质。包括：师德高尚，热爱人民教育事业；思想先进，掌握现代教育方法；身心健康，具有乐观向上心态。②科学素养。第一，科学精神与态度，主要有以下要求：能根据新的证据，愉快地改变自己的意见，修正自己的看法；尊重事实，服从真理，排斥个人偏见；对于需要共同研究的活动，能够尊重别人的意见，合作共事；没有获得足够的证据就不随意作判断；对任何问题，能虚心好学，不耻下问，努力寻求答案；不偏见、不固执，敢于怀疑，勇于探索，谨慎而不马虎，细致而不忽略，力求养成精细准确的习惯；重视实验或试验，亲自动手，细心观察，信赖证据，不盲从，不迷信；接近自然、爱护自然；尊重学生提出的问题，哪怕是非常幼稚、不切题意的问题。第二，科学知识与技能，包括：要有任教学科的系统知识与基本技能；具有与任教学科相关的学科知识与技能，有一个比较宽的知识面；有探求科学新知识、新发现的知识与技能；应当具有科学、技术与生产之间关系的知识。第三，科学方法与能力，包括：扎实的辩证唯物主义认识论基础；科学的一般方法论，并具备相应的能力；具体科学方法与能力，主要有课题研究、行动研究与调查研究等。第四，科学行为与习惯，包括：积极参与科学探究活动，并养成善于思考，勤于探究的习惯；有勤于学习、善于学习的良好习惯；要从人与自然和谐发展的大生态观出发，形成自觉维护社会环境、保护生态的行为习惯；良好的个人生活行为与习惯，也是科学教育对教师的职业要求。③教育素养。第一，全新的教育理念。要学习教育新理论，改变传统教育观念，树立以人为本的思想，明确科学课程的目标就是培养学生的科学素养。注重探究、注重过程。第二，基本的科学课程论知识。第三，先进的教学设计思想与实施能力（吴茂江，2010：228-235）。

另外一种研究将关注点放在小学科学教师科学素养的内容结构上。他们参照国内外对公众科学素养内容结构的划分，从公众科学素养的操作性定义出发，建构了各种小学科学教师科学素养的操作性定义。有研究者对这些操作性定义进行了归纳总结，如表6-1（程思源，2016）：

表 6-1 教师科学素养评价工具研究

年份	作者	对教师科学素养的操作性定义
2004	张红霞、郁波	1.科学知识；2.科学方法；3.对科学性质的认识；4.在教学中的科学态度
2006	周柳强	1.科学知识；2.科学方法；3.科学态度；4.科学兴趣
2007	陈木兰	1.科学知识；2.科学探究、科学知识与技能；3.科学态度、情感与价值观；4.科学、技术与社会
2007	蔡铁权、姜旭英、赵青文、王丽华	1.科学术语；2.科学知识；3.科学方法；4.科学观点；5.科学、技术与社会的关系；6.科学本质
2008	戚小丹、谢广田、杨琴芳	1.科学探究；2.情感态度和价值观；3.科学知识
2012	郑敏、张平柯、尹笃林、谭昭容	1.科学知识；2.科学方法；3.科学性质；4.科学态度与精神；5.科学探究模式
2013	徐红	1.科学知识与技能；2.科学方法与能力的掌握程度；3.教学行为及课堂教学中对科学方法运用的概况；4.科学态度、情感与价值观
2013	张红霞、万东升、郁波	1.科学知识；2.科学方法；3.科学性质

2002—2014 年间，众多研究者展开了类似的研究，其中，代表性的观点如下。

三要素说。小学科学教师的科学素养主要由科学知识、科学探究、情感态度价值观构成。有人将科学教师称为"博物教师"。科学知识涉及生命科学、物质科学、地球、宇宙和空间科学等学科知识，有一系列的事实、概念、规律、理论，这就要求科学教师具有优良的专业知识和广博的知识面，扎实的科学专业知识。科学教师必须具有优良的科学探究实验能力，有科学探究过程中的基本思维方式及分析、处理问题的基本技能，能制订科学探究活动计划，较熟练掌握一系列观察、实验、制作的探究活动要领，会查阅、整理资料，擅长探究结果的表达。情感态度价值观主要包括对待科学学习、对待科学、对待科学技术与社会的关系、对待自然四个方面（黄鸿超，2005）。

四要素说。2001 年《标准》研制组提取了科学素养的四个核心因素：①科学兴趣,指对科学的好奇心和求知欲,以及由此生发的亲近科学、体验科学、热爱科学的情感;②科学精神,指对科学技术具有正确的价值判断、形成负责的学习态度,既勇于探究新知又能够实事求是,既敢于独立思考又乐于互助合作;③科学概念,指对自然事物、自然现象和科学技术知识的理解,包括对具体的事实、概念、原理或规则的理解;④科学方法,指对于认识客观事物的过程和程序能够了解或把握,知道如何运用科学技术知识去尝试解决手头身边的问题,会提出假设或猜想,会搜集有关的信息或证据,会进行判断、推理和决策,会同他人交往,并且能与他人共同合作、一起来解决难题(郝京华,2002:23-24)。

六要素说。研究者运用元分析法对国内(2002—2016年)中小学教师科学素养调查研究进行探讨,发现科学知识、科学方法、科学态度、科学本质观、STS、科学精神等六个方面构成了教师科学素养的基本结构。①科学知识维度。包括科学术语和科学概念两个主要内容。②科学方法维度。科学方法维度有一般科学方法和具体科学方法之分。一般科学方法是指教师所领悟的、适用于相关学科领域且带有共同特征的一般方法。具体科学方法是指教师在特定学科背景下所持有的某一具体的方法。③科学态度维度。科学态度维度一般包括科学的态度、对科学的态度、对资源环境的态度以及教学信念。④科学本质观维度。研究者展开了诸如科学知识观、科学理论及其发展的本质、科学创造的重要性、科学的主观性、社会和文化对科学发展的作用等调查。⑤STS维度。即让学生认识科学与技术对社会产生的正负效应,培养学生正确的科学技术观及科学伦理观。⑥科学精神维度。如质疑、探究、实事求是、尊重证据等精神(首新,2017)。

七要素说。将小学科学教师的科学素养结构要素界定为情感、态度、价值观、科学方法、科学精神、科学知识、科学探究能力七个方面(张平柯,2006)。

(四)聚焦教师知识分类的小学科学教师素养结构研究

小学教师素养的知识维度一直是研究者关注的核心问题,随着知识论的发展，关于小学科学教师素养知识维度的讨论也从早期的单一的学科知识分类向多元化的知识分类迈进。

在早期研究中，研究者大都从学科知识分类的角度探讨小学自然教师需要具备的知识类型和内容。1956年，我国中小学教师访苏代表团在介绍苏联师范教育特点的专题报告中特别提到，苏联小学教师培养在知识方面的要求是使师范生获得相当于高中程度的文化知识、教育理论、教学法的知识。我国研究者也大都持有同样的观点，认为小学自然教师应该具备的知识包括高中程度的专业知识、教育学知识、心理学知识（汤睿桢，1956；杨尔衢，1963）。新中国成立至今，无论是对师范生的培养还是对职后教师知识素养的要求一直沿袭着学科专业知识、教育学知识、心理学知识的模式。

20世纪80年代以后，更多研究关注科学学科知识问题。例如，有研究者提出，小学自然教师应具有扎实而宽厚的自然科学知识，必须掌握教育学、心理学、科学发展史、教学法的知识（中央电化教育馆，1986）。还有研究者认为，小学自然教师的知识结构，首先应具有广博性。其次，要具有丰富的生产和生活方面的实践经验。再次，要根据学生的年龄、心理特征，用科学的方法组织自然课教学，具备教育学、心理学、自然课教学法以及与教学相关的科学知识（梁进军，1988）。

20世纪90年代之后，从知识论角度探讨教师专业发展成为趋势，波兰尼（Karl Polanyi）关于显性知识和隐性知识的区分以及舒尔曼关于教师知识基础的分类（尤其是对学科教学知识PCK的强调）在国内得到了广泛的传播和应用。衷克定、申继亮等在《论教师知识结构及其对教师培养的意义》一文中从认知心理学角度提出关于教师知识的分类框架，将教师的知识分为三方面的结构：本体性知识（指教师所具有的特定的学科知识）、条件性知识（教育科学和心理科学知识、学生身心发展的知识、教与学的知识和学生成绩评价的知识）和实践性知识（教师在实施自己有目的行为过程中所具有的课堂情境知识和解难题知识）（《中国教育学刊》，1998年第3期）。之后，林崇德、辛涛有在此基础上增加了文化知识，即本体性知识、条件性知识、实践性知识、文化知识（《高等师范教育研究》，1999年第6期）。进入21世纪之后，这些研究在小学科学教师素养研究中都得到了体现。

有研究者从波兰尼的理论出发，认为科学课教师的知识基础包括显性知识、隐性知识和介于两者之间的知识三类。①显性知识包括通识性知识、学科专业知识、教育专业知识以及对科学的历史与本质的认识与理解等方面的知识。②隐性知识应包括科学课教师的科学教学、自我表现反思与评价等知识。它们是在科学教学过程中逐步积累起来的知识，是一种个人化的经验。③科学课教师对科学素养的内涵的把握———既属于显性知识，又属于隐性知识（倪俊超、周青，2007；苏秋菊，2008）。

有研究者则从认知心理学的划分出发，认为：①教师的本体性知识是指教师所具有的特定的学科知识。如科学课程相关领域的知识（生命科学，物质科学，地球、宇宙和空间科学）以及技能与技术。②条件性知识，教师所具有的教育学和心理学知识，具体为学生身心发展规律的知识、教与学的知识、学生成绩评价的知识。③实践性知识。具体为教师的教学经验。④文化知识。除了一般的文化知识外，还包括科学哲学、技术哲学、科学技术社会学、科学史以及STS教育方面的知识（叶宝生，2012：36-37）。还有研究者在此基础之上，增加了PCK知识。①学科内容知识，也称本体性知识，包括生命科学、物质科学以及地球、宇宙和空间科学三个领域的知识。②教育学和心理学知识，也称条件性知识，包括对教育学、心理学、学科知识、学生特征以及学习背景的综合理解。③学科教学法知识，由小学科学学科内容知识、教学策略知识、关于学生知识以及情境知识整合而成。④实践性知识，就是教师的教学经验。⑤文化知识，一般的文化知识，还包括科学哲学、技术哲学、科学史，以及科学、技术、社会关系等方面的知识（张二庆、乔建生，2016：188-190）。

自舒尔曼提出教师的知识基础之后，国内外学者尤其关注教师的学科教学知识（PCK），并提出了各自的观点，这些观点在我国小学科学教师PCK研究中得到了不同程度的反映。有研究者认为在科学教育中，组成科学教师的

PCK 包括科学教学信念、科学课程知识、学习者知识、教学法知识、科学素养评价知识等，并建构科学教师学科教学知识结构，如图 6-1（蔡铁权、陈丽华 2010）。

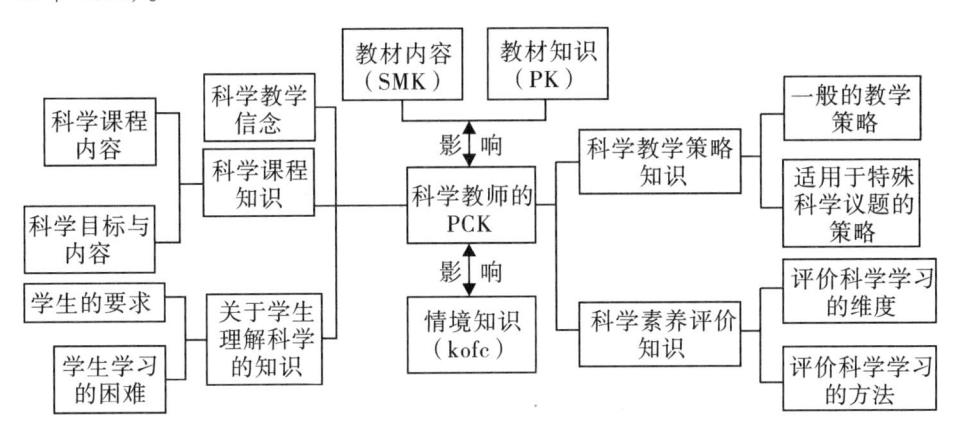

图 6-1 科学教师学科教学知识的基本结构

另有研究者认为小学科学教师 PCK 的内涵，即教师为适应不同能力和兴趣的小学生，将特定科学知识转化为学生易于理解的课堂教学知识，它由小学科学课程知识、学习者知识、教学策略知识和学习评价知识构成。①小学科学课程知识。主要体现出教师对课程目标、课程内容、教材组织方式以及其他可用于特定主题教学的课程资源的认识。②小学科学学习者知识。教师对学生如何理解科学知识的认识，包括对小学生已有的知识、经验和想法的了解，对学生理解特定知识的难易程度的判断，对学生应对特定学习活动的方式的预测。③小学科学教学策略与呈现方式的知识。主要包括探究活动的设计与实施，特定知识点的呈现方式，以及对课堂意外事件的处理方式。④小学科学学习评价的知识。主要包括对评价内容和评价方法的认识与掌握。小学科学学习评价的内容应包括科学素养的各个维度，尤其要对学生"做科学"过程中的表现给予形成性评价（范增、吴桂平，2014）。还有研究者认为小学科学教师 PCK 包括小学科学课程知识、小学科学学生知识和小学科学教学策略的知识三个要素，每个要素又包括三种能力。①小学科学课程知识主要包括教师的三种能力：识别核心概念的能力、把握概念关系的能力和掌握知识发展顺序的能力。②小学科学学生知识主要包括教师的三种能力：判断学生概念水平的能力、安排下一步课程学习的能力和预测学生学习困难的能力。③小学科学教学策略的知识主要包括教师的三种能力：鉴别有效教学策略的能力、调整教学策略来适应学弱生的能力和调整教学策略来适应学优生的能力（何培，2018）。

另有研究者结合我国 2017 年《义务教育小学科学课程标准》和美国 2013 年《下一代科学教育标准》，建构了包括小学科学课程知识、小学科学学科知识、小学科学教学知识、学生知识的小学科学教师学科教学知识四维模型理论框架，如图 6-2（刘蕊，2019）。

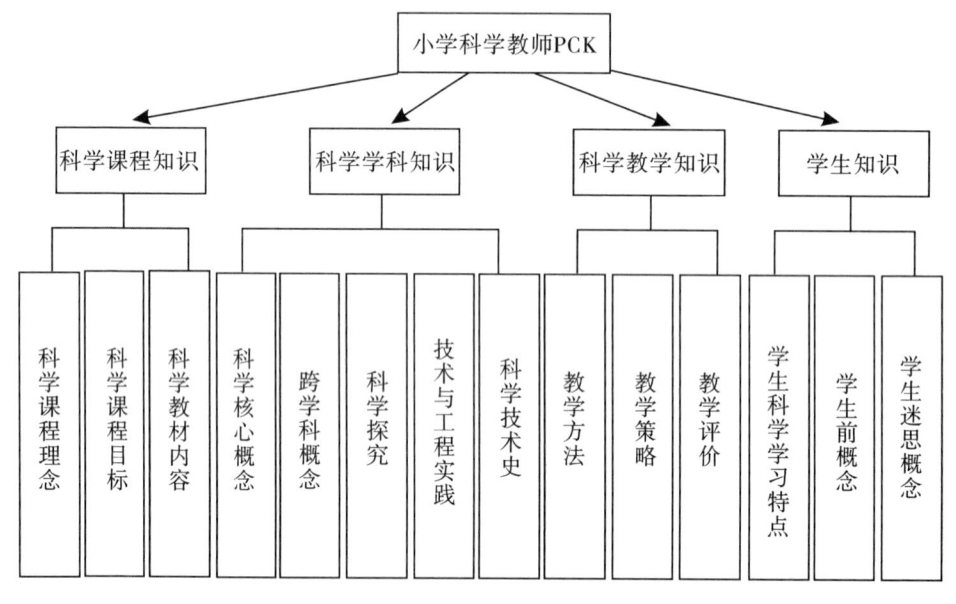

图 6-2 小学科学教师 PCK 框架图

二、小学科学教师职前培养研究

新中国成立之后的很长一段时期，小学自然在小学教育中没有得到应有的重视，也没有专门的小学自然教师，只是由其他学科教师兼任，研究者关注的是如何在培养化学、物理、生物等学科教师的同时让其兼顾小学自然教学。一些研究者指出，根据师范学校的性质和师范学校化学教学大纲的规定，要为培养学生从事小学自然教学做准备（唐济，1954；黎明，1957；赵元良，1957）。值得注意的是，1956 年《人民教育》杂志第 5 期发表的我国中小学教师访苏代表团《苏联师范学校教育的特点——专题报告之三》中谈到了苏联师范学校中开设的"自然教学法"课程，"各科教学法大纲强调教学本门学科特有的东西，像自然教学法大纲要求帮助小学生认识自然，分析和研究小学自然科的内容以及直观教具的应用等"。该观点在 20 世纪 80 年代之后得到我国研究者的呼应。随着小学自然教学改革的开展和推进，研究者纷纷呼吁开设小学自然教材教法课程（江树铭，1984 等）。不能用物理、化学、生物等学科的教学代替《小学自然教学》课程的教学。在中等师范学校开设《小学自然教学法》课程是很有必要的（徐彬，1987）。另外一些研究者则更进一步提出应该培养专职的小学自然教师队伍，针对小学自然综合课程的性质，建议进行师范教育综合理科改革，增设《自然科学基础》《小学自然教学法》课程（张中、姜淦萍，1989）。研究成就主要集中在以下几个方面。

（一）小学科学教师职前培养模式研究

有研究者认为，我国师范院校小学教育专业科学课师资的培养模式主要有以下三种：①主修模式。在小学教育专业中设置科学教育方向，为小学培养专职的科学教师。如南京晓庄学院在五年一贯制小教大专 97 级中设置了自然教育方向。②兼修模式。在"综合培养，分科强化"中，以中文、数学作为主修方向，科学教育作为兼修方向。③通修模式。充分运用"综合培养模式"，不设置专业方向。学生的科学基础知识和科学教育能力仅从设置的科学类课程教学中获得（徐敬标，2004）。另有研究认为，小学教育专业本科学历师资的培养模式比较典型的，有杭州师范大学的"综合培养，有所侧重"、首都师范大学的"综合培养，学有专长"、南京师范大学的"通识教育+学科基础教育+学科专业教育"以及上海师范大学的分文、理科的分科教育。虽然提法不同，但其模式大体可分为三种，即分科培养、综合+方向培养、综合培养（汪学英，2007）。还有学者从培养主体角度出发，认为我国小学科学教师职前培养已形成了四种主要模式：①大学初等教育学院本科模式。这种模式是师范大学单独设立初等教育学院，一般由其前身中等师范学校或高等师范专科学校升格为本科层次的高师教育机构。小学科学教师如同语文、数学、英语等学科教师一样，由初等教育学院独立培养。其特点是：培养具有较高科学素养和科学教育素养的专任小学科学教师，在科学类专业课程设置上较好地体现了专任科学教师的知识结构和能力结构。首都师范大学初等教育学院和天津师范大学初等教育学院是这一模式的典型。②大学教育学院"大理科"本科模式。这一模式的典型是上海师范大学教育学院的小学教育专业、南京晓庄学院教育科学学院的小学教育专业。其特点是把小学教育专业分为"大文科"和"大理科"两类，小学科学教师由"大理科"（数学与科学）方向培养。这种模式的培养目标侧重数学和科学两个学科，但从课程设置上看数学课程居多，科学课程偏少；教育类专业课程与数学课程和科学课程的整合不够。③大学理科院系科学教育本科模式。这种模式是 2002 年以来教育部为推进基础教育新课改，为初中开设综合科学课程而建立起来的新专业。浙江师范大学化学与生命科学学院设置的科学教育专业、四川师范大学化学与材料科学学院设置的科学教育专业属于该种模式的典型。④高等师范学校专科模式。这一模式的学校大多是由原先的中等师范学校升格的师范高等专科学校，它们一般侧重培养小学语文、数学和英语等学科的教师，但也有一些学校设立了自然科学系培养小学科学专任教师，如南昌师范高等专科学校设有自然科学系（丁邦平，2011）。

有研究者指出，目前我国小学科学教师的培养模式按学历层次可以分为两大类：一是本科层次的小学科学教师教育，二是专科层次的小学科学教师教育。若按办学院系分类，也可以分为两大类：一是由理科院系设立的科学教育专业（毕业生授予理学学士学位）或自然科学专业，二是教育学院（或教育科学学院）设立的小学教育专业（毕业生授予教育学学士学位）。若是按培养小学科学教师的类型来分，仍然有两大类：一是培养小学科学专任教师，其中既有本科学历的，也有专科学历的；二是培养以教语文和数学等学科为主、兼教科学的"一专多能"的通任教师。不同的小学科学教师培养模式反映了我国进入 21 世纪以来小学科学教师教育在应对基础教育课程与教学改革中由原先的"自然"转变为"科学"后不同的路径选择，同时也反映了小学教师教育主体（办学单位和教师教育者）对小学科学学科和小学科学教师专业化的不同认知倾向（丁邦平，2011）。有研究者认为按照 2001 年《标准》提出的建设一支专职小学教师队伍的要求，小学教育设置科学教育主修方向，最有利于高素质小学科学教师的培养（徐敬标，2004）。还有研究者则大力倡导设立科学教育本科专业，实现小初一体化的科学教师培养模式（黄晓冬，2006）。小学教育科学方向与科学教育本科专业这两种培养模式正受到更多研究者的关注。

（二）科学教育专业建设研究

自 2001 年课程改革之后，为应对基础教育科学课程教师短缺问题，教育部 2001 年批准设立科学教育专业，目的是培养具有综合自然科学知识、综合科学教育能力、综合科学素养的科学教师。一些研究者认为无论是分科培养师资的模式，还是"主辅修制"或者短期培训模式均不适应新设综合的《科学》课程对教师素质的要求，建立相适应的科学教育专业已成为解决新型综合科学课程师资培养问题的突破口（林长春，2003；龚大洁，2005），并对科学教育专业建设存在的问题进行了研究。

有研究者从培养模式与课程构建两个方面指出，科学教育本科专业课程改革与实施在我国尚处于起步阶段，主要问题表现为：跨学科、跨专业的选修课偏少；教材建设滞后，尤其是科学综合课程的开发，不能满足科学教育专业开设的需要；教师缺乏文理兼具的知识素质，教学不能适应对学生跨学科训练的要求；教师教学中对学生统观知识的建立重视不够，等等。针对存在的问题，研究者提出在科学教育专业的建设过程中要加强普通教育课程、教育专业课程和学科专业课程之间的衔接以及学科专业课程之间的融合，提高教师综合适应性（龚大洁，2005）。

还有研究者通过对国内 40 余所高等师范院校及相关高校的科学教育专业本科教学计划的比较，提出了一些改进的建议与对策：①规范教学计划编制原则。包括：主动适应社会发展的需要；确定专业的发展方向和人才培养目标；课程体系能使学生在本学科的能力、素质、知识结构得到整体优化。坚持统一性与灵活性相结合，妥善处理好社会需求的多样性和教学计划相对稳定性的关系。以社会需求为基础，就业为导向，能力为本位的原则。因地制宜，编制具有科学教育专业特色的教学计划。②确立课程设置原则。既要考虑知识结构的科学性、合理性，又要兼顾社会需要、学生身心发展的规律和学科知识的内在逻辑结构关系，形成完整的专业知识体系。③建设专业系列教材。以国家对该专业的要求为基础，以专业的社会适应性为原则，以基本知识、基本技能、基本能力为依据，编写出版科学性强、实用性好的科学教育专业配套系列教材（胡兴昌，2008）。

另有一些研究者从专业建设规范的角度进行了有益的探索。如，有研究者从五个方面提出了小学科学教育专业发展的路径：①找准专业定位。小学科学教育专业建设的基本目的是培养基础知识宽厚，创新意识强，掌握科学方法，具有基本科学、人文修养和良好自学能力，适应力强的高素质人才，能胜任小学科学课程教学的合格师资。②优化课程设置。坚持四个原则：综合性原则、师范性原则、适应性原则、可行性原则。③充分发挥实验教学作用。各类实验应加强培养探究能力的实验内容，加强培养良好的科学精神和准确规范的操作技能的实验内容。④加强教材和师资队伍建设。⑤加强实习基地建设和课外活动的辅导（杨晓鹏等，2010）。有研究者指出科学教育作为一个新兴专业，需要借鉴美国的成功经验，出台《科学教师专业标准》，改革课程体系、教学内容和教学方式，加强教学资源建设（白秀英，2011）。有研究认为，我国科学教育专业学科定位存在争议，相关部门应尽快明确定位科学教育学的学科归属，培养小学阶段科学教师以及科普人员。至于为初中培养综合科学教师以及为中学理科培养分科师资，则不是大部分高校科学教育专业的主要任务（肖磊，2011：2-14）。

有研究者通过问卷调查发现，目前我国科学教育本科专业存在的主要问题是：专业培养目标过于多元化，专业课程体系欠合理，专业教材匮乏，综合科学教学实验室建设不力，师资队伍、教学管理缺乏配套的政策和有效运行机制，专业教学研究薄弱等。因此建议：教育部尽快出台科学教育本科专业规范，成立专业教学指导委员会，建立中小学科学教师的准入制度；高校要加大专业建设投入，创新专业教学管理模式，加强专业师资队伍建设规划与管理，加强对专业的社会宣传力度；教师要积极开展专业建设和教学改革研究，提高自己的专业信念（林长春等，2012）。

还有研究者从科学教育学科建设出发来促进专业建设的发展，指出：自2002年以来，由于基础教育新课改的需要，已有60余所高等院校（主要是高师院校）开设了本科科学教育专业，其中部分高校在课程与教学论二级学科内还建立了硕士研究生和教育硕士科学教育专业，少数大学开始培养科学教育（学）博士研究生。但是，大多数本科科学教育专业设立在单一的理科院系里，这一先天缺陷致使科学教师培养的专业难以确立自己应有的学科身份。它们虽然号称"科学教育专业"，实际上大多仍是偏重分科的教育。因此，要重视科学教育（学）的学科建设，首先需要科学教育（学）的学科身份认同。二是要在科学教育（学）学科建设方向上，要摆脱传统的"理论取向"的学科建设，要以务实的态度进行"实践取向"的科学教育（学）学科建设，尤其要加强实证的经验性的科学教育研究。三是要在科学教育（学）学科建设的具体层面上加强科学教育（学）学科建设（丁邦平，2009）。

（三）课程设置

小学科学教师的培养最终要通过课程来实现，课程设置因此也成为小学科学教师职前培养研究的核心问题。研究者首先对课程结构进行了归类分析，发现我国科教专业在课程结构上可以分为两种类型。一是按照教师知识构建的原则，将科学教育专业的课程分为五类，分别是：通识模块课程、学科基础模块课程、专业方向模块课程、教师教育类模块课程以及实践模块课程。其中，专业方向模块课程就是学科课程中的选修部分，包括物理方向、化学方向、生物方向，需要学生从三个方向中选修一个（邓磊，2011；白秀英，2011）。有的按照课程形式和类型划分了三种课程模式：仿分科教育课程模式、平台加模块课程模式、科普教育课程模式。仿分科教育课程模式主要由公共课程、学科专业课程、教育专业课程和实践课程构成，其中学科专业课程又分为专业基础课和高级分科课程。学生兼具综合科学教学和分科教学的能力，这种模式更加适合我国中西部地区的中小学。这种课程模式注重分科课程和科学课程的学术性，使得综合性课程特别是跨学科科学课程的开设不足。平台加模块课程模式有平台（必修）和模块（选修）两个部分构成，平台必修包括公共基础平台、专业基础平台、教育理论与技术，模块选修包括专业方向模块，任意选修课。平台加模块课程模式开设了较多的选修模块，重视教师学科素养和专业素养的平衡，但由于开设了较多的选修模块，综合科学实践训练不足。科普教育课程模式由基础教育课程和专业教育课程构成，由于开设了职业技术方面的选修课程，可以为地方经济培养从事职业技术教育的师资，但职业技术方面的选修课挤压了学术性课程，影响了课程设置的学术性（李波，2005；邓磊，2011）。

人们对于课程结构及其内容存在的问题进行了探讨。从科学学科类课程看，侧重小学教育类的，科学类专业课程偏少，有的过分强调中文和数学的系列课程，有的重视教育学和心理学的系列课程。科学课程在一定的意义上遭到了普遍的轻视（刘德华，2009；丁邦平，2011）。但无论哪种模式，针对小学科学的综合性、跨学科性和探究性的科学课程基本上都没有，课程设置带有学科本位和分科专业的色彩，课程设置仍是分科课程的拼盘，在一定程度上造成毕业生科学素养偏低，知识面狭窄，难以适应以"素养本位""整合"和"探究"为突出特点的科学课程改革的要求（丁邦平，2011；白秀英，2011；覃岚、蒲远波，2017））。课程设置重理论性轻实践性，重学术性轻师范性；课程比例失衡，体现师范的教育课程比例过低；通识课程所占比例太大，而教育实习所占比例太小；教学知识与学科知识的结合不紧密；过于重视对科学知识与科学方法的培养，忽视了对科学本质的培养（王锋治，2006；刘君兰，2011）。更有研究者认为，我国小学科学教师职前培养的课程设置不合理不科学。大多数高等学校的科学教育专业挂靠于某一特定院系，以物理系、化学系居多，也有少数挂靠于生物系与教育系。故而课程设置就明显带有所挂靠院系的课程特色。除此之外，大多数科学教育专业的课程设置仍沿袭苏联的师范培养模式，即学科课程+"老三门"（教育学、普通心理学、学科教学法）。这明显与时代发展对人才的要求、与当今的科学教育潮流不符（肖磊，2011：2-14）。

针对存在的问题，研究者提出了小学科学教师培养的课程结构设计的改革建议。有研究者提出：适当减少各分科理科科目的课时数，增设"科学"综合课程，课程内容应该注重学科的交叉性，注重利用综合科学知识解决实际生活中所存在的问题，注重各学科的前沿问题、热点问题，注重介绍新的科学思想、科学理论、科学方法和科学精神；还可把各理科的实验内容进行适当整合，形成具有综合性、创新性、实践性的特点并以探究性实验为主的"科学·技术·社会"的综合实践课。组织学生开展体验式、问题解决式、主题研究式学习活动，提高学生的科学研究能力和科学素养水平（黄木花，2003）。还有研究者提出"以综为主"建立合理的课程方案，包括：加强对科学探究活动的理论研究，增设相关的课程或在原有课程中增添内容；加强各学科间的整合，设置综合性的科学课程；加强实践能力的训练，增设综合性科学实验课；提升科研意识，设置综合实践活动课程（徐敬标，2004）。还有研究者借鉴美国等国家的经验指出，科学教育本科专业课程结构设计应遵循目标性原则、基础性原则、整合优化原则、选择性原则和创新性原则，按照"横向拓宽、纵向理顺、加强基础、突出特色"的思路，由"通识课程+学科专业课程+教育专业课程+实践课程+专业方向课程"五模块构成（林长春，2004；张婷、林长春，2008）。

另有研究者从科学教育专业素养角度出发，认为：在专业知识领域应该设置学科专业课程和综合科学类课程；在专业技能方面设置教学技能、实验技能和研究能力训练课程；在专业精神方面设置教育理论课程和教师修养课程。具体来说，在科学学科知识方面需要涉及的课程类型有物理类、化学类、生物类、地球与空间科学类；在科学类专业知识方面希望开设科学史、科学探究、科学技术社会等方面的课程；在教学技能方面建议以教学技能训练课程、实验操作课程、研究性学习课程来进行设置；在专业精神领域建议从教育理论课程和教师修养课程来进行设置。对于教学技能方面的课程和专业精神领域课程，建议整合为教育科学类课程；对于学科知识类课程和科学知识类课程，建议整合为学科科学课程，其框架结构如图 6-3（邓磊，2011）。

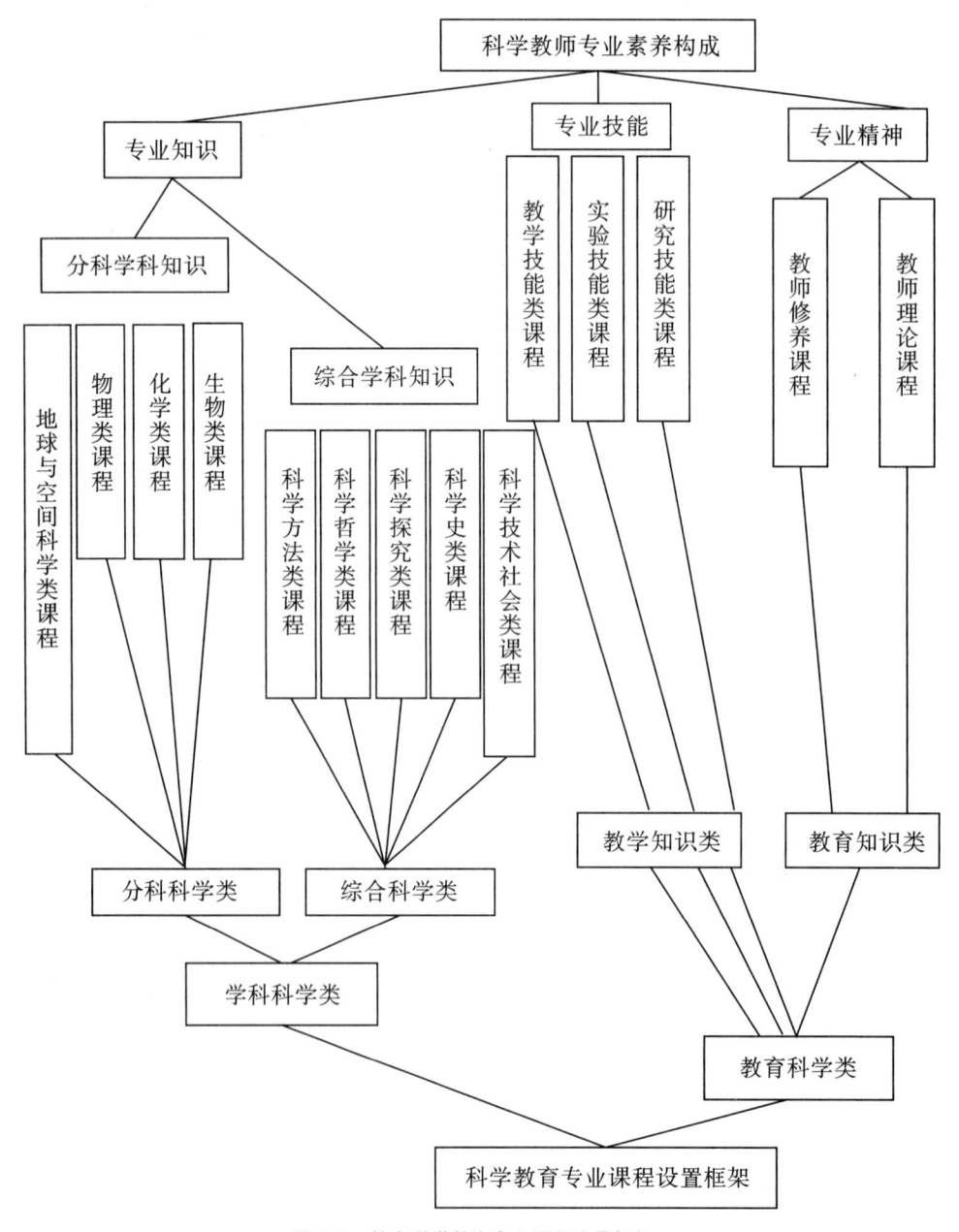

图 6-3　综合科学教育专业课程设置框架

三、小学科学教师在职发展研究

新中国成立初期，由于教师的短缺，一批具有一定知识基础但没有经受过系统的教师专业训练的社会人员被吸收进来，所以，这个时期的主要任务在于提升这些教师的专业水平以达到基本合格的标准，教师业余进修就是最主要的途径。业余进修的方针为：以提高小学教师的文化科学知识为主，结合小学教材教法研究，解决学员教学中的实际困难。采取的措施主要有：个人专研与集体研究相结合的备课方法；组织专职教师平时自学，进行分组研究，分为文史、数理两组；假期分科讲习班；参加函授学习（汤睿桢，1956）。20世纪80年代之后，随着小学自然教学改革的推进，小学自然教师在职发展的途径逐渐丰富起来。如湖北省集中自然课教师进行培训，对有代表性的课进行集体讨论、备课。有十四个地、市、州教研室，进行了两次以上的集训和备课活动。其中武汉市和荆州市沙市区，每年寒暑假，都分区、县集中自然课教师进行培训和备课。另外，还经常组织公开观摩课，根据课文组织师生到地质标本馆、水生生物研究所、大学的生物标本室、植物园、气象台进行参观学习，借以提高课堂教学效果，开展生动活泼的课外和校外活动（白雪光，1985）。还有研究者总结了小学自然教师培训步骤：①分片集中，教研员以片为单位进行专题讲座和辅导，这种直接培训的办法能使村小自然教师受益。②深入基层听课、评课、指导上课，面对面地指导教师备课。③办骨干教师培训班。培训的内容包括辅导教材，并对每课的实验分组亲手操作（每组2—3人），填写实验报告；观摩优秀教师的示范课，或看录像课；教具制作。④组织自然教师外出参观学习，扩大自然教师的视野和知识面（郑桂兰，1991）。在职培训开始逐渐取代学历进修，成为教师发展的主要途径，研究也开始聚焦到培训的内容上来。研究者指出，除了大力加强教师教学指导思想转变工作，还需对教师进行科学知识、制作标本、使用仪器、野外观察，以及教学方法的培训（武永兴，1985）。还有研究者在回顾自然教学改革历程后指出：师资培训的目的有两项，一是提高在职教师的自然科学知识水平，二是提高在职教师的教育专业理论水平。关于自然知识，如天文、地质知识，动物、植物分类知识，实验设计和操作方法，标本的采集制作方法，动物饲养、植物栽培技术，自制教具的基本功等，在中等师范学校的教学内容里或者没有或者很少，动手能力的培养很差，因此，需要师资培训部门针对在职教师的实际需要组织培训工作，使他们能胜任教学工作。关于教育专业理论知识，如自然教学法课程在中等师范学校是选修课，很多教师没学过。因此，师资培训部门还应加强对在职教师的教育专业知识能力的培训（李培实，1989）。还有的研究则针对实验教学，提出对非专职自然课教师进行在职培训的方法：一是可以通过教学仪器管理部门和教学研究部门，举办不同形式的短训班或开展其他教学研究活动，对小学自然教材中的所有演示实验和分组实验逐个过关，把重点放在提高自然教师的实验操作水平上。二是充分发挥各县、市教师进修学校的作用，利用教师进修学校的师资、设备优势，对自然教师进行短期脱产培训，使其教材教法和实验技能都过关（侯亿川，1995）。2001年新课程改革之后，教师专业发展水平得到快速提升，从国家到地方、学校三级培训体系得以确立，成为教师在职发展最为主要的途径。

（一）关于小学科学教师在职培训存在问题的研究

在开展了大量的培训之后，效果到底如何开始引起研究者的重视。研究者通过调查，发现小学科学教师在职培训问题主要有以下方面：①欠缺培训需求调查。各种层次的科学教师培训前，几乎没有进行参培教师培训意愿的调查，缺乏对小学科学教师专业培训愿望与需求的调查分析，与小学科学教师专业化发展的需求不相吻合。②培训内容不符合科学教育实践需求。部分培训只关注科学学科教学理论的学习，很少有与科学教学实践相衔接的专业知识技能方面的培训，缺乏真正交流的氛围和有效的指导。③培训方式落后。小学科学教师专业培训常见的方式还是以学科理论讲授为主，辅以案例分析及研讨，参培教师的主体性得不到体现，培训效果差（宋雅琳，2010）。还有研究者就小学科学教师职后教育的现状进行问题诊断，认为效果不佳的原因主要有：①对职后教育不重视，参与意识差。学校和教师都缺乏明确清晰的规划，依然存在把小学科学教师职后教育当作"皮球"任务。②职后教育目的不明，奖励、评价机制不健全。学校更多是扮演完成上级交代任务的角色，没有系统的职后教育管理计划和规划去鼓励教师参与职后教育。部分教师参加国培计划和继续教育是为了获取学分，评定职称，提高待遇收入，另一部分是为了完成任务而参加。职后教育内容几乎都以职业讲座和论坛交流为主，理论知识多，实践少，轻视科学教师实践能力培养；职后教育效果没有追踪考核和后续的反思，考核方式基本沿用学历教育的考核手段，没有有效的监督措施。虽然已初步建立起了教师职后教育制度，但仍然缺乏科学的考评制度。③职后教育水平需要提升，校本资源开发力度不够。校级职后教育完全可以做到根据教师个人自身特点和需求来制定合适的教育内容和选择恰当的教育形式。但在实际中，校级职后教育的内容通常是自学或者教师之间互相听课，缺乏专业教师指导且不具备针对性。④工作、家庭、学习之间的矛盾突出。⑤缺乏科学的职后教育反馈机制，重培训轻发展。小学科学教师职后教育缺乏健全的反馈机制，追踪性评价占比特别低（吴玉琴，2018）。

（二）关于小学科学教师职后培训改进策略的研究

针对这些典型问题，研究者从不同角度提出了相应的改进策略和建议。有研究者提出，对农村小学科学教师培训体系的建设，需要建立教育行政部门、教育培训部门、学校以及教师个体的"四方联动"机制：教育行政部门要加大对农村小学科学教师培训的重视程度，并适当划拨和追加专门的培训费用；教育培训部门要为农村小学科学教师设置专门的培训项目、培训内容和聘请专职的培训教师；学校要为农村小学科学教师参加培训尽可能提供便利条件，并通过物质或精神激励鼓励教师参加培训；教师个体要将参培与个人专业发展联系起来，提高参培意愿，重视和充分利用参培机会，并将参培所得于反思中转化，于实践中运用（周璐，2011）。还有研究者认为需要学校层面的支持，提出：学校要为每个科学教师制定科学合理的评价体系，将形成性评价与终结性评价相结合，要为科学教师建立个性化的成长档案，记录教师在培训后的学习效果、对新知识和技能的理解和掌握程度以及运用新知识和新技能的程度和质量；学校还应在政策上给予小学科学教师的培训支持，减轻教师负担；学校还可以通过建立"老教师+新教师""名师（优秀教师）+普通教师"等帮扶机制，促进小学科学教师相互之间的专业发展（高丹丹，2018）。

（三）关于小学科学教师在职培训内容的研究

在小学科学教师培训内容方面，在职培训与职前培养的课程内容有很大差别。对于在职培训而言，应针对小学科学学科特点和教师实际需求优化培训课程内容，主要内容包括：①小学科学教育观念的转变。要着眼于人的全面发展，借助于知识的载体作用，培养学生独立探求的精神和健全的人格。②进行科学探究方面的训练，突出教育教学能力的培训。以往的教师进修包括传统式的讲课与教学技能的训练，一般都是把科学作为事实和定则构成的知识体系来记忆，大多数教师没有把科学当作探究活动来进行教学。因此，必须突出科学探究方面的训练，使教师了解科学探究的一般过程、原理、方法、要点等，使他们认识科学探究的性质、认识科学探究在科学中的核心作用、认识如何利用科学探究的技巧。③拓宽知识面，更新知识结构。科学教师必须具有坚实而宽泛的科学知识基础，必须了解主要科学学科中的基本事实，理解其基本概念，不仅能够在概念上同数学、技术及其他教学科目建立联系，还能够在科学学科内和科学学科间建立此种联系，同时在处理个人问题和社会问题时能够运用科学的判断力和科学的其他能力（郝京华，2002：211-212；徐敬标，2004）。随着科学教育改革的推进，科学素养也成为教师专业素养的重要组成部分，科学素养也随之成为小学科学教师在职培训的主要内容。有研究者指出，按需培训是培训工作的出发点和落脚点，贯穿于培训的项目设计、组织实施的过程。培训应面向基层的小学科学教师，针对学员的需求和期待，紧扣小学科学教师当前的所需和所求，从素质和技能两个层面进行培养和训练，既有基本知识和基本技能的传递，也有理念层面的渗透。在培训内容组织上，把培养教师自身的科学素养作为切入口，从科学教师到底应具备哪些基本的科学素养、具备怎样的科学教学能力入手，提高教师职业素养与科学教师的科学素养。让学员在实践中学习，安排较多的实验环节。此外安排一定的小学科学课程资源开发内容（刘蓓，2015；陈亦人，2015）。有研究者认为应开设科学史、科学哲学、科学社会学等选修课程及显性科学探究课程，为教师提供参与科学研究实验的机会，对科学探究教学给予实践指导（刘蓓，2015）。另有研究者建议增加教育教学知识模块的课时，重点关注"科学探究""科学本质与科学教育""科学史与科学教育""儿童的前科学概念与转变"等专题，同时加强现代教育技术应用能力、教师教学评价能力和教学研究能力的内容（陈加伟，2015）。还有研究者通过了解小学科学教师的培训需求，结合小学科学课程标准，制订了小学科学教师培训内容标准。

（四）关于小学科学教师在职培训形式的研究

研究者对我国小学科学教师职后培训的形式进行了总结分类，涉及的培训形式主要有：国家统一举办的远距离电视讲座、各地区举办的不同形式的讲座、试用期培训班、骨干教师培训班、中级高级培训班、专题培训班等等（李小红、余景丽，2012）。或按照培养和训练目标分为三种类型：补足型教育（学历和资格的补充教育）、提高型教育（对已具备相应学历和资格的教师进行的增强适应性的培训）、研究型教育（学习新理论，研究新问题，培养教育教学专家）（徐敬标，2004）。还有研究者将我国小学科学教师职后教育形式分为七种类型，分别为：各级教育学院的继续教育、小学科学教育年会与观摩课、小学科学教育网络平台、市区县级小学的科学教研活动、教材出版社开展的小学科学教师培训、"做中学"探究式小学科学教师培训、小学科学教师国家级培训（丁邦平，2011）。另有研究者将其分为集中培训、远程培训、校本培训、置换培训（张二庆、乔建生，2016）。在这些培训形式中，研究者调查发现：最有效的培训形式是"进行校本培训，开展以实际课例为载体的研究，结合教学实践场景的专业发展方式更为广大教师所认同。"（陆璐，2009；陈伟杰，2009；李小红、余景丽，2012）在培训时尽可能采取多样化的形式，如专题讲座、教学实践、野外考察、动手制作、教学观摩、听课评课、导师点评、互动交流、小组竞赛、影视教学等交替进行，营造各种有利于成人认知的氛围，以增强培训的实效性（陈亦人，2015）。最后，值得特别提及的是，早在1999年就有研究者介绍了我国台湾科学课程教师培训的三种形式：种子训练、教育研习会和教学研究会、科学教育师范小学（李济英，1999）。随后这些形式在我国小学科学教师的培训实践中得到了应用，可惜没有引起研究者的关注。

（五）关于小学科学教师在职培训模式的研究

多年来，研究者对我国小学科学教师在职培训的模式进行了有益的探索，其中具有代表性的主要有以下几种。

1. "理论学习+技能训练+实践体验+课题研究+评价反思"小学科学教师培训模式。研究者把小学科学教师培训模式大致划分为五个板块：理论知识的系统学习；实验技能、现代教育技术以及模型制作的技能训练；深入一线课堂，开展科学课堂案例分析，参观科技场馆等实践体验；结合学员自身教学实践或课程改革中的问题开展课题研究；学员与培训者之间的交流和多元化评价以及培训本身的效果评价和反思（陈伟杰，2009）。

2. 实践和学习的双螺旋模型。这个实践模型由过程序列与内容序列组成：

第一部分是教师培训实践模型——过程序列。过程序列包括三个阶段：第一阶段是要帮助教师在头脑中建构教学实践的基本图式。被培训教师的主要任务是：学会如何制订教学目标、设计活动，学会如何在教学中实施调控、反思等。需要采用的介入步骤包括：诊断—干预—检查—调整。第二阶段是引领教师运用和深化教学实践模型。在这个阶段，被培训教师的主要任务是：以模型为参照框架，探寻自己教学实践的哪个环节出了问题，学习、理解、分析和改善相关的教学环节，选择和决定用独特的解决策略进行应对。培训者的职责从"手把手"的"带教性"指导转变为"支持性"指导。所采用的策略是：自主探索—指导下探索—反思应用。第三阶段是教师自主将教学实践模型进行内化和创造。在这一阶段，教师逐渐内化教学实践模型，能自主地运用实践模型来发现问题、进行归类，并与培训者及同伴一起形成合作研究，已形成了一定的教学研究能力（庄惠娥、孙可平，2010）。

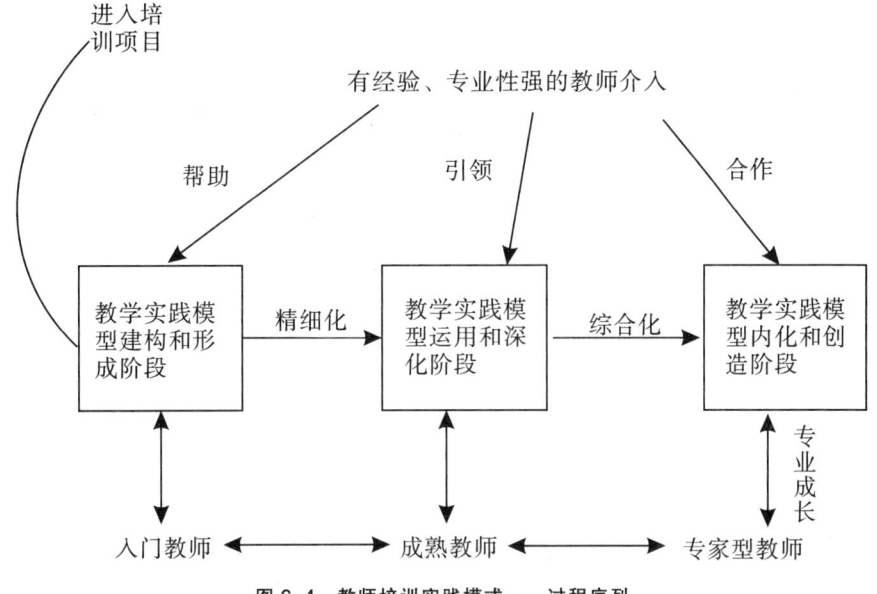

```
                              有经验、专业性强的教师介入
   进入培
   训项目
              帮助              引领              合作
              ↓                ↓                ↓
      ┌──────────┐  精细化  ┌──────────┐ 综合化 ┌──────────┐
      │教学实践模│────────→│教学实践模│──────→│教学实践模│
      │型建构和形│          │型运用和深│        │型内化和创│
      │成阶段    │          │化阶段    │        │造阶段    │
      └──────────┘          └──────────┘        └──────────┘
           ↕                     ↕                   ↕    专业成长
        入门教师 ←──────────→ 成熟教师 ←──────────→ 专家型教师
```

图 6-4 教师培训实践模式——过程序列

第二部分是教师培训实践模型——内容序列。这部分主要的功能是，帮助在职教师对自己的教学活动有更深入的自我意识。整个活动过程是以技术思维模型为蓝本而构建的，突出教师解决实际教学问题的过程，强调教师的自主性和自我意识。这个实践模型的主要特点是，教师们经历从建构"实践模型"到把"模型"作为工具检测自己的知识和实践经验，形成一个序列过程，将他们在培训中获得的知识和经验与教学实践行动结合起来；发现问题之后不仅知道怎样解决，而且知道为什么这样解决，从而将实践经验提升到实践智慧。此外，教师们也将教学自我意识的发展与整体专业发展目标结合起来，整个专业成长的过程成为学习螺旋和实践螺旋相互交织、彼此推进的过程，从而实现小学科学教师教学内容知识和实践知识的发展和完善（庄惠娥、孙可平，2010）。

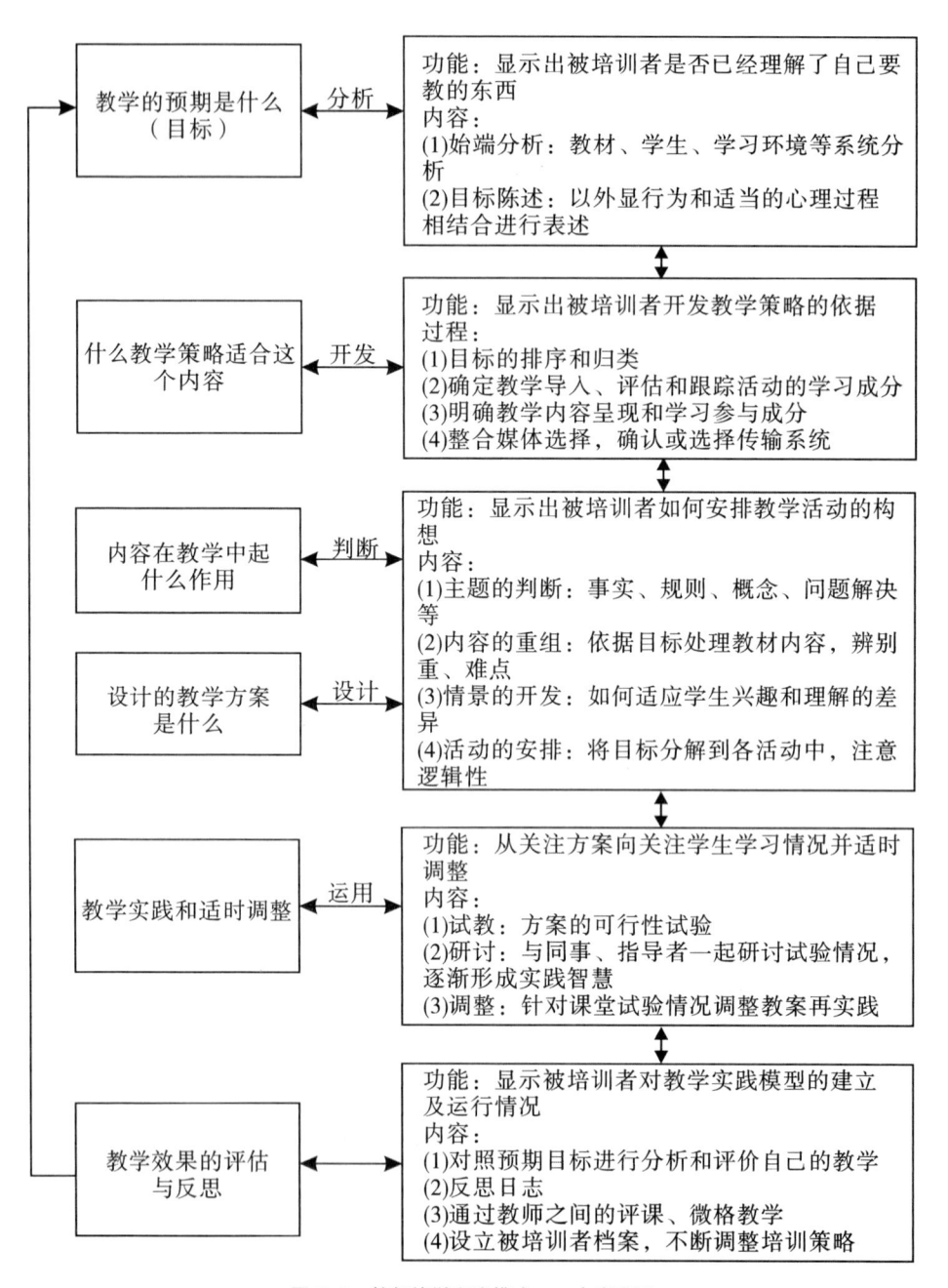

```
┌──────────────┐         ┌─────────────────────────────────────┐
│ 教学的预期是什么 │──分析──│ 功能：显示出被培训者是否已经理解了自己要教的东西 │
│   （目标）    │         │ 内容：                                │
└──────────────┘         │ (1)始端分析：教材、学生、学习环境等系统分析 │
       │                 │ (2)目标陈述：以外显行为和适当的心理过程相结合进行表述 │
       │                 └─────────────────────────────────────┘
       │                             ↕
┌──────────────┐         ┌─────────────────────────────────────┐
│ 什么教学策略适合 │──开发──│ 功能：显示出被培训者开发教学策略的依据过程：│
│  这个内容    │         │ (1)目标的排序和归类                    │
└──────────────┘         │ (2)确定教学导入、评估和跟踪活动的学习成分 │
       │                 │ (3)明确教学内容呈现和学习参与成分        │
       │                 │ (4)整合媒体选择，确认或选择传输系统      │
       │                 └─────────────────────────────────────┘
       │                             ↕
┌──────────────┐         ┌─────────────────────────────────────┐
│ 内容在教学中起 │──判断──│ 功能：显示出被培训者如何安排教学活动的构想│
│  什么作用    │         │ 内容：                                │
└──────────────┘         │ (1)主题的判断：事实、规则、概念、问题解决等│
       │                 │ (2)内容的重组：依据目标处理教材内容，辨别重、难点│
┌──────────────┐         │ (3)情景的开发：如何适应学生兴趣和理解的差异│
│ 设计的教学方案 │──设计──│                                       │
│   是什么     │         │ (4)活动的安排：将目标分解到各活动中，注意逻辑性│
└──────────────┘         └─────────────────────────────────────┘
       │                             ↕
┌──────────────┐         ┌─────────────────────────────────────┐
│ 教学实践和适时调整│──运用─│ 功能：从关注方案向关注学生学习情况并适时调整│
└──────────────┘         │ 内容：                                │
       │                 │ (1)试教：方案的可行性试验              │
       │                 │ (2)研讨：与同事、指导者一起研讨试验情况，逐渐形成实践智慧│
       │                 │ (3)调整：针对课堂试验情况调整教案再实践 │
       │                 └─────────────────────────────────────┘
       │                             ↕
┌──────────────┐         ┌─────────────────────────────────────┐
│ 教学效果的评估 │         │ 功能：显示被培训者对教学实践模型的建立及运行情况│
│   与反思     │         │ 内容：                                │
└──────────────┘         │ (1)对照预期目标进行分析和评价自己的教学 │
                         │ (2)反思日志                           │
                         │ (3)通过教师之间的评课、微格教学        │
                         │ (4)设立被培训者档案，不断调整培训策略  │
                         └─────────────────────────────────────┘
```

图 6-5 教师培训实践模式——内容序列

3.小学科学教师"五阶段"专业培训模式。该模式是培训者从"问题""操作""发展"的角度出发，将"导、学、研、论、用"相结合，促进教师专业化发展。导：采取导师制和专题培训，发挥参培教师的个性优势，强化参培教师的教学特长和教学风格。学：注重参培教师自主性学习，强化参培教师的自我反思、自我研究、自我发展，培养其终身学习的能力。研：开展教育科学研究，培养参培教师的科研能力，促使其由"经验型"教师向"科研型""学者型"教师转变。论：开发参培教师群体内部资源，通过教改论坛、讨论交流等形式，相互学习，取长补短。用：采取跟踪服务制，指导参培教师将所学教育教学知识、技能及课题研究成果等运用于教育教学实践之中，在当地教育教学领域发挥教学示范作用。模式的实施流程分为以下几个阶段。①问题为中心的导向阶段。将问题融入培训过程中，让参培教师在思索中探究。培训者根据参培教师的水平和教育教学实际，列出部分问题。利用培训意愿调查表，要求参培教师提供一至两个自己教学中遇到的问题和困惑。问题汇总后形成"问题包"。②讲座学习与互动交流阶段。首先进行"专业+需要"型讲座，接着安排导师和参培教师对话与交流，采取双向互动的教学方式，针对需要和"问题包"展开学习与交流。③示范评析与反思探究阶段。组织参培教师实地观摩实践基地学校课堂示范教学，利用课堂教学评价方法对观摩课进行评析与反思探究。④课堂教学实践与反思阶段。在比较与反思基础上，安排参培教师到实践学校进行教学实践，在导师带领下反复进行"磨课"，并针对小学科学新课改中的问题，开展对话与交流。⑤专业引领的发展再创阶段，包括两大块：以课题研究的形式，将确定的课题与所教的课程联系起来，要求参培教师反思自己的教育教学情境，做适当的科研。教育教学考察部分，针对教学改革中的热点问题，对参培教师开展目标明确的教育考察活动，促进教育观念的转变。⑥评价阶段。包括：对参培教师的评价、对培训过程的评价、对培训效果的评价、对主讲教师（实践导师）的评价（宋雅琳，2010）。

4.MES模块式培训模式。借鉴职业教育中的MES（Modules of Employable Skills）理念设计适合小学科学教师职后培训的课程。该课程以PCK理念为指导，做到知识、技能教学综合化。培训课程的设计过程包括选择模块和开发课程两个环节。开发的培训课程以教学实践为主线，增加前瞻性的理论讲座并关注多方面技能的训练。模块式培训课程的设计主要包括选择模块和设计模块内的课程两个环节。①选择模块。通过模块式教学，可以实现明确的、实用性的、能力化的教学目标，打破以知识为中心的传统学科章节体系建立的各种类型的能力和素质专题。②开发模块课程。开发模块课程的关键点是确定模块的教学内容，其实质就是对教学内容进行合理性、实用性的综合化处理。应当以教学活动为线索，将活动涉及的认知过程、素质基础、能力养成以一个专题的编排方式整合在一个模块中（王凌诗，2016）。

四、小学科学教师专业发展的策略与途径研究

（一）关于小学科学教师队伍及专业发展现状的调查研究

了解小学科学教师队伍的状况及其专业发展水平是推进小学科学课程改革的重要前提。因此在 2001 年新课程实施之后，对小学科学教师发展的现状调查成为本阶段研究的热点问题。既有覆盖全国大部分省区的大型调查，也有基于县域、市域，甚至是某所学校的典型调查；调查的内容也从宏观的小学科学教师队伍及其专业发展的面上调查，深入扩展到针对教师专业发展的某项内容。

有研究者指出我国小学科学教师在专业发展方面存在的问题主要有：①专业学科背景缺乏，专业知识结构与能力存在缺陷。对专业知识较为熟悉，但是整体知识结构不够均衡，教育研究方法和哲学艺术知识欠缺，其中尤以科学发展前沿动态和研究成果、外语、科学方法论和 HPS（科学史、科学哲学和科学社会）等知识不足；缺乏科技制作和实验改进相关知识，创新意识、创新能力和动手能力较差。②专业发展途径不完善，缺乏专业发展规划指导。缺少与科研机构交流合作；缺少自我反思及教学创新的勇气和动机；专业发展规划能力不足也是导致专业发展受阻的重要原因之一。③科研能力薄弱，参加学术会议和培训机会较少（张晓莹、林长春，2013）。其他研究者开展的调查研究显示，我国小学科学教师队伍及专业发展整体水平不够理想，存在

一些共性的问题。从教师队伍来看，小学科学教师队伍结构有待进一步优化，存在兼职教师多、临聘教师多的现象；从教师专业发展水平角度看，专业情意缺失，对自身职业的认同度不高；专业知识结构失衡，教育学和心理学知识欠缺，小学科学教师在知识的广度和深度层面上仍然摆脱不了原有专业背景的困扰；专业能力有待提高，实践性知识的缺乏，教师在综合实验技能上存在着欠缺，小学科学课程强调动手能力与探究思维，大部分教师无法应对教材中繁多的探究活动；教师的专业自主意识有待进一步提升（胡卫平，2007；陈伟杰，2009；范英子，2018）。

关于小学科学教师科学素养的调查。张红霞、郁波以美国《面向全体美国人的科学》《国家科学教育标准》等中关于科学素养的定义为基础，编制了小学科学教师科学素养调查问卷，问卷包含科学知识、科学方法、科学性质和科学态度四个方面。其中，科学知识部分考虑自然科学各分支学科的平衡、事实性知识与推理性知识的平衡，兼顾数学和社会科学知识；科学方法部分突出科学方法的观察基础、可重复性和和常用的实验法和调查法，还包括科学研究的步骤；科学性质部分包括科学哲学问题，如归纳—演绎逻辑、科学知识的真理性问题、科学与其他知识范畴的差别，以及科学史问题及科学社会学问题；科学态度部分反映教师科学态度的行为或潜在行为。有研究者对我国山西、天津、河南等21个省的1737位现任小学科学教师展开了大规模的问卷调查，调查结果显示：①教师科学素养普遍较低，绝大多数人对科学还处于一种盲目崇拜状态，甚至夸大其社会功能。但同时又有很多人采取激进的建构主义科学观，认为科学不是客观真理，而是科学家头脑中建构的产物。②教师在教学中普遍存在非科学和伪科学行为，虽然对鼓励学生自主探究、积极参与和合作的理念耳熟能详，但在实际教学中仍多采用竞赛、限时完成实验的做法。错把孩子们的幻想当成科学假说。③影响教师教学行为的第一因素是对科学性质的理解，其次是对科学方法的掌握。对我国科学教师影响最大的不是经典的、常规的理念，而是激进的建构主义科学观（张红霞、郁波，2004）。其他一些研究者在浙江、福建、陕西、江苏、湖南、山西省也进行了类似的调查研究，虽然调查的维度稍有差别，但调查结论趋向一致，即：小学科学教师科学素养整体上水平偏低；在科学方法和科学理解能力两方面都存在着严重不足；教师对科学知识掌握基本合格，但有待及时更新；对科学方法掌握欠缺；对科学本质和功能认识不够全面；对科学探究过程了解不足（陈木兰，2007；蔡铁权等，2007；陆璐，2009；薛娇，2016）。

关于小学科学教师专业素养特定内容的调查。①关于小学科学教师科学素养观的调查。运用课堂观察法和教师访谈法对广州市小学自然教师的科学素养观开展了一系列研究，发现小学自然教师的科学素养观不太理想，大都处于单一收敛科学素养观和多点孤立科学素养观之间（靳淑敏，2003）。②关于小学科学教师科学探究观的调查。有研究者通过调查将小学科学教师的科学探究观分为僵化的科学探究观、变通的科学探究观和放任的科学探究观三种（傅华平，2007）。有研究者则以从传统到后现代科学探究观的演变为分类依据，调查发现教师的科学探究观趋于开放与传统之间（史孝武，2008）。有研究者将科学探究观分为技术型和实质型两种，每种从高到低分为四个层次，调查显示大多小学科学教师处于技术型探究水平（刘君兰，2011）。另有研究者运用国际上公认的 VNOS-D（科学本质问卷）和 VOSI-S（科学探究问卷），调查小学科学教师的科学探究观，深入分析三位教师在科学探究观念上存在的偏差（刘蓓，2015）。③关于小学科学教师本质观的调查。有研究者通过对 124 名小学科学教师进行问卷调查并结合访谈和观察，发现我国小学科学教师的科学本质观具有一定的滞后性、浅层次性以及不稳定性（高潇怡、胡巧，2012）。有研究用开放性问卷调查发现小学科学教师的科学本质观在总体上接近于过渡型科学本质观，正在从传统向现代的科学本质观过渡（杨锶，2013；魏婕，2019）。不过，对全国 21 个省市自治区的 2005 位小学科学教师的科学本质观的调查发现，中国小学科学教师科学本质观主要有四种类型：模糊的科学本质观、后现代科学本质观、经典科学本质观和现代科学本质观（陆琪，2016）。④关于小学科学教师 PCK 知识的调查。受舒尔曼的影响，对小学科学教师的学科教学知识（PCK）的测评与调查近年来逐渐展开。有研究以小学科学教学视频"照镜子"为载体,应用美国埃里克森学院开发的 PCK 测评工具对小学科学教师的 PCK 水平进行调查与分析。测评结果表明小学科学教师的 PCK 处于有限的理解和应用阶段,还有较大的提升空间(何培,2018)。另有研究发现小学科学教师技术与工程领域的 PCK 总体发展水平良好,不同类型教师间差距较大(王欣欣,2019)。对济南市某区小学科学教师进行 TPACK 测评发现其整体上处于中等偏上水平(杜淑卿,2020)。

(二)关于小学科学教师发展策略与途径的研究

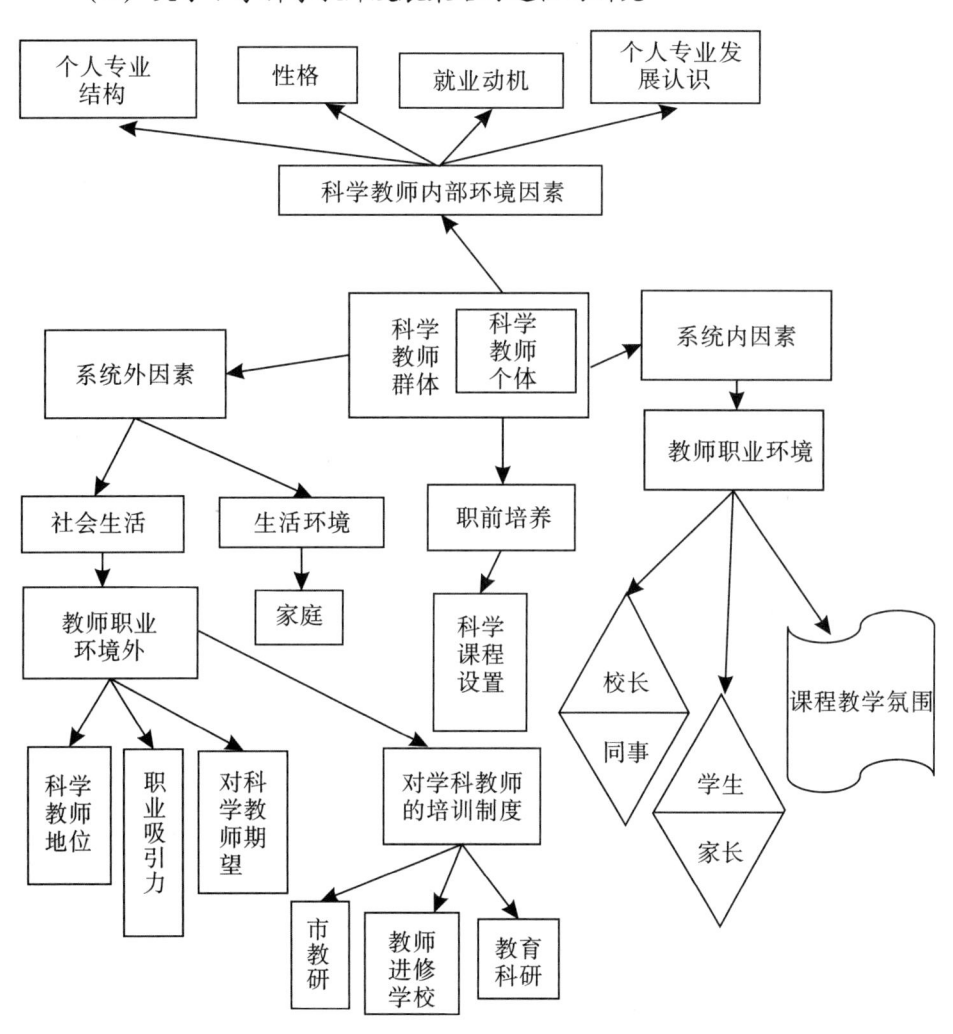

图 6-6 小学科学教师专业发展环境结构

针对小学科学教师专业发展存在的问题，研究者从不同角度提出了相应解决对策。有研究者从五个方面提出了小学科学教师专业发展的策略：①专业发展的起点——自我专业发展意识，而自我专业发展意识主要表现为经常性的自我反思和终身学习；②专业能力提升的基本途径——教师行动研究；③专业发展的主渠道——科学课的教学实践；④专业发展的有效方式——校本教研。"教师专业发展学校""伙伴学校"等以校为本的教师专业发展形式受到了各国的欢迎，"案例研究""行动研究""反思型实践"都是开展校本研究的好方法。⑤专业发展的保障——外部支持与继续教育。外部支持包括国家的方针政策、有关部门对科学教育的配合、教育研究部门的专业引领、教师家庭的支持和学生家长的密切配合、学校的环境和氛围等；加强教师之间的交流为小学科学教师的专业发展搭建平台（冯恒，2006）。有的研究者着重分析了小学科学新任教师专业发展环境的构成要素，如图6-6所示，并据此提出相应的专业发展策略，包括：树立"以教师为本"的管理思想、营造相互尊重的环境、关注新教师心理健康、形成良好的教师文化、制订专业发展计划、对科学课要加大投资、制订专业发展评价标准（李水霞，2008）。

有的研究者侧重从教师自主专业发展的角度提出策略：①以优秀教师的案例促进小学科学教师深入理解并践行自主发展的理念。要通过优秀教师自主发展的案例和现身说法，让他们深刻体会到：教师自主发展是可行的、有效的；只有自主才能实现持续有效的发展；优秀的教师、高水平的教师都经历过并正在继续经历自主发展的过程。②定期指导小学科学教师运用SWOT分析法制订自主发展目标和规划。学校可以借鉴管理学的SWOT分析法来帮助小学科学教师分析自己在发展中的优势、存在的问题、可能的机遇和挑战，并基于此有效地制订发展目标和规划。③帮助小学科学教师提高研究能力，尤其是发现研究问题和研究成果外化的能力。首先要将发现研究问题的自主权交还给小学科学教师；其次，要帮助小学科学教师掌握发现问题的原则和方法。④以追踪和连续跟进的方式促进教师将反思的成果运用于实践。学校管理者不能仅注重形式上的规定，更重要的是，要追踪和了解教师们将反思的成果运用于实践的情况（李小红、余景丽，

2012A、2012B)。

还有的研究者则将视角转向农村小学科学教师，提出了促进农村小学科学教师专业发展的对策：①加强对科学课的重视，为农村小学科学教师专业发展营造氛围，当地教育主管部门要摒弃对科学课的偏见，学校领导应提高对科学课的关注。②增加学习渠道，为农村小学科学教师提高科学素养创造条件。学校对科学课教师加强自主培训，当地教育部门对科学课教师开展针对培训，高校对科学课教师进行远程培训。③打破校际孤立，为农村小学科学教师专业发展提供便利。建立小学科学教师网络研修机制，放大城区小学科学教师辐射效应，推动同区域乡村小学科学教师一体化（张万芹，2018）。

更多的研究者则从小学科学教师专业发展的政策与制度建设、学校等专业发展环境、多元化有层次的专业发展途径、教师自身的专业发展意识等方面提出建议。有研究者提出：①以完善政策制度促教师专业发展：改革专业技术职务聘任制度、加强专职科学教师队伍建设。②以科学教育教学实践促教师专业发展：以各种培训促专业发展。教师成长一般要经历新手、胜任、专家三个阶段，要制订循序渐进的培训计划，针对不同阶段开展有的放矢的培训，保持培训的连续性，把握不同时期培训工作的重点。同时，以各项竞赛促专业发展，以公开课促专业发展。③自主意识促教师专业发展：主体发展观。教师要对自己的专业发展有清晰的认识，根据自己的实际情况，设计自己专业发展的蓝图，规划自己的职业生涯，实现独特的"个性化发展"。学校要为教师专业发展提供背景性、方向性的指导，促进基于反思的专业发展。④构建良好的合作环境促教师专业发展：构建良好的教师文化。通过教育行政机关或教育学会等机构，充分发挥市、区、校名师作用，大力开展不限于本校的科学教师间的"青蓝工程""名师高徒工程""名师工作室"等一系列结对活动；利用信息技术，以网络平台促专业发展（黄春方，2010）。还有研究者从三个方面提出建议：①全方位多角度地提升自身专业发展，具体举措有：增强职业认同感，提高自身发展意识；及时更新与时俱进的教育理念；充实丰富知识储备，整合跨学科知识；提升专业能力，强化教学实践.；善于教学反思，提高教育质量；终身学习，积极制订个人专业发展规划。②创设小学科学教师专业发展的良好环境，具体举措有：合理考虑兼任科学教师的岗位分配；营造核心素养教育氛围，构建教师学习共同体；分层递进推动小学科学教师专业发展。③完善相关制度建设，增加经费投入支持，具体举措有：重视科学教师队伍建设，提升专业性；健全小学科学教师激励和评价制度；开展以实验与探究能力为核心的专业培训（徐海燕，2019）。还有研究者认为：①为提高小学科学教师的地位、增强小学科学教师专业发展的内驱力，应当制定小学科学教师专业标准并完善小学科学教师资格认定制度，教师个人应树立起崇高的教师信念，主动提升专业水平。具体举措包括：完善小学科学教师资格认定制度和专业标准，提高教师地位。完善小学科学教师专业标准，保障小学科学教师基本素养；形成综合化和多样化的资格认定机制；提高小学科学的地位，增强小学科学教师专业发展情意。②应当形成有利于小学科学教师专业发展的制度和环境。管理部门应当完善教师评价制度，学校层面尽可能地支持小学科学教师。具体举措包括：改善教师评价制度，激发教师的专业发展情意，通过适当合理的评价激发教师对专业的热爱；学校为小学科学教师提供物质支持和精神支持。③应当拓宽小学科学教师专业发展的途径，大力发展小学科学师范教育；为小学科学教师提供有针对性、高质量的培训；发挥多方团体在小学科学教师专业发展中的作用，校内教师合作促进小学科学教师的日常反思，加强小学科学教师与其他领域的交流，建立优秀课堂观摩平台，大力推进网络培训（刘敏，2019）。

五、小学科学教师发展的国际比较研究

20世纪50年代研究者在介绍苏联师范教育特色时已涉及小学自然教师培养的问题，20世纪90年代研究者在探讨发达国家小学理科教育的改革与发展时也提及小学理科教师职前培养的问题（赵长林，1999）。但总体上看，研究数量很少，大都聚焦在小学科学教师的职前培养上。进入21世纪之后，这种局面得到了极大的改观，研究者开始关注国际小学科学教师发展的研究成果。

在进行小学科学教师发展国际比较研究之时，首先进入研究者视野并得到广泛和持续关注的便是科学教育先行国家的科学教师专业标准。研究者对美国

自 20 世纪 90 年代以来的科学教师标准进行了系统研究。有研究者指出 1995 年 12 月美国国家科学基金会（National Science Foundation）推出的《国家科学教育标准》六大核心板块中关于科学教师标准的内容包括科学教学标准和科学教师专业发展标准，分别针对教师教学和专业发展描述了各年级的教师应该具备的专业知识和技能。其中，科学课程教师专业发展标准从科学课程教师专业发展培训的理念、目标、培训的性质等方面为科学课程教师培训机构提供了详细、具体、操作性强的质量标准。其特点为：重视科学课程教师正确的科学观与探究能力的形成，为科学课程教师构建综合、完整的知识结构，倡导终身、连续、一体化的培养模式（周青等，2005）。进入 21 世纪之后，美国国家科学教师协会制定的《科学教师教育标准》（2003 年修订）、州际新教师评估与支持委员会制定的《新科学教师认证与发展标准》（2002 年）和美国国家专业教学标准委员会制定的《优秀科学教师专业标准》（2003 年），从职前、入职和在职这三个阶段形成了美国国家层面上连贯的科学教师专业发展体系。研究者对三个标准的内容进行了详细介绍（李静，2009）；美国标准指向学生的学习、重视科学教师的学科教学法知识、重视科学教师的安全意识（冯媛，2019）。

还有的研究者则对这三个标准进行了比较分析，如表 6-2 与表 6-3 所示（段戴平、林长春，2011）：

表 6-2　美国三项科学教师专业标准的制定机构和适用对象对照表

标准项目	科学教师教育标准	初任科学教师认证与发展标准	优秀科学教师专业标准
所属机构	国家科学教师协会（NSTA）制定，被国家教师教育认可委员会（NCATE）采纳	州际新教师评估与支持委员会（INTASC）	国家教师专业教学标准委员会（NBPTS）
制定时间	1998 年	2002 年	2003 年
适用对象	职前教育阶段的准科学教师	任职 1-3 年的科学教师	任职 3 年后的初中和高中科学教师
标准功能	师资培养机构的资格认可	颁发新教师执照	颁发高级教师资格证书

表 6-3 美国三项科学教师专业标准的框架和一级指标对照表

标准项目	科学教师教育标准	初任科学教师认证与发展标准	优秀科学教师专业标准
框架	包括 10 项标准，每项标准均包括目标、讨论和实施 3 个部分	包括 10 项原则、3 项教学案例及评价案例	包括"为学生有效学习做准备""营造有利于学生学习的环境""促进学生学习""支持教与学"4 个部分，共 13 项标准
指标	1.内容 2.科学本质 3.探究 4.问题 5.教学技能 6.课程 7.社区中的科学 8.评价 9.安全与福利 10.科学教师专业发展	1.内容 2.学生学习与发展 3.学生多样性 4.教学多元化 5.学习环境 6.交流 7.教学安排 8.评价 9.反思 10.社区关系	1.了解学生 2.科学知识 3.教学资源 4.多样性、平等和公平 5.参与 6.学习环境 7.科学教育学 8.科学探究 9.科学的背景 10.评价 11.家庭与社区 12.专业合作与领导力 13.反思

除了美国之外，研究者还对其他一些国家的科学教师专业标准进行了分析，主要包括：英国教育与就业部 1995 年颁发的教师教育课程专业性认可标准《职前教师教育课程要求》（王刚，2004；王锋治，2006）；澳大利亚维多利亚州教学专业标准委员会 1999 年颁发的《科学教师专业标准》（熊建辉，2008），澳大利亚联邦 2002 年颁发的《全国优秀科学教师专业标准》（田守春、郭元婕，2011）；菲律宾国家数学与科学教育研究所 2007 年开发的《全国科学教师专业标准》（熊建辉、李晶，2008）。基于国外教师专业标准，研究者们提出对我国科学教师发展的启示意义：构建完整而连贯的中小学科学教师专业标准体系；亟待研究和建立科学教育本科专业规范；重视中小学科学教师资格认定和入职教育；规范和加强中小学科学教师职后培训（段戴平、林长春，2011）。另有研究者则主张：深入开展教师政策研究、应用优秀教师专业标准促进政府科学决策、改进基于专业标准的教师评价（何美，2012）。

或认为：实行国家高水平科学教师专业标准，促进科学教师的全面可持续发展；将科学教师纳入制定高水平科学教师标准开发小组，提升标准的科学性和有效性；合理设定高质量科学教师标准框架，激发内在职业动机和发展潜能；纳入科学教师教学素质外延指标，提升科学教师专业领导力；补充科学研究成果领域要求，培养科学教师教育科学研究能力（曲爽，2019）。

科学教师专业发展所采取的策略和途径得到研究者的关注。研究者分别对美国科学教师三个标准中的职前培养的课程设置（王刚，2004；张婷、林长春，2008）、职后培训的形式（王刚，2004；胡胜平、千文婷，2009）、优秀教师的评估和认证（何美，2012）进行了探讨。还有研究者对英国科学教师职前培养的课程进行了个案分析，以伦敦大学教育学院 PGCE（Postgraduate Certificate in Education）、剑桥大学教育学院小学科学教育 PGCE 课程计划为例，探讨英国小学科学教师培养体系的一些特点，提出我国小学科学教师发展的建议：在培养目标上，小学科学教师的培养目标应该与小学科学教育的目标同步，注重提高小学科学教师的专业素质与能力；在课程设置上，不仅重视对教师科学知识的培养，更重要的是重视对科学本质的理解、重视科学精神的形成；在评价方式上，应该既有终结性评价，又有形成性评价，以评价促发展（王刚，2004；王锋治，2006）。另有研究者则描绘了科学教师发展的整体性框架，介绍了英国依据此框架所建立的支持英国各类学校科学教师的专业持续发展的科学学习中心网络建设情况，认为：我国有必要建立科学教师培训基地，创建科学教师学习网，为科学教师的专业发展提供坚实的后盾；同时要加强政府部门、工商业组织和教育机构的合作，共同为科学教师的专业发展献策献力（谢恭芹、丁邦平，2007）。另外，法国小学科学教师培养的"大学教师学院"方式和课程设置，以及以"做中学"项目为核心形成的法国小学科学教师网络资源学习中心也得到了研究者的认可（王刚，2004）。

有研究者采用案例研究和实地考察相结合的方法，以美国南伊利诺伊大学承办的为期两年的"小学科学—数学系统化建设"项目为例，介绍了美国科学教师培训内容、方法、管理、资源等方面的特色，探讨了美国科学教师培训对中国教师培训的借鉴意义：加强培训内容与学科内容的"链接"，让学员经历教学的真实过程，开发利用学员的经验资源，改进培训管理，优化学习支撑条件，引入第三方评估（潘洪建、Harvey Henson、Lingguo Bu，2019C）。

总之，研究者及时跟踪国际上科学教师发展的相关研究动态，结合我国小学科学教师专业发展的现实，聚焦问题的解决，吸收国际经验，为我国小学科学教师发展提供可资借鉴的理论框架和实践方案与策略。

第三节 研究反思与展望

一、研究反思

回顾新中国成立至今小学科学教师发展研究历程，在取得成就的同时，也存在以下几个方面的不足。

（一）研究注重实践问题解决，但理论创新有所欠缺

从小学自然、常识，到小学科学，课程名称的变化折射出我国小学科学教育在小学教育课程体系中地位的提升。与之相应，小学科学教师也从兼职为主到当下的专兼职并存，并逐渐走向专业化。不过，在这个历程中，也可以发现我国小学科学教师发展远远滞后于小学科学课程改革的实践，对小学科学教师发展的研究也远远滞后于小学科学课程改革的实践需要和小学科学教师发展实践。总体上来看，七十多年来的小学科学教师发展研究能够适应我国小学科学教育和教师教育改革的需求，注重实践问题的解决，但是在理论创新上缺乏主动性，不能充分反映教师教育理论的最新研究进展，对我国小学科学教师发展本土经验的关注和理论总结不够充分，难以引领小学科学教师教育改革向纵深发展。

在改革开放之前，由于小学自然课程并没有得到充分的重视，小学自然教师也由其他学科教师兼任，对小学自然教师发展的研究并没有得到研究者的关注，研究者或在介绍苏联小学教师培养中涉及小学自然教师，或是基于

自身的实践经验对其加以介绍。改革开放之后，尤其是20世纪90年代后期，随着小学自然教学改革的广泛深入展开，以及国际上教师发展改革和研究进展推动了我国教师教育改革的启动，小学科学教师的培养问题成为亟待解决的现实问题，迫使研究者开展相关研究，形成了首都师范大学、重庆师范大学、南京师范大学等研究团队。2001年启动课程改革之后，小学科学的课程地位得到了极大提升，小学科学教师队伍建设和发展的落后成为阻碍小学科学课程改革推进的主要因素之一，实践需要倒逼研究者关注专业化小学科学教师培养和在职发展的问题。通过对我国小学科学教师发展研究历程的简单回顾，可以发现本领域的研究大都发起于对现实需要的回应，是自下而上的，甚至从某种程度上讲，是被动的。研究成果中，最为丰富的是对我国小学科学教师队伍及专业发展现状、小学科学教师培训需求的调查，研究的类型大都属于现状—问题—策略类，针对性很强，但由于对小学科学教师发展的一些基本问题，如我国小学科学教师的专业标准、职前培养和职后发展一体化机制和路径、成长的阶段和特征及其影响因素等探讨不够，因此导致研究缺乏系统性、理论性和前瞻性。

在对国际小学科学教师发展改革的实践和理论进行介绍和比较研究方面，其研究成果产出数量排在调查研究之后，研究的国别涉及美国、英国、法国、德国、澳大利亚、菲律宾等，研究的内容包括科学教师专业标准、科学教师教育课程设置、科学教师培训的方式和途径等。不过审视这些研究成果，大都侧重于对国际上一些政策和实践举措等进行事实性、描述性研究，所提出的启示和建议或停留在表层，或只是针对我国实践中的某一方面。而对这些政策和实践举措的前提性理论的分析少，将其与我国进行比较研究的也不多见，更缺少结合我国文化、社会和教育情境进行小学科学教师发展本土化建构的尝试。研究队伍中，硕士研究生占了很大的比重，大都是在文献综述中进行介绍和分析，进行专题研究的成果还不够丰富，对我国小学科学教师发展的理论研究深入发展贡献不足。

我国社会历来重视教师。新中国成立后，在教师发展方面也有非常好的实践经验，西方的一些模式、方式方法其实在我国教师发展实践中早已得到实行，如乔伊斯与绍尔斯（Joyce & Showers，1982）"同事互助指导"教师发展模式、1990年牛津大学教育研究系提出的"校本培训"方案、教师工作坊等，其实在我们国家早就形成了实践形态，但是由于研究者缺乏将我国教育实践上升为理论并将其传播、推广的意识，在教师发展研究领域丧失了话语权。早在1950年，我国即开始建立具有中国特色的教学研究和管理制度，如集体备课、集体听课、集体评课、公开课等；1957年学习苏联的经验，教育部颁布《关于中学教学研究组工作条例（草案）》，规定了教研组的任务。纵（学科教研组）横（学年组）交叉结合的学校内部教研体系由此形成并延续至今。在学校外部，组建相应的教研室，形成了专业合作的教研体系。此外，"学徒式"教师发展模式与我国学校实践中广泛实施的新老教师"传帮带"的做法（"青蓝工程"）具有异曲同工之妙。我国台湾科学课程教师培训的三个途径：种子训练、教育研习会和教学研究会、科学教育师范小学（李济英，1999）。我国上海的顾泠沅等开展的教师行动教育（《全球教育展望》，2003年第1期）以及李瑾瑜等在课程改革后出现的参与式培训（《中国教育报》，2010年4月9日）在我国小学科学教师发展研究中得不到应有的关注，也没有在理论上得到及时总结、升华和深入研究。

（二）研究内容重点突出，但不够均衡

从小学科学教师发展研究的内容来看，70年来研究的内容已经得到了极大的扩展，在研究内容重点突出的同时也存在着不均衡的问题，具体表现在以下几个方面。

第一，对小学科学教师素养结构探讨的多，对小学科学教师专业标准的建构研究的少。小学科学教师发展研究首要的问题是小学科学教师应该具备什么样的素养，其基本结构如何？这也是我国研究者比较关注和研究的重点内容之一。研究者或从普遍性的小学教师素养出发，或从小学课程标准出发，或从科学素养出发对其进行了研究，这些研究成果反映了我国小学科学教育界对于教师素养的基本看法，对于小学科学教师发展具有重要的价值和意义。

不过，对于小学科学教师发展的各个阶段，尤其是小学科学教师职前培养、职后培训等，还需要相对明确和一致的规范，也就是小学科学教师的专业标准。实际上，20世纪90年代国际上在对小学科学教师素养结构进行探讨的同时，一些先行国家如美国、英国等就开始制定科学教师专业标准，甚至开发了针对不同教师专业发展阶段的多层次的科学教师标准，如美国构建了包括《科学教师教育标准》《出任科学教师认证与发展标准》《优秀科学教师专业标准》。相比较而言，我国的研究则滞后许多，虽然也有对国际上科学教师专业标准的介绍和思考，但直到2019年才真正开始尝试去建构我国的小学科学教师专业标准（冯媛，2019）。

第二，对小学科学教师职前培养、职后培训研究的多，但对教师专业一体化发展研究的少。在我国进行教师教育改革之前，教师的培养与教师的在职培训分别由师范学校和专门的教研机构（主要是教育学院和教师进修学校）来承担。20世纪90年代教师教育改革之后，尤其是2000年之后，随着教师专业发展一体化理念的深入人心，教育学院和师范大学开始陆续合并，教师职前培养与职后发展开始由单一主体来承担。不过，这个趋势在小学科学教师发展中并没有得到很好的体现。综观70年来的研究成果，对小学科学教师职前培养的研究和职后培训的研究都是研究者关注的焦点内容之一，但往往是分离的两个部分，对于两者之间的一体化的研究却少之又少。即便是那些以小学科学教师专业发展为主题的研究，或将职前培养、职后培训作为小学科学教师发展的两大部分进行探讨，或刻意回避这两个阶段，只是泛泛地做一般的阐述，对于两者之间如何实现一体化的机制、路径、策略很少有实质性的探讨和分析。在教师发展研究中非常重要的教师发展阶段的内容，在小学科学教师发展研究中却很少进行充分的讨论。

第三，侧重从外部来审视小学科学教师发展，缺少基于教师本身视野的研究。受我国传统文化的影响，我国对教师的看法大都是从教师应该完成什么、贡献什么出发，所以在新中国成立之后至今，我国对教师的研究也是从完成教育工作的需求出发，来规定教师发展的内容，在途径和方式上也是从外部来进行思考，教师在这个过程中往往处于被动的状态。在小学科学教师发展研究中，我们可以发现，多数研究的出发点都是基于完成小学科学教学活动或小学课程标准实施的要求，即使那些提倡有针对性培训的调查研究，实际上表达的还是外部对小学科学教师发展的理想要求。近年来国际上关注的教师自主专业发展，实质上并非仅仅只是对教师自我发展规划的强调，更主要的是提倡关注教师自身的价值实现，侧重的是教师自身在职业发展过程中的价值需求。遗憾的是，这一点在我国小学科学教师发展研究中没有得到充分认识和探讨。

（三）研究视角和方法多样，但缺乏跨领域综合性视角

值得欣喜的是，综观70年来的研究成果，呈现出研究视角和方法的多样化特征。研究者不再局限于教师教育甚至是教育学本身的视角，出现了哲学、社会学、生态学、心理学等学科领域视角下的研究成果；研究方法也不仅仅只是理论思辨和经验总结，以问卷调查为主的定量研究方法得到了广泛使用，访谈、田野调查、个案研究等注重个人体验、情境性的质性研究也开始出现。不过，教师专业发展的影响因素复杂，涉及国家、社会、教师、学生等多方面的综合因素，关乎哲学、心理学、社会学、文化学等等多学科研究领域，且各方面的因素之间关系复杂，很难单一地从某个方面来进行分析，从多学科跨领域融合的视角看待问题才能更好地厘清这些因素之间的关系。在研究方法上也是如此，研究方法的选用为研究者提供了分析问题的视角，研究视角的选定同时又是研究方法选择与设计的依据。具体到小学科学教师发展研究来讲，除了作为教师的一般特征和作为小学科学教师的群体特征之外，还需细分研究对象的类别，整合研究对象的特质。小学科学教师按照入职前后可分为职前教师和在职教师，按照成长过程一般可分为新手教师、熟手型教师、胜任型教师、业务精干型教师和专家型教师。每种类别的教师都有自身独有的特质。因此，在选取研究对象时，要在多样化的样本中，根据类别特点，整合对象特质，进行选取和研究。在研究方法上注意多样化的同时，还要注意多种方法组合使用，而这也恰恰是目前的研究中所缺乏的。

二、未来展望

我国小学科学课程正处于深刻变革和发展阶段,未来小学科学教师发展研究的主题和趋势可能聚焦在以下几个方面:

(一)进一步加强小学科学教师发展的理论探索

从 20 世纪 90 年代国际教师发展研究兴起至今,在经历了呼应世界各国纷纷开展的小学科学课程改革的需要而致力于实践问题解决的研究阶段之后,研究者意识到了建立整体化解决方案的理论框架的重要性。Kathleen J. Roth 在《Videobased Lesson Analysis: Effective Science PD for Teacher and Student Learning》中指出:教师专业发展理论对教师专业能力的提高具有指导性的作用(《Journal of Research in Science Teaching》,2011 年第 2 期)。由此而形成了小学科学教师发展的理论模型。如在文化哲学、建构主义等后工业社会思潮的影响下,教师发展研究具有与现代工业社会教师培养不同的指导理念,形成了以文化教育理论为基础的科学教师专业发展理论模型,文化教育理论能改变科学教师的实践,能让教师更加关注与科学教育相关的文化,为学生创设丰富的教学环境,从而促进教师的专业发展。再如,Gail Richmond 等在《Identifying Elements Critical for Functional and Sustainable Professional Learning Communities》指出:生态学原理为核心的教师发展实践模型,充分考虑制度、学校、社区、教师个人和同伴等因素之间的关系,以构建教师专业发展的生态环境(Science Education,2011 年第 95 期)。在我国,以叶澜教授为代表的生命实践教育学派在进行"新基础教育"实践过程中也形成了注重教师个人价值实现和专业发展相结合的教师发展理论,明确了当代教师发展的"自我更新型"发展路线和"研究性变革"的教师发展基本途径。2017 年开始,在经历过近 70 年的实践探索和国际引进学习之后,具有中国特色的教研体系在基础教育发展和教师发展领域得到了国内外的认同和肯定,将我们本土的具有中国特色的教师发展实践经验抽象上升为一种理论模型是当下中国研究者的应然使命。相比于普遍的教师发展研究领域而言,小学科学教师发展研究由于多方面的原因在理论探索方面相对滞后，这已经严重阻碍了我国小学科学教育改革的推进，迫切需要相关领域的研究者追踪国际理论最新进展、对本土实践进行理论总结，承担起小学科学教师发展相关理论建设的使命。

（二）加快小学科学教师专业标准研制

小学科学教师是科学教育改革落地实施的中坚力量，其专业素养影响着小学生科学素养的发展。美国作为世界上的教育强国，从二十世纪八十年代便着手建立涵盖职前培养、新任教师、优秀教师三个阶段的科学教师专业标准体系，以保证科学教师的质量。此外，英国、澳大利亚、菲律宾等国也颁布了科学教师专业标准，这些对于我国发展科学教育而言，都具有很大的借鉴意义。在我国，教育部分别在 2012 年 2 月颁布了《小学教师专业标准（试行）》，2021 年 4 月颁布了《小学教育专业师范生教师职业能力标准（试行）》，但尚未出台针对具体学科的教师专业标准。教师专业标准可分为通用性标准和业务性标准。通用标准是国家对中小学教师统一规定的标准，即政策性标准；业务性标准是指为教师制定的具体专业发展标准，包括专业伦理标准、专业知识标准、专业能力标准等内容。我国要实现小学科学教师的专业化，有必要出台适合我国国情的小学科学教师专业标准，作为小学科学教师职前培养、任职标准、职后发展的参考依据，这对于提高科学课程的地位、科学教师的专业素养具有重大意义。研究小学科学教师专业标准的制定是必经之路（冯媛，2019）。

（三）深入探讨小学科学教师一体化发展的机制与路径

由于历史的原因，我国教师教育体系形成了职前培养和职后分离，教师培养机构和教师培训机构并行的二元结构。虽然在 20 世纪 90 年代后期开始进行教师教育体系改革，但到目前为止，教师一体化发展的机制尚未完全得以确立。反映在小学科学教师发展研究中，也是如此。李瑾瑜在《我国中小学教师培训政策演进及创新趋势》一文中指出，我国小学科学教师发展的实践要求研究先行，打破教师教育体系中存在的条块分割、地域界限、旧的分工和体制阻隔，基于促进教师终身学习的原则，致力于"构建教师职前培养与职后培训一体化的模式,将教师职前教育的基础性和职后发展的持续性结合起来,通过教师职后培训学习促进职前教育的改革,并形成促进教师专业发展的合力"(《西北师大学报》,2012年第5期)。

(四)小学科学教师自主发展将成为研究的另一重要内容

进入到21世纪以来,国际教师教育范式发生了新的转换,逐渐从工具理性转向以对话知识观为指导的交往理性的范式,何菊玲、栗洪武在《教师教育范式:结构与内涵——基于库恩范式理论的解读》中指出,教师的成长过程不再是被规训、被塑造的过程,而是教师自己主动谋求学习和发展的过程(《教育研究》,2008年第4期)。这个转变使得教师的自我价值实现、教师个人的实践性知识得到了突显,教师自主发展成为了研究者关注的焦点问题之一。在以交往、对话、反思、探究、批判为旨趣的教师发展理论基础上,教师作为教学实践反思者、学习者、自我价值实现者、教育行动者的观念逐步得到认同,校本培训、教师发展学校、学习共同体、同僚指导、行动教育等都成为教师学习和专业发展的重要方式。研究方法也不再局限于实证的研究方法,而呈现出多种研究方法并存的格局,叙事研究、人种学研究、传记和自传方法开始被广泛应用于教师发展的研究之中。在2021年4月教育部颁布的《小学教育专业师范生教师职业能力标准(试行)》中,教师自主发展已经作为能力标准的四个维度之一出现。随着小学科学课程改革的深入、对小学科学教师的素质要求的提高,以及我国教师发展体系变革的推进,小学科学教师自主发展也将逐渐成为研究的重要内容之一。

参考文献

(姓氏拼音为序)

一、图书著作

［1］北京桂馨慈善基金会.走向探究的科学课：章鼎儿、路培琦、李子平评说科学课［M］.杭州：浙江教育出版社，2012.

［2］陈华彬,梁玲.小学科学教育概论［M］.北京:高等教育出版社,2003.

［3］蔡海军.小学科学教学论［M］.长沙：湖南科技出版社,2007.

［4］蔡铁权,姜旭英,胡玫.概念转变的科学教学［M］.北京:教育科学出版社,2009.

［5］陈素云.小学科学学科教育［M］.北京:教育科学出版社,2016.

［6］程琳.小学科学教学与研究［M］.北京:科学出版社,2017.

［7］丁邦平.国际科学教育导论［M］.太原：山西教育出版社,2002.

［8］樊琪. 科学学习心理学——科学课程的教与学［M］.北京:中国轻工业出版社,2002.

［9］顾志跃.科学教育概论［M］.北京:科学出版社,1999.

［10］顾志跃.小学"科学"教与学的研究［M］.上海：三联书店,2011.

［11］郭坚,王斌兴.学生日常学习评价（小学科学卷）［M］.哈尔滨：黑龙江人民出版社,2004.

［12］高春艳.小学科学学业成就评价策略［M］.长春：吉林大学出版社，2017.

［13］何光勇.小学自然教学研究［M］.重庆:西南师范大学出版社,2001.

［14］何妮妮.科学教育的文化功能［M］.北京：北京出版社,2011.

［15］郝京华.《科学（3-6年级）课程标准》解读［M］.武汉：湖北教育出版社,2002.

［16］华汝成等. 小学自然教师手册［M］. 北京：中华书局,1949.

［17］黄春方.小学科学教师专业发展［M］.苏州：苏州大学出版社，2013.

［18］江乃萼.小学自然教学法［M］.北京:人民教育出版社,1953.

［19］教育部基础教育教材审定工作办公室.新课程实验教材精粹选评（小学科学卷）［M］.北京:人民教育出版社,2010.

［20］课程教材研究所.20世纪中国中小学课程标准教学大纲汇编：自然·社会·常识·卫生卷［M］.北京:人民教育出版社,2001.

［21］课程教材研究所.新中国中小学教材建设史 1949-2000 研究丛书：自然·社会卷［M］.北京：人民教育出版社,2011.

［22］课程教材研究所科学课程教材研究开发中心.小学科学学业评价标准［M］.北京：人民教育出版社,2013.

［23］廖伯琴.科学教育学［M］.北京：科学出版社,2013.

［24］李杰然.小学科学学业评价方法研究与实践［M］.上海：华东师范大学出版社,2012.

［25］李济英.台湾科学教育［M］.太原：山西教育出版社,1999.

［26］李建兴.明日科学教育［M］.台北：幼师文化事业出版社,1985.

［27］李培实,徐仁声.小学自然教学指导书［M］.北京：人民教育出版社,1988.

［28］李醒民.科学的文化意蕴——科学文化讲座［M］.北京：高等教育出版社,2007.

［29］李醒民.科学论：科学的三维世界［M］.北京：中国人民大学出版社,2010.

［30］李太平,潘黎明.科学教育论［M］.北京：人民出版社,2010.

［31］李志超等.小学自然·史地教学［M］.北京:教育科学出版社,1988.

［32］刘保丽.小学自然课堂教学与课外活动［M］.北京:北京教育出版社,1992.

［33］刘德华.科学课程与教学论［M］.北京：中国人民大学出版社,2009.

［34］刘默耕.自然教学经验点滴［M］.北京：中华书局,1952.

［35］刘默耕.小学自然课改革探索［M］.武汉：湖北教育出版社,1998.

［36］刘天成,孟志宏.义务教育小学科学学业质量评价标准［M］.大连：辽宁师范大学出版社,2017.

［37］刘沛生,姜允修,张之仁,孙望安.兰本达的"探究—研讨"教学法及其在中国［M］.武汉：崇文书局，2015.

［38］刘云来,殷志杰.小学自然教学论［M］.哈尔滨：黑龙江教育出版社,1996.

［39］刘宗寅.小学自然教师必读［M］.济南：济南出版社,1989.

［40］林长春,彭蜀晋.小学科学课程与教学［M］.重庆：西南师范大学出版社,2019.

［41］林有禹,陈国麟,陈湘,沈振善.小学自然教学法［M］.北京:人民教育出版社,1983.

［42］林崇德,申继亮.小学科学教学心理学［M］.北京：北京出版社,2001.

［43］陆志平.科学探究与探究学习：小学科学课程教学新视野［M］.长春：东北师范大学出版社，2007.

［44］卢姗姗.解释驱动探究的概念学习研究［M］.济南：山东科学技术出版社，2019.

［45］卢新祁.小学科学教学法［M］.长春：东北师范大学出版社，2005.

［46］美国国家科学教育课程标准［M］.国家科技情报所译.北京：科技文献出版社，1996.

［47］欧阳钟仁.科学教育概论［M］.台北:五南图书出版公司，1995.

［48］潘洪建.小学自然·科学课程发展 60 年（1949-2009）［M］.吉林：吉林出版集团有限责任公司，2012.

［49］潘洪建等.中外小学科学课程标准比较研究［M］.兰州：甘肃教育出版社，2017.

［50］潘留芳.小学自然教学法［M］.北京：首都师范大学出版社，1993.

［51］彭香.小学科学有效学习评价［M］.北京：北京师范大学出版社，2016.

［52］山东省教学研究室.自然教学法［M］.济南：山东教育出版社，1992.

［53］申慧青.基于核心素养的有效学习与学业评价策略（小学科学）［M］.长春：东北师范大学出版社，2018.

［54］史朝，孙宏安.科学教育概论［M］.沈阳：辽宁教育出版社，1992.

［55］沈阳市.小学自然教学法（讲义初稿），内部材料，联合印刷厂印制，1955.

［56］孙宏安.科学教育概论［M］.大连：辽宁师范大学出版社，2002.

［57］孙立平.STS 教育论［M］.上海：上海教育出版社，2001.

［58］陶国忠，袁来军.小学科学教学评价［M］.长春：东北师范大学出版社，2005.

［59］田正平.中国小学常识教学史［M］.济南:山东教育出版社，1996.

［60］王磊等.科学学习心理学［M］.海口:海南出版社，2000.

［61］王磊等.科学学习与教学心理学基础［M］.西安：陕西师范大学出版社，2002.

［62］王瑞.科学学习理论概论——科学哲学的视角［M］.北京：科学出版社，2015.

［63］王素.小学科技教育［M］.北京：北京师范大学出版社，2002.

［64］韦冬余.科学本质与科学教学——施瓦布科学探究教学思想研究［M］.南京：南京大学出版社，2016.

［65］吴俊明等.科学教育基础［M］.北京：科学出版社，2008.

［66］吴茂江.科学课程教学论［M］.银川：宁夏人民教育出版社，2010.

［67］徐敬标.有效教学：小学科学教学中的问题与对策［M］.长春：东北师范大学出版社,2010.

［68］徐敬标.小学科学教学技能［M］.上海：华东师范大学出版社,2010.

［69］徐明.小学自然教学法（湖北中等师范学校教材）［M］.武汉市江汉印刷厂,1993.

［70］徐仁声.小学自然教学法［M］.北京：北京师范大学出版社,1981.

［71］徐庆尧.基础教育现代化教学基本功［M］.北京：首都师范大学出版社,1997.

［72］郁波,路培琦.路培琦自然教学改革探索［M］.济南：山东教育出版社,1999.

［73］郁波,刘宝辉.STC课程实验——基于课堂教学的案例［M］.北京：教育科学出版社,2013.

［74］叶宝生.小学自然教师教学基本功［M］.北京：中国人事出版社,2002.

［75］叶宝生.小学科学教育理论与方法［M］.北京：首都师范大学出版社,2012.

［76］叶宝生,王灵华,刘春梅.基于逻辑的小学科学教学设计［M］.长沙：湖南科技出版社,2019.

［77］叶禹卿.科学新课程与科学素质培养［M］.北京：中国纺织工业出版社,2002.

［78］殷志杰.谈自然课本中的能力培养要求，《小学自然教材和教法》（第一集）［M］.北京:人民教育出版社,1986.

［79］殷志杰.小学自然教材教法［M］.北京：人民教育出版社，2001.

［80］袁丛领.核心素养导向下的小学科学教育［M］.长春：东北师范大学出版社,2018.

［81］袁优红.新课程背景下小学科学有效教学探索——上学生喜欢的科学课［M］.上海：上海交通大学出版社, 2018.

［82］袁孝亭,曹琦.小学自然教育学［M］.长春：东北师范大学出版社,1997.

［83］袁运开,蔡铁权.科学课程与教学论［M］.杭州:浙江教育出版社,2003.

［84］袁孝亭,曹琦.小学自然教育学［M］.长春：东北师范大学出版社,1997.

［85］俞林军.小学科学［M］.北京：北京师范大学出版社,2009.

［86］喻伯军.小学科学教师专业能力必修［M］.重庆：西南师范大学出版社,2013.

［87］张二庆,乔建生.小学科学课程与教学［M］.北京：北京师范大学出版社,2016.

［88］张红霞.小学科学课程与教学［M］.北京：高等教育出版社,2007.

［89］张磊.科学课程设计的认识论考察［M］.北京：社会科学文献出版社,2013.

［90］张亮.新课程课堂教学技能指导与训练·小学科学［M］.长春：东北师范大学出版社,2009.

［91］赵立新,钟琦.馆校结合——科学教育与新媒体［M］.北京：科学普及出版社,2015.

［92］浙江省教育厅教研室.小学低段科学游戏课程的教学实践［M］.杭州：浙江教育出版社,2018.

［93］赵学漱.STS教育的理论与实践［M］.杭州:浙江教育出版社,1993.

［94］赵学漱.中小学科学教育改革［M］.广州:广东教育出版社,1995.

［95］赵学漱.小学科学教育［M］.北京：北京师范大学出版社,1999.

［96］赵廷为.小学自然教学法讲话［M］.武汉：湖北人民出版社,1957.

［97］赵琳.科学教育与现代教育技术［M］.郑州：郑州大学出版社,2007.

［98］中央电化教育馆.小学自然教材教法［M］.北京：北京师范大学出版社,1986.

［99］中国儿童中心.儿童校外科学教育研究［M］.北京：人民教育出版社,2012.

［100］钟圣校.自然与科技课程教材教法［M］.台北：五南图书出版公司,2000.

［101］曾宝俊,夏敏.小学科学教材教法与教学设计［M］.福州：福建教育出版社,2018.

［102］周若新.小学自然科学教育评价［M］.长春：东北师范大学出版社,1999.

［103］朱纪华.现代小学科技教育［M］.北京：中国建材工业出版社,2000.

二、期刊文献

［1］白秀英,张晓玲.我国科学教育专业发展的现状及面临的困境透析［J］.高等理科教育,2011（02）.

［2］白雪光.小学自然教学改革初探［J］.课程·教材·教法,1985（01）.

［3］毕晓白,张志文.培养学生科学探究能力初探［J］.课程·教材·教法.2000（9）.

［4］毕晓白,张志文.方法训练与设计实验能力的培养［J］.课程·教材·教法.2007（9）.

［5］包正甫,钱恩惠,施锦章.自然教学的几项实习作业［J］.江苏教育,1957（7）.

［6］鲍骏.以《自然教学大纲》到《科学课程标准》［J］.小学自然教学,2002（04）.

［7］北京市教育局教学研究部小学自然德育专题研究组（1991）.加强小学自然教学中的思想品德教育［J］.课程·教材·教法,1991（8）.

[8] 柴西琴.对探究教学的认识与思考［J］.课程·教材·教法,2001（8）.

[9] 蔡敏.试论"小组探究模式"［J］.课程·教材·教法,2001（12）.

[10] 蔡海军.我国小学科学课程发展的过程及特点［J］.湖南师范大学教育科学学报,2003（05）.

[11] 蔡其勇.科学哲学的文化转向及其对科学教育的影响［J］.教育研究,2008（6）.

[12] 蔡其勇,靳玉乐.科学的本质与学生科学本质观的培养［J］.课程·教材·教法,2008（09）.

[13] 蔡铁权,姜旭英,赵青文,王丽华.浙江省小学科学教师科学素养与科学本质观现状调查及认识［J］.全球教育展望,2007（08）.

[14] 蔡铁权.从科学社会学认识科学教育的改革［J］.全球教育展望,2009（4）.

[15] 蔡铁权,陈丽华.科学教师学科教学知识的结构［J］.全球教育展望,2010（10）.

[16] 蔡铁权,陈丽华.我国科学教育研究述评［J］.全球教育展望,2011（6）.

[17] 蔡建华.浅议小学科学非指导性探究学习［J］.江苏教育,2006（20）.

[18] 蔡正秋,殷志杰.记自然课——突破封闭型教学模式的一次实验［J］.课程·教材·教法,1986（6）.

[19] 蔡正秋,计云龙.小学自然学生实验操作的评价初探［J］.教学仪器与实验,1990（S2）.

[20] 常初芳.国际基础科学教育改革的趋势［J］.教育研究,1995（5）.

[21] 常熟县吴市中心小学.面向农村，教好自然课［J］.江苏教育,1966（1-2）.

[22] 崔兴东.小学自然教师的基本素质［J］.教学仪器与实验,2000（10）.

[23] 陈动.理论联系实际，巩固自然知识［J］.广东教育,1959（9）.

[24] 陈刚. 初中物理与小学科学教材衔接比较研究［J］.物理教师,2015（06）.

[25] 陈发俊.公众科学素养测度的困难——以科学素养的三维度理论模型为例［J］.自然辩证法研究,2009（3）.

[26] 陈其淦.试论农村小学科学课评价学业评价［J］.江苏教育研究，2019（12C）.

[27] 陈慧.对小学科学课程基本取向的思考［J］.教育科学研究,2007（11）.

[28] 陈慧."5E"教学模式在小学自然课程教学中的实践与运用［J］.上海课程教学研究,2016（10）.

[29] 陈华.基于微课的翻转课堂教学模式应用于长期观察活动的研究：以小学科学

《看月亮》为例［J］.教育与装备研究，2018（6）．

［30］陈轩.关于小学自然实验能力评价的认识［J］.教学仪器与实验,1989（S2）．

［31］陈文.运用直观教学复习"空气"［J］.福建教育,1957（6）．

［32］陈晓.基于STEM教育视角的小学科学课例分析［J］.基础教育研究,2017（13）．

［33］陈凯.美国小学科学教材中科学写作的分析与启示［J］.现代中小学教育,2013（08）．

［34］陈琴,庞丽娟.论科学的本质与科学教育［J］.北京大学教育评论,2005（02）．

［35］陈曦红.关于改革和加强中小学科学教育的思考［J］.高等师范教育研究,2003（02）．

［36］陈志伟.战后日本中小学理科教育的发展与变革［J］.外国中小学教育,2006（1）．

［37］陈庆朋.语言技能与科学课程学习［J］.课程·教材·教法,2007（1）．

［38］陈侠.要从小培养儿童爱科学［J］.科学课,1985（4）．

［39］程晋宽.美、澳、日、捷克、荷兰五国科学课程的教学特征比较［J］.外国中小学教育,2008（8）．

［40］陈亦人.提高针对性是实现有效培训的关键策略——以小学科学教师专业发展培训为例［J］.台州学院学报,2015（01）．

［41］常熟县吴市中心小学.面向农村，教好自然课［J］.江苏教育,1966（1~2）．

［42］崔青青,潘洪建.中美小学科学课程标准比较研究［A］.当代教育评论（第8辑）,2018．

［43］道久.美国七十年代中、小学理科教材——《科学概念》一书简介［J］.外国教育动态,1980（06）．

［44］代建军,谢利民.中美科学教育目标的比较研究——基于《普及科学——美国2061计划》和我国《2049行动计划》的思考［J］.外国中小学教育,2005（9）．

［45］戴丽敏.当代科学教育变革背景下小学科学教师素养自议［J］.杭州师范大学学报,2014（03）．

［46］董国敏,王贵学.小学科学教学中观察能力的培养［J］.潍坊教育学院学报,2011（03）．

［47］段戴平,林长春.美国三项中小学科学教师专业标准的比较及其启示［J］.上海教

育科研,2011（08）.

[48] 段佳.浅议小学科学课教师素养［J］.贵州教育学院学报,2005（01）.

[49] 刁彭成.科学文化视野下的科学教育［J］.全球教育展望,2010（4）.

[50] 杜伟宇,吴庆麟.概念改变的教学策略研究［J］.课程·教材·教法,2005（2）.

[51] 丁邦平.国际小学科学教育的发展趋势——兼谈我国小学自然课的若干问题［J］.教育研究与实验,1998（03）.

[52] 丁邦平.科学教育学：一个新兴的教育研究领域［J］.外国教育研究,2000（05）.

[53] 丁邦平. HPS 教育与科学课程改革［J］.比较教育研究,2000（6）.

[54] 丁邦平.西方科学教育的历史考察［J］.清华大学教育研究,2000（2）.

[55] 丁邦平.科学元勘与科学教学改革的两种模式［J］.全球教育展望,2001（11）.

[56] 丁邦平.国际基础科学课程改革回顾与前瞻［J］.课程·教材·教法,2001（10）.

[57] 丁邦平. 建构主义与面向 21 世纪的科学教育改革［J］.比较教育研究,2001（8）.

[58] 丁邦平.科学观与科学教育改革：跨学科的视角［J］.教育研究,2002（1）.

[59] 丁邦平.论国际理科教育的范式转换——从科学教育到科技教育［J］.比较教育研究,2002（1）.

[60] 丁邦平.中美基础科学教育的差异［J］.课程·教材·教法,2007（2）.

[61] 丁邦平,罗星凯.论科学教育研究与科学教育改革［J］.教育研究,2008（2）.

[62] 丁邦平.我国小学科学教师教育:现状、问题与思考［J］当代教师教育,2011（02）.

[63] 丁邦平,王飞.建立独立建制的科学教育学刍议——兼论科学教育学与理科学科教学论的关系［J］.中国人民大学教育学刊,2012（02）.

[64] 丁灵巧,丁邦平.学习性评价在小学科学探究式教学中的运用［J］.外国教育研究,2007（12）.

[65] 丁肇中.论科学研究的原动力——好奇心是科学研究的原动力［J］.上海交通大学学报（哲学社会科学版）,2002（4）.

[66] 邓亚东,丁邦平.概念卡通在小学科学教学中的应用［J］.外国教育研究,2008（08）.

[67] 董华,桑宁霞.科学—人文教育及其实现途径［J］.教育研究,2001（12）.

[68] 窦轶洋,高凌飚,肖化.论学生前概念及对教学的启示［J］.学科教育,2001（10）.

[69] 范增,吴桂平.论小学科学教师 PCK 的内涵及其发展策略［J］.教育与教学研究,2014（12）.

[70] 冯翠典,张雨强.苏格兰促进学习的评价模式述评［J］.全球教育展望,2009（11）.

[71] 冯启萄.美国兰本达"探究——研讨"教学法的启迪［J］.教育论丛,1985（01）.

[72] 傅道龙.小学科学教学中多元评价的思考与实践［J］.小学教学设计,2006（29）.

[73] 傅坚,黄瑗：论归纳在科学概念形成中的作用［J］.华南师范大学学报,1994（1）.

[74] 顾志跃.北京市教科所所长梅克提出:中小学教育质量评价的对象首先是学生［J］.上海教育科研,1986（06）.

[75] 顾志跃.中小学教育评价的背景分析［J］.上海教育科研,1993（2）.

[76] 顾智勇.小学科学教学中学生科学素养的培养［J］.教学月刊（小学版）,2003（6）.

[77] 顾援.概念的教学［J］.山西大学师范学院学报.2000（1）.

[78] 郭建鹏,彭明辉,杨凌燕.正反例在概念教学中的研究与应用［J］.教育学报,2007（6）.

[79] 郭玉英.学生的科学探究能力：国外的研究及启示［J］.课程·教材·教法,2005（7）.

[80] 郭玉英,姚建欣.基于核心素养学习进阶的科学教学设计［J］.课程·教材·教法,2016（11）.

[81] 郭元婕.科学文化及其对科学教育的影响［J］.教育研究,2006（6）.

[82] 吉钧义.自然科的成绩考查［J］.江苏教育，1957（11）.

[83] 谷雅慧.实现科学教育与人文教育有机融合的探索［J］.课程·教材·教法,2005（8）.

[84] 耿淑玲.我国科学教育历史考察及反思［J］.当代教育科学,2009（4）.

[85] 高继伟等.论 TIMSS 和 PISA 科学教育评价及其对我国科学教育的启示［J］.长春师范大学学报,2015（10）.

[86] 高守宝,樊婷,王晶莹.70 年来小学科学课程中学科能力的沿革与发展——基于课程标准的文本分析［J］.上海教育科研,2019（12）.

[87] 高翔,叶彩红.小学科学微课程开发的设计与实践运用模式研究［J］.课程·教材·

教法,2017（06）.

［88］高雯雯.人文视角关怀下的小学科学教育［J］.科学大众（科学教育）,2019（03）.

［89］高向斌.发生在课堂上的科学故事——美国小学科学课教学模式研究［J］.学科教育,2002（01）.

［90］高潇怡.促进学生科学概念转变的心理学研究进展与启示［J］.中国特殊教育,2009（2）.

［91］高潇怡,胡巧.小学科学教师科学本质观的现状调查与思考［J］.教师教育研究,2012（04）.

［92］高莹燕.小学科学"技术与工程"课型教学策略初探——以《做个太阳能热水器》为例［J］.科教导刊（上旬刊）,2018（03）.

［93］龚大洁,严峰,俞诗源.科学教育本科专业课程设置的实践与探索［J］.高等理科教育,2005（03）.

［94］光霞.美国小学科学教学的特色及启示［J］.江苏教育研究,2014（31）.

［95］光霞.21世纪英国小学科学教学的特色及启示［J］.教育导刊,2014（11）.

［96］光霞,樊文芳.日本小学科学教学的特色及启示［J］.课程教学研究,2014（10）.

［97］何善亮.促进学生探究学习的理论思考和教学实践［J］.教育科学研究,2002（4）.

［98］何善亮.新加坡小学科学教科书《My Pals are Here! Science》的特点及启示［J］.教育科学研究,2018（08）

［99］何善亮.论中小学科学教育的内容选择与表达方式——兼谈科学教育需要什么样的大概念［J］.天津师范大学学报（基础教育版）.2019（2）.

［100］何永红,王祖浩.我国科学教育急需厘清的几个关系［J］.教育科学,2006（11）.

［101］郝京华.论科学教育中的科学方法教育问题［J］.教育研究与实验,2000（6）.

［102］郝京华.当代国际中小学科学教育发展的趋势及其启示［J］.小学自然教学,2000（7、8）.

［103］郝京华.关于《小学科学课程标准》的讲座（1-2）［J］.小学自然教学,2001（9-10）.

［104］郝京华.学业成就测评的新方向：从学科知识到学科素养［J］.教育测量与评价

（理论版）,2015（11）．

[105] 郝京华.学科思维：课堂教学、学业质量评价改革的着力点［J］.教育测量与评价（理论版）,2017（11）．

[106] 郝敬云,郝京华.科学探究如何编入小学科学课程标准——加拿大、日本、美国的科学课程标准分析与启示［J］.当代教育科学,2009（02）．

[107] 黄海旺,王海英.小学科学教材与教学现状及对策［J］.课程·教材·教法,2007（6）．

[108] 黄海旺.小学科学课程改革的几点思考［J］.课程·教材·研究,2009（10）．

[109] 黄晓,孙丽伟.小学科学教学设计的规范化和学科化［J］.全球教育展望,2014（04）．

[110] 黄颖.利用"学习环"模式进行探究式科学课教学［J］.科学教育,2009（6）．

[111] 胡继飞.韦钰院士错了吗——《小学科学课程标准》随议［J］.基础教育,2010（06）．

[112] 胡继飞.我国新版小学科学课程标准探微［J］.中小学教师培训,2017（06）．

[113] 胡献忠.新版英国《国家科学教育课程标准》及其启示［J］.全球教育展望,2001（3）．

[114] 胡济良,朗盛新.扬长补短，提高农村小学自然教学质量——农村小学开好自然课的实验小结［J］.课程·教材·教法,1993（1）．

[115] 胡兴昌,罗小丰.科学教育专业教学计划与课程体系的科学性研究［J］.高等理科教育,2008（04）．

[116] 胡善义.以大概念的理念建构科学概念的教学研究——以《溶解》单元为例［J］.教育导刊,2018（3）．

[117] 胡卫平.科学概念教学中思维能力的培养［J］.中国教育学刊,2004（9）．

[118] 胡卫平,俞国良.青少年的科学创造力研究［J］.教育研究,2002（1）．

[119] 胡卫平,林崇德.青少年的科学思维能力研究［J］.教育研究,2003（12）．

[120] 胡卫平,刘建伟.概念转变模型:理论基础、主要内容、发展与修正［J］.学科教育,2004（12）．

[121] 胡卫平.基于核心素养的科学学业质量测评［J］.中国考试,2016（08）．

[122] 湖北省教研室自然组（郎盛新执笔）.农村自然教学的研究与实验［J］.课程·

教材·教法,1994（12）.

[123] 湖北荆门市东宝区马河镇铁坪小学自然教改课题组.农村小学自然课教学改革的实践与认识 [J].课程·教材·教法,1996（12）.

[124] 黄都.促进知识整合的科学探究环境设计——基于对WISE网络探究平台的评介 [J].全球教育展望,2004（7）.

[125] 侯亿川.加强专职自然课教师队伍的建设 [J].实验教学与仪器,1995（02）.

[126] 黄鸿超.新课标下小学科学教师素养之我见 [J].宁波大学学报（教育科学版）,2005（02）.

[127] 黄维.了解学生前概念的策略 [J].科学课，2011（8）.

[128] 黄晓冬."科学教师"的一体化培养 [J].当代教育论坛,2006（21）.

[129] 黄益如.浅谈现代小学自然教师的素质 [J].小学教学研究,1997（06）.

[130] 季薛庆.显性途径的科学本质教学探索——以"太阳系"教学为例 [J].课程·教材·教法，2010（07）.

[131] 江苏省武进县奔牛区小学自然教学改革对策研究课题组（1994）.就自然学科的课程、教材、师资谈农村小学自然教学改革的对策——江苏省武进县奔牛区小学自然教学改革情况调查 [J].课程·教材·教法,1994（7）.

[132] 江树铭.中等师范学校课程设置刍议 [J].课程·教材·教法,1984（03）

[133] 姜畅,林长春.职前小学科学教师科学探究能力的培养 [J].内江师范学院学报,2011（04）.

[134] 姜允珍,张之仁,但武刚.兰本达的"探究—研讨"教学法与我国的自然课改革 [J].人民教育,1993（12）.

[135] 靳爱林.小学自然教师应具备的基本素质 [J].实验教学与仪器,1998（04）.

[136] 句容路小学.积极组织学生开展科技活动 [J].上海教育,1978（2）.

[137] 金鑫.科学大概念教学的缘起、价值及实践路径 [J].教学与管理.2019（24）.

[138] 孔繁成.中小学科学素养教育存在的问题及解决策略 [J].中国教育学刊,2006（6）.

[139] 凯荞,教学的系统性 [J].小学教师,1953（8）.

[140] 柯森,张敏婕.美国基础教育科学课程标准实施环节若干要素分析 [J].全球教育展望,2004（9）.

[141] 赖小林,丁振源."做中学"：作为儿童科学教育的一种形式［J］.教育研究,2005（6）.

[142] 赖小林等."做中学"科学教育对儿童情绪表现的影响［J］.心理科学,2008（5）.

[143] 赖小琴.国外科学本质研究述评［J］.广西教育学院学报,2009（1）.

[144] 朗盛新.农村自然教学的朗盛新研究与实验［J］.课程·教材·教法,1994（12）.

[145] 黎明.在师范化学教学中进行专业教育的一些体会［J］.化学通报,1957（06）.

[146] 梁进军.试论小学自然课教师的智能结构及其培养途径［J］.甘肃教育,1988（12）.

[147] 梁英豪.科学素养初探［J］.课程·教材·教法,2001（12）.

[148] 李芬,林长春.农村小学科学教师专业发展现状调查与思考［J］.牡丹江师范学院学报（哲社版）,2012（06）.

[149] 李俊.科学课程内容的研制［J］.课程·教材·教法 2000（1）.

[150] 李晶.浅谈《科学》课程的设计［J］.课程·教材·教法,2001（7）.

[151] 李屏寅.自然学科考查方法的探索［J］.小学自然教学,1998（03）.

[152] 李守中.日本小学理科学习的评价（一）［J］.科学启蒙教育,1985（04）,1986（01）,1986（04）.

[153] 李守中.日本小学理科学习的评价（二三）［J］.科学启蒙教育,1986（01）,1986（04）.

[154] 李艳梅,郑长龙.国际科学史和科学哲学教育的发展及其对我国理科教育改革的启示［J］.比较教育研究,2009（05）.

[155] 李高峰,刘恩山.美国"国家科学教育标准"倡导的科学探究［J］.教育科学,2009（5）.

[156] 李华.中国小学科学课程改革历史简析［J］.科学课,2003（1）.

[157] 李华.探究式科学教学的本质特征及问题探讨［J］.课程·教材·教法,2003（4）.

[158] 李建梅.引导学生自行探究获取知识［J］.课程.教材.教法,1999（2）.

[159] 李霞.小学科学教材二次开发研究［J］.教育理论与实践,2013（17）.

[160] 李霞,张荻,胡卫平.核心素养价值取向的小学科学教学模式研究［J］.课程·教材·教法,2018（05）.

[161] 李永生.利用问题连续体进行小学科学教学设计的探索[J].江苏教育研究,2008(6)

[162] 李森,于泽元.对探究教学几个理论问题的认识[J].教育研究,2002（2）

[163] 李艳梅,郑长龙.国际科学史和科学哲学教育的发展及其对我国理科教育改革的启示[J].比较教育研究,2009（05）.

[164] 李君.精心策划,促进有效交流——小学科学教学中交流有效性模式构建初探[J].科学大众（科学教育）,2014（05）.

[165] 李娟.试论中国近代小学科学课程概念的变迁[J].教育史研究,2017（03）.

[166] 李培实.小学自然教学改革的回顾与展望[J].中国教育学刊,1989（5）.

[167] 李培实.小学自然课的改革与发展[J].课程.教材.教法,1993（06）.

[168] 李富强,吴晗清.从科学到科学教育学——科学教育学概念研究[J].海南师范大学学报（社会科学版）,2013（10）.

[169] 李耀俊.科学学习——深层和浅层学习通道的对比[J].安徽教育学院学报,2001（3）.

[170] 李有发.法国小学的科学教育[J].外国中小学教育,1988（10）.

[171] 李小红,余景丽.小学科学教师自主发展现状的调查研究以北京市为例[J].教师教育研究,2012（04）.

[172] 李小红,余景丽.小学科学教师自主发展行为的调查研究[J].课程.教材.教法,2012（07）.

[173] 李雁冰.美国科学教育的滥觞与第一次革命[J].全球教育展望,2005（8）.

[174] 李雁冰.美国科学教育的第二次革命[J].全球教育展望,2005（11）.

[175] 李雁冰,刁鹏成.科学教育中"迷思概念"初探[J].全球教育展望,2006（5）.

[176] 李雁冰.科学探究、科学素养与科学教育[J].全球教育展望,2008（12）

[177] 李雁冰.二十世纪科学哲学的发展对我国科学教育改革的启示[J].全球教育展望,2010（10）.

[178] 李刚,吕立杰.科学教育中的大概念:指向学生科学观念的获得[J].自然辩证法研究,2019（9）.

[179] 李妍.美国科学教育的可视化协作学习环境——CoVis项目的理念、设计与评析[J].全球教育展望,2005（11）

[180] 李高峰,刘恩山."前科学概念"的术语和定义的综述［J］.宁波大学学报（教育科学版）,2006（6）.

[181] 李高峰,唐艳婷.科学概念教学五要素［J］.生物学教学,2010（2）.

[182] 李煜生,陈洁.在自然学科中渗透思想教育的实践与研究［J］.课程·教材·教法,1992（3）.

[183] 梁进军.试论小学自然课教师的智能结构及其培养途径［J］.甘肃教育,1988（12）.

[184] 梁英豪.科学素养初探［J］.课程·教材·教法,2001（12）.

[185] 梁志喜.美国小学科学课程改革的历史回顾与启示［J］.中国科技信息,2009（20）.

[186] 刘超.对小学科学课程实施发展性教学评价的探讨［J］.基础教育参考,2010（02）.

[187] 刘翠.Clicker评价系统在小学科学课堂评价中的应用［J］.教育测量与评价,2016（12）.

[188] 刘德华.中国科学教育的困境与出路［J］.嘉应大学学报,2001（1）.

[189] 刘德华.西方科学教育价值取向的历史演变［J］.教育探索,2003（10）.

[190] 刘德华.科学教育与人文教育：历史的透析［J］.现代大学教育,2003（3）.

[191] 刘德华,曹邵练（2004）.科学课程与学生生活世界的关系［J］.集美大学学报,2004（1）.

[192] 刘帆.PISA2015科学素养测评框架新动向及其对我国科学教育的启示［J］.外国教育研究 2015（10）.

[193] 刘前树,李广洲.科学教育中科学本质的研究综述［J］.教育研究与评论（中学教育教学）.2010（06）.

[194] 刘宗起.小学自然教学新考核办法探索［J］.人民教育,1989（02）.

[195] 刘克文.我国中小学科学教育的价值取向［J］.教育研究,2007（06）.

[196] 刘克文.当前科学教育几种主要价值取向评析［J］.教育理论与实践,2007（15）.

[197] 刘克文.对我国近现代科学教育价值缺失的反思［J］.教育科学,2009（2）.

[198] 刘克文.曾宝俊.什么是科学本质［J］.科学课,2011（7）.

[199] 刘默耕.谈谈"小学自然教学大纲（草案）"［J］.江苏教育,1957（9）.

[200] 刘默耕.必须重视小学的《自然常识》课［J］.人民教育,1980（7）.

[201] 刘默耕.改革小学科学教育之浅见［J］.课程·教材·教法,1984（5）.

[202] 刘默耕.小学自然课改革面临的一个认识问题［J］.科学课,1986（1）.

[203] 刘默耕.小学自然学科的目的和要求［J］.科学启蒙教育,1986（06）.

[204] 刘默耕,先华.关于自然教学的对话［J］.科学启蒙教育,1987（1-2）.

[205] 刘默耕.小学自然四十年的几点反思［J］.课程·教材·教法,1988（12）.

[206] 刘恩山.《义务教育小学科学课程标准》的变化及其影响［J］.人民教育,2017（07）.

[207] 刘林,樊敏,彭蜀晋.小学科学教育教学现状及对策［J］.教育与教学研究,2011（05）.

[208] 刘儒德,倪男奇.论学生的科学本质观［J］.比较教育研究,2002（08）.

[209] 刘健智.学生对科学本质认识的年龄阶段性对科学教育的启示［J］.中国教育学刊.2008（5）.

[210] 刘知新.对科学教育目的及理科课程开发的思考［J］.学科教育,1997（3）.

[211] 刘绍江.儿童科学概念的形成与指导［J］.小学自然教学,2002（10）.

[212] 刘占兰.法国"动手做"科学教学实验计划［J］.幼儿教育,2003（Z1）.

[213] 刘占兰.加拿大小学科学教育对我们的启示［J.］课程.教材.教法,2006（12）.

[214] 刘江雨.IHV教学模式在小学科学教学中的应用研究［J］.科学大众（科学教育）,2018（3）.

[215] 刘华昌,丁玉莲.HPS教育研究综述［J］.教学研究,2009（06）.

[216] 刘忠学.小学科学教学中的九种基本关系处理［J］.科学课（小学版）,2004（6上）.

[217] 刘炳升.论科学探究与接受学习的关系［J］.物理教师,2004（9）.

[218] 刘韬容,肖化,茹秀芳.核心素养背景下科学课程价值观教育探讨［J］.中小学德育,2019（11）.

[219] 刘华山.关于"概念及其掌握"的思考［J］.教育研究与实验,1987（1）.

[220] 刘克兰.中小学概念教学有序结构的探讨［J］.课程·教材·教法,1987（7）.

[221] 林长春.时代呼唤我国设置科学教育本科专业［J］.教师教育研究,2003（06）.

［222］林长春等.关于科学教育本科专业课程结构设计的思考［J］.高等理科教育,2004（03）.

［223］林长春,陈文平,曹静,邓磊.科学教育本科专业建设现状的调查研究［J］.课程·教材·教法,2012（01）.

［224］林维超.试论低年级自然课中的科学游戏［J］.课程·教材·教法,1996（3）.

［225］林静.CAT:基于学习科学的科学概念学习环［J］.全球教育展望,2009（10）.

［226］林未延.小学科学学科命题的基本内容与要求［J］.探秘（科学课）,2011（11）.

［227］路培琦.一堂供探索者争议的课——谈《树叶和人》一课的设计和教后感［J］.小学自然教学,1988（12）.

［228］路培琦.培养定量观察能力的探索［J］.小学自然教学,1989（8）.

［229］路培琦.从自然课到科学课的嬗变［J］.小学自然教学,2002（10）.

［230］路培琦.探究活动的体验与设计［J］.新课程研究（上旬刊）,2013（8）.

［231］卢姗姗,毕华林.从"概念转变"到"概念理解"——科学概念学习研究的转向［J］.化学教育,2018（1）.

［232］罗贵明.美国2011年中小学科学课程评价新标准解读与启示［J］.教育导刊,2013（05）.

［233］罗碗华,殷传宗.论科学实验在教育中的地位［J］.学科教育,1993（5）.

［234］罗星凯.科学和儿童本性的回归——科学探究性学习教学目标之探究［J］.广西师范大学学报,2003（1）.

［235］鲁启安.浅谈小学低年级自然课的"情·知教学"［J］.课程·教材·教法,1996（10）.

［236］柳秀峰.论我国科学教育的危机与对策［J］.教育研究与实验,1988（2）.

［237］莫因.试谈高小自然第三册"宇宙"部分的教学［J］.广东教育,1959（10）.

［238］孟令红.日本2017版小学科学课程标准对我国的启示［J］.基础教育课程,2019（5上）.

［239］母小勇.成人与中学生科学概念形成过程的四个对比实验［J］.心理科学,2002（5）.

［240］母小勇.科学课程理想与理想科学课程［J］.教育理论与实践,2003（9）.

[241] 马凤岐.科学教育与人文教育的另一种解读［J］.教育研究与实验,2002（1）.

[242] 马佰莲,黄晓洁.国内科学教育研究述评（2001-2012）［J］.齐鲁师范学院学报,2014（04）.

[243] 倪俊超,周青.英国科学教师在职培训模式及课程内容评析［J］.教育探索,2007（04）.

[244] 倪娟,李广州.自然自然观自然教育思想发微——兼评新课程改革中"回归自然"的适切性［J］.教育研究与实验，2007（2）.

[245] 倪娟,李广州.理科课程改革：回归基于日常生活的"科学世界"——基于理科课程标准文本分析［J］.课程·教材·教法，2008（6）.

[246] 倪娟.关于美国"国家科学教育标准"一致性研究的述评［J］.教育学报,2008（2）.

[247] 倪俊超,周青,杨辉祥.中英科学课程标准中的教学要求与评价标准比较［J］.科学教育,2005（02）.

[248] 欧士龙.小学科学生活化教学——以科教版小学四年级教材内容为例［J］.科学大众（科学教育）,2017（09）.

[249] 潘洪建.科学知识与课程开发［J］.当代教育与文化,2012（02）.

[250] 潘洪建.小学科学教材60年［J］.河北师范大学学报（教育科学版）,2015（02）.

[251] 潘洪建.小学科学课程：国际趋势与政策建议——基于10国课程标准的比较［J］.当代教育与文化,2017（2）.

[252] 潘洪建.从夏平的科学实践观看科学教学的实践转向［J］.当代教育与文化,2017（05）.

[253] 潘洪建.劳斯的科学实践观及其对科学教育的意蕴［J］.山西大学学报（哲学社会科学版）,2018（02）.

[254] 潘洪建,张静娴.小学科学课程实施:成就、问题与政策建议［J］.当代教育与文化,2018（04）.

[255] 潘洪建.科学实践:科学教学转型与科学素养提升［J］.绵阳师范学院学报,2018（12）.

[256] 潘洪建,盛群力.CER教学：引导学生建构科学解释［J］.开放教育研究,

2019,25（05）．

［257］潘洪建,邵娟.巴西 BNCC 及其对我国课程改革的启示——以自然科学领域为例［J］.外国中小学教育,2019（11）．

［258］潘洪建,Harvey Henson,Lingguo Bu.教师培训的美国经验与中国借鉴——以 SIU 项目为例［J］.中小学教师培训,2019（10）．

［259］潘季顺.小学自然课教学结构的研究［J］.课程·教材·教法,1992（5）．

［260］潘苏东,代建军.能力取向的新加坡中学科学教育改革［J］.课程·教材·教法,2006（2）．

［261］潘苏东,赵美玲.运用工作单评价学生的科学过程技能［J］.教育测量与评价,2010（03）．

［262］裴娣娜.我国学校科学教育的政策与改革思路［J］.课程·教材·教法,2003（7）．

［263］庞大权.自然教学过程中的思想品德教育［J］.课程·教材·教法,1992（5）．

［264］彭江.论优先发展科学教育［J］.高等师范教育研究,1999（4）．

［265］彭蜀晋,李英.论基础理科课程的科学素质教育［J］.中国教育学刊,1997（2）．

［266］彭洁.小学科学教育改革与 STS 课程［J］.外国中小学教育,1994（05）．

［267］裴新宁.建构主义与科学教育的再探讨［J］.全球教育展望,2006（5）．

［268］秦旭芳.论西方科学教育价值取向的演变［J］.沈阳师范大学学报（社会科学版）,2005（02）．

［269］覃岚,蒲远波.小学科学教育专业发展前景及课程建设研究［J］.绵阳师范学院学报,2017（10）．

［270］钱旭升.概念卡通：消减儿童科学概念的理解偏差［J］.基础教育,2011（4）．

［271］乔际平.我们的目的是提高孩子们"学科学，用科学，信科学"的科学素质［J］.物理教师,2007（7）．

［272］曲铁华,梁清.我国中小学科学教育面临的问题及对策［J］.当代教育科学,2003（11）．

［273］曲铁华,马艳芬.论当代中小学生科学精神的培养策略［J］.中国教育学刊,2005（2）．

［274］曲铁华,张啊嫒.改革开放三十年小学科学课程目标和内容的演进及特点［J］.外国中小学教育,2015（3）．

［275］仇丽君,景裕辉.略谈自然教师基本功的特点及训练［J］.青海教育,1997（Z2）.

［276］全杰.课堂教学如何培养学生兴趣［J］.课程·教材·教法,1988（12）.

［277］欧阳景根.核心概念与概念体系的建构理论［J］.华中师范大学学报,2006（3）.

［278］饶浩.自然科学教育的本质［J］.教育科学,1988（1）.

［279］饶浩.论科学概念与概念教学［J］.辽宁师范大学学报,1996（2）.

［280］任长松.以科学探究为核心——支撑《美国国家科学教育标准》的课程理念［J］.山东教育科研,1999（12）.

［281］任长松.探究式学习：18条原则［J］.教育理论与实践，2002（1-2）.

［282］任英杰.促进小学生"迷思概念"转变的POE策略及案例分析［J］.基础教育研究,2008（2）.

［283］邵志芳.概念的多重表征形式及其双极结构模型［J］.华东师范大学学报（教育科学版）,2006（4）.

［284］申超男,胡卫平,段海军,蔡逢春,宋璐.基于建模的中小学科学教学模式及其思考［J］.江苏教育研究,2014（16）.

［285］史朝.美国小学的科学教育［J］.外国教育研究,1988（03）.

［286］史朝."探究教学"的理论与模式［J］.辽宁师范大学学报,1992（1）.

［287］史建中,郭传信.论中学化学概念形成与发展的辩证法［J］.课程·教材·教法,1990（1）.

［288］史柏良.小学科学教学中的前概念及教学对策［J］.教学与管理,2009（23）.

［289］史柏良.小学科学教学中提升学生人文素养的实践研究——科普影视资源的应用策略［J］.江苏第二师范学院学报,2014（11）.

［290］沈小娟等.中美科学教育标准比较研究［J］.外国教育研究,2006（5）.

［291］宋广文,李金航.我国科学教育历史与现状的反思［J］.教育发展研究,2001（9）.

［292］孙宏安.中美《科学课程（教育）标准比较》［J］.比较教育研究,2003（10）.

［293］孙敏.西方科学观演变探析［J］.科学学研究,2011（06）.

［294］孙新.日本小学理科课程及教科书特点分析［J］.课程·教材·教法,1999（10）.

［295］孙新.高校科学教育论析［J］.科学学与科学技术管理,2003（10）

［296］首新,胡卫平,林长春,万东升.小学科学教科书"科学探究"设计的微观发生法比较——以中美日三国"磁"内容为例［J］.湖南师范大学教育科学学报,2017（05）.

[297] 首新,胡卫平等.我国中小学教师科学素养状况与变迁的元分析[J].教师教育学报,2017（05）.

[298] 檀慧玲.科学教育的精神价值探析——赫胥黎科学教育思想解读[J].河北师范大学学报（教育科学版）,2007（2）.

[299] 谭世健.小学低年级自然课如何进行学习效果的考查[J].小学自然教学,1994（06）.

[300] 汤睿桢.河南省举办小学教师业余进修学校的经验[J].人民教育,1956（11）.

[301] 汤晓明.重视自然教学评价，推动自然教学改革[J].小学自然教学,2001（04）.

[302] 陶涛.基于STEM教育理念的小学科学实践活动课程探索[J].教育科学论坛,2018（32）.

[303] 唐斌,尹艳秋.科学教育与人文精神——兼论科学的人文教育价值[J].教育研究,1997（11）.

[304] 唐济.我教中等师范化学的一些体会[J].化学通报,1954（06）.

[305] 唐小为,王唯真.整合STEM发展我国基础科学教育的有效路径分析[J].教育研究,2014（09）.

[306] 童跃年.论当代中国的科学教育变革[J].上海教育科研,1993（3）.

[307] 涂艳国.我国中小学科学教育的反思[J].教育评论,1987（05）.

[308] 万东升,张红霞.我国非正式科学教育发展的困境与路径选择——基于美国的经验[J].教育科学,2013（04）.

[309] 万东升,魏冰.科学本质教学内容的国际比较与启示——以英、美两国《新标准》为例[J].教育科学,2015（06）.

[310] 万东升,魏冰,张红霞.科学本质教学研究的国际进展与趋势[J].外国教育研究,2016（09）.

[311] 万莲美,张佩珍,陈秋祥,潘光博.论引导发现法[J].课程·教材·教法,1981（3）.

[312] 王碧梅,韩葵葵,胡卫平.国外科学教师研究进展与趋势[J].外国教育研究,2015（05）.

[313] 王碧梅,胡卫平.科学教师教学能力结构模型建构——基于德尔菲专家咨询法的调查分析[J].教师教育研究,2016（06）.

[314] 王凌诗.小学科学教师职后模块式培训课程研究［J］.北京教育学院学报（自然科学版）,2016（01）.

[315] 王加伟.小学科学课堂教学有效评价策略分析［J］.新课程（上）,2016（12）.

[316] 王启荣（1993）.兰本达"探究—研讨"教学法及其应用［J］.教学与管理,1993（02）.

[317] 王云."大拇指"评价体系在小学科学实验教学评价中的应用［J］.小学科学（教师版）,2017（11）.

[318] 王伟群.人与自然和谐发展观视野下科学课程的审视［J］.课程·教材·教法,2008（04）.

[319] 王玉英.科学史知识引入小学科学教材的现状及反思［J］.现代教育科学,2009（10）.

[320] 王晨光.基于科学素养的小学科学课堂教学策略改进［J］.现代中小学教育,2018（10）.

[321] 王强,周婧,郭明,孙根班.小学科学教材中化学实验设计可行性研究［J］.化学教育,2015（13）.

[322] 王磊.科学教育的新兴研究领域:学习进阶研究［J］.课程·教材·教法,2014（1）.

[323] 王玉梅、柳松.新自然观与环境教育［J］.教师教育研究，1990（3）.

[324] 王国聘.探索自然的复杂性——现代生态自然观从平衡、混沌再到复杂的理论嬗变［J］.江苏社会科学,2001（5）.

[325] 王树恩等.科学精神结构的多维探析［J］.自然辩证法研究,2003（7）.

[326] 王淑贞.小学自然教师应具备的基本素质［J］.河北教育,1994（Z2）

[327] 王全,母小勇."科学史—探索"教学模式的"重演"论基础［J］.课程.教材.教法,2008（7）.

[328] 王家友."5E"教学,小学科学课堂教学的五部曲［J］.小学教学研究,2016（19）.

[329] 王智红.STEM教育理念对小学科学教学的启示［J］.小学教学研究,2017（20）.

[330] 王晓辉."动手做"——法国科学教育的新举措［J］.全球教育展望,2003（4）.

[331] 王小存.我对自然教学的主要方法和途径的认识［J］.江苏教育,1957（8）.

[332] 王小存.关于新编小学课本自然第二册的几点说明［J］.江苏教育,1959（1）.

[333] 王学男,叶宝生.科学素养的维度研究对我国科学教育三维目标的启示［J］.首都师范大学学报（自然科学版）,2011（01）.

[334] 王淑娟.美国小学科学教育 STC 课程计划及启示［J］.学科教育,2004（04）.

[335] 王晶莹.欧美理科教育中科学本质观的研究综述［J］.理工高教研究,2007（05）.

[336] 王健,李秀菊.5E 教学模式的内涵及其对我国理科教育的启示［J］.生物学通报,2012（3）.

[337] 王永斌.中国科学教育的问题、困境与发展策略［J］.教育与现代化,2007（3）.

[338] 王素.科学素养与科学教育目标比较——以英、美、加、泰、中等五国为中心［J］.外国教育研究,1999（2）.

[339] 王素.联合国教科文组织对科学教育若干重要问题的政策建议［J］.教育发展研究,2009（24）.

[340] 王永红.以科学理性为基点——论科学素养与人文素养的统一［J］.教育研究与实验,2001（4）.

[341] 王全,母小勇."科学史—探索"教学模式的"重演"论基础［J］.课程·教材·教法,2008（7）.

[342] 王岳.注重科学启蒙，内容形式新颖——关于新编小学低年级自然教材的说明［J］.课程·教材·教法,1987（9）.

[343] 王岳.小学低年级自然试用教材编写中着重研究的一些问题［J］.课程·教材·教法,1989（8）.

[344] 王岳.英国小学的科学教育［J］.课程·教材·教法,1992（12）.

[345] 王岳.小学科学教育中儿童概念学习问题探讨［J］.课程·教材·教法,1994（03）.

[346] 王璞,孙铭明.概念转变理论在小学科学教学中的运用［J］.小学教学参考,2014（36）.

[347] 王美.概念转变研究对学习环境设计的启示［J］.课程·教材·教法,2008（12）.

[348] 王怀真等.试论小学自然对比实验的教与学［J］.课程·教材·教法,1997（6）.

[349] 王晓辉."动手做"——法国科学教育的新举措［J］.全球教育展望,2003（4）.

[350] 汪甜,崔鸿,刘胜祥.美国加利福尼亚版小学科学教材的设计特点分析［J］.现代

中小学教育,2006（09）.

[351] 汪锡纯.我在自然教学中开始贯彻了基本生产技术教育［J］.江苏教育,1956（4）.

[352] 汪学英,卢祥云.本科学历小学科学教师培养研究［J］.常熟理工学院学报（教育科学版）,2007（12）.

[353] 魏冰.科学素养——美国科学教育改革的中心概念［J］.外国中小学教育,1998（5）.

[354] 魏冰.科学史、科学哲学和科学教学［J］.比较教育研究,1999（3）.

[355] 魏冰."科学素养"初探［J］.比较教育研究,2000（增刊）.

[356] 魏冰.美国"国家科学教育标准"——一项富有挑战性的科学教育改革方案［J］.外国教育研究,2000（3）.

[357] 魏冰.从科学教育标准看当代科学教育内容——关于美国几个科学教育改革方案的内容分析［J］.教育研究与实验,2000（4）.

[358] 魏冰.西方科学素养理论的形成与发展［J］.外国中小学教育,2003（6）.

[359] 魏晓东,于冰,于海波.美国STEAM教育的框架、特点及启示［J］.华东师范大学学报（教育科学版）,2017（4）.

[360] 温小勇,温瑛.变构学习理论视角下的小学科学教学策略［J］.现代中小学教育,2015（7）.

[361] 危宜.试谈在小学自然教学中如何进行唯物辩证观点教育［J］.江西教育,1959（04）.

[362] 武永兴.美国一种科学教育改革的方案——"范围、顺序和协调"方案简介［J］.课程·教材·教法,1992（12）.

[363] 韦斯林,贾远娥.关国科学教育研究新动向及启示—以"学习进程"促进课程、教学与评价的一致性［J］.课程·教材·教法,2010（10）.

[364] 韦志榕."探究—研讨"法小议［J］.课程·教材·教法,1984（05）.

[365] 韦钰.我国青少年科学教育的历史与展望［J］.科普研究,2008（4）.

[366] 韦钰.对"做中学"科学教育的期望［J］.内蒙古教育,2009（3）.

[367] 韦钰.学习科学视角下的探究式科学教育［J］.科技潮,2010（12）.

[368] 韦钰.以大概念的理念进行科学教育［J］.人民教育,2016（1）.

[369] 吴海建.重视中小学科学教育和课程改革的基础性研究［J］.课程·教材·教法，2006（01）．

[370] 吴晗清，马薇.基于科学素养视域的我国科学教育反思［J］.首都师范大学学报（自然科学版），2017（06）．

[371] 吴俊明.科学文化与科学教育改革的方向［J］.科学，2006（5）．

[372] 吴俊明，吴敏.为什么要关注科学观念——关于科学观念和科学观念教育的思考之一［J］.化学教学，2014（4）．

[373] 吴俊明，张磊.科学本质观及其养育［J］.化学教学，2016（02-03）．

[374] 吴娅妮，李远蓉.STSE教育视野下中加小学科学课程标准比较及启示［J］.现代中小学教育，2019（03）．

[375] 吴术强，孙丽伟，侯晓梅.小学科学教材中"物质科学"内容的比较与分析［J］.物理教学探讨，2013（11）．

[376] 吴戈.认识自然新课本的优点，改进我们的自然教学［J］.江苏教育，1953（8）．

[377] 吴鸿.教"我是什么"这一课［J］.江苏教育，1959（19）．

[378] 吴永发.小学科学STEM教育的实践探索［J］.实验教学与仪器，2018（04）．

[379] 吴逢高，滕海川.STEM教育促进小学科学课堂教学变革实践研究［J］.教育科学论坛，2018（32）．

[380] 吴群.怎样教小学自然课［J］.河北教育，1963（11）．

[381] 吴钟琬.改进自然教学的经验［J］.江苏教育，1956（13-14）．

[382] 吴举宏.概念发展教学初探［J］.生物学教学，2003（4）．

[383] 吴淑琴.在低年级自然教学中培养学生的分类能力［J］.课程·教材·教法，1996（3）．

[384] 吴娴，罗星凯，辛涛.概念转变理论及其发展述评［J］.心理科学进展，2008（6）．

[385] 翁秀平.润泽与点化生命：生命视角下的小学科学学习评价［J］.教育理论与实践，2009（01）．

[386] 翁映焜.小学科学课程学习评价的策略与方法［J］.中小学教学研究，2018（09）．

[387] 武永兴.近年来我国小学科学教育的改革与提高教师能力的工作简介［J］.科学

启蒙教育,1985（04）.

[388] 武永兴.近年来我国小学科学教育的改革［J］.课程·教材·教法,1986（01）.

[389] 伍新春,曾筝,谢娟,康长运.场馆科学学习:本质特征与影响因素［J］.北京师范大学学报,2009（5）.

[390] 项红专.科学探究式教学要注重原始创新基因的培育［J］.全球教育展望,2004（6）.

[391] 肖化,区楚瑜,周少娜.以STEM教育视角比较小学科学课程标准——以中国内地、中国香港、美国为例［J］.基础教育,2019（03）.

[392] 肖磊,徐学福.科学本质教学的内涵、原则及其策略［J］.教育科学论坛,2011（03）.

[393] 邢红军.论科学教育中的模型方法教育［J］.教育研究,1997（7）.

[394] 谢琳纯,李蓉蓉,黄胜琴.STEM视角下中美小学科学教材比较研究［J］.教育导刊,2019（11）.

[395] 谢恭芹,丁邦平.建立科学学习中心网络，深化科学教师专业发展——英国科学教师专业发展及其启示［J］.比较教育研究,2007（09）.

[396] 谢铁汉.小学科学启蒙教育的发展趋势及启示［J］.泉州师范学院学报,2000（06）.

[397] 谢小立.三道试题对小学科学试卷编制的启示［J］.小学教学参考,2013（36）.

[398] 夏敏军.小学科学"观察实验课"课型解析［J］.教学仪器与实验,2014（03）.

[399] 夏敏军.小学科学"概念建构课"课型解析［J］.现代中小学教育,2015（04）.

[400] 熊俊芬,朱映晖.全方位评价学生的科学探究能力［J］.小学自然教学 2002（04）.

[401] 熊建辉,李晶.科学教师专业标准:菲律宾的经验［J］.全球教育展望,2008（05）.

[402] 熊建辉.澳大利亚维多利亚州科学教师专业标准述评［J］.世界教育信息,2008（10）.

[403] 熊士荣,吴鑫德,肖小明,张庆林.科学探究学习评价体系的研究［J］.课程.教材.教法,2006（03）.

[404] 徐彬.中等师范学校应该开设《小学自然教学法》课程［J］.宁夏教育,1987（12）.

[405] 徐书业.中小学科学教育的价值定位［J］.教育发展研究,2000（08）.

[406] 徐仁声.介绍小学自然教学大纲［J］.学科教育,1990（3）.

[407] 徐燕,马永双,叶宝生.小学科学课堂教学评价的研究［J］.课程·教材·教法,2010（05）.

[408] 徐学福.美国探究教学研究30年［J］.全球教育展望,2001（8）.

[409] 徐学福.科学探究与探究教学［J］.课程·教材·教法,2002（12）.

[410] 徐学福.论面向真实科学［J］.教育研究,2002（9）.

[411] 许应华,林长春.加拿大科学教育本科专业人才培养及其启示［J］.长春师范学院学报（自然科学版）,2008（01）.

[412] 闫守轩,朱宁波.英国新一轮小学科学课程改革及其启示［J］.课程·教材·教法,2015（10）.

[413] 闫蒙钢,朱小丽,孙影.美国STC教材与我国小学科学教材的比较［J］.比较教育研究,2009（02）.

[414] 姚宝骏等.一般教学条件下中学生物学概念形成的实验研究［J］.心理科学,2009（3）.

[415] 姚建欣.新编小学科学教材的特点分析与后续册次修订建议［J］.课程·教材·教法,2018（11）.

[416] 姚宏杰.科学史与科学教育——《科学革命的结构》给我们的启示［J］.科学大众,2006（10）.

[417] 姚伟.美国小学科学教育课程的特点［J］.现代中小学教育,1994（04）.

[418] 杨妙霞.小学《科学》与初中《化学》教材中实验活动的衔接研究［J］.化学教育（中英文）,2017（21）.

[419] 杨尚冰,薛平.我国中小学应当加强地球科学普及教育［J］.教育研究,1997（4）.

[420] 杨波.自然教学中运用直观原则的一些缺点［J］.小学教师,1954（4）.

[421] 杨宝山.科学课程学业成就评价的知识论基础［J］.课程·教材·教法,2008（02）.

[422] 杨丽珠.浅谈概念的形成与掌握［J］.教育科学研究,1987（2）.

[423] 杨叔子.绿色教育:科学教育与人文教育的交融［J］.教育研究,2002（11）.

[424] 杨明全.STS课程:类型、特征及改革走向［J］.教育研究,2007（8）.

[425] 杨建朝.农村中小学科学教育的现状及思考［J］.教学与管理,2010（07）.

[426] 杨凌.概念图、思维导图的结合对教与学的辅助研究［J］.电化教育研究,2006（6）.

[427] 杨友乐,顾长明.小学科学教学中"做与思"有效融合的策略［J］.基础教育研究,2016（23）.

[428] 杨晓鹏,万爱珍,卢霖.关于小学科学教育专业建设的思考［J］.教育学术月刊,2010（03）.

[429] 杨文群.谈谈我怎样完成师范学校化学教学任务的［J］.化学通报,1955（05）.

[430] 杨治良.概念形成过程的一项实验研究——兼谈死记硬背在概念形成中的消极作用［J］.心理学报,1986（4）.

[431] 杨治良.概念形成渐进—突变过程的实验性探索［J］.心理学报,1986（4）.

[432] 阎元红,郭文华.科学教育中的大概念：内涵、价值及实现［J］.教育理论与实践,2019（29）.

[433] 叶松庆.论科学与艺术的融合［J］.安徽师范大学学报,1999（4）.

[434] 应向东."科学探究"教学的哲学思考［J］.课程·教材·教法,2006（5）.

[435] 郁波.中国小学科学教育中与"Hands on"方案有关的研究［J］.小学自然教学,2001（7-8）.

[436] 于海波，科学文化的建构属性与科学课程学习方式改革［J］.全球教育展望,2002（1）.

[437] 于海波,孟昭辉.科学观的后现代转向与理科教学改革［J］.现代教育科学,2004（3）.

[438] 于海波.科学素养理念的前设、特征与结构［J］.吉林师范大学学报（自然科学版）,2004（01）.

[439] 于海波,孟昭辉.科学课程的文化学研究：内涵、价值与走向［J］.教育理论与实践,2004（24）.

[440] 于海波.西方科学课程的历史考察［J］.当代教育论坛,2005（15）.

[441] 于海波,孟昭辉.科学观的教育价值及其课程实现［J］.课程·教材·教法,2007（9）.

[442] 叶宝生.小学科学教学观察实验设计的依据和方法［J］.课程·教材·教法,2013

(12).

[443] 叶宝生.小学科学课程中的技术教育因素及教学策略［J］.课程·教材·教法,2015 (10).

[444] 叶剑强,毕华林.我国科学教育研究热点、现状与启示——基于2370篇硕士博士学位论文的知识图谱分析［J］.课程·教材·教法,2017 (11).

[445] 殷志杰.义务教育小学自然教学中的观察与实验（五）——教学过程、教学要求及考查［J］.教学仪器与实验,1995 (X2).

[446] 殷志杰.关于小学自然学科课型的探讨［J］.课程·教材·教法,1998 (3).

[447] 殷嫄,宋营弟.网络环境下的小学科学探究学习［J］.小学教学参考,2008 (09).

[448] 袁维新.概念转变学习：一种基于建构主义的科学教学模式［J］.外国教育研究,2003 (6).

[449] 袁维新.概念转变学习的内在机制［J］.教育研究与实验,2003 (2).

[450] 袁维新.科学的本质与科学本质教育［J］.课程·教材·教法,2004 (7).

[451] 袁维新.西方科学教学中概念转变学习理论的形成与发展［J］.比较教育研究,2004 (3).

[452] 袁维新.国外科学史融入科学课程的研究综述［J］.比较教育研究,2005 (10).

[453] 袁维新.科学知识社会学视野中的科学教育观［J］.外国教育研究,2005 (7).

[454] 袁维新.科学探究教学模式的反思与批判［J］.教育学报,2006 (4).

[455] 袁维新.简论科学本质观的类型与特征［J］.科学技术与辩证法,2006 (2).

[456] 袁维新,吴庆麟.关于学习环模式的研究综述［J］.心理科学,2007 (3).

[457] 袁维新.国外关于科学本质教学的研究［J］.比较教育研究,2009 (01).

[458] 袁维新.科学本质理论：基本观点与范畴［J］.科学学研究,2010 (6).

[459] 袁维新.HPS教育:一种新的科学教育范式［J］.教育科学研究,2010 (07).

[460] 袁泽中.重视学习效果考查［J］.小学自然教学,1995 (01).

[461] 俞晓琳.略论皮亚杰理论对科学教育的启示［J］.教育研究,1997 (1).

[462] 余婷.小学科学课程发展性评价的研究［J］.小学科学（教师版）,2013 (06).

[463] 余自强.自然科学课程中的科学方法教育（上，下）［J］.学科教育,1999 (1-2).

[464] 章鼎儿.我对自然学科性质的思考［J］.小学自然教学,1989 (1).

[465] 张宝辉等.计算机模型建构与学习者为中心的科学学习的研究进展及启示［J］.课程·教材·教法,2008（8）.

[466] 张宝辉.非正式科学学习研究的最新进展及对我国科学教育的启示［J］.全球教育展望,2010（09）.

[467] 张崇善.法国小学的科学启蒙教育［J］.外国中小学教育,1989（5）.

[468] 张洪洋.科学课堂教学的国际比较研究［J］.外国中小学教育，2008（6）.

[469] 张洪鸣.动眼、动脑、动手、动口——启发式小学自然教学法［J］.课程·教材·教法,1992（10）.

[470] 张洪轩等.小学自然低年级"三段五步"——课堂教学基本模式初探［J］.课程·教材·教法,1991（6）.

[471] 张克裘.国外小学科学教育浅析和借鉴［J］.外国中小学教育,1997（03）.

[472] 张平柯.小学科学教师的科学素养结构要素及其具体要求［J］.湖南师范大学教育科学学报,2006（04）.

[473] 张建伟.概念转变模型及其发展［J］.心理学动态,1998（3）.

[474] 张军霞.继承刘默耕科学教育思想深化小学科学教育改革［J］.课程·教材·教法,2000（07）.

[475] 张军霞.《为孩子的科学和技术》（STC）教材介绍（一）［J］.小学自然教学,2001（4）.

[476] 张军霞.美国小学科学教育现状研究［J］.课程·教材·教法,2002（11）.

[477] 张军霞.将教学评价结合于小学科学教学之中的方法探讨（上）［J］.科学课（小学版）,2005（11）.

[478] 张晶.HPS（科学史、科学哲学与科学社会学）：一种新的科学教育范式［J］.自然辩证法研究,2008（9）.

[479] 张晶.HPS教育的五个主要特征及其对我国科学教育改革的启示［J］.科学技术哲学研究,2010（01）.

[480] 张红霞.科学素养教育的意义及本土化诠释［J］.清华大学教育研究,2002（4）.

[481] 张红霞,郁波.国际小学科学课程改革的历史与现状［J］.比较教育研究,2003（10）.

[482] 张红霞.建构主义对科学教育理论的贡献与局限［J］.教育研究,2003（07）.

［483］张红霞,郁波.小学科学教师科学素—养调查研究［J］.教育研究,2004（11）.

［484］张会亮.我国科学教育政策的梳理分析［J］.科普研究,2017（04）.

［485］张启建.构建小学科技活动课程体系的尝试［J］.课程·教材·教法,1997（3）.

［486］张和平,周康熙.试教苏教版《科学》教材之我见［J］.科学课,2005（7）.上半月/小学版.

［487］张煜,白欣.小学科学教学中"历史—探究"教学模式的建构［J］.基础教育研究,2019（19）.

［488］张玉平.农村小学科学教育研究述评［J］.南京晓庄学院学报,2015（02）.

［489］张素坤.小学科学教学中应处理好的几对关系［J］.教育实践与研究,2009（2A）.

［490］张婷,林长春.美国科学教育本科专业课程设置评介［J］.重庆师范大学学报（自然科学版）,2008（04）.

［491］张颖之,刘恩山.科学本质教育的课堂教学方法初探［J］.课程·教材·教法,2007（10）.

［492］张之仁.对小学自然课的美育的几点认识［J］.课程·教材·教法,1988（8）.

［493］张荣华,吴俊明.课程编制:过程与启示——以美国20世纪60年代小学新科学课程开发为例［J］.外国中小学教育,2010（03）.

［494］张梅琳,刘美凤,董丽丽.小学科学课程科学态度教学的课程目标设计初探［J］.教育与教学研究,2015（08）.

［495］张晓露.英国新一轮小学科学课程改革简介［J］.课程·教材·教法，2014（01）.

［496］张晓莹,林长春等.河北省小学科学骨干教师专业发展现状调查［J］.唐山师范学院学报,2013（02）.

［497］张中,姜淦萍.对中等师范学校设置综合理科的初探［J］.课程·教材·教法,1989（06）.

［498］张韵,顿卜双,徐唱,李芒.基于STEM框架的中美科学课程教材比较研究［J］.外国中小学教育,2016（06）.

［499］张颖之,刘恩山.核心概念在理科教学中的地位和作用——从记忆事实向理解概念的转变［J］.教育学报，2010（1）.

［500］张雨强,崔允漷.义务教育阶段学生科学学业成就评价框架的初步开发［J］.华东

师范大学学报（教育科学版），2010（03）.

[501] 张中秀,张汉林.小学自然实验操作考核的实践与思考［J］.湖北中小学实验室,1997（05）.

[502] 赵和生.谈自然课归纳概括思维能力的培养［J］.课程·教材·教法,1998（3）.

[503] 赵玉梅.培养科学兴趣是科学启蒙教育的重要内容［J］.课程·教材·教法,1993（7）.

[504] 赵元良.在师范学校化学教学中贯彻面向小学的几点体会［J］.化学通报,1957（12）.

[505] 朱玉洁,陈凯,康正龙.初中化学与小学科学教材衔接例析［J］.化学教学,2014（07）.

[506] 朱效民.国民科学素质——现代国家兴盛的根基［J］.自然辩证法研究,1999（1）.

[507] 中小学教师访苏代表团.苏联师范学校教育的特点——专题报告之三［J］.人民教育,1956（05）.

[508] 钟媚,高凌飚.小学科学课程改革中的问题与分析［J］.课程·教材·教法,2007（6）.

[509] 钟媚,苏咏梅.国外情境性试题对科学探究测评的启示［J］.现代教育科学,2010（12）.

[510] 钟启泉.科学教育中若干认识论问题的探讨［J］.全球教育展望,2002（2）.

[511] 祝贺.科学教育与认同危机［J］.教育科学研究,2011（1）.

[512] 曾宝俊.经历科学·体验科学·理解科学——和著名特级教师路培琦关于科学教育的对话［J］.小学自然教学,2002（6）.

[513] 曾德雄.自然科教学整体改革实验［J］.课程·教材·教法,1990（9）.

[514] 曾琦.二十世纪我国科学教育回顾［J］.学科教育,1999（8）.

[515] 周大鸣.运用"序号评价"培养科学态度［J］.小学自然教学,2000（09）.

[516] 周鑫,周新奎.小学科学课堂中自主探究学习的基本程序及其开放式教学模式［J］.当代教育科学,2006（21）.

[517] 周平红.如何在科学课中开展合作探究学习［J］.中小学电教,2007（05）.

[518] 周仕东.科学探究与教学内容的选择［J］.教育理论与实践,2002（11）.

[519] 周丏晓,刘恩山.学习进阶研究述评及其对我国科学教育的启示 [J].生物学通报,2019（3）.

[520] 周中梁,蔡秀峰.小学自然常识考核方法探索 [J].上海教育科研,1986（06）.

[521] 周振铎,李玲.小学科学创造性教学研究 [J].科学课（小学版）,2006（12）.

[522] 周振宇.科学课应追求深度与宽度的共生发展 [J].教学与管理,2009（32）.

[523] 周赞梅.突出自然课概念教学的过程性 [J].湖南教育,1997（10）.

[524] 郑桂兰.提高自然学科教学质量必须全面提高教师素质 [J].小学教学研究,1991（12）.

[525] 郑泽芝,周璐,赵苗.中美小学科学教材知识组织结构对比研究 [J].北华大学学报（社会科学版）,2018（01）.

[526] 郑青岳.关于科学教育联系生活的若干问题 [J].物理教师,2003（4）.

[527] 郑青岳.对探究式学习"提出问题"要素的若干认识 [J].教学月刊（中学版）,2003（1A）.

[528] 郑青岳.对探究式学习中"建立假说"要素的若干认识 [J].物理教师,2004（6）.

[529] 郑青岳.对探究式学习中的"表达交流"要素的认识 [J].物理教师,2005（1）.

[530] 郑青岳.把科学探究作为课程内容的意义何在 [J].物理教师,2008（4）.

[531] 郑晓莹,卢巍.小学科学课堂教学中优质提问的特征分析 [J].当代教育科学,2015（04）.

[532] 庄惠娥,孙可平.探索促进小学科学教师职业发展的培训模型 [J].全球教育展望,2010（04）.